HEYNE <

W0470430

FEININGER
DIE HOHE SCHULE DER FOTOGRAFIE

Das berühmte Standardwerk

WILHELM HEYNE VERLAG
MÜNCHEN

27. Auflage
16. Auflage dieser Ausgabe

Printed in Germany 2010
Übertragung aus dem Amerikanischen von Heinrich Freytag
Alle Fotos, bei denen nichts anderes angegeben ist, stammen vom Verfasser
Umschlagfoto: Studio Elmar Kohn, Landshut
Umschlaggestaltung: Atelier Seidel, Neuötting
Gesamtherstellung: RMO, München

ISBN: 978-3-453-41219-4

Inhaltsverzeichnis

Dieses Buch ist kein Führer für Anfänger

es ist vielmehr eine analytische Erörterung und Behandlung der fotografisch-technischen Möglichkeiten. Es wendet sich an den Leser, der durch Erfahrungen in der Schwarzweiß- und Farbfotografie bereits mit den Grundlagen der fotografischen Technik vertraut ist. Das gesamte Gebiet der Schwarzweiß- und Farbfotografie ist bereits ausführlich in den beiden Büchern »Die Neue Fotolehre« und »Farb-Fotolehre« (ECON Verlag, Düsseldorf) behandelt worden, die vom selben Verfasser stammen.

Die Mittel und Techniken, die auf den folgenden Seiten in Wort und Bild behandelt werden, haben nichts mit »Tricks« zu tun. Sie gehören heutzutage zur Ausrüstung jedes ernst arbeitenden Fotografen. Einige von ihnen, wie Teleobjektive und Weitwinkelobjektive, Farbkorrekturfilter oder Bewegungsdarstellung durch Bewegungsunschärfe, werden täglich von den meisten erfahrenen Fotografen verwendet. Andere, wie zylindrische oder sphärische Perspektive, werden seltener gebraucht. Doch besteht die Gefahr, daß besonders effektvoll wirkende Techniken dazu mißbraucht werden, sinn- und geistlose Wirkungen zu produzieren. So werden beispielsweise in der Schwarzweißfotografie Rotfilter und extreme Weitwinkelobjektive besonders gerne ohne die geringste Rechtfertigung benutzt, um »schwarzen Himmel« und »interessante Verzeichnungen« zu erzielen. In zahllosen Fotos sind Unschärfe und Körnigkeit keineswegs schöpferisch verwendet worden, um besondere Eigenschaften des Motives zu charakterisieren, sondern sind lediglich das Resultat schlechter Technik. Ich kenne sogar Fälle, in denen Fotografen in dem verzweifelten Versuch, originell um jeden Preis zu sein und neue Wirkungen zu schaffen, Aufnahmen durch das Wabengitter eines Belichtungsmessers gemacht haben.

So etwas ist armselig. Solche Praktiken bereichern weder die Darstellungsmöglichkeiten noch erweitern sie den Wirkungsbereich der Fotografie. Natürlich ist Fortschritt untrennbar mit Wechsel verbunden. Aber diese Fortschritte werden nicht von jenen geschaffen, die glauben, es mit technischen Spielereien erreichen zu können. Ohne ein bewußtes Streben nach neuen und besseren Ausdrucksmöglichkeiten ist die Fotografie zum Stillstand veruteilt. Wird aber dieses Streben nicht von schöpferischen Überlegungen geleitet und wird die Fotografie nicht als Mittel der Mitteilung angesehen, besteht die Gefahr, daß die technischen Mittel den Sinn der Aussage verdunkeln. Um das zu vermeiden, habe ich im Bildteil dieses Buches gezeigt, wie viele dieser technischen Mittel praktisch angewendet werden können. Jedes dieser Bilder demonstriert, wie eine bestimmte Technik schöpferisch benutzt, dem Bild eine besondere grafische Wirkung gibt und damit seine Aussage steigert.

Was dieses Buch für Sie tun kann

Die gewaltigen Fortschritte der letzten Jahrzehnte auf dem Gebiet der Fototechnik haben das Fotografieren stetig einfacher und leichter gemacht. Die Verbreitung von halbautomatischen und vollautomatischen Kontrollen und Vorrichtungen haben die Notwendigkeit stark vermindert, sich Erfahrung und Geschicklichkeit mühselig zu erarbeiten. Sogar ziemlich billige Kameras haben jetzt solche Einrichtungen wie Doppelbelichtungssperre; mit dem Verschluß gekuppelte Blende, die sich im Augenblick der Belichtung automatisch auf den vorgewählten Wert schließt, mitunter auch direkt mit dem eingebauten Belichtungsmesser gekoppelt ist, der sie im Augenblick der Aufnahme dem vorhandenen Licht anpaßt; einen mit der Objektiveinstellung gekoppelten, im Sucher sichtbaren Entfernungsmesser in der Art des Schnittbildindikators oder der Mikroprismen-Einrichtung; automatischen Parallaxenausgleich; Kreuzkupplung von Blendenöffnung und Belichtungszeit in Übereinstimmung mit der Lichtwertskala; einen Rückkehrspiegel, der die Verdunklung des Sucherbildes während der Belichtung auf eine Mindestzeit beschränkt; oder eine Vorrichtung, die gleichzeitig den Verschluß spannt, den Film transportiert und die Bildzählung weiterrückt. Und die beiden heikelsten Vorgänge bei der Herstellung einer Fotografie, die Belichtung und die Entwicklung, können jetzt völlig exakt auf Grund der Angaben dreier Kontrollinstrumente ausgeführt werden: Belichtungsmesser, Thermometer und Uhr.

Dank dieser und anderer Fortschritte auf dem Gebiet der Fototechnik ist die technische Qualität der Arbeiten des Durchschnittsfotografen heutzutage allgemein hoch. Leider sind aber mit wenigen Ausnahmen die Fotos von heute, soweit es künstlerische Gestaltung und Aussage anbetrifft, noch immer auf demselben Stand wie Bilder, die vor zehn oder zwanzig Jahren aufgenommen worden sind. Wie auf so vielen anderen Gebieten, so hat auch in der Fotografie Fortschritt auf dem Gebiet schöpferischer Aussage nicht mit dem Fortschritt im Technischen Schritt gehalten.

Das Verfügen über alle diese wunderbaren Mittel sollte eigentlich den Durchschnittsfotografen befähigen, interessantere Arbeiten zu liefern. Jedes Motiv kann nämlich fotografisch in vielen verschiedenen Erscheinungsformen wiedergegeben werden, von denen natürlich einige wirkungsvoller als die anderen sind. Fotografen, die sich dieser Freiheit in der Darstellung bewußt sind, können ein hohes Maß von Einfluß auf die Gestaltung ihrer Bilder ausüben. Von dieser Tatsache aus habe ich etwas ver-

sucht, was meines Wissens nach noch nie vorher in dieser Weise getan worden ist, obgleich seine Bedeutung für jeden, der etwas mit Fotografie zu tun hat, auf der Hand liegt: die verschiedenen Formen des fotografischen Ausdrucks zusammen mit den Techniken, mit denen ein Fotograf die grafische Wirkung seines Bildes beeinflussen kann, zu beschreiben und systematisch zu entwickeln.
Das Resultat meiner Arbeit ist ein Buch – ein Nachschlagewerk – das vielleicht ein »Wörterbuch der Bildersprache der Fotografie« genannt werden kann. Wie ein Wörterbuch den Gebrauch einer Sprache erklärt, so analysiert, erklärt und vergleicht dieses Buch die verschiedenen fotografischen Ausdrucksformen miteinander und gibt dazu die Gebrauchsanweisungen. Genau wie ein guter Schriftsteller jene Worte sorgfältig wählt, die nicht nur auf den Verstand, sondern auch auf das Gefühl seines Lesers wirken, muß ein guter Fotograf überlegt diejenigen Mittel des fotografischen Ausdrucks wählen, die am besten seine Absichten wie auch das Wesen des Motivs dem Betrachter seines Bildes vermitteln.
Dieses Buch soll allen Fotografen dazu verhelfen, den Bereich ihrer Ausdrucksmöglichkeiten zu erweitern. Neben anderen Vorteilen bietet es unmittelbare, klare Antworten auf dauernd wiederkehrende Fragen wie diese:

Welcher Kameratyp eignet sich am besten für das Fotografieren einer bestimmten Motivart? Welche Art von Objektiven? Und warum?

Farbfilter gibt es in vielen verschiedenen Farbtönen. Was kann jedes einzelne davon an Nutzen bringen? Wann sollte ich ein Rotfilter oder ein gelbes, grünes oder blaues Filter verwenden? Wie kann ich erreichen, daß in einer Schwarzweiß-Aufnahme eine bestimmte Farbe heller oder dunkler erscheint? Wie kann ich die Trennung von Tonwerten verbessern?

Wie und wie stark kann ich in der Schwarzweiß-Fotografie den Kontrast eines kontrastarmen Motivs steigern (wichtig für Fernaufnahmen)? Wie und wie stark kann ich den Bildkontrast eines übermäßig kontrastreichen Motivs vermindern (besonders wichtig bei Bildnisaufnahmen, Nahaufnahmen und in der Farbfotografie)?

Wie kann ich die räumliche Wiedergabe und die Perspektive regeln? Wie kann ich den Eindruck von Tiefe erzielen, steigern oder vermindern? Wie kann ich meinem Bild den richtigen Maßstab verleihen?

Wie kann ich perspektivische Verzeichnung vermeiden? Die Senkrechten bei Schrägaufnahmen nach oben oder unten parallel wiedergeben? Größte Schärfentiefeausdehnung ohne übermäßig starkes Abblenden erzielen? Wie kann ich die Möglichkeiten der Verstellungen meiner Studio-Kamera am besten ausnützen?

Was sind die besonderen Eigenheiten und Unterschiede von rektilinearer, zylindrischer und sphärischer Perspektive? Was sind ihre Vorteile und Nachteile? Mit welchen Mitteln kann man sie erzeugen?

Mit welchen verschiedenen Methoden kann man ein Motiv in schneller Bewegung »einfrieren«? Wie kann ich den Eindruck von Bewegung und Geschwindigkeit erzielen?

Was sind die Wirkungsmöglichkeiten und die Grenzen von Doppel- und Mehrfachbelichtungen?

Wie und unter welchen Bedingungen kann ich solche »Fehler« wie Körnigkeit, Schleier, Lichthof oder Unschärfe bewußt ausnützen, um die Wirkung meiner Bilder zu steigern?

Wie kann ich meine Bildgestaltung verbessern?

Die Notwendigkeit der fotografischen Gestaltung

Die Mittel der modernen Fotografie sind so weitgehend verfeinert, daß es geradezu unmöglich ist, ein Objekt in einem Foto so wiederzugeben, daß es *nicht* zu erkennen ist, gleichgültig unter welchen Umständen die Aufnahme gemacht wurde. Allerdings besteht ein großer Unterschied zwischen einem erkennbaren und einem *eindrucksvollen* Foto desselben Motivs. Das Foto, in dem das Motiv nur zu erkennen ist, mag für viele Zwecke genügen, wird aber selten einen bleibenden Eindruck hinterlassen. Der Unterschied zwischen einer solchen Aufnahme und einer, die sich einprägt – der Art von Bild, an das man sich erinnert, weil es zum Denken anregt, weil es *anders* ist –, wird gewöhnlich dadurch bestimmt, wieweit der Fotograf sein Medium beherrscht.
In diesem Sinne bedeutet das Ausüben der Kontrolle über sein Bild, das Beste aus seinen Möglichkeiten in Hinblick auf die Motivwahl, die Stellungnahme zum Motiv und die Wiedergabe zu machen. Jeder gute Fotograf weiß, daß jedes Objekt auf viele verschiedene Arten fotografiert werden kann, wovon einige zu stärkeren Wirkungen führen als die anderen. Der

erste Eindruck wird selten der beste sein. Noch wird die erste Art der Auffassung oder der Wiedergabe die beste Wirkung ergeben. Als die nächstliegenden werden sie gewöhnlich ähnlich (wenn nicht identisch) mit jenen sein, die bereits von anderen Fotografen benutzt worden sind. Das macht sie natürlich nicht gerade geeignet, die Aufmerksamkeit eines Betrachters auf sich zu ziehen, dessen Aufnahmefähigkeit durch die auf ihn einstürzende Bilderflut von Magazinen, Zeitschriften, Büchern, Filmen und Fernsehen längst mehr als abgestumpft worden ist. Dem Leser einen Begriff von der Mannigfaltigkeit der Formen der Bildgestaltung zu geben, die ihm zur Verfügung stehen, um altbekannte Objekte in neuer und interessanterer Art zu zeigen, war ein weiterer Grund für das Verfassen dieses Buches.

Ein dritter Grund war mein Wunsch, den populären Irrtum zu korrigieren, daß die Fotografie ein naturalistisches Wiedergabemittel sei und daß ein Foto eine rein mechanische Reproduktion eines Objektes darstelle. Selbstverständlich ist es schwierig, sich eine weniger naturalistische Darstellungsart als eine schwarzweiße Fotografie vorzustellen. Mit Ausnahme der fotografischen Reproduktionen einer Druckseite können wenige Fotos wirklich als »Reproduktionen« bezeichnet werden, weil die meisten fotografischen Motive drei Dimensionen haben – Höhe, Breite und Tiefe –, während die Fotografie nur zwei hat: die Tiefe ging verloren. Außerdem erscheint uns unsere Umwelt farbig, aber eine Schwarzweiß-Fotografie besteht nur aus Grautönen: die Farbe ging verloren. Schließlich verändern oder wechseln die meisten fotografischen Objekte ihre Erscheinung, während eine Fotografie starr ist: Bewegung und Leben gingen verloren. Und in Wirklichkeit ist direktes Licht strahlend, während es in der Fotografie wie Weiß erscheint: das Strahlen ging verloren.

Eine Reproduktion ist eine Kopie, die in jeder wichtigen Hinsicht dem Original gleicht. Da jedoch eine Fotografie derartig wesentliche Eigenschaften der meisten Objekte, wie Tiefe, Bewegung, Strahlung und – wenn es sich um eine Schwarzweiß-Aufnahme handelt – Farbe, nicht unmittelbar ausdrücken kann, ist sie keine »Reproduktion«. Und da ein Foto die Wirklichkeit nicht reproduzieren kann, ist es absurd, von Realismus in Verbindung mit der Fotografie zu sprechen.
Die Folgerungen daraus erscheinen mir selbstverständlich: Da die überwältigende Mehrheit der Fotos nie realistisch im eigentlichen Sinne des Wortes sein kann, sollten wir aufhören, eine Form des Realismus zu erstreben, die nicht mehr als oberflächlich sein kann. Statt dessen sollten wir die charakteristischen Eigenschaften und Möglichkeiten des fotografischen

Verfahrens dazu benutzen, um unsere Umwelt in neuer, ausdrucksvoller Weise durch die Magie der Linse und das Schaffen bisher unbekannter visueller Wirkungen darzustellen, also um das menschliche Sehen über seine angeborenen Grenzen zu erweitern.
Um dieses Ziel zu erreichen, um Begriffe in Bildform zu übersetzen und um aus den vielen verfügbaren Mitteln des grafischen Ausdrucks diejenigen auszuwählen, die sich am besten für die Charakterisierung bestimmter Eigenschaften des Objektes eignen, muß ein Fotograf mit den Hilfsmitteln seines Mediums vertraut und fähig sein, ihnen seinen Willen aufzuzwingen. Dieses Buch versucht, ihm den Weg dazu zu zeigen.

Der Begriff der fotografischen Gestaltung

Angesichts der Natur des fotografischen Verfahrens erscheint es überraschend, daß es überhaupt möglich ist, wirkungsvolle Fotografien herzustellen, weil – wie wir gesehen haben – *einige der wichtigsten Eigenschaften des Objektes nicht unmittelbar in fotografischer Form wiedergegeben werden können.* Aber obgleich den meisten Objekten in der fotografischen Wiedergabe einige ihrer wichtigsten Eigenschaften fehlen – Tiefe, Bewegung, Strahlung und, ist das Bild schwarzweiß, Farbe –, erwarten noch immer viele Fotografen, daß ihre »ungestalteten« Bilder tatsächlich dem Objekt gerecht werden können, weil sie davon überzeugt sind, daß »die Kamera nicht lügt«. Der Irrtum dieser Meinung erweist sich in jedem Foto, das nicht »ankommt«, das enttäuscht, weil ihm das Dramatische und Aufregende des tatsächlichen Ereignisses fehlt; das unter perspektivischer Verzeichnung leidet, »stürzende Senkrechte« aufweist, dem Tiefe fehlt, das zu kontrastreich oder zu flau ist, Tonwerte ungenügend trennt, »unnatürliche« Farben, unerwünschte Körnigkeit oder Verwischung aufweist, schlecht beleuchtet ist, kein Gefühl von Bewegung vermittelt oder eine charakteristische Stimmung verfälscht darstellt.

In der Schwarzweiß-Fotografie werden Farben in Grautöne übersetzt. Da das automatisch vor sich geht, nehmen es die meisten Fotografen gedankenlos hin und fühlen kaum die Notwendigkeit, diese Übersetzung zu regeln. Das Resultat daraus ist, daß ihre Bilder, denen eine der Haupteigenschaften der meisten Objekte – nämlich die Farbe – fehlt, allzu oft im Betrachter einen weniger lebhaften Eindruck hinterlassen, als den, welchen das Objekt selbst hervorgerufen hätte.
Im Gegensatz zu dieser Denkungsart kontrollieren schöpferische Fotografen sehr sorgfältig die Übersetzung der Farben in Grautöne. Sie benutzen

Farbfilter, um malerische Wirkungen zu erreichen, sie wählen den Film gemäß seiner Farbempfindlichkeit und Gradation, sie benutzen spezielle Beleuchtung und kontrollieren sie in bezug auf Richtung, Intensität und Kontrast, greifen zum lichtempfindlichen Papier der geeigneten Gradation und belichten bei der Vergrößerung nach oder halten während der Belichtung zurück. Auf diese Weise übertragen sie farbige Wirklichkeit in eine grafisch wirksame Aufnahme, die durch fantasievolle Ausnutzung der Ausdrucksfähigkeiten des Schwarzweiß-Verfahrens vollendet wirkt. Obgleich ihren Bildern ebenfalls die Farbe fehlt, wird dieser Verlust durch die *Schöpfung neuer Werte* ausgeglichen, durch Werte, die in dieser Form in der Wirklichkeit nicht existieren und welche folglich der Betrachter im Objekt selbst nicht sehen konnte.

Ähnliche Betrachtungen gelten natürlich auch für die Darstellung des Raumes in der zweidimensionalen Ebene der Fotografie. Da die meisten Objekte dreidimensional sind, während eine Fotografie nur über zwei Dimensionen verfügt, ging eine Dimension – die Tiefe – bei der Übersetzung der Wirklichkeit in das Bild verloren. Genau wie die Farbe in der Schwarzweiß-Fotografie, so kann auch Raum und Tiefe fotografisch nur in symbolischer Form ausgedrückt werden.

In der Fotografie wird tatsächliche Tiefe automatisch in grafische »Perspektive« verwandelt. Und da diese Verwandlung automatisch vor sich geht, übernehmen sie viele Fotografen, in welcher Form sie sich auch immer äußert, in ihre Bilder, ohne daran zu denken, daß sich Perspektive in vielen Formen ausdrücken kann und daß die jeweilige Form vom Fotografen gewählt werden kann, um jene Raumillusion hervorzurufen, die ihm als die geeignetste erscheint.

Was wir Perspektive nennen, ist das anscheinende Konvergieren horizontaler Linien nach der Ferne zu, das anscheinende Konvergieren senkrechter Linien nach Höhe und Tiefe, die anscheinende Verkleinerung des Objektes mit zunehmendem Abstand vom Beobachter und die anscheinende Zunahme der Helligkeit nach der Tiefe (Luftperspektive). Diese Phänomene können von jedem erfahrenen Fotografen geregelt werden. Er kann in seinem Bild ihre Erscheinung entweder bewahren, betonen oder vermindern in Übereinstimmung mit seinen künstlerischen Absichten, den Anforderungen des Objektes und dem Sinn des Bildes. Demgemäß wählt der schöpferische Fotograf einen bestimmten Abstand vom Motiv, den Kamerastandpunkt, und den Blickwinkel, ferner ein Objektiv mit einer bestimmten Brennweite und ein Filter, das den gewünschten Grad von Luftperspektive ergibt. Die Grundsätze für solche Auswahl werden in diesem Buch zusammen mit den Wirkungen illustriert, die sich dabei ergeben.

Zwei weitere nützliche Mittel für fotografischen Ausdruck, die oft entweder vernachlässigt oder mißbraucht werden, sind Unschärfe und Verwischung. Diese Arten der Wiedergabe, mögen sie sich auch mitunter als Fehler erweisen, können nutzbringend verwendet werden, um Eigenschaften des Objektes zu symbolisieren, die wie Farbe im Schwarzweiß-Bild oder Tiefe in jedem Foto nicht unmittelbar in fotografischer Form ausgedrückt werden können. Außerdem zeigen Bilder, die unscharf oder verwischt sind, das Objekt so, wie es das gesunde Auge niemals ohne besondere Hilfsmittel sehen kann, und bereichern damit unser visuelles Erlebnis.

Unschärfe, die bewußt durch selektive Einstellung erzeugt wird, durch angemessene Benutzung der Blende oder mit einem Weichzeichner-Vorsatz, kann sinnvoll verwendet werden, um eine bestimmte scharf gezeichnete Tiefenzone im Bild zu betonen (Objekte vor und hinter dieser Zone erscheinen mehr oder weniger unscharf); um ein Gefühl für Raum und Tiefe zu schaffen; um unrealistische oder traumhafte Stimmungen zu erzeugen oder um bestimmte, direkt nicht darstellbare Eigenschaften wie Zartheit oder Weiblichkeit zu symbolisieren.

Verwischung – Unschärfe in einer bestimmten Richtung – wird durch eine Belichtungszeit erzeugt, die an sich zu lang ist, um das bewegte Objekt scharf darzustellen, oder durch Bewegen der Kamera während der Belichtung. Dabei handelt es sich um das ausdrucksvollste Mittel, um den Eindruck von Bewegung innerhalb der Beschränkungen einer Stehbildkamera zu erzielen. Wie man ein Gefühl für Bewegung, Tätigkeit und Geschwindigkeit mit fotografischen Mitteln hervorrufen kann, gehört zu den Themen dieses Buches.
Immer wieder finden wir, daß eine »fotografische Lüge« notwendig ist, um ein Bild »wahrheitsgetreu« erscheinen zu lassen. So laufen beispielsweise in einer Architekturaufnahme, bei der die Filmebene nicht senkrecht ausgerichtet worden ist, die also mit nach oben gerichteter Kamera gemacht wurde, wobei es gleichgültig ist, wie stark die Kamera nach oben gerichtet wurde, die Seiten von Gebäuden oder die Zimmerwände nach oben zusammen, wobei der Eindruck von Stürzen entsteht. Obgleich dies eine völlig natürliche Auswirkung der Perspektive ist, finden sie viele Menschen unzulässig, weil sie ihre Augen nicht daran gewöhnt haben, die Wirklichkeit bewußt zu sehen. Um diesen Eindruck zu vermeiden, kann der Fotograf, wie wir später sehen werden, die perspektivische Darstellung entwe-

der bei der Aufnahme oder beim Vergrößern kontrollieren und dadurch in seinem Bild senkrechte Linien parallel wiedergeben.

Bei einer anderen Gelegenheit kann eine bewußte »fotografische Lüge« benutzt werden, um einen lebendigeren Eindruck beim Fotografieren eines Automobilrennens zu erzielen. Viele Fotografen »frieren« dabei durch lichtstarke Objekte und sehr kurze Belichtungszeiten die Bewegung ein. Sie bekommen dabei Bilder, auf denen die Autos so aussehen, als ständen sie still. Auf diese Weise negieren sie natürlich den Zweck der Aufnahme, die die Aufregung, die Geschwindigkeit und das Dramatische eines Rennens widerspiegeln soll. Ein Fotograf, der anders dazu eingestellt ist und sich um eine bessere Darstellung bemüht, benutzt entweder die Technik des »Mitziehens« oder eine Belichtungszeit, die lang genug ist, um eine gewisse Bewegungsunschärfe zu erzeugen, dabei aber nicht so lang ist, daß die Wagen nicht mehr zu erkennen wären, nur gerade lang genug, um den Eindruck von Geschwindigkeit zu erzielen.

Um ein drittes Beispiel zu geben, nehmen wir an, daß eine schwarzweiße Modeaufnahme von einem grünen Kleid, das rot eingefaßt ist, gemacht werden soll. In einer unkontrollierten Aufnahme werden die grünen und roten Farben als mehr oder weniger gleiche Grautöne wiedergegeben. Die Trennung der Töne geht verloren und, da die besondere Wirkung dieses Kleides weitgehend von dem Gegensatz zwischen Grün und Rot abhängt, die Aufnahme erscheint unwahr. Kontrolliert man hingegen die Farbübersetzung mit Hilfe von Filtern, wird eine Trennung der Farbtöne erreicht und damit der Charakter des Kleides grafisch erfaßt. Benutzt man ein Rotfilter, erscheint das Grün dunkel und das Rot ausgesprochen hell. Verwendet man dagegen ein Grünfilter, erreicht man die umgekehrte Wirkung: Das Grün wird als ein heller und das Rot als ein dunkler Grauton wiedergegeben.

Außer den Möglichkeiten zur Bildgestaltung, die sich aus der Wahl des Objektes im Einklang mit fotogenischen Überlegungen, Einstellung zum Objekt mit ihren mannigfaltigen Möglichkeiten und dem grafisch-künstlerischen Komplex von Ausdrucksmöglichkeiten, den man Komposition nennt, ergeben, hat ein Fotograf die Wahl zwischen Kameras verschiedener Aufnahmeformate und Typen, verschiedenen Objektiven, Belichtungszeiten, Blenden, Filtern, Filmen, Entwicklerarten, Papiergradationen und Mitteln und Methoden der Beleuchtung, um nur die wichtigsten Faktoren für die grafische Beeinflussung des Bildes zu nennen. Da nun jede dieser Maßnahmen in einem größeren oder engeren Maße verändert werden kann und da jede sich mit allen anderen kombinieren läßt, hat ein fantasievoller und entsprechend ausgerüsteter Fotograf eine fast unbegrenzte Zahl verschiedener Kombinationen zu seiner Verfügung, die der fast unbegrenzten Zahl verschiedener Auffassungen entspricht, gemäß welcher ein Fotograf sein Motiv gestalten kann. Das erklärt auch zum Teil, warum manche Fotografen erfolgreicher als andere sind. Die weniger Erfolgreichen vernachlässigen die schöpferischen Möglichkeiten der Fotografie. Immer wieder gehen sie dieselben ausgefahrenen Wege, während erfolgreiche Fotografen mit den verschiedenen Mitteln der Bildgestaltung vertraut sind und sie, wo es nur möglich ist, intensiv einsetzen.

Um fähig zu sein, die Möglichkeiten der verschiedenen grafischen Symbole voll auszunützen, die in der Fotografie jene Eigenschaften des Objektes darstellen, die nicht direkt in das Bild übertragen werden können, muß ein Fotograf seine Gestaltungsmittel beherrschen. Puristen lehnen in der Regel die Benutzung von Symbolen und Gestaltungsmitteln ab, obwohl sie selbst, meist unbewußt, die meisten von ihnen benutzen – Grautöne, die Farbe symbolisieren; Perspektive, Verkleinerung, Überschneidung: die Symbole von Tiefe und Raum. Der einzige augenscheinliche Unterschied ist, daß sie diese Symbole so benützen, wie sie zufällig vorhanden sind, ohne sich darum zu bemühen, ihre Erscheinungsform zu kontrollieren, weil sie derartige Maßnahmen als Fälschung ansehen. Da aber nun einmal Fotografen durch die Natur ihres Mediums dazu gezwungen sind, mit Symbolen zu arbeiten, scheint es mir, daß es anstelle von wahrgenommenen Zufällen wesentlich vernünftiger ist, mit Überlegung diejenigen Symbole zu wählen, die am besten dazu geeignet sind, die spezifischen Eigenschaften des Objektes auszudrücken und die Auswirkung dieser Kontrollen so zu regeln, wie es den individuellen Erfordernissen des Motivs oder Ereignisses am besten entspricht.

Was meint eigentlich der Purist, wenn er von »reiner Fotografie« spricht (im Gegensatz zu »gestalteter« Fotografie)? Zweifellos sind Mathew Bradys Aufnahmen aus dem amerikanischen Bürgerkrieg Beispiele von »reiner Fotografie«, genau wie Atgets Bilder aus Paris. Kann man aber diese Bezeichnung auch noch auf Edward Westons Bilder anwenden, die beim Vergrößern nachbelichtet oder zurückgehalten wurden? Ferner: ist eine ungefilterte Aufnahme unbedingt ehrlicher als eine gefilterte Fotografie, zumal wenn jene zum Beispiel den Himmel leer und weiß darstellt, während er in Wirklichkeit blau mit weißen Wolken war? Und soll das Bild von einem Rennwagen, der über die Piste jagt, scharf oder verwischt sein, wobei er entweder so erscheint, als ob er still stände oder in rasender Fahrt dahinjagt? Und wenn Nachbelichten und das Benutzen von Filtern dem Puristen annehmbar erscheint, warum ist die Verwendung von Verwischung oder kontrollierter Perspektive nicht annehmbar oder von Körnigkeit oder Lichthof oder Verschleierung? Wo liegt dann die Grenze zwischen ehrlicher und täuschender Darstellung? Wie sinnlos dieser Streit ist, wird klar, wenn man sich die folgende Situation überlegt: Zwei Fotografen machen einen Bildbericht von einem Boxkampf. Der eine, ein Amateur, benutzt eine einfache Kamera mit einem ziemlich lichtschwachen Objektiv und fotografiert bei vorhandenem Licht. Der andere, ein Berufsfotograf, arbeitet mit einer Fachkamera mit synchronisiertem Elektronenblitz. Die Bilder des ersten sind verwischt und suggerieren den Kampf. Die des zweiten sind gestochen scharf, aber die Bewegung ist »eingefroren« dargestellt. Nehmen wir an, daß die Bilder beider Fotografen, jede Serie in ihrer eigenen Weise, das Ereignis dramatisch schildern. Können wir dann nur eine dieser beiden Bildserien, die doch so verschieden voneinander sind, als »reine« Fotografie bezeichnen? Und welche von beiden?

Für mich ist es denkbar, daß beide Serien wirkungsvolle Darstellungen des Ereignisses sind, wenn auch jede von ihnen natürlich aus einer anderen Einstellung heraus entstanden ist. Die eine hat das, was der anderen fehlt. Die erste suggeriert durch Verwischung die Gewaltsamkeit der Bewegungen und illustriert dramatisch den Begriff »Kampf«. Die zweite zeigt durch die Schärfe ihrer Darstellung das, was man in Wirklichkeit gar nicht sehen konnte, weil die Bewegungen zu schnell waren: den Zusammenstoß von Faust und Kinn und seine Wirkung auf das Gesicht. Jede Art ist legitime Fotografie. Dieses Beispiel beweist die Notwendigkeit von Planung und Kontrolle, wenn ein Fotograf in seinen Bildern die Aspekte eines Objektes oder Ereignisses darstellen will, die ihm für eine wirkungsvolle Charakterisierung als die wichtigsten erscheinen. Meiner Meinung nach sind theoretische Überlegungen über »reine« gegen gestaltete Fotografie, experimentelle gegen dokumentarische Darstellung, künstlerische Intensität gegen verfälschende Einmischungen usw. Zeitverschwendung. Sie stehen jenen zu, die Debatten der anspruchsvolleren Aufgabe, Bilder zu machen, vorziehen. Es gibt nur *zwei* Arten von Fotos und Fotografen: gute und schlechte. Die schlechten Fotografen sind fantasielos und ängstlich bei der Arbeit. Sie imitieren eher, als sie erfinden; sie sind die Sklaven ihrer eigenen überholten Regeln. Im Gegensatz dazu sind gute Fotografen unaufhörlich auf der Suche nach neuen Mitteln für grafische Ausdrucksformen und verbessern ständig ihre Leistungen durch fantasievolle Benutzung aller ihnen zur Verfügung stehenden Mittel.

Fotografische Fingerübungen

Eins steht fest: der beste Weg, gut fotografieren zu lernen, führt über die Praxis. Über Fotografie zu lesen ist notwendig und empfehlenswert, ebenso das Studieren der Arbeiten bedeutender Fotografen. Aber beides dient nur der Vorbereitung auf die eigene Arbeit. Was auch ein Fotograf über das Fotografieren weiß – sobald er an die Arbeit geht, ist lediglich theoretisches Wissen von geringem praktischem Wert.

Der Zweck dieses Buches liegt darin, den Leser zum Experimentieren anzuregen, um auf diese Weise seinen Wirkungskreis zu erweitern. Es ist ein durch und durch praktisches Buch – eine neue Art, Technik zu lernen. In gewisser Weise können die Serien von Vergleichsaufnahmen, die sein Rückgrat darstellen, mit den Fingerübungen eines Pianisten verglichen werden. Natürlich fotografiert keiner in der Regel dasselbe Objekt mit allen Farbfiltern von Rot bis Blau. Um aber das wirkungsvollste Filter für den gegebenen Fall zu finden, muß ein Fotograf mit der Wirkung jedes Filters auf jede Farbe vertraut sein. Die Beispiele auf den Seiten 250–253 sollen ihm helfen, dieses Ziel zu erreichen. Dasselbe läßt sich von allen anderen hier angeführten Beispielen sagen: den verschiedenen Methoden und Kontrollen für die wirkungsvolle Wiedergabe des Raumes, der Tiefe, der Bewegung, des Kontrastes, der Struktur, des Lichtes usw. Um vollen Nutzen aus diesen Beispielen zu ziehen, empfehle ich dem Leser, jede Übung dadurch zu wiederholen, daß er eine Serie von Aufnahmen eines geeigneten Objektes auf die verschiedenen Arten macht, die später beschrieben werden, und daß er dabei vollständige und genaue Notizen über jeden Schritt in seinen Versuchen aufzeichnet; daß er alle Negative und Bilder aufhebt, gleichgültig, ob sie erfolgreich sind oder nicht; und daß er sie zusammen mit ihren Daten in geordneter Folge für zukünftige Auskunft und Verwendung aufbewahrt. Das Geld, die Arbeit und die Zeit, die er für diese Arbeit aufwendet, ist die beste Investierung, die ein Fotograf in seine schöpferische Entwicklung machen kann.

Lillinonah, April 1970 — Andreas Feininger

Der Bereich der fotografischen Kontrollen

Praktische Erwägungen machen es ratsam, die verschiedenen Kontrollen, die einem Fotografen zur Verfügung stehen, in eine der drei Gebiete des Fotografierens einzugliedern:

Auswahl des Objektes;
Auffassung des Objektes;
Wiedergabe des Objektes.

Dem Nichteingeweihten mag es scheinen, als ob diese drei Ebenen völlig unabhängig voneinander wären; tatsächlich trifft aber das genaue Gegenteil zu. Jede bildet ein wichtiges Glied in der Kette, die im Geist des Fotografen mit einer Idee beginnt und mit einem Bild endet. Die Wirkung dieses Bildes wird um so stärker sein, je intensiver der Fotograf die verschiedenen bildgestalterischen Kontrollen ausgenützt und mit seinem Plan verschmolzen hat. Gelingt ihm das nicht, wird anfängliches Versehen sich später auswirken, und keine Anstrengung und Arbeit kann jemals den entstandenen Bildfehler wieder völlig ausgleichen. Diese gegenseitige Abhängigkeit der verschiedenen Schritte und Kontrollen, die an der Herstellung eines Fotos beteiligt sind, kann nicht stark genug betont werden. Das zu verstehen und dementsprechend zu verfahren, ist erste Voraussetzung für den Erfolg.

Die Methoden der fotografischen Kontrolle, die später in diesem Buch beschrieben werden, gelten im wesentlichen sowohl für die Farb- wie auch die Schwarzweiß-Fotografie. Natürlich gibt es Ausnahmen, welche *nur* für Farbe oder *nur* für die Schwarzweiß-Fotografie zutreffen. Zum Beispiel können verschiedene Methoden der Kontrastregelung, die auf der Anwendung von Farbfiltern beruhen, nur in der Schwarzweiß-Fotografie benutzt werden, während alle Kontrollen, die sich auf die direkte Wiedergabe von Farbe erstrecken (im Gegensatz zur Umsetzung der Farben in Grautöne), nur für die Farbfotografie gelten. Aber bis auf diese Ausnahmen sind die Grundsätze der Kontrolle genauso gültig in der Farbfotografie wie in der Schwarzweiß-Fotografie. Denn natürlich sind die Probleme, wie man derartige Eigenschaften des Objektes wie Dreidimensionalität und Tiefe, Bewegung und Veränderung, das Leuchten des direkten Lichtes, Stimmung und Atmosphäre usw. symbolisiert, im wesentlichen dieselben, mag es sich um Abbildung in Schwarzweiß oder in Farbe handeln.
Gute Ergebnisse setzen voraus – und das ist von Anfang an zu beachten –, daß der Fotograf sich vor der Aufnahme *entweder* für Farbe *oder* für

Schwarzweiß entscheidet. Vom rein technischen Standpunkt aus können die meisten Objekte natürlich gleich gut in Farbe oder in Schwarzweiß fotografiert werden. Da aber nicht nur die Techniken der Farb- und der Schwarzweiß-Fotografie ziemlich verschieden voneinander sind – vor allem im Hinblick auf die Probleme von Kontrastumfang und Beleuchtung –, sondern auch die *gefühlsmäßige Wirkung* eines Farbbildes eine andere ist als die eines Schwarzweiß-Bildes, ist es normalerweise *nicht* möglich, ein Objekt unter *gleichen Umständen* in beiden Arten so zu fotografieren, daß beide Male optimale Resultate entstehen.

Ein Beispiel soll diese Feststellung erklären: In der Farbfotografie ist die Farbe das wichtigste Bildelement, in Schwarzweiß ist es der Kontrast, d. h. das Gegenspiel von Hell und Dunkel, Umriß und Form. Nehmen wir nun an, wir hätten zwei Bilder aufzunehmen – eines am Strande von einem Mädchen in einem roten Badeanzug gegen den tiefblauen Himmel, das andere im Studio von einem Modell in einem Kleid mit zarten, pastellartigen Farben. Jedes könnte sehr wirkungsvoll in Farbe gestellt werden, würde aber in einer unkontrollierten Schwarzweiß-Aufnahme sehr eintönig wirken, weil die Farben, die zwar in Wirklichkeit in ihren Farbwerten verschieden sind, als mehr oder weniger gleichartige Grautöne wiedergegeben würden. Ohne Trennung von Tönen und Formen würde aber ein graues, fades Bild entstehen. Für eine *wirkungsvolle* Darstellung dieser Motive in Schwarzweiß muß der Fotograf jedes entsprechend beleuchten, um den notwendigen Kontrast für eine wirkungsvolle Wiedergabe zu bekommen. Natürlich erfordert das eine völlig andere Einstellung, denn anstelle auf Farbwirkungen muß der Fotograf nun die grafische Wirkung auf Kontrast, Linie und Form aufbauen. Während also die Farbaufnahmen wahrscheinlich mit Vorderlicht gemacht werden sollten, verlangt die Schwarzweiß-Aufnahme neben geeigneter Filterung Seiten- oder Gegenlicht. Bei der Freilichtaufnahme bedeutet das zweifellos einen Wechsel des Kamerastandpunktes, im Studio eine andere Beleuchtungsanordnung.

Kontrolle in bezug auf die Auswahl des Objektes

Erfahrene Fotografen wissen, daß es praktische Vorteile hat, wenn man die fotografischen Objekte in zwei Gruppen einteilt: solche, die das besitzen, was man allgemein als fotogene Eigenschaften bezeichnet, und solche, denen diese Eigenschaften fehlen. Fotogene Objekte weisen gewisse Eigenschaften auf, die sie für die Wiedergabe mit typisch fotografischen Mitteln besonders geeignet machen. Unfotogene Objekte, denen diese Eigenschaften fehlen, ergeben in der Regel enttäuschende Bilder.
Anschließend werden die zehn meiner Meinung nach wichtigsten fotogenen Eigenschaften aufgezählt. Je mehr von diesen Eigenschaften ein Objekt besitzt, um so größer ist die Wahrscheinlichkeit, daß es wirkungsvoll im Bilde erscheint. Andrerseits: je weniger dieser Eigenschaften es besitzt, um so größer ist die Wahrscheinlichkeit, daß es ein enttäuschendes Bild ergibt.

Klarheit und Einfachheit in bezug auf Anordnung, Form und Farbe.

Kontrast, d. h. gute Differenzierung in Hinsicht auf Farbe, Tonwerte und räumliche Elemente.

Formen von klarem Schnitt, interessant und kühn.

Umrisslinien, die typisch für das Objekt sind, kräftig oder ungewöhnlich; klare Silhouetten.

Grafischer Aufbau, d. h. künstlerisch wirksame Anordnung in bezug auf Linien, Formen und Verteilung von hellen und dunklen Bildelementen.

Tiefe, suggeriert durch Fluchtlinien, Objekte, die in verschiedenen Ebenen liegen, oder Luftperspektive.

Struktur, die die Oberfläche des Objektes charakterisiert und belebt.

Einzelheiten, die sinnvoll und klar sind.

Spontaneität und Bewegung, die auf Tätigkeit und Leben hindeuten.

Muster, Rhythmus und Wiederholung interessanter, verwandter Formen.

Motive, denen entweder die oben aufgezählten Eigenschaften fehlen oder die die folgenden unfotogenen Merkmale aufweisen, werden wahrscheinlich im Bild enttäuschen, gleichgültig, wieviel Anziehungskraft sie dem Auge bieten. Trotzdem können gelegentlich solche Motive, die einige dieser normalerweise unerwünschten Eigenschaften besitzen, interessante Bilder ergeben, wenn sie von einem begabten Fotografen entsprechend gestaltet werden.

VERWIRRUNG und UNORDNUNG sind gewöhnlich das Resultat eines Versuches von seiten des Fotografen, zu viele Objekte in einem einzelnen Foto unterzubringen, statt sie in mehreren Bildern darzustellen. Das Überladen eines Bildes mit Einzelheiten durch zu großen Aufnahmeabstand ist ein häufiger Anfängerfehler.

MANGELNDER KONTRAST (betrifft nur Schwarzweiß-Fotografie), der eine grafisch wirkungsvolle Trennung der verschiedenen Bildelemente durch Übertragung ihrer Farben in verschiedenartige Grautöne verhindert.

DOMINIERENDE FARBE (betrifft nur Schwarzweiß-Fotografie). Ist Farbe die hervorstechendste Eigenschaft des Objektes (z. B. Speisen, Früchte, viele Blumen Vögel, Schmetterlinge usw.), wird selbst die günstigstmögliche Übersetzung der Farben in Grautöne keine Charakterisierung des Objektes erreichen. In solchen Fällen muß man farbig fotografieren.

FEHLEN VON RÄUMLICHER DARSTELLUNG, d. h. Motive, in denen der Raum nicht durch das scheinbare Konvergieren von Parallelen, durch Objekte, die in verschiedenen Abständen angeordnet sind, durch Luftperspektive oder maßstabgebende Bildelemente symbolisiert werden kann. Ein typisches Beispiel dafür ist eine weite Landschaft ohne interessanten Vordergrund. Eine solche Sicht, mag sie auch dem Auge noch so sehr gefallen, gibt meist ein enttäuschendes Bild.

UNGEEIGNETER HINTERGRUND, einer, der in Ton und Struktur dem eigentlichen Objekt des Bildes zu ähnlich ist, so daß es in ihm untergeht, oder einer, der sich zu stark hervordrängt, weil er zu aggressiv ist oder durch Farbe oder Unruhe dominiert.

Da nun einmal Objekte mit fotogenen Eigenschaften unweigerlich bessere Bilder ergeben als Objekte, denen solche Eigenschaften fehlen, wählt ein erfahrener Fotograf, soweit es möglich ist, die ersteren und verzichtet auf die letzteren. Eine auf diese Erkenntnis aufgebaute Auswahl der

Objekte – die Möglichkeit von seiten des Fotografen, zu wählen oder zu verwerfen – wird zu einem bedeutenden Mittel der fotografischen Gestaltung, die damit also bereits vor der eigentlichen Aufnahme beginnt.

Die Bedeutung der Objektwahl auf Grund fotogener Eigenschaften kann nicht zu stark betont werden. Sie vergrößert wesentlich die Aussicht des Fotografen für die erfolgreiche Ausführung seiner Aufgabe, weil sie ihm den unschätzbaren Vorteil eines guten Anfangs gewährt. Natürlich ist das nichts Neues. Jeder Handwerker, der sich davon überzeugt, daß sein Rohmaterial nicht nur fehlerfrei, sondern auch für die geplante Bearbeitung geeignet ist, bevor er Zeit und Arbeit daransetzt (und vielleicht verschwendet), macht von der Objektwahl Gebrauch. In ähnlicher Weise arbeitet jeder Werbefotograf, Modehersteller oder Art Director, der vor den Aufnahmen eine Anzahl in Frage kommender Modelle überprüft und das für die vorliegende Aufgabe am besten geeignete auswählt, mit Objekt-Auswahl, um das Gelingen seiner Bilder sicherzustellen.

Objekt-Kontrolle durch Motivwahl ist auf jedem Gebiet der Fotografie möglich. Zweifellos ist sie dort am leichtesten, wo die Zahl der möglichen Motive groß ist, wie auf Reisen und bei Landschaftsaufnahmen. Sie wird um so schwieriger, je eindeutiger das Objekt gegeben ist, wie in der dokumentarischen und in der Architekturfotografie. Und sie kann zu einem regelrechten Kampf zwischen den gegebenen Möglichkeiten und dem Scharfsinn des Fotografen werden, wenn die Aufgabe sehr eng spezifiziert ist, wie in der Porträt-, Werbe- oder wissenschaftlichen Fotografie. Trotzdem: selbst unter solchen sehr beengten Umständen wird ein ausgefuchster und fantasiereicher Fotograf die hoffnungslosen Aufgaben zu vermeiden wissen, während sein weniger erfahrener Kollege sie zu lösen versucht – und entsetzt ist, wenn er das Ergebnis sieht.

So wichtig auch die Objektwahl nach fotogenen Grundsätzen ist, betrifft diese Art der Kontrolle doch nur die erste Etappe auf dem Weg zum erfolgreichen Bild. Denn mancher Fotograf fand schon zu seinem Leidwesen heraus, daß das Bild eines schönen Mädchens nicht unbedingt ein schönes Bild ist. Falls die Fähigkeit, das Wesentliche im Objekt zu sehen, nicht mit dem Wissen verbunden ist, wie man es erfassen und wiedergeben kann, sind alle vorausgehenden Mühen vergeblich. Hat ein Fotograf ein fotogenes Objekt gefunden, muß sein nächster Schritt sein, es mit dem Ziel zu studieren, die beste Auffassung für sein zukünftiges Bild zu finden. Die Faktoren, die diese Auffassung beeinflussen, werden im nächsten Kapitel besprochen.

Kontrolle in bezug auf die Auffassung des Objektes

Hat man aus einer Anzahl in Frage kommender Objekte das am meisten fotogene gewählt, das nämlich, das im Bild am stärksten wirken würde, muß man als nächstes entscheiden, wie es dargestellt werden soll. Das umschließt zwei Phasen:

Auffassung des Objektes;
Wiedergabe des Objektes.

Jede dieser Phasen unterliegt einer großen Zahl von Kontrollen, die benutzt werden können, um die Darstellung des Bildes zu beeinflussen und es wirkungsvoller zu machen, als es andernfalls wäre. Die erste Phase – Auffassung des Objektes –, die im folgenden besprochen wird, vollzieht sich im Geiste des Fotografen. Die zweite – Objektwiedergabe –, über die später mehr gesagt wird, betrifft die technische Durchführung der Aufnahme.

Vorstellung und Interesse

Jedes Objekt kann auf die verschiedensten Arten fotografiert werden. Davon sind natürlich einige wirkungsvoller als die anderen. Tatsächlich bilden keine zwei Fotografen dasselbe Objekt in gleichartigen Bildern ab. Und je schöpferischer und fantasievoller ein Fotograf ist, um so stärker heben sich seine Bilder von der Durchschnittsware ab. Solche Unterschiede, die die Bilder erfreulicher, interessanter und informativer machen, sind im Grunde das Resultat einer neuartigen Auffassung des Objektes.
Ein Fotograf enthüllt seine Persönlichkeit, seine Begabung und sein Interesse in der Art, wie er das Objekt auffaßt. Eine originelle Auffassung, die aus einer neuen und stärker entwickelten Art des Sehens hervorgeht, ist ein Zeichen von Vorstellungskraft, Interesse für das Objekt oder beider. Wenn andrerseits seine Auffassung empfindungslos und seine Bilder langweilig sind, kann man gewiß sein, daß der Fotograf entweder fantasielos ist oder daß ihn sein Objekt kalt ließ. Vorstellungskraft – eine Eigenschaft, die man entweder besitzt oder nicht besitzt, eine Eigenschaft, die man nicht lehren, aber, falls schlummernd vorhanden, entwickeln kann – ist eine unbezahlbare Fähigkeit zur Herstellung guter Fotos. Und Interesse für das Objekt stellt die treibende Kraft dar, ohne die kein Fotograf sein Bestes leisten kann.

Farbe oder Schwarzweiß?

Die erste Entscheidung in bezug auf die Auffassung des Objektes, die ein Fotograf treffen muß, ist, ob das Objekt in Schwarzweiß oder in Farbe aufgenommen werden soll. Jedes Objekt kann natürlich sowohl schwarzweiß als auch farbig wiedergegeben werden. Wenn auch jedes dieser Medien seine bestimmten Eigenschaften aufweist, ist doch keines dem anderen überlegen; sie sind lediglich verschieden. Folglich kann die Wahl zwischen schwarzweiß und farbig nicht aufgrund der Überlegenheit einer Darstellungsart über die andere getroffen werden, sondern nur vom Gesichtspunkt der besseren Eignung aus. Um zu entscheiden, welches der beiden Medien für die vorliegende Aufgabe besser geeignet ist, muß der Fotograf auf jeden Fall zwei Aspekte, einen künstlerischen und einen praktischen, beachten.

Künstlerische Überlegungen

Die Wahl zwischen Wiedergabe in Farbe oder Schwarzweiß ist im wesentlichen eine Wahl zwischen einer mehr naturalistischen und einer mehr abstrakten Darstellungsform. Da keine an sich überlegen und daher der anderen vorzuziehen ist, hat es nur dann einen Sinn, beide zu vergleichen, wenn der Vergleich zur Lösung eines besonderen Problemes gemacht wird. Ein solcher Vergleich muß folgende drei Fragen in die Überlegung einbeziehen:

1. Ist Farbe die wichtigste Eigenschaft des Objektes?

Ist die Antwort zustimmend, wird wahrscheinlich die farbige Wiedergabe vorzuziehen sein (wenn sie nicht einer der im folgenden besprochenen Gesichtspunkte widerspricht), weil in einem solchen Falle eine schwarzweiße Wiedergabe unvollständig wäre. In diesem Falle ist die farbige Darstellung nicht nur gerechtfertigt, sondern zwingende Vorbedingung für wirkungsvollste Wiedergabe. Einige besonders typische Motive dieser Art sind leuchtend bunte Blumen, Vögel und Schmetterlinge, flammende Sonnenuntergangshimmel, Damenmoden, Speisenarrangements, Gemälde, moderne Innenräume und viele Landschaften und Freilichtszenen. Für solche Motive ist Farbe zu bedeutend, als daß man auf sie verzichten könnte, ohne Informationsinhalt und ästhetischen Wert des Bildes zu beeinträchtigen.
Andrerseits ist Farbe nicht von so großer Bedeutung, wenn das Objekt auch eine andere Farbe haben könnte oder wenn Form, räumliche Aspekte oder

Beleuchtungswirkungen für die Charakterisierung des Motivs wichtiger sind als Farbe. Dann ist wahrscheinlich die Wiedergabe in Schwarzweiß vorzuziehen, weil ihre mehr abstrakte Natur dem Fotografen erlaubt, mit kühneren grafischen Mitteln zu arbeiten und künstlerisch kräftigere Wirkungen zu schaffen.

2. Ist eine mehr realistische oder abstrakte Wiedergabe vorzuziehen?

Nach meiner Erfahrung ist es unter üblichen Umständen leichter, künstlerisch zufriedenstellende Fotos in Schwarzweiß als in Farbe zu machen. Denn während ein schlechtes Schwarzweiß-Foto übersehen werden kann, wirkt ein schlechtes Farbfoto oft wegen seines anmaßenden Charakters anstößig. Im Zweifel ist gewöhnlich die Schwarzweiß-Wiedergabe der farbigen vorzuziehen.

Dahinter steckt auch ein tieferer Grund. Wir haben uns seit hundert Jahren so stark an die schwarzweiße Fotografie gewöhnt, daß normalerweise die Erkennbarkeit des Objektes unter dem Fehlen der Farbe nicht leidet. Gelegentlich kann es sogar auch umgekehrt sein. Ein gutes Schwarzweiß-Bildnis gibt zum Beispiel einen besseren und natürlicheren Eindruck des Menschen als ein Farbbildnis, in dem die Gesichtstöne nach Grün, Rot oder Blau zu tendieren, wie das so oft der Fall ist. In ähnlicher Weise macht die kühne und »grafische« schwarzweiße Darstellung einer Landschaft gewöhnlich einen stärkeren Eindruck als eine Farbaufnahme, die – wenn auch naturalistischer – für dieses Motiv oft geschmacklos und abgedroschen erscheint.

Und letztlich ist eine schwarzweiße Aufnahme wegen ihrer abstrakten Art wie auch aus fototechnischen Gründen leichter zu gestalten als eine Farbaufnahme. Folglich kann der Fotograf sein Bild in einem höheren Grade verfeinern, um seine Auffassung vom Objekt auszudrücken. Denn die Schwarzweiß-Fotografie bietet dem Fotografen eine größere Zahl von verschiedenen Kontrollen und damit eine größere Mannigfaltigkeit von Darstellungsarten an, mit dem Ergebnis, daß dieses Medium den schöpferischen Geist stärker anregt.

Der Zweck einer Fotografie kann entweder illustrativ oder interpretierend sein. Die wichtigste Funktion illustrativer Wiedergabe ist, das Objekt so genau und so objektiv wie möglich, mit allen seinen Eigenschaften, Farbe natürlich eingeschlossen, zu zeigen. In diesem Fall ist eine farbige Darstellung offensichtlich einer schwarzweißen vorzuziehen.

Ist jedoch die Betonung oder die Interpretation der gefühlsmäßigen Eigenschaften des Objektes wichtiger als die Wiedergabe seiner äußerlichen Erscheinung, ist oft die schwarzweiße Wiedergabe der farbigen vorzuziehen.

Denn die abstrakte Natur von Schwarzweiß gewährt dem Fotografen größere Freiheit für eine schöpferisch-subjektive Interpretation derjenigen Eigenschaften, die in symbolischer Form dargestellt werden müssen, da sie nicht unmittelbar wiederzugeben sind – Eigenschaften wie Kraft und Strenge, Einsamkeit, Traurigkeit, Vergnügen und Freude, Liebe und Haß.

Das Objekt eines Bildes ist entweder eine konkrete Sache – eine Person, ein Objekt – oder ein abstrakter Begriff – eine Stimmung, ein Gefühl, ein Gemütszustand. Im ersteren Falle eignet sich das Objekt durch seinen ausgesprochenen realistischen Charakter in der Regel für farbige Wiedergabe, also für das realistischere fotografische Ausdrucksmittel. Im letzteren Falle wird der Inhalt des Bildes oft besser durch das mehr abstrakte Medium der Schwarzweiß-Fotografie ausgedrückt.

Dasselbe Objekt kann natürlich als eine konkrete Sache oder als ein abstrakter Begriff aufgefaßt werden. Eine bestimmte Landschaft kann zum Beispiel einen Fotografen dazu inspirieren, sie in der Art eines »Porträts« wiederzugeben, also in dokumentarischer Auffassung, in welchem Falle eine realistische Behandlung in Farbe wahrscheinlich vorzuziehen ist. Andrerseits kann er auch die Landschaft mehr als Vermittler von Eindrücken auffassen, eine Auffassung, die es ihm gestattet, in symbolischer Form beispielsweise Gefühle von Weite, Einsamkeit, Größe der Natur oder Geringfügigkeit des Menschen auszudrücken. In diesem Fall wird eine schwarzweiße Darstellung in der Regel besser geeignet sein, die stärkste Wirkung zu erzielen.

3. Fällt Farbe technisch gut oder schlecht aus?

Sogar in Fällen, in denen andere Überlegungen auf Farbe als das geeignetste Wiedergabemittel hinweisen, kann gelegentlich eine schwarzweiße Darstellung das bessere Resultat ergeben. Das kommt daher, daß bisher noch kein »vollkommener« Farbfilm vorhanden ist und daß zufriedenstellende Farbwiedergabe nur erwartet werden kann, wenn bestimmte Bedingungen erfüllt werden. Wie wir schon früher feststellten, ist eine Darstellung mit Farbstich (abgesehen, wenn der Farbstich absichtlich vom Fotografen zur Erzielung einer bestimmten Wirkung benutzt wurde) normalerweise weniger befriedigend als eine einwandfreie Wiedergabe in Schwarzweiß. Farbstiche ergeben sich meist unter folgenden Bedingungen:

wenn die spektrale Zusammensetzung des Lichts von der abweicht, für die der Film abgestimmt ist;

wenn in Mischlicht (Tageslicht plus Kunstlicht) fotografiert wird;

wenn der Motivkontrast anormal hoch ist;

wenn die Farben des Objektes ungesättigt sind, d. h., wenn pastellartige Töne überwiegen.
Unter solchen Umständen ist es oft ratsam, neben der Farbaufnahme des Objektes auch eine schwarzweiße herzustellen, für den Fall, daß die Farbaufnahme nicht zufriedenstellend ausfällt.
Mitunter kann die Entscheidung zwischen Farbe und Schwarzweiß aufgrund der Natur des Objektes gemacht werden. Meist ist es ziemlich unproblematisch, handwerklich hergestellte Gegenstände farbig zu fotografieren, weil die meisten dieser Gegenstände (Kunstwerke natürlich ausgenommen) jede Farbe oder jeden Ton haben können und daher ein gewisser Farbstich normalerweise vom Betrachter des Bildes nicht wahrgenommen wird. Denn gewöhnlich kennt dieser den Gegenstand nicht so gut, daß er sagen kann, ob die Farben der Wiedergabe richtig oder falsch sind. Andrerseits sind fast jedem Menschen Naturobjekte – grüne Blätter, Blumen, blauer Himmel und Wolken, See und Sand, übliche Tiere und Vögel usw. – so gut bekannt, daß schon geringe Abweichungen von der Naturfarbe sofort erkannt werden mit dem Ergebnis, daß die Fotografie als unnatürlich abgelehnt wird. Am kritischsten sind in dieser Hinsicht Farbbilder von Menschen. Schon die geringste Abweichung von normalen Hauttönen macht sie unannehmbar. Sollen Motive dieser Art farbig wiedergegeben werden, muß der Fotograf besondere Sorgfalt auf naturgetreue Farbwiedergabe verwenden.

Praktische Erwägungen

Menschen, die ausschließlich zu ihrem eigenen Vergnügen fotografieren, brauchen sich nur darüber Gedanken zu machen, ob sie die notwendigen Kenntnisse besitzen, um gute Farbaufnahmen zu machen; ob sie bereit sind, den höheren Preis für den Farbfilm zu erlegen, oder ob sie sich lieber mit dem einfacher zu behandelnden, billigeren schwarzweißen Bild zufriedengeben wollen. Natürlich muß sich jeder selbst diese Fragen beantworten.
Fotografen dagegen, die ihre Bilder verkaufen wollen, müssen auch *den Zweck ihrer Aufnahmen* berücksichtigen, ehe sie entscheiden, ob sie farbig oder schwarzweiß fotografieren. In dieser Hinsicht müssen sie folgendes überlegen:

SCHWARZWEISSE FOTOS sind beträchtlich einfacher und billiger herzustellen als Farbbilder. Ferner kann von einem Schwarzweiß-Negativ jede Anzahl von »Originalen« leicht und preiswert hergestellt werden, während

eine Farbkopie, gleichgültig, ob sie vom Umkehrdia oder vom Farbnegativ gemacht wird, kompliziert und teuer ist. Dazu sind Farbumkehrdias Originale und Unika; sind sie beschädigt oder verlorengegangen, sind sie für immer dahin. Andrerseits braucht in der Schwarzweiß-Fotografie das wertvolle, nur einmal vorhandene Negativ niemals die Hände des Fotografen zu verlassen, der davon nur ersetzbare Kopien aus der Hand gibt.
Fernerhin sind Schwarzweiß-Fotos leichter verkäuflich als Farbfotos. Ob ein Bild für den Abdruck in einer Zeitung bestimmt ist, für schwarzweiße Illustration eines Buches oder Magazins, für Übermittlung auf drahtlosem Wege oder für Fototapete, für alles das genügt das Schwarzweiß-Foto. Auch die Zeitschriften drucken immer noch mehr Bilder in Schwarzweiß als in Farbe, wenn das allerdings auch nicht mehr lange der Fall sein dürfte. Andrerseits sind natürlich die Preise für Schwarzweiß-Fotos wesentlich niedriger als die für Farbbilder.

FARBFOTOGRAFIEN. Da sie schwieriger und kostspieliger herzustellen sind, bringen sie beträchtlich höhere Preise als Bilder in Schwarzweiß. Wenige Tage Arbeit in Farbfotografie sind meist lohnender als ein ganzer Monat, den man der Schwarzweiß-Fotografie widmet.
Farbfotos werden in erster Linie für Werbezwecke und Reklame gebraucht, für Magazintitelseiten, Bildberichte und Illustrationen höherer Klasse, Schallplattenhüllen, Buchumschläge und in der Form von Kleinbilddias für erzieherische Zwecke, zur Ausbildung und für Vorträge.

Illustration oder Interpretierung

Die Wahl zwischen illustrativer und interpretierender Auffassung des Objektes ist meiner Meinung nach eine der folgenschwersten Kontrollen, mit denen ein Fotograf die Wirkung seines Bildes beeinflussen kann. Der Unterschied zwischen beiden ist ein Unterschied in der Stellungnahme zum Motiv.

DIE ILLUSTRATIVE AUFFASSUNG ist objektiv und tatsächlich, ehrlich in dem Ziel, das Objekt so darzustellen, daß es jeder unmittelbar erkennt. Sie ist eine dokumentarische Auffassung – die Auffassung eines Reporters oder eines Wissenschaftlers, direkt und objektiv insofern, als daß der Fotograf seine eigene Meinung zu unterdrücken versucht. Es ist die Einstellung, ein Motiv in Bildform so tatsachengetreu wie möglich darzustellen, wobei es dem Betrachter des Fotos überlassen wird, seine eigenen Schlüsse zu ziehen.

Die interpretierende Auffassung ist subjektiv, sie ist ein überlegter Versuch von seiten des Fotografen, seine persönliche Meinung über das Objekt auszudrücken. Diese Art der Auffassung befaßt sich weniger mit Tatsachen als mit Gefühlen. Statt sich auf grafische Beschreibung der physikalischen Aspekte seines Objektes zu beschränken, versucht der interpretierende Fotograf das, was er über sein Objekt fühlte und dachte, in seinem Bilde auszudrücken und auf diese Weise dem Betrachter mitzuteilen. Das ist zwar eine viel schwierigere, aber möglicherweise auch viel lohnendere Auffassung, weil das Bild, falls es erfolgreich ist, statt das Objekt nur zu beschreiben, es außerdem dem Betrachter in einem neuen Lichte zeigt.

Eine illustrative Fotografie ist bestenfalls interessant und informativ, aber eine interpretierende Fotografie ist bestenfalls nicht nur interessant und informativ, sondern außerdem auch noch anregend.

Natürlich ist eine interpretierende Auffassung nicht unbedingt besser als eine illustrative. Wie bei der Wahl zwischen Farbe und Schwarzweiß, ist keine der anderen überlegen, sie sind lediglich verschieden. Folglich muß die Entscheidung stets aus den Erfordernissen des besonderen Falles heraus getroffen werden. Selbstverständlich ist es unsinnig, eine interpretierende Auffassung anzustreben, wenn dokumentarische Klarheit von größter Bedeutung ist, wie in wissenschaftlicher oder in Katalog-Fotografie. Und außerdem braucht eine auf Tatsachen ausgehende Einstellung nicht unbedingt stereotyp und langweilig zu sein. Selbst ein Tatsachenfoto kann durch Einbildungskraft und fototechnische Geschicklichkeit bildmäßig attraktiv gestaltet werden, ohne an Klarheit zu verlieren. Andrerseits muß ein interpretierendes Foto nicht unbedingt so weit ins Abstrakte gehen, daß man das Objekt nicht mehr erkennen kann; es kann sehr wohl tatsächliche Züge aufweisen, ohne seinen anregenden Charakter zu verlieren.

Physikalische Aspekte der Auffassung

Die meisten Fotos zeigen dreidimensionale Objekte im dreidimensionalen Raum. Daraus folgt, daß, mindestens theoretisch, ein Fotograf unendlich viele Kamerastandpunkte zur Verfügung hat, unter denen er den wählen muß, der sein Objekt in der wirkungsvollsten Form darbietet.
Und wiederum ist schöpferische Kontrolle im wesentlichen ein Prozeß der Ablehnung und Auswahl: Ablehnung der offensichtlich unerwünschten und unerreichbaren Kamerastandpunkte und Auswahl des besten aus den verbleibenden. Dieses Problem der Auswahl mag schwierig erscheinen,

wird aber unverzüglich verhältnismäßig einfach, wenn der Fotograf seine zwei Phasen getrennt betrachtet: Objektabstand und Aufnahmerichtung.

Objektabstand

Geeigneter Objektabstand ist ein wichtiges Mittel der fotografischen Kontrolle, weil dieser Faktor zwei wichtige Aspekte des Bildes bestimmt:

> Den Maßstab der Wiedergabe des Objektes;
> das Verhältnis von Vordergrund zu Hintergrund.

Der Maßstab der Wiedergabe des Objektes

Das Bild des Objektes auf dem Film ist um so größer, je kürzer der Abstand von Kamera und Objekt ist und/oder je länger die Brennweite des Objektives, und umgekehrt. Die beiden Extreme sind hier die Nahaufnahme und die Übersichtsaufnahme.

DIE NAHAUFNAHME. Ein sehr gewöhnlicher Fehler vieler Fotos besteht darin, daß sie einfach zu viele Dinge enthalten. Diese Überladung mit in ein kleines Format gezwängter Materie hat natürlich zur Folge, daß alles in so kleinem Maßstab wiedergegeben wird, daß das Bild grafisch unwirksam ist. Typische Beispiele dafür sind Menschen in ganzer Figur, bei denen das Erkennungsmerkmal – das Gesicht – so winzig abgebildet ist, daß es oftmals nicht zu erkennen ist. Diese unerwünschte Wirkung kommt daher, daß der Abstand zwischen Objekt und Kamera zu groß war oder daß das Bild mit einem Objektiv von zu kurzer Brennweite gemacht wurde.
Diese Gewohnheit, aus zu großer Entfernung zu fotografieren, stammt wahrscheinlich von dem unbewußten Wunsch, ein Objekt oder ein Ereignis genauso darzustellen, wie es dem Auge erscheint. Nur wenige Amateure sind sich darüber klar, daß aus schon dargelegten Gründen eine buchstäbliche Übersetzung der Wirklichkeit in Bildform gewöhnlich unmöglich ist und daß der Versuch, eine solche Übersetzung vorzunehmen, scheitern muß, soweit es die Bildwirkung angeht. Andrerseits ist es mit Hilfe geeigneter Kontrolle durchaus möglich, Darstellungen von Aspekten des Objektes herzustellen, die der Beobachter in Wirklichkeit nicht hätte sehen können, und auf diese Weise einen nachhaltigeren Eindruck zu schaffen, als ihn die Wirklichkeit geben konnte. Eine dieser Kontrollen ist die Nahaufnahme.

Eine Nahaufnahme ist entweder ein Foto, das aus einem relativ kurzen Abstand gemacht wurde, oder eines, das mit einer Brennweite hergestellt wurde, die länger als normal ist. Soweit es den Inhalt betrifft, wirken Nahaufnahmen in der Regel stärker als Durchschnitts-Aufnahmen, und zwar aus folgenden Gründen:

Eine Nahaufnahme ist eine stark konzentrierte Form der Wiedergabe, da sie weniger unwichtige und ablenkende Dinge enthält als die Durchschnitts-Aufnahme. Sie zeigt das Objekt in einer enger gefügten Darstellung und begrenzt es oft, indem sie nur seinen wichtigsten Teil darstellt. Daher ist sie eine ausgesprochen klare Form der Bildauffassung und, wie wir schon vorher sahen, steht Klarheit an der Spitze der fotogenen Qualitäten.

Da Nahaufnahmen das Objekt in einem größeren Maßstab als übliche Bilder zeigen, ergeben sie eine klarere Darstellung der Oberflächenstruktur und der kleinen Einzelheiten. Daher zeigen sie oft Aspekte, die der Beobachter in Wirklichkeit nicht sehen konnte, vermitteln dadurch einen stärkeren Eindruck des Objektes und bereichern damit das Wissen des Betrachters.

Schließlich sind Nahaufnahmen immer noch verhältnismäßig selten, da die meisten Aufnahmen aus relativ großen Abständen gemacht werden – und Seltenheit erregt von sich aus mehr Aufmerksamkeit als Übliches.

Die Übersichtsaufnahme ist im Gegensatz zur Nahaufnahme ein Foto, das entweder aus einem größeren Abstand zwischen Objekt und Kamera als dem üblichen oder mit einem Weitwinkelobjektiv gemacht wurde. Während eine Nahaufnahme das Objekt stärker konzentriert abbildet, wird es von der Übersichtsaufnahme im Zusammenhang mit seiner Umgebung dargestellt. Der Zweck der Übersichtsaufnahme liegt gewöhnlich darin, einen Eindruck vom ganzen Objekt-Komplex zu geben, zum Beispiel, um den Leser eines Magazins auf die Aufnahmen von Einzelheiten vorzubereiten, die die weitere Entwicklung der Bildgeschichte begleiten.

Wenn die Verhältnisse verhindern, daß der Fotograf den Aufnahmeabstand vergrößert, um mit dem Normalobjektiv die große Übersicht zu bekommen, benutzt man ein Weitwinkelobjektiv, um den gewünschten Übersichtseffekt zu erreichen. Obgleich nun mit einem Weitwinkelobjektiv derselbe Naturausschnitt abgebildet werden kann wie mit dem Normalobjektiv aus entsprechend größerer Entfernung, sind jedoch die Abbildungsmaßstäbe der einander entsprechenden Bildteile untereinander in beiden Aufnahmen sehr verschieden. Das führt zu dem zweiten Einfluß, den der Aufnahmeabstand auf die Bildwirkung ausübt:

Das Verhältnis von Vordergrund zu Hintergrund

Es ist ein weitverbreiteter Irrtum – nicht nur unter Anfängern und Amateuren, sondern sogar bei vielen Fachfotografen –, daß Weitwinkelobjektive perspektivische Verzeichnungen und langbrennweitige Objektive Aufnahmen mit »verdichtetem« Raum ergeben. Das ist strenggenommen nicht wahr. Diese Erscheinungen, mögen sie auch tatsächlich auftreten, werden *nicht* von Fehlern dieser Objektive verursacht, sondern sie sind lediglich die natürliche Folgeerscheinung des Aufnahmeabstandes. Das kann jeder selbst mit folgendem Experiment feststellen.

Stellen Sie Ihre Kamera an einem Aussichtspunkt auf, der eine gute Übersicht über Ihre Stadt bietet. Am besten bringen Sie dazu Ihre Kamera auf einem Stativ an, jedenfalls darf der Kamerastandpunkt während der folgenden Aufnahmen nicht verändert werden. Nun machen Sie drei Aufnahmen: die erste mit dem Normalobjektiv, die zweite mit einem Weitwinkelobjektiv, die dritte mit einem Teleobjektiv. Um den späteren Vergleich zwischen den drei Fotos zu vereinfachen, nehmen Sie bei allen drei Aufnahmen ein auffallendes Bauwerk, einen Turm oder ein anderes Merkmal in die Bildmitte. Entwickeln Sie ihre Filme und stellen Sie zwei Serien von Vergrößerungen nach den folgenden Anweisungen her:

DIE ERSTE SERIE. Machen Sie von jedem der drei Negative eine Vergrößerung auf dasselbe Bildformat (z. B. auf 13 × 18 cm). Achten Sie darauf, daß in jedem Falle das ganze Negativ ohne Abfall vergrößert wird, benutzen Sie also stets denselben Vergrößerungsmaßstab.
Wie Sie schon angenommen hatten, erscheint die Aufnahme mit dem Normalobjektiv normal; die Weitwinkel-Aufnahme sieht verzeichnet aus, weil der Vordergrund sich zu stark auszudehnen scheint und sich beim Vergleich hervordrängt; und in der Aufnahme mit dem Teleobjektiv sieht es aus, als sei der Raum zusammengedrängt, weil die Gebäude einander merkwürdig nahe gerückt erscheinen. Trotzdem handelt es sich bei diesen scheinbar ungewöhnlichen Darstellungen nur um optische Täuschungen, wie wir gleich sehen werden.

DIE ZWEITE SERIE. Machen Sie nun je eine Vergrößerung der drei Negative auf dasselbe Format wie vorher. Aber diesmal vergrößern Sie jedes Negativ auf denselben *Abbildungsmaßstab – nicht* mit demselben Vergrößerungsmaßstab! –, und zwar nehmen Sie die Vergrößerung der Teleaufnahme als Norm. Beginnen Sie also mit der Vergrößerung des ganzen Negativs der Teleaufnahme auf 13 × 18 cm (wenn Sie dieses Format auch bei der ersten

Serie benutzt haben). Dann vergrößern Sie das Negativ der Aufnahme mit Normalobjektiv auf 13 × 18 cm, und zwar so, daß sich *derselbe Abbildungsmaßstab wie bei der Vergrößerung der Teleaufnahme* ergibt. Dazu müssen Sie natürlich den Vergrößerungsabstand verlängern, um den entsprechend stärkeren Vergrößerungsmaßstab zu erzielen. Schließlich vergrößern Sie noch das Weitwinkelnegativ auf *denselben Abbildungsmaßstab, wie ihn die Vergrößerung der Teleaufnahme* aufweist, wobei Sie den Vergrößerungsabstand noch mehr verlängern müssen, um den notwendigen Vergrößerungsmaßstab zu bekommen. Natürlich benutzen Sie bei den letzten Vergrößerungen nur den Ausschnitt der Negative, der dem Bildteil entspricht, den die Teleaufnahme zeigt.

AUSWERTUNG DES EXPERIMENTES. Legen Sie nun die drei Vergrößerungen ihrer zweiten Serie nebeneinander und vergleichen Sie diese. Abgesehen von Unterschieden in Körnigkeit und Auflösung, die durch die verschiedenen Vergrößerungsmaßstäbe entstehen, finden Sie, daß in bezug auf Perspektive, fehlende oder vorhandene Verzeichnung oder Verdichtung des Räumlichen auch *nicht der geringste Unterschied zwischen den drei Fotos besteht.* SIE SIND VÖLLIG GLEICH – obwohl sie von Negativen vergrößert wurden, die mit Objektiven von drei verschiedenen Brennweiten aufgenommen worden sind. Warum ist das so? Der Grund für diese Tatsache liegt darin, daß alle drei Aufnahmen vom selben Standpunkt aus und daher mit gleichen Aufnahmeabständen aufgenommen worden sind und *weil es allein der Aufnahmeabstand ist, der die Perspektive eines Bildes bestimmt.*

Kehren wir nun nochmals zu einem Vergleich der ersten Serie unserer Vergrößerungen zurück. Jedes Bild ergibt eine andere Wirkung. Aber genau betrachtet ist dieser Unterschied kein Unterschied der Perspektive, sondern nur ein Unterschied in Maßstab und Bildwinkel – eine optische Illusion. Die Weitwinkel-Aufnahme erfaßt einen größeren Bildwinkel als normal und gibt die Dinge verhältnismäßig klein wieder, bildet aber eine größere Fläche des Motives ab als das Bild mit dem Normalobjektiv, das einen kleineren Bildwinkel hat und daher die Dinge etwas größer wiedergibt. Und das Bild, das mit dem Teleobjektiv aufgenommen worden ist, zeigt einen noch kleineren Ausschnitt aus dem Motiv, die Dinge darin aber entsprechend größer. Aber obgleich die Fotos in bezug auf Bildwinkel und Abbildungsmaßstab verschieden sind, bleiben doch innerhalb vergleichbarer Bildteile *die Größenverhältnisse der einzelnen Bildelemente untereinander, wie auch Überschneidungen und relative Verkleinerungen in allen drei Vergrößerungen identisch,* was sich einfach daraus ergibt, daß die drei Aufnahmen vom selben Standpunkt aus gemacht worden sind.

Das zweite Experiment. Falls Sie noch eine weitere Bestätigung dafür haben möchten, daß allein der Aufnahmeabstand und nicht die Brennweite des Objektives für die Perspektive und mögliche »Verzeichnung« eines Bildes verantwortlich ist, machen Sie dieses zweite aufschlußreiche Experiment:

Fotografieren Sie einen Menschen gegen einen gut erkennbaren Hintergrund von Gebäuden, Bäumen usw., der weder zu nahe noch zu weit von der Person entfernt ist. Machen Sie drei Aufnahmen mit verschiedenen Objektiven – eine mit Normalobjektiv, eine mit Weitwinkelobjektiv und eine mit Teleobjektiv. Wählen Sie aber in jedem Falle den Aufnahmeabstand so, daß *die Person bei jeder Aufnahme in derselben Größe erscheint* – zum Beispiel genauso groß wie die Negativhöhe, und zwar ohne Rücksicht auf das jeweils benutzte Objektiv. Um das zu erreichen, müssen Sie die Weitwinkelaufnahme natürlich aus einem verhältnismäßig kurzen Abstand machen, die Aufnahme mit dem Normalobjektiv aus etwas größerer Entfernung und das Teleobjektiv-Bild mit einem noch größeren Abstand. Das Wichtigste dabei ist, daß das Modell in allen drei Negativen in genau derselben Größe wiedergegeben wird. Um den späteren Vergleich zu vereinfachen, arbeiten Sie in allen Fällen mit derselben Aufnahmerichtung, indem Sie einen Richtungspunkt weit hinter dem Modell wählen – ein besonderes Gebäude, einen auffallenden Baum usw. – und darauf achten, daß er in jeder Aufnahme an der gleichen Stelle steht. Entwickeln Sie Ihre Filme und vergleichen Sie nun die Unterschiede in der »Perspektive«.

Wenn auch der Abbildungsmaßstab des Objektes – der Person – in allen drei Bildern gleich ist, ergibt doch jede Aufnahme eine andere räumliche Wirkung. Im Bild des Normalobjektives scheinen die räumlichen Verhältnisse zu stimmen. In der Weitwinkelaufnahme aber wirkt der Abstand zwischen Objekt und Hintergrund größer, als er dem Auge erschien, und der Raum sieht gedehnt aus – die Gebäude, Bäume usw. im Hintergrund werden unverhältnismäßig klein wiedergegeben. Im Gegensatz dazu erscheint der Abstand zwischen Objekt und Hintergrund in der Teleaufnahme kürzer, als ihn das Auge empfand, der Raum erscheint also weniger ausgedehnt oder eben »verdichtet«, und die Dinge im Hintergrund wirken unnatürlich groß und nahe.

Nun werden Sie vielleicht denken, das wäre genau derselbe Effekt, den Sie in der ersten Serie an den Vergrößerungen der ersten Versuchsreihe festgestellt hatten, die normal, ausgedehnt und verdichtet erschienen. Das ist aber ein Irrtum. In Ihrer ersten Versuchsreihe entstanden die verschiedenen räumlichen Wirkungen durch eine optische Täuschung, wie sich aus den entsprechenden Vergrößerungen ergab. Obwohl die Vergrößerungen von Negativen stammten, die mit Objektiven verschiedener Brennweite ge-

macht worden waren, waren sie in bezug auf die Perspektive einander gleich und würden sich beim Aufeinanderlegen bis auf die kleinsten Einzelheiten decken. Wie verschieden Sie aber auch die letzte Negativreihe vergrößern: Sie bekommen keine Bilder, die sich in ihrer Perspektive gleichen. Wie sehr Sie sich auch abmühen, Sie können niemals die verschiedenen Raumdarstellungen dieser drei Fotos ausgleichen, weil in diesem Falle *diese Unterschiede wirklich vorhanden sind.*
Warum ist das so? Weil in Ihrem ersten Versuch der Aufnahmeabstand immer gleich war, so daß sich eine Bildserie mit gleicher Perspektive ergab. Aber im zweiten Experiment wurden die drei Vergleichsaufnahmen aus verschiedenen Abständen aufgenommen, wodurch jede eine andere Perspektive bekam.

SCHLUSSFOLGERUNG. Ein Fotograf hat überraschend weitgehende Möglichkeiten, um die räumliche Wirkung seiner Bilder in Hinblick auf den Abbildungsmaßstab, die Perspektive, die relativen Abbildungsgrößen der einzelnen Bildkomponenten untereinander und die Weite des erfaßten Bildwinkels zu regeln. Diese Kontrolle wird durch entsprechende Wahl des Aufnahmeabstandes in Verbindung mit der Wahl der entsprechenden Brennweite und des erfaßten Bildwinkels ausgeübt. Daher kann der erfahrene Fotograf in seinen Bildern den Raumeindruck genauso wiedergeben, wie es seinen Absichten entspricht, und jeden gewünschten räumlichen Effekt erzielen.

Aufnahmerichtung

Nur ein Anfänger ist mit der erstbesten Blickrichtung auf sein Objekt zufrieden und fotografiert es in dieser Weise. Ein erfahrener Fotograf weiß, daß die erste Ansicht nicht unbedingt die beste ist, daß die »erstbeste« Ansicht höchstens ein Bild ergibt, »wie es schon gemacht worden ist«, und daß jedes dreidimensionale Objekt aus wirklich unzähligen verschiedenen Blickrichtungen erfaßt werden kann. Wenn es also die Umstände erlauben, wird er sein Objekt von allen Seiten studieren – von vorn und hinten, von rechts und links, von oben und unten –, ehe er es auf den Film bannt. Er nutzt sein Vorrecht der Auswahl voll aus und wählt seinen Kamerastandpunkt und seine Aufnahmerichtung unter Beachtung folgender Faktoren:

Art des Objektes;
Art des Hintergrundes;
Beleuchtungswinkel;
Zweck des Bildes.

Die Art des Objektes. Manche Objekte – ein Mensch, ein Hund, ein Wagen – haben bestimmte Vorder-, Seiten-, Rücken- und Oberansichten. Anderen – einer Landschaft, einer Straße, einem Baum – fehlen diese Charakteristiken, obgleich sie sehr verschieden erscheinen können, wenn man sie aus verschiedenen Richtungen betrachtet. Natürlich macht es einen Unterschied, ob ein Bild ein Objekt von vorne statt in seitlicher Sicht zeigt oder vielleicht von oben oder unten gesehen, aber selbstverständlich ist zum Beispiel eine Frontansicht nicht unbedingt schöner, bedeutender oder informativer als eine Ansicht aus einer anderen Richtung. So zeigte zum Beispiel ein preisgekröntes Foto von John F. Kennedy den verstorbenen Präsidenten als Silhouette gegen das Fenster seines Arbeitszimmers mit dem Rücken zur Kamera.

Ferner muß auch die Perspektive des zukünftigen Bildes in Betracht gezogen werden, besonders in Hinsicht auf Verkürzung, Verkleinerung, Überschneidung und Verzeichnung. Von einer bestimmten Richtung aus kann ein Objekt verzeichnet erscheinen, zumal wenn der Aufnahmeabstand relativ kurz ist und die Aufnahme mit einem Weitwinkel gemacht werden soll; oder es erscheint verwirrend dank unglücklicher Überschneidung einiger seiner Komponenten. Eine Änderung in der Aufnahmerichtung vermeidet gewöhnlich solche unerwünschten Wirkungen.

Die Art des Hintergrundes. Das Wort »Hintergrund« scheint etwas Unwichtiges auszudrücken, etwas, worauf man nicht seine Zeit verschwenden sollte, etwas, was vernachlässigt werden kann. Und tatsächlich wird der Hintergrund des Objektes oft vernachlässigt, sehr zum Schaden des Bildes. Denn ein ungeeigneter Hintergrund kann die Wirkung jedes Bildes ruinieren – ein Grund, warum man dem Hintergrund von seiten des Fotografen genausoviel Beachtung schenken sollte wie dem Objekt selbst. Grafisch gesprochen, ist ein guter Hintergrund unauffällig genug, um die Aufmerksamkeit des Betrachters nicht vom Objekt des Bildes abzulenken, während er gleichzeitig das Objekt betont und es in bezug auf Farbe und Form durch den Gegensatz zu seiner eigenen stummen Unterordnung stärker sprechen läßt.

Während es verhältnismäßig einfach ist, das Aussehen eines ungeeigneten Hintergrundes zu verbessern, wenn das Objekt beweglich ist (eine Person, ein kleiner Gegenstand), kann die Kontrolle des Hintergrundes bei einem festen Objekt (ein Denkmal, ein Baum) viel Geduld, Zeit und Erfindungsgeist erfordern. In diesem Fall sind die drei wirkungsvollsten Möglichkeiten, den Hintergrund zu verbessern: das Objekt aus einem anderen Blickwinkel zu fotografieren; das Objekt mit einer ziemlich großen Blendenöffnung aufzunehmen, um den Hintergrund unscharf zu halten, denn dann ist er weniger aufdringlich; und die Aufnahme zu einer anderen Tageszeit oder unter anderen atmosphärischen Bedingungen zu machen, um die Wirkung des Hintergrundes durch Schatten oder Dunst zu mildern.

DER BELEUCHTUNGSWINKEL. Ist weder das Objekt noch die Lichtquelle beweglich (andernfalls ist es kein Problem), muß man die wirkungsvollste Blickrichtung unter Berücksichtigung des Einfallswinkels des Lichtes wählen. Ein Fotograf, der ein Denkmal fotografiert, kann zum Beispiel finden, daß die beste Aufnahmerichtung, soweit es das Objekt selbst betrifft (d. h. mit Rücksicht auf Blickwinkel, Verkürzung, Überschneidung, Hintergrund usw.), von der Beleuchtung aus gesehen unglücklich und unbefriedigend ist. In diesem Falle hat er die Wahl zwischen verschiedenen Möglichkeiten. Er kann warten, bis sich die Sonne in eine günstigere Stellung begeben hat, die eine bessere Verteilung von Licht und Schatten ergibt (wozu erforderlich ist, daß er zu einer anderen Tageszeit wiederkommt); er kann zurückkommen, wenn der Himmel bedeckt ist und daher das Licht stark zerstreut wirkt; er kann seine Aufnahme nachts bei Kunstlicht machen (beim Licht der Straßenbeleuchtung oder, wenn der Auftrag wichtig genug ist, er die notwendige Erlaubnis erhält und entsprechend ausgerüstet ist, mit Blitz); oder er kann auf das Bild verzichten. Was die letzte Entscheidung anbetrifft, so ist die Ablehnung ein genauso wichtiges Mittel der fotografischen Gestaltung wie die Auswahl.

DER ZWECK DES BILDES. Es ist natürlich ein Unterschied, ob ein Foto beispielsweise zum Illustrieren eines Lehrbuches gemacht wird oder um ein gefühlsmäßiges Erlebnis zu vermitteln. Im ersten Falle kann nur eine absolut sachliche (d. h. illustrative) Auffassung zum Erfolg führen, während für den zweiten Fall eine fantasievolle (d. h. interpretierende) Auffassung für das gewünschte Ergebnis besser geeignet ist.
Ist zum Beispiel das Objekt ein Wolkenkratzer, kann der Fotograf ihn auf zwei Arten auffassen: Ist das Bild als technische Illustration für eine Architekten-Zeitschrift bestimmt, wird wahrscheinlich eine unverzeichnete Aufnahme (Kamera waagerecht, Mattscheibe senkrecht, Objektiv nach oben verstellt) am günstigsten sein, da sie ein Bild ergibt, in dem die Seiten des Gebäudes parallel wiedergegeben werden. Wenn andrerseits der Zweck des Bildes, das vielleicht in einem Familien-Magazin veröffentlicht werden soll, darin besteht, einen Begriff von der nach oben strebenden Gewalt eines neuen Bestandteils der Stadtsilhouette zu geben, wird eine schräge Aufnahmerichtung (Kamera ohne Mattscheibenverstellung nach oben gerichtet), bei der die Mauern des Gebäudes anscheinend nach oben zusammenlaufen, einen stärkeren Eindruck der Höhe geben und daher vorzuziehen sein.

Kontrolle in bezug auf die Wiedergabe des Objektes

Wie schon erwähnt, kann fotografische Kontrolle in drei verschiedene Gruppen eingeteilt werden, von denen jede innerhalb ihres eigenen Wirkungskreises arbeitet. Die beiden ersten Arten von Kontrolle, die die Auswahl und Auffassung des Objektes angehen und schon besprochen wurden, sind vorbereitender Natur. Die dritte Art von Kontrolle – Kontrolle in Hinsicht auf die Objektwiedergabe – befaßt sich mit der Ausführung der Aufnahme und den technischen Mitteln der Wiedergabe. Aus praktischen Gründen ist es ratsam, diese dritte Art von Kontrolle in vier verschiedene Gruppen zu unterteilen:

Ausrüstung und Material;
Methoden und Techniken;
änderungsfähige Aspekte des Bildes;
Bestimmen des Zeitpunktes der Belichtung.

Ehe wir die mannigfaltigen Kontrollen für diese Seiten der Bildherstellung besprechen, möchte ich folgendes erwähnen: Jede der betreffenden Kontrollen kann nicht nur weitgehend variiert werden, sondern jede dieser Variationen kann, wenn nötig, mit jeder Variation einer anderen Kontrolle kombiniert werden. Daher ist die Zahl der verschiedenen Möglichkeiten für die Wiedergabe eines Objektes tatsächlich astronomisch hoch und gibt einem erfahrenen und fantasievollen Fotografen wirklich unbegrenzte Kontrollmöglichkeiten für die endgültige Gestaltung seines Bildes.

Ausrüstung und Material

Soweit es die grafische Wirkung einer Aufnahme auf den Betrachter des Bildes oder Dias betrifft, macht es einen großen Unterschied, ob die Wiedergabe vom Fotografen überlegt geregelt worden ist – ob die Aufnahme mit einer Kleinbildkamera oder einer 9 × 12-cm-Kamera, mit einem Normal-, Weitwinkel- oder Tele-Objektiv, ob mit 1/10 Sek. bei Blende 25 oder mit 1/1000 Sek. bei Blende 2,5, ob mit oder ohne Korrekturfilter auf diese oder jene Art von Film gemacht wurde. Obgleich solche Feinheiten dem Anfänger oft als Kleinigkeiten erscheinen, können sie für den anspruchsvollen Fotografen wie auch für den kritischen, im Sehen geschulten Beobachter den Unterschied zwischen wirkungsvoller und wirkungsloser Darstellung des Objektes ausmachen. Denn oft hängt es nur von der Art ab, wie er feine Abstimmungen wie diese regelt, ob ein Fotograf fähig ist, Struktur und wichtige kleine Einzelheiten überzeugend wiederzugeben; Illusionen von Tiefe und Raum mit zweidimensionalen Mitteln zu schaffen; farbige Wirklichkeit in überzeugend wirkende Grautöne zu übersetzen; oder die Möglichkeiten von Schärfe, Unschärfe und gerichteter Verwischung als Mittel für Darstellung von Bewegung und Leben zu verwenden. Die wichtigsten der Mittel und Methoden, die den Fotografen befähigen, diese Art von Kontrolle auszuüben, werden im folgenden kurz besprochen.

Die Kamera

Die enorme Beliebtheit der Kleinbild-Spiegelreflexkamera und ihr unterschiedsloser Gebrauch hat meiner Meinung nach zu einer allgemeinen Entartung der fotografischen Leistungen, der technischen wie der künstlerischen, geführt. Zugegeben – es gibt kein Objekt, das nicht mit einer Kleinbildkamera fotografiert werden könnte. Aber das bedeutet nicht, daß eine Kleinbildkamera das geeignetste Instrument sei, um jede Art von Aufnahmen zu machen, ohne Rücksicht auf die Natur des Objektes und den Zweck der Fotografie. Wie jedes andere Werkzeug schafft die Kamera nur dann beste Ergebnisse, wenn sie für den speziellen Zweck benutzt wird, für den sie geschaffen wurde.

Künstler und Handwerker wissen ganz genau, daß nicht jede Art von Pinsel, Meißel, Hammer oder Messer gleichartig für jede Arbeit, die mit Pinsel, Meißel, Hammer oder Messer ausgeführt wird, geeignet ist. Jäger wählen ihre Flinte so sorgfältig nach der Wildart, die sie erlegen wollen. Holzarbeiter unterscheiden zwischen vielen verschiedenen Arten von Sägen. Nur Amateurfotografen scheinen zu glauben, daß eine Kamera eine Kamera ist, und die Kleinbildkamera sei der König. Daß dies ein Irrtum ist, beweist die Flut von unscharfen, verwackelten, verwischten und körnigen Bildern – Fotos jedenfalls, die klar erkennen lassen, daß hier etwas falsch ist. Was ist aber falsch? Daß die Kontrolle fehlt. Denn die Wahl der Kamera in Übereinstimmung mit der Art des Objektes, dem Zweck des Bildes und den Erfordernissen der Arbeit ist eine der folgeschwersten Kontrollen, die einem Fotografen zur Verfügung stehen.

Außer Unterschieden in Qualität und Preis unterscheiden sich die Kameras in zwei Haupteigenschaften: Konstruktion und Größe. Hier folgt eine kurze Besprechung dieser Eigenschaften und ihrer Bedeutung für Arbeitsweise und Zweck.

KAMERAGRÖSSE. Viele Kamerakonstruktionen sind in zwei oder mehr Größen für verschiedene Aufnahmeformate erhältlich. Allgemein kann gesagt werden: *kleine Kameras* haben gegenüber großen den Vorteil geringen Gewichtes, der Unauffälligkeit und der höheren Aufnahmegeschwindigkeit bei geringeren Kosten der Aufnahme; sie sind daher besonders gut geeignet für Aufnahmen von *dynamischen Objekten* – Menschen, Tiere, Tätigkeit, Reportage.
Andrerseits ergeben *große Kameras,* wenn sie auch verhältnismäßig schwerfällig und langsam sind, Bilder von bedeutend höherer Qualität und führen zu besseren Ergebnissen in allen Fällen, in denen Geschwindigkeit nicht notwendig ist, d. h., wenn *statische Objekte,* die stillhalten, fotografiert werden.
Grundlegende Informationen über Vorteile und Nachteile der verschiedenen Aufnahmeformate werden später gegeben.

DIE EINÄUGIGE SPIEGELREFLEXKAMERA. Dieser Kameratyp ist in erster Linie für Aufnahmen von Menschen und Objekten in Bewegungen gedacht, ist aber auch besonders gut für Nahaufnahmen und Teleaufnahmen geeignet und ist außerdem der einzige Typ, der für die Verwendung von Vario-Objektiven (»Gummi-Linsen«) geeignet ist.
Besonders wertvolle Eigenschaften sind: völlige Freiheit von Sucherparallaxe (das Bild, das man im Sucher sieht, stimmt in jeder Hinsicht mit dem Bild auf dem Film überein); ein Sucherbild, das so groß wie das Negativ ist (was die Bildkontrolle in bezug auf Schärfe und Komposition erleichtert); Verwendungsmöglichkeit von Objekten jeder Bauart und Brennweite; die Möglichkeit, verschiedene Arten von Suchern in Übereinstimmung mit besonderen Erfordernissen der Aufgabe zu verwenden; keine Notwendigkeit, zusätzliche Sucher für Objektive anderer Brennweite oder Reflexansätze für Nah- oder Fernaufnahmen anzuschaffen.
Nachteile sind: wenn die Kamera nicht mit einer halb- oder vollautomatischen Blende und einem Rückschwingspiegel ausgerüstet ist, erscheint das Sucherbild um so dunkler, je mehr man das Objektiv abblendet, und es verschwindet ganz nach dem Auslösen. Weitwinkel-Aufnahmen erfordern verhältnismäßig große und teure Objektive der Retrofocus-Bauart. Große mechanische Kompliziertheit, ziemlich lautes Auslösegeräusch und möglicherweise ein »Spiegel-Schlag«, der zu verrissenen Bildern führen kann. Keine (oder nur sehr beschränkte) Vorkehrung für perspektivische Kontrolle.

DIE ZWEIÄUGIGE SPIEGELREFLEXKAMERA ist ausgezeichnet für allgemeine Fotografie von Durchschnitts-Motiven und eignet sich meiner Ansicht

nach besonders gut für den Anfänger. Allerdings sind ihre Verwendungsmöglichkeiten für Nahaufnahmen beschränkt, und da bei ihr Auswechseln der Objektive normalerweise nicht vorgesehen ist, kann sie nicht für Weitwinkel- und Tele-Fotografie benutzt werden. Vorteile der zweiäugigen Spiegelreflexkamera sind: ein großes Sucherbild im Format des Negativs, das hell und jederzeit sichtbar ist, auch während und nach der Belichtung; das Auslösen geht sehr leise vor sich; und da der Spiegel fest eingebaut ist, besteht nicht die Gefahr eines Spiegelschlages.
Nachteile sind: Sucherparallaxe, d. h. die Bilder, die von der Sucheroptik und dem Aufnahmeobjektiv entworfen werden, stimmen nicht genau überein, und zwar um so weniger, je kürzer der Aufnahmeabstand ist. Um diese Diskrepanz zu korrigieren, besitzen die meisten zweiäugigen Spiegelreflexkameras eine Einrichtung zum Parallax-Ausgleich. Auswechseln des Objektives ist in der Regel nicht vorgesehen (Ausnahmen sind vorhanden). Die Bauart führt zu größerem Gewicht und ist ausladender als bei anderen Kameratypen desselben Negativformates. Die Ausdehnung der Schärfentiefe kann nicht visuell überprüft werden, sondern nur mit Hilfe der Schärfentiefenskala am Objektiv.

Die Entfernungsmesser-Kamera ist die gedrungenste und am schnellsten einzustellende aller Kamera-Konstruktionen, die für Aufnahmen aus der Hand geeignet sind. Allerdings verliert sie dauernd an Bedeutung gegenüber der einäugigen Spiegelreflexkamera wegen gewisser ihr innewohnenden Nachteile und Beschränkungen: die Kleinheit des Sucherbildes erschwert die Bildkomposition; die Ausdehnung der Schärfentiefe ist nicht zu sehen, sondern kann nur mit Hilfe einer Schärfentiefenskala festgelegt werden; Sucherparallaxe, die mit eingebautem Parallax-Ausgleich korrigiert werden muß; Untauglichkeit für Nahaufnahmen und Fernaufnahmen, es sei denn, daß man ein besonderes Reflexgehäuse dafür ansetzt; Verwendbarkeit nur in Verbindung mit Objektiven, die speziell für die Benutzung an der jeweiligen Kameramarke konstruiert wurden; Abhängigkeit in der Entfernungseinstellung vom Entfernungsmesser, der dejustiert sein kann, ohne daß der Fotograf es merkt, ehe der Schaden sich im Bild offenbart.

Die Atelier-Kamera. Charakteristisch für diesen Typ ist ein verhältnismäßig großes Aufnahmeformat (normal: 9 × 12 cm), ferner daß er keinen Sucher im üblichen Sinne besitzt und Beschränkung auf eine einzige Einstellmöglichkeit für Schärfe und Ausschnitt: die Mattscheibe in Größe des Aufnahmeformates. Daher können Atelier-Kameras nicht für Aufnahmen aus der Hand verwendet werden, sondern nur vom Stativ aus.

Atelier-Kameras sind unübertroffen für Aufnahmen von Dingen, die stillhalten – Gegenstände jeder Art, Landschaften, Innenräume, Architekturen usw. Sie können mit einem Objektiv jeder Konstruktion und Brennweite verwendet werden, das mit einem Verschluß versehen ist, und stellen die einzige Kamera-Konstruktion dar, die mit allseitig verstellbarem Vorder- und Rückteil ausgestattet werden kann (und gewöhnlich auch ist), wodurch sie alle Möglichkeiten der perspektivischen Kontrolle bietet.

PRESSE-KAMERAS ähneln in konstruktiver Hinsicht Atelier-Kameras, sind aber mit einem Entfernungsmesser versehen, der mit der Objektiveinstellung gekuppelt ist. Meiner Meinung nach sind sie überholt und werden durch Kameras moderner Konstruktion wie Graflex XL, Linhof 220 und Technika Press sowie Koni-Omega ersetzt.

POLAROID-LAND-KAMERAS sind zweckbeschränkte Kameras, die den einzigen Vorteil haben, daß fertige Bilder in Farbe oder Schwarzweiß bereits Minuten nach der Aufnahme vorhanden sind. Ihr Hauptnachteil ist die Beschränkung auf die Spezialfilme von Polaroid, von denen die meisten kein benutzbares Negativ ergeben. Daher können Kopien oder Vergrößerungen nur über ein Duplikat-Negativ hergestellt werden. Die Auswechselbarkeit des Objektives ist zunächst nicht vorgesehen, Weitwinkel- und Tele-Aufnahmen sind daher nicht möglich. Verwendung für Nahaufnahmen ist sehr beschränkt.
Amateure mögen aus naheliegenden Gründen Polaroid-Kameras, Fachleute, weil sie ausgezeichnet dazu geeignet sind, um eine komplizierte Beleuchtungsanordnung oder schwierige Belichtung durch eine Testaufnahme innerhalb Minuten zu überprüfen, und weil sie dem Fotografen die Möglichkeit geben, seinen Dank für Entgegenkommen und Mithilfe durch einige sofort verfügbare Schnappschüsse abzustatten. Für 9 × 12-cm-Kameras sind Polaroid-Land-Rückteile für Planfilme vorhanden.

WEITWINKEL-KAMERAS sind weitgehend spezialisierte Instrumente, die nur für extreme Weitwinkel-Aufnahmen geeignet sind oder um Bilder zu schaffen, deren Perspektive bewußt übertrieben ist. Typische Vertreter sind die Hasselblad Superwide und die Plaubel Veriwide; beide erfassen Bildwinkel von fast 100 Grad und liefern Bilder mit geradliniger Perspektive.

PANORAMA-KAMERAS sind extreme Weitwinkel-Kameras, deren Objektive während der Belichtung einen Bogen beschreiben. Typische Vertreter sind die Panon, Panox und Widelux. Sie erfassen Bildwinkel von 140 Grad und ergeben Bilder mit zylindrischer Perspektive.

Das Objektiv

Kameras werden entweder mit einem festeingebauten oder mit einem herausnehmbaren Objektiv geliefert, das gegen Objektive mit anderen Eigenschaften ausgewechselt werden kann. Während die Verwendung des ersten Kameratyps verhältnismäßig beschränkt ist, bietet der zweite fast unbegrenzte Möglichkeiten für Gestaltung, besonders in bezug auf Raumdarstellung und Perspektive.
Die Eignung eines Objektives für eine bestimmte Aufgabe hängt von seinen Charakteristiken in bezug auf vier Eigenschaften ab, die für alle Objektive gelten:

Brennweite;
Lichtstärke;
Bildkreis;
Objektiv-Leistung.

Wenn auch, wie am Anfang erwähnt, hier angenommen wird, daß der Leser mit den grundlegenden Begriffen und Techniken der Fotografie vertraut ist, soll im folgenden ihrer Bedeutung für die Bildgestaltung wegen ein kurzer Überblick über die verschiedenen Objektiv-Eigenschaften gegeben werden.

Brennweite

Die Brennweite wird in Millimeter oder Zentimeter gemessen und ist auf der Fassung jedes fotografischen Objektives eingraviert. Sie bestimmt den Aufnahmemaßstab. Je länger die Brennweite ist, um so größer wird abgebildet, und umgekehrt. Brennweite und Abbildungsgröße sind einander direkt proportional. Ein Objektiv mit einer doppelt so langen Brennweite wie ein anderes bildet das Objekt doppelt so groß ab wie das andere, vorausgesetzt, daß beide Aufnahmen vom selben Standpunkt aus gemacht worden sind. Daraus folgt, daß ein Fotograf durch Benutzen eines Objektives geeigneter Brennweite den Aufnahmemaßstab beliebig regeln kann. Wie weit diese Möglichkeiten reichen, ist daran zu ermessen, daß es z. B. lediglich für Kleinbildkameras Objektive mit Brennweiten von 8 bis 1000 mm und länger gibt.
Aus praktischen Gründen werden die Objektive oft in normale, kurzbrennweitige und langbrennweitige eingeteilt. Normalobjektive ergeben Bilder, deren Perspektive mehr oder weniger unserem Augeneindruck entspricht, und besitzen Brennweiten, deren Länge ungefähr der Diagonale

des Aufnahmeformates entspricht, für das sie geschaffen wurden. Mit anderen Worten: ein Normalobjektiv für Kleinbildfotografie hat eine Brennweite von 45–55 mm, eines, das ein 9×12-cm-Negativ auszeichnen soll, eine Brennweite von 135–150 mm. Die Bezeichnung »kurzbrennweitiges Objektiv« ist populär gleichbedeutend mit »Weitwinkelobjektiv«, die Bezeichnung »langbrennweitiges Objektiv« mit »Teleobjektiv«. Der erste Typ ist außer für Weitwinkel-Fotografie auch für Aufnahmen geeignet, in der die räumlichen Verhältnisse gedehnt und die Perspektive übertrieben erscheinen soll, der zweite außer für Fernaufnahmen auch für Fotos, in denen der Raum »verdichtet« und die Gegenstände besonders »verzeichnungsfrei« dargestellt werden sollen.

Lichtstärke

Lichtstärke ist ein Maß für die größte Lichtdurchlässigkeit eines Objektives. Sie wird in Form einer Verhältniszahl (z. B. 1:4) ausgedrückt und ist auf die Objektivfassung graviert. Je kleiner die zweite Zahl ist – die erste ist stets »1« – um so lichtstärker ist das Objektiv. Ein Objektiv der Lichtstärke 1:2 ist doppelt so lichtstark wie ein Objektiv mit 1:2,8 und achtmal so lichtstark wie eines mit 1:5,6.
Die Lichtstärke beeinflußt zwei wichtige Aspekte der Bildgestaltung: kürzeste Belichtungszeit und kleinste Ausdehnung der Schärfentiefenzone. Je höher die Lichtstärke eines Objektives ist, d. h., je größer seine relative Öffnung und je kleiner seine Blendenzahl, um so kürzer kann die kürzestmögliche Belichtungszeit und um so kleiner die scharf wiedergegebene Tiefenzone sein – Gleichheit aller anderen Umstände vorausgesetzt. Das bedeutet für die Praxis, daß man mit einem hochlichtstarken Objektiv ein bewegtes Objekt besser »einfrieren« kann als mit einem Objektiv geringerer Lichtstärke. Das lichtstarke Objektiv gibt dem Fotografen außerdem die Möglichkeit, die Zone der Schärfentiefe enger zu halten, als wenn er ein weniger lichtstarkes Objektiv verwendet, womit er den Eindruck von Tiefe steigern kann. Und in jenen Fällen, in denen eine längere Belichtungszeit oder eine größere Schärfentiefe erwünscht ist, kann man ein lichtstarkes Objektiv selbstverständlich immer noch so abblenden, daß dieses Ziel erreicht wird. Damit wird natürlich ein lichtstarkes Objektiv zum vielseitigeren Mittel für die Bildgestaltung als ein weniger lichtstarkes Objektiv.

Bildkreis

Der Bildkreis entscheidet über den »ausnutzbaren Bildwinkel« und bestimmt das größte Negativformat, das von einem Objektiv von Ecke zu Ecke scharf ausgezeichnet wird. Bildkreis hat wenig mit Brennweite zu tun. Ein Objektiv sehr langer Brennweite kann einen sehr kleinen Bildkreis haben, und umgekehrt. Zum Beispiel zeichnen die meisten 500-mm-Teleobjektive, die für Verwendung mit kleinen Rollfilmkameras gerechnet sind, eben nur den Bildkreis für das kleine Negativ 6×6 cm aus. Dagegen zeichnet das Goerz Hypergon, ein älteres Weitwinkelobjektiv von nur 75 mm Brennweite, das relativ enorme Negativformat von 18×24 cm aus.
Der Bildkreis ist ein wichtiger Faktor, wenn ein Objektiv an einer Atelier-Kamera verwendet wird, die weitgehende Verstellmöglichkeiten zur Regelung der Perspektive besitzt. Ist der Bildkreis des Objektives zu klein, können diese wertvollen Verstellbarkeiten nicht voll ausgenützt werden, weil dann Teile des Negatives, die außerhalb des Bildkreises fallen, nicht ausgezeichnet werden und entweder unscharf oder unbelichtet erscheinen. Um diese Gefahr auszuschalten, verwenden erfahrene Fotografen, die mit einer 9×12-Studio-Kamera arbeiten, anstelle eines Normalobjektives von 135 mm Brennweite ein Weitwinkelobjektiv von 135 mm Brennweite, das eigentlich für das nächstgrößere Negativformat von 13×18 cm gedacht war. Da die Brennweiten beider Objektive gleich sind, entsteht auch dieselbe Perspektive. Aber während das Normalobjektiv wegen seines kleineren Bildkreises bei entsprechender Verstellung der Kamerateile die Aufnahme nicht von Ecke zu Ecke scharf auszeichnet, gelingt das ohne weiteres mit einem Weitwinkelobjektiv derselben Brennweite.

Objektiv-Leistung

Objektive können, was ihre Leistung anbetrifft, in fünf verschiedenen wichtigen Eigenschaften Unterschiede aufweisen:

Grad der Schärfeleistung;
Grad der Farbkorrektur;
Grad der inneren Reflexion;
Gleichmäßigkeit der Lichtverteilung;
Grad der Verzeichnung.

SCHÄRFELEISTUNG. Im allgemeinen arbeiten Objektive, die für die Verwendung in kleinen Kameras gerechnet wurden, von sich aus schärfer als

Objektive, die für größere Kameras bestimmt sind (kleine Negative müssen eben stärkere Vergrößerung aushalten als große). Hochlichtstarke Objektive arbeiten gewöhnlich nicht ganz so scharf wie Objektive mittlerer Lichtstärke; und teure Objektive arbeiten in der Regel, wenn auch nicht immer, schärfer als billigere derselben Brennweite und Lichtstärke.

Die Schärfeleistung der meisten Objektive wächst mit dem Abblenden und erreicht gewöhnlich bei zwei oder drei Blenden unter der vollen Öffnung ihr Maximum. Bei weiterer Abblendung wächst natürlich die Ausdehnung der Schärfentiefe, aber die Schärfeleistung selbst wird eher verschlechtert als verbessert.

Gelegentlich mag Schärfe auch keine erwünschte Bildeigenschaft sein, weil etwas weichere Wiedergabe besser für die Charakterisierung des betreffenden Objektes geeignet ist. Für diesen Fall gibt es besondere Weichzeichner-Objektive oder Weichzeichner-Vorsätze (die man vor dem normalen Objektiv anbringt), um die gewünschte Wirkung zu erreichen.

Die meisten Foto-Objektive sind so gerechnet, daß sie ihr Schärfenmaximum bei Abständen von 3–50 m ergeben. Bei Verwendung für ausgesprochene Nahaufnahmen (bei denen der Aufnahmeabstand eher in Zentimeter als in Meter zu messen ist), ist ihre Schärfeleistung nicht immer befriedigend. Für diese Fälle sollten spezielle Nahaufnahme- oder regelrechte Makro-Objektive benutzt oder das Normalobjektiv in umgekehrter Stellung angesetzt werden, so also, daß seine Frontlinse dem Film zugewendet ist (für einige Kameras gibt es dafür besondere Adapter).

FARBKORREKTUR. Mit Ausnahme von Objektiven, die man nur an den billigsten Kameras findet, sind alle modernen Objektive genügend farbkorrigiert, um normale Ansprüche zu befriedigen. Soweit es die Farbkorrektur betrifft, sind grundsätzlich zwei Haupttypen von Objektiven zu unterscheiden:

Achromatische Objektive sind für zwei Farben korrigiert: Blau und Grün. Zu diesem Typ gehört die überwältigende Mehrheit aller fotografischen Objektive, die, wie die Erfahrung gelehrt hat, auch jeden Alltags-Farbfotografen völlig zufriedenstellen.

Apochromatische Objektive sind für drei Farben korrigiert: Blau, Grün, Rot. Ihre Schärfeleistung ist daher der der achromatischen Objektive etwas überlegen, eine Tatsache, die allerdings nur dann eine Rolle spielt, wenn die Ansprüche besonders hoch sind, zum Beispiel für höchste Bildqualität, Großbildkamera- und Werbefotografie, wenn von der Aufnahme farbige Großvergrößerungen hergestellt werden sollen oder für Farbauszüge für fotomechanische Druckverfahren. Objektive dieser Art werden nur in einer beschränkten Anzahl von Brennweiten gefertigt, die meist für das Arbeiten mit Großbildkameras bestimmt und verhältnismäßig teuer sind.

INNERE REFLEXION. Leider trägt nur ein Teil des Lichtes, das vom Objektiv aufgenommen wird, zur Bilderzeugung auf dem Film bei. Ein gewisser Prozentsatz – wieviel, hängt von der Konstruktion des betreffenden Objektives ab – wird von den Oberflächen der einzelnen Linsen, von den inneren Wänden der Objektivfassung und den Innenteilen der Kamera reflektiert, wird zurückgeworfen, zerstreut und erreicht schließlich den Film als Schleier oder Lichtfleck.

Schleier ist unerwünscht, weil er den Kontrast des Bildes herabsetzt; Lichtflecke zeigen sich als helle Flecke, die jede Form haben können, aber meist fächerförmig, halbmondförmig oder rund sind oder die Blendenform wiederholen. Beide Erscheinungen zeigen sich besonders oft in Gegenlichtaufnahmen, wenn direktes Licht auf das Objektiv fällt, was natürlich nicht zu vermeiden ist, wenn die Lichtquelle selbst zum Bild gehört.

In der Regel tritt innere Reflexion hauptsächlich in Objektiven komplizierter Bauart auf (die also eine große Zahl von Einzellinsen enthalten) und daher eine größere Anzahl von Glas-Luft-Flächen besitzen, fernerhin in solchen, die eine stark gekrümmte Frontlinsenoberfläche aufweisen. Verhältnismäßig einfache Objektive mit mäßigen Linsenkrümmungen und verkitteten anstatt freistehenden Linsen neigen gewöhnlich weniger zu innerer Reflexion, die selbst die beste »Vergütung« der Linsenoberflächen nie völlig beseitigen kann. Nur ein Test kann feststellen, in welchem Ausmaß ein Objektiv Schleier und Lichtflecke aufweist.

LICHTVERTEILUNG. Jedes Objektiv schickt in einem größeren oder kleineren Ausmaß verhältnismäßig mehr Licht zur Mitte des Filmes als zu seinen Rändern und Ecken. Diese Erscheinung – ungleichmäßige Lichtverteilung – ist zwar gewöhnlich unbedeutend, kann sich aber gelegentlich negativ auswirken, indem sie den Eindruck des Bildes verschlechtert anstatt verbessert. Solche Gelegenheiten ergeben sich, wenn Aufnahmen, und besonders Farbaufnahmen, mit einem extremen Weitwinkelobjektiv gemacht werden. Da Farbfilm einen engeren Belichtungsspielraum als Schwarzweiß-Film besitzt, reagiert er stärker auf ungleichmäßige Lichtverteilung, und da die Ungleichmäßigkeit der Ausleuchtung mit dem Bildwinkel eines Objektives zunimmt, zeigen Weitwinkelobjektive diesen Fehler in höherem Maße als Normalobjektive oder Teleobjektive. Daher testen erfahrene Farbfotografen, ehe sie eines der extremen Weitwinkelobjektive anschaffen, dieses in Verbindung mit Farbfilm, um festzustellen, ob seine Leistung in Hinsicht auf Gleichmäßigkeit der Lichtverteilung annehmbar ist oder nicht.

Verzeichnung. Fotografen müssen zwischen vier verschiedenen Arten von Verzeichnung unterscheiden, von denen jedoch nur eine ein Fehler des Objektives ist. Diese Art von Verzeichnung bewirkt, daß gerade Linien als Kurven wiedergegeben werden, und sie nimmt nach den Bildrändern hin zu. Je nachdem, ob diese Kurven nach außen oder innen gebogen sind, spricht man von tonnenförmiger oder kissenförmiger Verzeichnung. Weitwinkelobjektive und Vario-Objektive leiden besonders oft unter diesem Fehler, der natürlich nur in Fotos in Erscheinung tritt, die in der Nähe des Bildrandes gerade Linien aufweisen. Falls hohe fototechnische Ansprüche gestellt werden, kann man solche Objektive natürlich nicht für Architektur- und Innenaufnahmen verwenden.
Perspektivische Verzeichnung – zum Beispiel: Hände und Füße, die zur Kamera hin gestreckt werden, erscheinen im Bild unnatürlich groß – ist an sich kein Fehler des Objektives, sondern ein Versagen des Fotografen, der den Fehler machte, ein Objekt mit großer Tiefenausdehnung mit einem Objektiv von relativ kurzer Brennweite von einem zu nahen Standpunkt aus aufzunehmen. Hätte er ein Objektiv von längerer Brennweite aus größerem Aufnahmeabstand benutzt, wäre dieser Fehler vermieden worden.
Unnatürlich verbreiterte Köpfe in der Nähe des Bildrandes in extremen Weitwinkelaufnahmen sind das unvermeidbare Resultat der Projektion einer runden oder zylindrischen Form auf eine Fläche (den Film) in einem ziemlich spitzen Winkel. Auch diese Erscheinung ist kein Objektivfehler, sondern ein Fehler des Fotografen, der sein Objekt schlecht angeordnet hat.
Die mehr oder weniger gebogene Wiedergabe von in Wirklichkeit geraden Linien auf Fotos, die mit einer Panorama-Kamera oder mit einer Kamera gemacht worden sind, die mit einem Fischaugen-Objektiv versehen ist, sind ebenfalls keine Fehler des Objektives, sondern charakteristische Eigenschaften der betreffenden Kamera- oder Objektivkonstruktion.

Blende und Verschluß

Wie jeder Fotograf weiß, regelt die Blende die Lichtmenge, die durch das Objektiv kommen kann, während der Verschluß die Zeit regelt, während der diese Lichtmenge auf den Film wirken kann. Folglich ergibt das Zusammenwirken von Abblendung und Belichtungszeit die Belichtung. Und da nun richtige Belichtung unbedingte Voraussetzung für ein technisch einwandfreies Negativ oder Farbdia darstellt, ist die Einstellung von Blende und Belichtungszeit unbedingt eine der wichtigsten fotografischen Kontrollen.

Belichtungskontrolle

Die Werte für Blende und Belichtungszeit werden am besten mit Hilfe eines zuverlässigen Belichtungsmessers bestimmt, da das Auge bekanntlich ein sehr unzuverlässiges Meßinstrument für Helligkeitswerte ist und Gedächtnis oder frühere Erfahrungen täuschen können. Nehmen wir beispielsweise einmal an, daß in einem bestimmten Fall eine solche Belichtungsmessung folgende Werte ergibt (die einem Lichtwert von 14 entsprechen):

Belichtunszeit	1/30	1/60	1/125	1/250	1/500	1/1000	Sekunde
Blende	22	16	11	8	5,6	4	

Jede dieser sechs Kombinationen von Belichtungszeit und Blende würde zu einer einwandfreien Belichtung führen und ein Negativ (oder Farbdia) ergeben, das in bezug auf Dichte (oder Farbe) mit den übrigen fünf völlig übereinstimmt. Aber damit endet auch die Ähnlichkeit zwischen diesen sechs Negativen (oder Farbdias). Denn so gleichartig sie auch in bezug auf die Belichtung sind, unterscheiden sie sich doch beträchtlich in Hinblick auf derartige wichtige Bildeigenschaften wie Schärfentiefe, Bewegungswiedergabe und möglicherweise auch Allgemeinschärfe. Mit anderen Worten: überlegte Einstellung von Blende und Belichtungszeit erlaubt dem Fotografen, nicht nur *eine*, sondern *vier* verschiedene Komponenten der Bildgestaltung zu regeln. Zum Verständnis für besten Gebrauch dieser Gestaltungsmittel und um die günstigste Kombination der möglichen Belichtungswerte zu finden, sei das folgende beachtet:

Schärfentiefekontrolle

Wenn ein Objektiv auf einen bestimmten Bildgegenstand genau eingestellt worden ist, werden Objekte, die näher an der Kamera oder weiter weg von ihr sind, mehr oder weniger unscharf wiedergegeben, und zwar um so unschärfer, je weiter sie von der Bildebene, auf die eingestellt worden ist, entfernt sind. Allerdings ist der Übergang von scharf zu unscharf nicht plötzlich, sondern allmählich. Daraus ergibt sich eine Zone vor und hinter der scharf eingestellten Ebene, in der die Unschärfe zu gering ist, als daß sie auffiele. Diese Zone, die eben noch scharf erscheint, nennt man die Schärfentiefe.
Die Ausdehnung der Schärfentiefe hängt von drei Faktoren ab: Aufnahmeabstand, Brennweite des Objektives, Blendenöffnung. Die Schärfentiefe ist um so größer, je größer der Aufnahmeabstand, je kürzer die Brennweite des Objektives und je kleiner die Blendenöffnung ist, und umgekehrt. Demgemäß stellt jeder dieser drei Faktoren ein wichtiges Gestaltungsmittel dar. In diesem Zusammenhang muß eine Halbwahrheit berichtigt werden – die weitverbreitete Meinung, bei gleicher Blendenöffnung hätten kurzbrennweitige (oder Weitwinkel-)Objektive größere Schärfentiefen als langbrennweitige (oder Tele-)Objektive. Das stimmt nur, wenn beide Objektive aus demselben Aufnahmeabstand benutzt werden. Allerdings gibt bei gleichem Aufnahmeabstand das kurzbrennweitige Objektiv das Motiv in entsprechend kleinerem Maßstab wieder als das langbrennweitige Objektiv. Ein Gewinn an Schärfentiefe geht also auf Kosten eines Verlustes an Abbildungsgröße. Wenn jedoch die Aufnahmeabstände so festgelegt werden, daß der Abbildungsmaßstab (die Abbildungsgröße) in beiden Bildern – dem mit dem kurzbrennweitigen und dem mit dem langbrennweitigen Objektiv – gleich ist, (was natürlich voraussetzt, daß das kurzbrennweitige Objektiv aus entsprechend kürzerem Aufnahmeabstand eingesetzt wird als das langbrennweitige Objektiv), ist die Schärfentiefe bei gleicher Abblendung in beiden Bildern gleich.

In der Praxis vergrößert man die Schärfentiefe am einfachsten, indem man das Objektiv abblendet. Um aber Unterbelichtung des Filmes zu vermeiden, muß jede Abblendung durch eine entsprechende Verlängerung der Belichtungszeit kompensiert werden. Aber ungeachtet der Tatsache – wie wir oben sahen –, daß von der Belichtung her gleichartige Resultate erreicht werden, ob nun der Film 1/30 Sekunde bei Blende 22 oder 1/000 Sekunde bei Blende 4 belichtet wird, werden die resultierenden Fotos in Hinblick auf die Ausdehnung der Schärfentiefe sehr verschieden erscheinen, ferner, wie wir gleich sehen werden, auch in der Darstellung einer Bewegung. Welche dieser beiden extremen (oder auch der dazwischenliegenden Kombinationen von Blende und Belichtungszeit) ein Fotograf benutzt, hängt natürlich von den Erfordernissen der jeweiligen Aufgabe ab. Wichtig ist hier für den Leser, daß er erkennt: Er hat eine Wahl – eine Wahl, die der Kontrolle einiger der wichtigsten Faktoren entspricht, die das Ergebnis des Bildes bestimmen.

Bewegungskontrolle

Wie später gezeigt wird, kann Bewegung in einem Foto auf verschiedene Weise dargestellt werden. Zwei davon, »Einfrieren« und Verwischen, werden unmittelbar mit der Belichtungszeit geregelt. Um ein in Bewegung befindliches Objekt »einzufrieren«, muß die Aufnahme mit einer relativ kurzen Belichtungszeit gemacht werden. Um Bewegung durch Verwischen darzustellen, muß eine verhältnismäßig lange Belichtungszeit benutzt werden. Wie kurz oder wie lang die Belichtungszeit sein muß, hängt von der Geschwindigkeit des Objektes und von den Absichten des Fotografen ab. Beides wird ausführlich in DIE NEUE FOTO-LEHRE und FARB-FOTOLEHRE vom selben Verfasser besprochen.
Wichtig ist hier jedenfalls, daß der Leser erkennt, daß sich in der Regel kleine Blendenöffnungen (die großer Schärfentiefe entsprechen) und kurze Belichtungszeiten (die scharfe Bewegungsabbildung ergeben) gegenseitig ausschließen. Unter üblichen Aufnahmebedingungen kann der Fotograf nur das eine oder das andere haben, aber nicht beides (Ausnahmen: Aufnahmen bei sehr hellem Licht oder mit Blitz). Gleichwohl hat er stets die Wahl, für welches Mittel er sich entscheiden will: Was ist wichtiger – ausgedehnte Schärfentiefe oder scharfe Wiedergabe der Bewegung? Und danach stellt er Blende und Belichtungszeit dann ein.

Schärfenkontrolle

Erfahrene Fotografen unterscheiden zwischen drei verschiedenen Arten von Schärfe:

SCHÄRFE DER WIEDERGABE (innerhalb der eingestellten Ebene) ist »zweidimensionale Schärfe«. Sie wird durch die Schärfenleistung des Objektives, die Exaktheit der Einstellung und, unter gewissen Umständen, auch durch das Auflösungsvermögen des Filmes bestimmt.

SCHÄRFE DER TIEFE (Schärfentiefe) ist »dreidimensionale Schärfe«; wie schon erklärt wurde, wird ihre Ausdehnung durch die Blendenöffnung in Verbindung mit Aufnahmeabstand und Brennweite des Objektives bestimmt.

SCHÄRFE DER BEWEGUNG ist Vermeidung von Verwischung (Bewegungsunschärfe), die durch Bewegung entweder des Objektes oder der Kamera im Augenblick der Belichtung zustande kommt. Sie wird durch die Belichtungszeit geregelt (und, sofern kein Stativ benutzt wird, durch die Fähigkeit des Fotografen, die Kamera während der Belichtung einwandfrei ruhig zu halten).

In der Praxis verlangt die höchstmögliche Schärfe, daß der Fotograf den günstigsten Kompromiß zwischen der kleinsten anwendbaren Blende (für größte erreichbare Schärfentiefe) und der kürzesten anwendbaren Belichtungszeit (für beste erreichbare Schärfe der Bewegung) findet. Denn was nützt die ausgedehnteste Schärfentiefe, wenn das ganze Bild verwackelt ist, weil die Belichtungszeit so lang war, daß der Fotograf die Kamera während der Belichtung nicht einwandfrei ruhig halten konnte?

Die Erfahrung hat in dieser Hinsicht gelehrt, daß wenige Menschen eine Kamera ruhig genug halten können, um mit Belichtungszeiten, die länger als $^1/_{60}$ Sekunde sind, scharfe Bilder zu bekommen. Für die meisten ist $^1/_{125}$ Sekunde die längste Belichtungszeit, mit der sie noch einigermaßen sicher Aufnahmen aus der Hand machen können. Außerdem betreffen diese Werte nur Aufnahmen mit Objektiven von normaler oder kürzerer Brennweite. Langbrennweitige und Teleobjektive bilden nicht nur das Objekt, sondern auch seine Bewegung und jede zufällige Bewegung der Kamera vergrößert ab, so daß entsprechend kürzere Belichtungszeiten notwendig sind, um bewegungsscharfe Bilder zu bekommen. Für Aufnahmen mit extremen Typen von Teleobjektiven sind noch kürzere Belichtungszeiten oder die Verwendung eines Gewehrkolbens oder Stativs unbedingt zu empfehlen.

Verstellbarkeiten der Atelier-Kameras

Wie schon erwähnt, gehören zu den besonderen Vorteilen der Atelier-Kameras die voneinander unabhängigen Verstellbarkeiten der Objektiv- und Mattscheiben-Standarte – die Neigungen und Verschiebungen –, die dem Fotografen ein hohes Maß von Kontrolle über die Wiedergabe von waagerechten und senkrechten Linien geben, ihm damit erlauben, perspektivische Verzeichnungen entweder auszuschalten oder bewußt herbeizuführen und bei bestimmten Aufnahmerichtungen zusätzliche Schärfenausdehnung zu erzielen. Dabei sind drei Gruppen von Kamera-Verstellungen zu unterscheiden, von denen jede ihre eigenen Funktionen aufweist:

Das Neigen und Verstellen des Kamera-Rückteils erlaubt, die Perspektive der Darstellung zu regeln; Linien, die in Wirklichkeit parallel verlaufen – waagerechte und senkrechte –, im Bild parallel statt konvergierend erscheinen zu lassen und Verzeichnung zu vermeiden oder zu schaffen. Wenn ein geringer Grad von perspektivischer Verzeichnung annehmbar ist, erlauben entsprechende Ausrichtungen des Kamera-Rückteils dem Fotografen, bei gewissen Schrägaufnahmen eine beträchtliche Ausdehnung der Schärfentiefe zu erreichen, ohne daß er dazu übermäßig abblenden müßte.

Das Neigen und Verstellen der Objektiv-Standarte beeinflußt die allgemeine Schärfe des Bildes und erlaubt dem Fotografen, die Ausdehnung der scharf wiedergegebenen Zone erheblich zu erweitern, *ohne* dafür stark abblenden zu müssen und *ohne* daß perspektivische Verzeichnungen eintreten.

Die senkrechten und seitlichen Verschiebungen der Objektiv-Standarte und des Kamera-Rückteils regeln die Lage des Bildes auf dem Film und machen es möglich, es in jeder Richtung zu verschieben, ohne den Standpunkt der Kamera oder die Richtung des Objektives zu ändern. Ohne diese Maßnahmen ist eine sinnvolle perspektivische Kontrolle nicht möglich.

Die Verwendung dieser Kamera-Verstellungen unterliegt folgenden Grundsätzen und Betrachtungen:

Wenn es auch in der Fotografie unmöglich ist, ein dreidimensionales Objekt – außer einer Kugel – *vollständig* verzeichnungsfrei wiederzugeben, so kann doch eine flache, zweidimensionale Ansicht ohne jede perspektivische Verzeichnung abgebildet werden. Was das bedeutet, wird am besten an einem konkreten Beispiel erklärt, etwa mit der fotografischen Wiedergabe eines Würfels.
Damit ein Würfel im Bild dreidimensional erscheint, müssen drei seiner Seiten sichtbar sein.

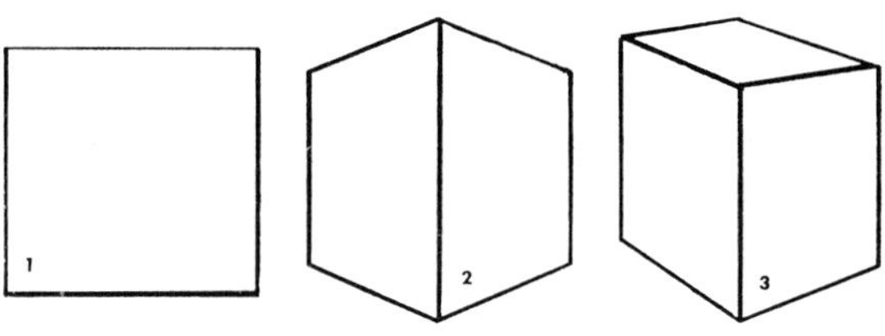

Die fotografische Darstellung eines Würfels in Vorderansicht (1), bei der nur eine Seite sichtbar ist, unterscheidet sich nicht von der fotografischen Wiedergabe eines quadratischen Stückes Papier. In ähnlicher Weise ergibt auch die Übereckansicht (2), die zwei Seiten zeigt, keineswegs den Eindruck eines Würfels, da sie auch ein Stück Pappe darstellen kann, das im Winkel von 90° gefaltet ist. Die einzige Möglichkeit, den Würfel als Würfel darzustellen, d. h. als einen dreidimensionalen Körper, ist, gleichzeitig drei seiner Seiten zu zeigen (3).

Wie sehr sich nun auch ein Fotograf bemühen mag: er wird nie imstande sein, mehr als eine der sechs Seiten eines Würfels verzeichnungsfrei aufs Bild zu bringen, d. h. mit senkrechten parallelen Kanten gleicher Länge, mit waagerechten parallelen Kanten gleicher Länge und mit vier Winkeln von je 90 Grad. Die anderen beiden sichtbaren Seiten müssen stets »perspektivisch« erscheinen, d. h. verzeichnet. Ihre in Wirklichkeit parallelen Kanten konvergieren im Bild, und ihre Winkel bleiben nicht bei 90 Grad, sondern werden spitz oder stumpf. Wenn aber eine Seite verzeichnungsfrei wiedergegeben wird, erscheint ein Würfel oder ein anderer dreidimensionaler Gegenstand dem Auge »unverzeichnet«, da es so sehr an perspektivische Verzeichnung gewöhnt ist, daß es diese Erscheinung oft überhaupt nicht wahrnimmt.

Dementsprechend ist die einzige Möglichkeit, einen dreidimensionalen Körper so zu fotografieren, daß er unverzeichnet *erscheint,* ihn so aufzunehmen, daß *eine* seiner Seiten verzeichnungsfrei wiedergegeben wird. Um das zu erreichen, muß der Fotograf seine Kamera so verstellen, daß die Filmebene und die Seite des Körpers, die unverzeichnet wiedergegeben werden soll, parallel zueinander verlaufen. Wird diese Parallelität nicht erreicht, tritt unweigerlich perspektivische Verzeichnung durch Verkürzung und Verkleinerung ein.

In unserem Beispiel wäre es nun am einfachsten, diese Parallelität zwischen Film und einer Würfelseite dadurch zu erreichen, daß man direkt senkrecht auf eine Würfelseite fotografiert. Leider wird damit aber nur *eine* Seite des Würfels im Bild gezeigt; der Würfel wäre daher von einem Quadrat nicht zu unterscheiden, und das Gefühl von Dreidimensionalität ginge verloren. Nur durch eine Kameraaufstellung, bei der das Objektiv gleichzeitig *drei* Seiten des Würfels erfaßt, ist das zu vermeiden. Dann aber wäre die Filmebene nicht mehr zu einer Würfelseite parallel, und damit ergäbe sich perspektivische Verzeichnung. Um das zu vermeiden, muß eine Atelier-Kamera benutzt werden, denn deren Verstellbarkeiten stellen das einzige Mittel dar, um die Filmebene unabhängig vom Objektiv zu verstellen. Wie das geschieht, wird auf den Seiten 286–287 gezeigt.

Filter

Mit Hilfe entsprechender Filter kann ein Fotograf die Farbwiedergabe seiner Farbdias und Farbpapierbilder und die Farbumsetzung und den Kontrast in seinen Schwarzweiß-Bildern kontrollieren. Um aber unter den vielen verfügbaren Filtern das für seine Zwecke am besten geeignete zu finden, muß er die folgenden grundlegenden Tatsachen kennen. Für eingehendere Unterrichtung über Filtereigenschaften und Filterfaktoren sollte er die Gebrauchsanweisungen der Filterhersteller lesen, die jedem Filter beiliegen. Fotografische Filter können in drei Hauptgruppen eingeteilt werden:

Filter für Farbfotografie;
Filter für Schwarzweiß-Fotografie;
Filter für Farb- und Schwarzweiß-Fotografie.

Filter für Farbfotografie

Diese zerfallen in drei Gruppen, von denen jede einem besonderen Zwecke dient. Eingehende Anweisungen für ihren Gebrauch werden in der FARB-FOTOLEHRE vom selben Verfasser gegeben.

FARBKONVERSIONS-FILTER. Mit ihrer Hilfe kann ein Farbfotograf im Notfall Farbfilm für Tageslicht in Verbindung mit Glühlampenbeleuchtung oder Farbfilm für Kunstlicht bei Tageslicht benutzen; beides würde ohne Filter normalerweise unbrauchbare Bilder ergeben. Die Verwendung des geeigneten Kodak-Filters Serie 80 verwandelt einen Farbfilm für Tageslicht in einen Film, der für Fotografieren bei Kunstlicht geeignet ist. Andrerseits macht das entsprechende Kodak-Filter Serie 85 einen Kunstlichtfarbfilm für Aufnahmen bei Tageslicht geeignet.

LICHTAUSGLEICHSFILTER. Mit ihrer Hilfe kann ein Farbfotograf tatsächlich die Zusammensetzung von Tageslicht oder Kunstlicht so ändern, daß sie genau dem Licht entspricht, für das eine bestimmte Farbfilmart sensibilisiert worden ist, um damit die naturgetreueste Farbwiedergabe zu erreichen, die möglich ist. Zum Beispiel: Farbfilm für Tageslicht ist für Verwendung bei normalem Tageslicht geschaffen – einer Kombination von direktem Sonnenlicht und dem Licht, das ein blauer Himmel mit ein paar weißen Wolken reflektiert, und zwar zwischen etwa zwei Stunden nach Sonnenaufgang und zwei Stunden vor Sonnenuntergang. Früher oder später am Tage, im Schatten oder unter einem dunstigen oder bedeckten Himmel, weicht die Lichtfarbe von der des »normalen Tageslichts« ab, wodurch ungefilterte Aufnahmen unter diesen Umständen einen Farbstich bekommen. Diese Art von Farbverfälschung kann durch ein geeignetes Lichtausgleichsfilter vermieden werden. Typische Filter dieser Art sind die Kodak-Filter Serie 81 (gelblich) und 82 (bläulich).

FARBAUSGLEICHSFILTER. Mit ihrer Hilfe kann ein Fotograf das Farbgleichgewicht seiner Farbdias oder Farbpapierbilder so regeln, daß sie mehr oder weniger rötlich, grünlich, bläulich usw. erscheinen. Gelegenheiten für diese Art der Farbbeeinflussung gibt es viele: etwa um die unbefriedigende Farbwiedergabe einer bestimmten Farbfilm-Emulsion zu verbessern; um Farbabweichungen durch anormal lange (Zeitbelichtung) oder anormal kurze (Elektronenblitz) Belichtungszeiten zu korrigieren; um die Farbwiedergabe von Farbdias, die mit ungewöhnlichen Lichtquellen wie Leuchtröhren gemacht werden, zu verbessern; um Farbmängel bei Unterwasseraufnahmen oder bei Beleuchtung durch gefärbte Fenstergläser auszugleichen, oder einfach, um das Farbgleichgewicht eines Farbdias oder eines Farbpapierbildes im Sinne einer bestimmten Stimmung zu ändern. Typische Vertreter dieser Filterart sind die Kodak-CC-Filter, die mit verschiedenen Dichten in den Farben Rot, Gelb, Grün, Blau, Purpur und Blaugrün zur Verfügung stehen.

Filter für Schwarzweiß-Fotografie

Die meisten dieser Filter sind wesentlich stärker gefärbt als Filter für Farbaufnahmen. Sie ändern die Reaktion der Filmemulsion auf Farben und können in die folgenden drei Untergruppen eingeteilt werden, von denen jede einem bestimmten Zweck dient. Eingehende Anweisungen über ihre Verwendung werden in DIE NEUE FOTOLEHRE vom selben Verfasser gegeben.

KORREKTURFILTER geben dem Fotografen die Möglichkeit, die Farben des Motivs in Grautöne zu übersetzen, die ihren Helligkeitswerten genau entsprechen. Da alle Schwarzweiß-Filme eine überhöhte Empfindlichkeit für Blauviolett und Ultraviolett besitzen, einige panchromatische Filme auch für Rot besonders empfindlich sind, kann das manchmal notwendig werden, da die Farben Blau, Violett und Rot bei der Übersetzung in Grautöne im Vergleich mit zum Beispiel Grün zu hell erscheinen können. Solche falsche Tonwertumsetzung kann mit Korrekturfiltern ausgeglichen werden, zum Beispiel mit den Kodak-Filtern K2 (hellgelb) und X1 (hellgrün), von denen das erste für die Verwendung von panchromatischem Film bei Tageslicht, das zweite bei Kunstlicht bestimmt ist.

KONTRASTFILTER ermöglichen dem Fotografen, bestimmte Farben des Motivs für eine bessere Tonwertwiedergabe aufzuhellen oder dunkler zu halten. Zum Beispiel kann ein Rot und ein Grün von ähnlicher Helligkeit bei der Umsetzung in Grautöne in gleichen Abstufungen wiedergegeben werden, die sich miteinander vermischen, so daß sich ein langweiliges und »unnatürliches« Bild ergibt. Um das zu vermeiden, um Farbkontrast in Tonwertkontrast umzuformen und um die tonwertmäßige Trennung der Bildelemente sicherzustellen, kann ein Fotograf die Farbübersetzung mit Hilfe von geeigneten Filtern kontrollieren: ein Rotfilter würde Rot heller als Grün bringen, ein Grünfilter Grün heller als Rot.

Die Wahl des geeigneten Kontrastfilters geht nach einer einfachen Regel vor sich: um eine Farbe in der Schwarzweiß-Wiedergabe heller zu machen, als sie in der ungefilterten Aufnahme erscheinen würde, muß ein Filter derselben Farbe benutzt werden; um sie dunkler zu halten, ein Filter in der Komplementärfarbe. Komplementärfarben sind folgende Paare:

Rot – Blaugrün
Orange – Blau
Gelb – Violett
Grün – Purpurrot
Blau – Orange

Beispiele der Verwendungsmöglichkeiten von Kontrastfiltern werden auf den Seiten 234–235 und 250–253 gegeben.

INFRAROT-FILTER erscheinen dem Auge schwarz. Sie lassen infrarotes Licht durch, absorbieren aber alles sichtbare Licht und *müssen* in Verbindung mit infrarotempfindlichen Filmen benutzt werden, um den typischen Infrarot-Effekt zu erzielen. Denn Infrarot-Film gibt ohne ein solches Filter ein Motiv wie ein gewöhnlicher panchromatischer Film wieder.
Allerdings kann bei Handaufnahmen auf Infrarot-Film mit einer einäugigen Spiegelreflexkamera oft ein gewöhnliches Rotfilter (Kodak Wratten A oder F) benutzt werden. Es bietet den Vorteil, daß der Fotograf im Sucher seiner Kamera noch die Andeutung eines Bildes sehen kann, während das echte Infrarotfilter, das schwarz ist, das Sucherbild völlig auslöscht. Die Wirkung des Rotfilters unterscheidet sich zwar etwas von der eines echten Infrarotfilters, ist ihm aber noch immer genügend ähnlich, um seine Verwendung in den meisten Fällen, in denen Infrarotfilm für bildmäßige – nicht wissenschaftliche – Fotografie benutzt wird, zu rechtfertigen.

Filter für Schwarzweiß- und Farbfotografie

Diese sind im folgenden kurz beschrieben. Eingehende Anweisungen für ihre Verwendung werden in DIE NEUE FOTOLEHRE vom selben Verfasser gegeben.

ULTRAVIOLETT- (ODER DUNST-)FILTER absorbieren ultraviolette Strahlung. Ihr Zweck ist, die Wiedergabe bei Freilichtaufnahmen auf größere Entfernungen zu verbessern – besonders in größeren Höhen, im Gebirge oder aus der Luft –, indem bei Schwarzweiß-Aufnahmen der Kontrast gesteigert und bei Farbaufnahmen der Blauschleier vermieden wird.

POLARISATIONSFILTER dämpfen oder löschen unter bestimmten Umständen Reflexe und Glanzlichter in glänzenden, nichtmetallischen Oberflächen wie Glas, Wasser, Asphalt, Lack, glänzenden Gemälden und Papier, poliertem Holz usw. Außerdem sind sie in der Farbfotografie das einzige Mittel, um einen blassen blauen Himmel etwas dunkler zu bekommen.

NEUTRALGRAU-FILTER dienen in erster Linie dazu, die Lichtwirkung zu dämpfen, wenn man bei sehr hellem Licht Aufnahmen auf einem höchstempfindlichen Film machen muß und selbst die kürzeste Belichtungszeit bei stärkster Abblendung noch zu Überbelichtung führen würde. Außerdem geben sie dem Fotografen die Möglichkeit, mit verhältnismäßig großen Öffnungen und/oder längeren Belichtungszeiten zu arbeiten (um besondere Wirkungen zu erzielen), auch wenn er bei hellem Licht einen hochempfindlichen Film verwendet. Neutralgrau-Filter werden von Kodak in verschiedenen Dichten geliefert. Sie lassen von 90 bis $^1/_{100}$ Prozent des auffallenden Lichtes durch.

Film

Umsichtige Fotografen haben die Wahl zwischen einer verhältnismäßig großen Anzahl verschiedener Filme, die mitunter sehr unterschiedliche Eigenschaften aufweisen, von denen jede ihren Teil zur Bildgestaltung beitragen kann. Hier folgt eine Aufzählung dieser Eigenschaften, die sowohl für Schwarzweiß- wie auch für Farbfilme gelten:

Filmformat

Das *beste* Filmformat ist gewöhnlich das *größte*, das dem Fotografen noch ermöglicht, eine *vollkommene* Arbeit zu liefern. Fotografen, die zwischen verschiedenen Kameraformaten wählen können oder die Anschaffung einer Kamera erwägen, sollten folgendes beachten:

GROSSE FILMFORMATE – als Standard gilt hier 9×12 cm – haben gegenüber kleineren folgende Vorteile: die fototechnische Qualität des Papierbildes oder Dias ist potentiell wesentlich höher, da ein geringerer Vergrößerungsmaßstab erforderlich ist. Um beispielsweise eine 30×40-cm-Vergrößerung von einem 9×12-cm-Negativ herzustellen, muß dieses etwas über dreifach linear vergrößert werden, ein Kleinbildnegativ hingegen mehr als zehnfach. Infolgedessen sind die Tonabstufungen von Vergrößerungen nach größeren Negativen reichhaltiger, die Schärfe besser und das Filmkorn entweder kaum oder überhaupt nicht bemerkbar. Und große Farbdias lassen sich viel leichter für Werbe- und Industrie-Zwecke verkaufen als kleine, einfach weil sie stärker auf das Auge wirken.
Natürlich gehören zu großen Filmformaten große Kameras, deren große Mattscheiben die Beurteilung des zukünftigen Bildes leichter machen als kleine: Einzelheiten – ob erwünscht oder unerwünscht – sind klar zu sehen, die Verteilung von Schärfe und Unschärfe, Licht und Schatten kann leicht überprüft werden, die Anordnung des Objektes in bezug auf eine zufriedenstellende Raumverteilung ist besser zu beurteilen. Und notfalls können auch kleinere Ausschnitte aus dem großen Negativ ohne auffallendes Korn oder wesentlichen Verlust an Einzelheiten vergrößert werden – ein praktischer Ersatz für ein fehlendes Teleobjektiv und stets ein gutes Mittel, um die Komposition zu straffen.
Nachteile von großen Filmformaten gegenüber kleineren sind die bedeutend höheren Kosten pro Aufnahme; wesentlich größerer Raumbedarf (eine einzelne 9×12-cm-Filmkassette enthält nur zwei Planfilme, braucht aber mehr Raum und ist schwerer als Film für über hundert Aufnahmen, den drei Patronen Kleinbildfilm enthalten), und die Tatsache, daß die entsprechenden Kameras verhältnismäßig schwer, groß und auffällig sind und für die Aufnahme mehr Zeit erfordern.
Folglich sind große Filmformate vor allem dem überlegt und sorgfältig arbeitenden Fotografen – dem Perfektionisten – sehr zu empfehlen. Sie sind unübertroffen zur Wiedergabe statischer Objekte, die still halten, für die Benutzung daheim und im Studio, und sind in allen Fällen unersetzlich, in denen fototechnische Vollkommenheit wichtiger als Bequemlichkeit ist.

Kleine Filmformate. Der übliche 35-mm-(Kleinbild-)Film hat vor größeren Filmformaten folgende Vorzüge: leichtes Gewicht und geringer Platzanspruch – Film für hundert Aufnahmen beansprucht weniger Raum als eine Schachtel Zigaretten. Diese Eigenschaft und die geringen Kosten pro Aufnahme führen zu einer vielfältigeren Darstellung des Motivs und vermindern die Gefahr, daß man wichtige Aufnahmen mißt. Außerdem sind die entsprechenden Kameras verhältnismäßig leicht, klein und unauffällig, man kann mit ihnen außerordentlich schnell arbeiten, und sie sind mit Objekten höherer Lichtstärke auszurüsten, als für größere Kameras zur Verfügung stehen. Kodachrom-Farbfilm, den Farbfilm mit dem höchsten Auflösungsvermögen, gibt es, abgesehen vom Schmalfilm, nur im Kleinbildformat – der weltweiten Norm für Farbdias. Nachteile des Kleinbildfilmes gegenüber größeren Filmformaten liegen in der allgemein etwas geringeren fototechnischen Qualität der Bilder in bezug auf Schärfe, Tonabstufung und Körnigkeit; Billigkeit und einfache Handhabung verleiten zu unüberlegtem Fotografieren; die Verarbeitung muß sorgfältiger als sonst vorgenommen werden, da bei dem erforderlichen starken Vergrößerungsmaßstab jeder kleinste Kratzer und jedes Staubkörnchen in der Vergrößerung sichtbar wird. Und viele Werbe- und Industrieleute, die Farbdias brauchen, weisen Kleinbilddias zurück.
Folglich eignen sich kleine Aufnahmeformate am besten für den schnellen und impulsiven Verarbeiter, für den Mann, der viel unterwegs ist, für den Fotografen, der mehr Wert auf lebendige Bilder als auf raffinierte fotografische Technik legt. Kleine Formate sind besonders für Aufnahmen von dynamischen Motiven geeignet, für Darstellungen von Menschen, Tieren, Bewegungen, und sie sind in all den Fällen angebracht, in denen eine technisch nicht ganz einwandfreie Aufnahme immer noch besser ist als überhaupt kein Bild.

Mittlere Filmformate – Standard-Format ist 6×6 und 6×9 cm – vereinigen zu einem verhältnismäßig geringeren Grad die Vorteile und Nachteile von großen und kleinen Filmformaten. Sie sind vor allem jenen Fotografen empfohlen, die dieselbe Kamera für Aufnahmen von statischen und dynamischen Motiven benutzen wollen; Fachfotografen, die mit lebendigen Modellen, vor allem auf dem Gebiet der Werbe- und Modefotografie, arbeiten; solchen, die Farbpapierbilder den Farbdias vorziehen; und begabten Anfängern.

Filmtyp

Die Frage, ob Rollfilm oder Planfilm vorzuziehen sei, muß aufgrund folgender Betrachtungen beantwortet werden:

ROLLFILM (einschließlich Kleinbildfilm 35 mm) ist die am bequemsten zu verwendende Filmart. Man kann damit Kameras im Tageslicht laden und entladen (allerdings nicht in direktem Sonnenlicht; notfalls benutzt man den eigenen Körperschatten dazu); Fotografieren mit Rollfilm geht schneller als mit Planfilm oder Filmpack, und die weitere Bearbeitung ist bequemer als die jeder anderen Filmart.
Zu den Nachteilen zählt, daß es nicht möglich ist, die Filmart in der Mitte der Filmrolle zu wechseln (zum Beispiel von Schwarzweiß auf Farbe), ohne den restlichen Teil zu opfern, es sei denn, daß die Kamera mit auswechselbaren Filmmagazinen ausgerüstet ist; einzelne Aufnahmen können nicht einzeln entwickelt werden, weshalb man vermeiden soll, Aufnahmen unter sehr verschiedenen Lichtverhältnissen auf dieselbe Rolle zu belichten; Resultate kann man erst sehen, wenn die ganze Rolle belichtet und entwickelt worden ist.

PLANFILM hat vor Rollfilm den Vorteil, daß jede Aufnahme einzeln und individuell entwickelt werden kann und daß während der Aufnahmeserie zu jeder Zeit der Wechsel von Schwarzweiß- zu Farbfilm und umgekehrt möglich ist, ohne daß man Film opfern muß.
Nachteile sind, daß man jeden Film einzeln in der Dunkelkammer (oder in einem verdunkelten Raum) für sich in die Kassette erst ein- und nach der Belichtung wieder auslegen muß, sowie die Größe und das Gewicht der Filmkassetten.

FILMPACK hat den Vorteil, daß er bei Tageslicht ein- und ausgelegt werden kann; daß der Übergang von Schwarzweiß-Filmpack zu Farb-Planfilm jederzeit möglich ist; daß eine begrenzte Anzahl von Aufnahmen unmittelbar nach der Belichtung entwickelt werden kann, da bis zu sechs belichtete Filmblätter aus dem Pack herausgenommen werden können, ohne den Rest zu gefährden; und daß 16 Filmblätter in einer Filmpack-Kassette kaum mehr Platz einnehmen als zwei Planfilme in ihrer Kassette.
Nachteilig ist die verhältnismäßig dünne Filmunterlage, durch die die einzelnen Filme stärker dazu neigen, sich in der Filmebene zu krümmen oder auch im Vergrößerer, wenn man sie nicht zwischen Glasplatten legt; höhere Kosten pro Aufnahme als für Planfilm derselben Größe; und die Tatsache, daß bis heute nur Schwarzweiß-Film als Filmpack erhältlich ist, aber kein Farbfilm.

Film-Empfindlichkeit

Obgleich man annehmen sollte, daß ein hochempfindlicher Film grundsätzlich vorzuziehen sei, ist das nicht der Fall. Denn fast ausnahmslos sind hochempfindliche Farbfilme wie auch Schwarzweiß-Filme körniger als geringempfindliche. Man zieht daraus, soweit Körnigkeit nicht als Gestaltungsmittel verwendet werden soll, diese Folgerung: Der *beste* Film ist stets der *unempfindlichste* Film, der noch zu einer *vollkommenen* Lösung der Aufgabe führt.

Farbfilme

Die Probleme, die mit der Frage zusammenhängen, ob ein bestimmtes Objekt farbig oder schwarzweiß zu fotografieren sei, wurden schon besprochen; entscheidet sich der Fotograf für Farbe, muß er folgendes beachten:

FARBUMKEHRFILM ODER FARBNEGATIVFILM? Ein Fotograf, der Farbdias herstellen will, die für Projektion (oder Vervielfältigung durch fotomechanische Druckverfahren) geeignet sind, muß mit Umkehrfilm arbeiten. Möchte er sich aber an Farbaufnahmen in Form von Farbpapierbildern erfreuen (die sich ebenfalls für Vervielfältigung mittels fotomechanischer Druckverfahren eignen), muß er Farbnegativfilm verwenden.

Während Farbnegativfilm entweder mit Tageslicht, Kunstlicht oder Blitz verwendet werden kann, *muß* Umkehrfilm (falls nicht ein entsprechendes Konversionsfilter benutzt wird) in Verbindung mit der Lichtart verwendet werden, für die er sensibilisiert ist. Sonst stimmen die Farben des Farbdias nicht mit denen des Motivs überein. Man unterscheidet drei Arten von Umkehrfilm:

Farbumkehrfilm für Tageslicht ist für Verwendung bei normalem Tageslicht, mit blauen Blitzlampen und mit Elektronenblitz bestimmt.

Farbumkehrfilm Typ A ist für Aufnahmen mit Fotoleuchten der Farbtemperatur 3400 °K bestimmt.

Farbumkehrfilm Typ B ist für Aufnahmen mit elektrischen Glühlampen der Farbtemperatur 3200 °K bestimmt.

Die Wahl eines bestimmten Fabrikates oder eines Farbfilmes innerhalb einer bestimmten Typengruppe stellt einen Farbfotografen vor Probleme, die sich stark von jenen unterscheiden, denen sich ein Schwarzweiß-Fotograf gegenüber sieht. Dort sind Filmempfindlichkeit, Belichtungsspielraum und Körnigkeitsgrad wichtige Eigenschaften; hier ist die Hauptfrage: Welcher Art sind die Eigenschaften hinsichtlich Farbwiedergabe der verschiedenen in Frage kommenden Filme? Denn die Unterschiede in der Farbwiedergabe zwischen den verschiedenen Farbfilmfabrikaten können so groß sein, daß die Wahl nur auf Grund des persönlichen Geschmackes getroffen werden kann. Wie man die dafür notwendigen Prüfungen vornimmt, ist in FARB-FOTOLEHRE vom selben Verfasser beschrieben.

Schwarzweiß-Filme

Moderne Schwarzweiß-Filme können in eine der folgenden vier Gruppen eingeordnet werden, von denen jede ihre speziellen Charakteristiken hat, die ihre Verwendungsmöglichkeit bestimmt:

DÜNNSCHICHT-FILME sind nur als Kleinbildfilme 35 mm vorhanden und besitzen sehr geringe Empfindlichkeiten (15–19 DIN), ausnehmend feines Korn, ungewöhnlich hohes Auflösungsvermögen, ziemlich steile Gradation und einen sehr engen Belichtungsspielraum. Besonders große Sorgfalt ist auf genaue Belichtung zu verwenden (die auf eine Blendenstufe exakt sein muß) und auf die Entwicklung (die Verwendung besonderer ausgleichender Entwickler wird vorausgesetzt). Sie können dann aber auch 30×40-cm-Vergrößerungen ergeben, die noch erstaunlich scharf und vor allem kornlos sind. In unerfahrenen Händen sind sie eine Katastrophe.

FILME FÜR ALLGEMEINE ZWECKE werden durch mittlere Empfindlichkeiten charakterisiert (20 bis 27 DIN), haben noch verhältnismäßig feines Korn, mittlere Gradation und erstaunlich großen Belichtungsspielraum, der diese Filme gegen Über- und Unterbelichtung ziemlich nachsichtig macht. Soweit nicht höhere Filmempfindlichkeit oder sehr feines Filmkorn besonders wichtig sind, ist das die Gruppe, aus der erfahrene Fotografen den Film für ihre tägliche Arbeit wählen.

HOCHEMPFINDLICHE FILME besitzen sehr hohe Empfindlichkeiten (28 bis 33 DIN), ziemlich grobes Korn bei entsprechend geringem Auflösungsvermögen, flache Gradation und sehr kleinen Spielraum gegen Überbelichtung, die zu derartig flauen und kontrastlosen Negativen führt, daß sie meist unbrauchbar sind. Die Filme dieser Gruppe sind für allgemeine Fotografie und vor allem für Aufnahmen bei gutem Licht völlig ungeeignet. Andererseits können sie noch unter Lichtverhältnissen zum Erfolg führen, unter denen Filme der vorhergehenden Gruppe wegen ungenügender Empfindlichkeit versagen; korrekt eingesetzt, können sie zu sehr interessanten Ergebnissen führen.

SPEZIALFILME. Eine ganze Gruppe von Schwarzweiß-Filmen existiert, von denen der Durchschnittsfotograf keine Ahnung hat, weil sie für allgemeine Fotografie völlig ungeeignet sind. Wenn sie aber auch nur für bestimmte, eng begrenzte Zwecke vorgesehen sind, ergeben noch diese Filme in der Hand eines fantasievollen Fotografen auch auf anderen Gebieten interessante Resultate, und experimentell eingestellte Fotografen sollten sich auf der Suche nach neuen grafischen Ausdrucksmitteln mit ihnen beschäftigen. Die folgenden Filmarten verdienen besondere Beachtung: infrarotempfindliche Filme (auch als Farbfilm erhältlich); Dokumentenfilme; Kodak Fine Grain Positive Film; Kodak Direct Positive Pan Film; Fluoreszenz-Aufnahme-Film; Kodalith-Film. Wer sich dafür interessiert, läßt sich eingehende Informationen über diese Filme von seinem Fotohändler oder direkt vom Kundendienst der Kodak AG (7 Stuttgart-Wangen, Postfach 369) kommen.

Gradation und Korn

Gradation und Korn sind »angeborene« Eigenschaften jeder fotografischen Emulsion. Gewisse Filme arbeiten »härter« oder »weicher« (d. h. mehr oder weniger kontrastreich) und mehr oder weniger »körnig« als andere, wie aus der oben gebrachten Übersicht zu ersehen ist. Allerdings sind diese Eigenschaften nicht unveränderliche, und Fotografen, die sie als Mittel zur Bildgestaltung benützen wollen, müssen folgendes wissen:

ÜBERBELICHTUNG bis zu drei Blendenstufen ergibt in Verbindung mit einer um 10–25% verkürzten Entwicklungszeit *Negative von entsprechend flacherer Gradation,* als für den betreffenden Film normal ist. Andererseits neigt Überbelichtung allerdings auch dazu, das Korn stärker zu betonen als in richtig belichteten Negativen, wobei natürlich auch die Schärfe der Wiedergabe leidet.

UNTERBELICHTUNG von ein oder zwei Blendenstufen ergibt in Verbindung mit einer um 25–50% verlängerten Entwicklungszeit *Negative von entsprechend steilerer Gradation,* als für den betreffenden Film normal ist.

Um feines Filmkorn zu bekommen, benutzt man einen Feinkornfilm, belichtet genau richtig, verwendet einen Feinkornentwickler, der sich für die betreffende Art des Filmes eignet (wozu man sich vom Kundendienst des Herstellers beraten lassen kann), vermeidet unbedingt zu langes Entwickeln und vergrößert das Negativ auf ein Papier von verhältnismäßig weicher Gradation.

Um grobes Filmkorn zu bekommen, greift man zu einem hochempfindlichen Film, belichtet etwas kürzer als normal, entwickelt mit einem Rapidentwickler, verlängert die Entwicklungszeit etwas über die normale hinaus und vergrößert auf hart arbeitendes Fotopapier.

Filmentwickler

Den größten Gefallen, den sich ein Fotograf erweisen kann, ist, seine Filme genau nach Anweisung des Herstellers in bezug auf Typ und Temperatur des Entwicklers und Dauer der Entwicklung zu behandeln. Wenn aber auch, wie oben schon erwähnt wurde, Gradation und Kornstruktur Charakteristiken jeder einzelnen Filmemulsion sind, sind diese Eigenschaften doch keineswegs unveränderlich, sondern können innerhalb gewisser Grenzen durch Abstimmung der Belichtung in Verbindung mit gewissen Abweichungen von der normalen Entwicklung verändert werden. Noch größere Veränderungen im Charakter eines Negativs erreicht man aber, wenn man noch eine weitere variable Größe zu Hilfe nimmt: die Art des Entwicklers. Fotografen, die nach ungewöhnlichen grafischen Wirkungen suchen und zu experimentieren lieben, sollten sich für diese Möglichkeiten interessieren. Die folgende Übersicht über die verschiedenen Arten von Negativentwicklern soll ihnen dabei helfen.

Normalentwickler arbeiten schnell und gründlich, nützen die ganze Filmempfindlichkeit aus und ergeben Negative von durchschnittlicher Abstufung und mittelmäßig feinem Korn. Sie sind besonders gut für die Entwicklung von Negativen von 6×6 cm und größer geeignet und geben in der Regel die am meisten zufriedenstellenden Resultate. Typischer Vertreter: Kodak Developer D-76.

Rapidentwickler besitzen etwas mehr Kraft als normale Entwickler. Sie arbeiten schneller und ergeben Negative mit etwas höherem Kontrast und meist auch etwas gröberem Korn. Sie sind besonders gut für die Entwicklung von 9×12-Planfilmen (und Filmpack-Negativen) von Motiven mit geringem Kontrast geeignet und holen aus unterbelichteten Negativen noch das meiste heraus. Typischer Vertreter: Kodak Developer DK-60a.

Kontrast-Entwickler, die in erster Linie für die Entwicklung von Schwarzweiß-Reproduktionen von Strichzeichnungen, Druckseiten usw. bestimmt sind, ergeben Negative von extrem hohem Kontrast. Sie bieten Fotografen, die grafische Ausdrucksmöglichkeiten des reinen, abstrakten Schwarzweiß erforschen wollen, schöpferische Möglichkeiten. Typischer Vertreter: Kodak Developer D-8.

Feinkorn-Entwickler ergeben Negative mit etwas feinerem Korn als Normalentwickler. Sie sind ursprünglich für die Entwicklung von Kleinbildfilmen bestimmt, können aber auch für größere Formate benutzt werden. Die meisten Feinkorn-Entwickler verlangen allerdings eine etwas verlängerte Belichtung, deren Faktor von dem betreffenden Erzeugnis abhängt. Typischer Vertreter: Kodak Microdol-X.

Ultrafeinkorn-Entwickler liefern Negative mit noch feinerem Korn als Feinkorn-Entwickler, allerdings meist auf Kosten eines noch höheren Empfindlichkeitsverlustes des Filmes. Leider ist das ganze Gebiet der Ultrafeinkorn-Entwicklung durch das dauernde Erscheinen neuer »noch besserer« Ultrafeinkorn-Entwickler mit oft fantastisch aufgebauschten Vorteilen etwas konfus geworden. Fotografen, die Interesse für diese Möglichkeiten haben, machen am besten eigene Teste und ziehen daraus ihre Schlüsse.

Fotografische Papiere

Die einfachste, wenn auch nicht unbedingt die beste Kontrolle der Gradation einer Aufnahme besteht im Kopieren oder Vergrößern dieses Negativs auf Papier einer dafür passenden Gradation. Diese Kontrolle kann aus zwei Gründen notwendig werden:

Um einen technischen Fehler zu korrigieren, z. B., um ein Positiv von zufriedenstellender Tonabstufung von einem Negativ mit nicht zufriedenstellender Gradation herzustellen.

Aus künstlerisch-gestalterischen Absichten, z. B., um von einem Negativ mit normaler Gradation Positive herzustellen, in denen der Kontrast gesteigert oder abgeschwächt wird, um besondere Wirkungen zu erzielen.

Der Fotograf hat die Wahl unter einer Vielzahl von lichtempfindlichen Papieren mit fünf oder sechs verschiedenen Gradationsstufen mit den drei folgenden unterschiedlichen Eigenarten:

PAPIERE NORMALER GRADATION übersetzen mehr oder weniger die Tonabstufung des Negativs in das Positiv.

PAPIERE WEICHER GRADATION ergeben Positive, die weniger Kontrast aufweisen als die Negative, von denen sie gemacht wurden.

PAPIERE HARTER GRADATION ergeben Positive, die kontrastreicher sind als die Negative, von denen sie gemacht wurden.

Methoden und Techniken

Jede Fotografie kommt durch das Zusammenwirken von vier (Dias) oder fünf (Papierbilder) getrennten Operationen zustande:

Ausschnitt bestimmen;
Entfernung einstellen;
Belichten;
Entwickeln;
Vergrößern.

Jede dieser Maßnahmen kann vom Fotografen her kontrolliert, d. h. auf verschiedene Weisen, die auf unterschiedlichen Mitteln und Methoden beruhen, ausgeführt werden. Jede Abänderung führt zu einer anderen Darstellung. Fotografen, die sich nicht mit Zufallsprodukten zufriedengeben, können nichts Besseres tun, als diese Möglichkeiten zur Gestaltung, die im folgenden besprochen werden, zu studieren und sie zu ihrem Vorteil zu nutzen.

Ausschnitt bestimmen

Um den Ausschnitt festzulegen, ist ein Sucher für die Leistung der Kamera genauso wichtig wie das Visier für die Leistung eines Gewehres. Und ebenso wie es verschiedene Arten von Visieren für Gewehre gibt – offene Visiere, geschlossene Visiere, Zielfernrohre –, so gibt es auch verschiedene Arten von Kamerasuchern, von denen jeder dem anderen gegenüber gewisse Vorteile aufweist. Hier hat ein Fotograf die Wahl zwischen folgenden Einrichtungen:

Der Messucher ist eine Kombination von Bildsucher und Entfernungsmesser, dessen Sucherbild nicht vom Aufnahmeobjektiv entworfen wird, sondern über eine besondere Optik. Wenn das Motiv klare Kanten oder Linien enthält, an denen der Entfernungsmesser eingestellt werden kann, ist dies die Suchereinrichtung, mit der am schnellsten zu arbeiten ist. Sie macht die damit ausgerüstete Kamera für Aufnahmen von Menschen und anderen dynamischen, bewegten, dauernd sich ändernden Objekten besonders geeignet. Da allerdings das Sucherbild nicht von dem Objektiv entworfen wird, das zur Aufnahme dient, sondern von einer getrennten Optik, die das Objekt aus einem etwas anderen Winkel »sieht«, ergibt sich zwischen dem gesehenen und dem fotografierten Bild ein gewisser Unterschied. Dieser Unterschied, den man »Sucherparallaxe« nennt, wird um so größer, je kürzer der Aufnahmeabstand ist. Er wird meist mit einem eingebauten Parallax-Ausgleich korrigiert, der allerdings nur bis zu einem Aufnahmeabstand von etwa einem Meter arbeiten kann, so daß damit ausgesprochene Nahaufnahmen nicht möglich sind.

Andere Nachteile solcher Meßsucher bestehen darin, daß sie nicht mit Teleobjektiven von übernormal langen Brennweiten benutzt werden können; daß sie keine direkte Kontrolle der Schärfentiefe ermöglichen; daß sie schwierig zu handhaben sind, wenn das Objekt keine scharf erkennbaren Formen aufweist; und daß das Sucherbild immer ziemlich klein ist, wodurch die Bildkomposition erschwert wird.

Beim Mattscheiben-Sucher wird das Bild von demselben Objektiv entworfen, das zur Aufnahme dient. Diese Einrichtung hat die folgenden besonderen Vorteile: Völliges Fehlen von Sucherparallaxe bei jedem Aufnahmeabstand; Eignung für Aufnahmen aus nächster Nähe und mit Teleobjektiven jeder Brennweite; direkte, visuelle Kontrolle der Schärfentiefe; deutliches Sucherbild in Negativgröße erleichtert die Komposition.

Mattscheiben-Sucher gibt es in zwei Versionen: mit der Mattscheibe entweder in senkrechter oder in waagerechter Lage, wenn die Kamera waagerecht gehalten wird. Der erste Typ – charakteristisch für Atelier-Kameras – hat den Vorteil größerer mechanischer Einfachheit (und damit von Zuverlässigkeit und geringen Kosten) und den Nachteil, daß die so ausgerüstete Kamera (falls kein anderer Sucher angebracht ist) nicht aus der Hand benutzt werden kann, sondern nur vom Stativ aus; der zweite Typ – charakteristisch für Spiegelreflexkameras – hat mechanische Kompliziertheit zur Folge, macht aber andrerseits die so konstruierte Kamera für Aufnahmen aus der Hand geeignet. Die senkrecht stehende Mattscheibe eignet sich ausgezeichnet für alle statischen Objekte, die still halten, ist aber völlig unbrauchbar, wenn es sich um Aufnahmen dynamischer Objekte und um Aufnahmen aus der Hand handelt. Dagegen ist ein Spiegelreflexsucher, also eine waagerecht liegende Mattscheibe, für Aufnahmen von dynamischen Objekten und für Aufnahmen aus der Hand sehr gut geeignet, bleibt aber aus mechanischen Gründen nur auf ziemlich kleine Kameras beschränkt. Zwar existieren auch große Spiegelreflexkameras für Formate bis etwa 13 × 18 cm, aber diese sind unverhältnismäßig plump, groß und schwer.

Sucher aus Augenhöhe oder Sucherschacht. Der Unterschied zwischen diesen beiden Suchereinrichtungen besteht darin, daß der Fotograf *durch* den Sucher in Augenhöhe blickt, aber *in* einen Sucherschacht (Sucher in Brusthöhe) einblickt. Meßsucher, also kombinierte Sucher-Entfernungsmesser, Spiegelreflexsucher mit Dachkantprisma und senkrechte Mattscheibenstandarten werden in Augenhöhe mit Blick in Aufnahmerichtung benutzt. Reflexsucher von einäugigen Spiegelreflexkameras 6 × 6 cm, Reflexsucher von zweiäugigen Spiegelreflexkameras und gewisse ansetzbare Reflexgehäuse für Kleinbildkameras arbeiten mit Sucherschacht, also aus Brusthöhe.

Gewöhnlich werden Aufnahmen mit einer Kamera, deren Sucher aus Augenhöhe benutzt wird, aus einer etwas größeren Höhe gemacht als Aufnahmen mit Kameras mit Sucherschacht. Daher ergibt sich, soweit die anderen Umstände gleich sind, ein kleiner Unterschied in der Blickrichtung dieser Bilder. Die letztere ergibt mehr »Froschperspektive« als die erstere. Doch ist eine andere Tatsache von größerem Einfluß in der Praxis, nämlich daß vielfach eine Sucherart *unter bestimmten Bedingungen* gegenüber der anderen ausgesprochene Vorteile aufweisen kann. Wenn zum Beispiel der Aufnahmeabstand eng begrenzt ist, kann eine Spiegelreflexkamera mit Sucherschacht mit ihrem Rücken gegen eine Wand gesetzt und das Sucherbild und die Entfernung von oben eingestellt werden, so daß der Fotograf einen etwas größeren Aufnahmeabstand zur Verfügung hat als mit einer Kamera, die aus Augenhöhe benutzt werden muß. Diese würde ihn nämlich zwingen, die Kamera mehr nach vorne zu halten, um zum Einstellen seinen Kopf zwischen Wand und Kamera bringen zu können. Ferner kann notfalls ein Fotograf eine Kamera mit Sucherschacht in umgekehrter Lage über seinen Kopf halten, von unten Bildausschnitt und Schärfe regeln und auf diese Weise über eine Mauer oder über die Köpfe einer Menschenmenge, die sonst sein Motiv verdeckt hätten, fotografieren. Wenn Aufnahmen nahe am Boden gemacht werden müssen (wie oft bei Naturaufnahmen), ist das

Arbeiten mit einer Kamera, die mit einem Sucherschacht versehen ist, natürlich viel bequemer als mit einer Kamera, die man zum Einstellen an das Auge bringen muß, die also in einem solchen Fall den Fotografen zwingt, liegend zu arbeiten. Einige Kameras sind so konstruiert, daß sie die Benutzung verschiedenartiger, auswechselbarer Sucher gestatten.

Entfernung einstellen

Theoretisch kann ein Objektiv nur auf eine Ebene eingestellt werden, die sich in einem bestimmten Abstand von der Kamera befindet; Objekte vor oder hinter dieser Ebene werden um so unschärfer abgebildet, je weiter sie von ihr entfernt sind. In der Praxis handelt es sich allerdings um keine wirkliche Ebene, sondern um eine Zone mit einer gewissen Tiefe. Objekte innerhalb dieser Zone – der Schärfentiefe – erscheinen scharf; jene aber, die davor oder dahinter liegen, erscheinen in zunehmender Unschärfe, je weiter sie von ihr entfernt sind. Die Tiefe dieser scharf wiedergegebenen Bildzone kann mit Hilfe zweier Kontrollen geregelt werden:

DIE BLENDE. Je kleiner die Blendenöffnung (d. h. je größer die Blendenzahl) ist, desto ausgedehnter ist die Tiefe der im Bild scharf wiedergegebenen Zone, und umgekehrt.

DIE VERSTELLUNGEN einer Atelier-Kamera. Normalerweise steht die Einstellebene in einem bestimmten Abstand vom Objektiv, und zwar *im rechten Winkel zur optischen Achse* (d. h. parallel zum Film). Aber die Verstellbarkeiten der vorderen und hinteren Standarte einer Atelier-Kamera machen es möglich, die Einstellebene um eine (gedachte) waagerechte Achse oder um eine (gedachte) senkrechte Achse zu schwenken oder auch beide Justierungen gleichzeitig auszuführen. Daher kann bei gewissen Schrägaufnahmen die Lage der Einstellebene so angeordnet werden, daß sie mit der Hauptbildebene des (schrägen) Objektes zusammenfällt, wodurch die Schärfentiefe beträchtlich vergrößert wird, ohne daß dafür besonders abgeblendet werden muß.
Um die Einstellebene so zu neigen, daß sie mit der Hauptbildebene des Objektes der Schrägaufnahme zusammenfällt, kippt man das Objektiv etwas in Richtung dieser Ebene oder neigt die hintere Standarte der Kamera leicht von dieser Ebene weg. Die richtige Einstellung ist getroffen, wenn gedachte Linien, die die Ebenen von Objekt, Objektiv (Blendenebene) und Film verlängern, sich in einem Punkte schneiden. Der Unterschied zwischen beiden Möglichkeiten besteht darin, daß die Neigung des Objektives nach vorne

nicht die Perspektive der Wiedergabe beeinflußt (aber andere Nachteile haben kann), während die Verstellung des Kamerarückteils eine gewisse perspektivische Verzeichnung ergibt (die entweder zulässig oder unzulässig sein kann). Da beide Verstellbarkeiten ziemlich heikel sind (die Objektivverstellung noch mehr als die Rückteilverstellung), müssen ihre Wirkungen sorgfältig auf der Mattscheibe überwacht werden. Eingehendere Anweisungen werden in der FARB-FOTOLEHRE vom selben Verfasser gegeben.

Belichten

In der Schwarzweiß-Fotografie kann ein Fotograf durch abgestimmte Belichtung ein beträchtliches Maß von Kontrolle über die folgenden Eigenschaften seiner Negative ausüben:

DICHTE und SCHATTENDURCHZEICHNUNG. Grundsätzlich, innerhalb bestimmter Grenzen, wird ein Negativ um so dichter und die Schatten um so besser durchgezeichnet, je länger es belichtet wird, und umgekehrt. So ermöglicht beispielsweise die Fähigkeit der fotografischen Emulsion, Lichteindrücke zu speichern, in Nachtaufnahmen durch genügend lange Belichtungszeiten auch dort noch Einzelheiten aufzuzeichnen, wo das Auge nur undurchdringliche Finsternis sah.

KONTRASTUMFANG des Negativs. Durch entsprechend abgestimmte Belichtung in Verbindung mit geeigneter Entwicklung können Negative von normalem, hohem oder niedrigem Kontrast nach Wunsch hergestellt werden. Dank dieser Kontrolle lassen sich auch dann noch vergrößerungsfähige Negative erzielen, wenn das betreffende Motiv anormal kontrastarm (viele Fernaufnahmen) oder kontrastreich (Nahaufnahmen in heller Sonne) ist. Eine kürzere Belichtungszeit als normal in Verbindung mit einer längeren Entwicklung als normal erhöht den Negativkontrast. Umgekehrt wird durch eine längere Belichtungszeit als normal in Verbindung mit einer kürzeren Entwicklungszeit als normal der Objektkontrast im Negativ verringert.

SCHÄRFE der Wiedergabe. Grundsätzlich ist ein überbelichtetes Negativ durch Lichtstreuung in seinen dichten Partien weniger scharf als ein richtig belichtetes Negativ.

KÖRNIGKEIT der Wiedergabe. Grundsätzlich ist ein überbelichtetes Negativ körniger als ein richtig belichtetes.

BEWEGUNGSDARSTELLUNG. Je länger die Belichtungszeit gegenüber der Geschwindigkeit des Objektes ist, um so verwischter wird die Wiedergabe und um so stärker der Eindruck von Geschwindigkeit. Andrerseits muß zum »Einfrieren« der Bewegung des Bildobjektes mit einer genügend kurzen Belichtungszeit aufgenommen werden. Eingehende Anweisungen hierzu findet man in DIE NEUE FOTOLEHRE vom selben Verfasser.

BELICHTUNGSKONTROLLEN. Normalerweise wird die Belichtung durch die kombinierte Wirkung zweier Faktoren – Blende und Belichtungszeit – kontrolliert. Ihre Funktionen wurden bereits besprochen. Allerdings kommt in den Fällen, in denen das Objekt mit Elektronenblitz beleuchtet wird, noch eine dritte Kontrolle dazu: Dauer der Blitzbeleuchtung. Dann wird nämlich die Belichtungsdauer nicht mehr durch die Verschlußzeit bestimmt, sondern durch die wesentlich kürzere Blitzzeit, die mit ihrer sehr kurzen Dauer dem Fotografen die Möglichkeit gibt, sogar allerschnellste Bewegungen gestochen scharf darzustellen.

BELICHTUNGSFAKTOREN. Die Angaben eines Belichtungsmessers bilden das Rohmaterial, aus dem der Fotograf die Kombination von Blendenöffnung und Verschlußzeit wählen muß, die im vorliegenden Falle zum besten Resultat führt. Allerdings verlangen oft solche spezifischen Daten eine weitere Verfeinerung – eine Verfeinerung, die normalerweise zu einer Verlängerung der Belichtung führt, entweder durch weiteres Öffnen der Blende, durch eine längere Belichtungszeit oder durch eine Kombination beider. Solche Belichtungsverlängerungen werden nötig, wenn immer einer oder mehrere der folgenden Faktoren bei der Aufnahme zu berücksichtigen sind: Ein Farb- oder Lichtausgleichsfilter; ein Polarisationsfilter; ein Feinkornentwickler (nur für Schwarzweiß-Film); ungewöhnliche Helligkeit des Objektes; ein Aufnahmeabstand, der acht Brennweiten des Objektives oder weniger beträgt; eine ungewöhnlich lange Belichtungszeit (Reprozitätsfaktor). Die Werte der ersten drei Faktoren werden mit Hilfe der Gebrauchsanweisungen des Herstellers bestimmt, die dem Produkt beiliegen. Die Werte der letzten drei Faktoren hängen von den Umständen ab, unter denen die Aufnahme gemacht wird. Sie sind bereits ausführlich in DIE NEUE FOTOLEHRE vom selben Autor erörtert worden.

Entwickeln

Durch entsprechend abgestimmte Entwicklung kann ein Fotograf ein ziemlich hohes Maß von Kontrolle über die folgenden Eigenschaften seiner Schwarzweiß-Negative ausüben:

DICHTE. Innerhalb bestimmter Grenzen, je länger ein Film entwickelt wird, um so dichter wird das Negativ, und umgekehrt.

KONTRAST. Bis zu einer gewissen Grenze gilt, daß je länger ein Film entwikkelt wird, um so kontrastreicher wird das Negativ, und umgekehrt. Ferner arbeiten verschiedene Entwickler verschiedenartig. So produzieren beispielsweise Feinkornentwickler bei richtiger Handhabung Negative von weicherer Gradation als normale Entwickler, die wiederum weniger kontrastreiche Negative ergeben als Rapid-Entwickler. Kontrast-Entwickler ergeben die kontrastreichsten Negative.

KONTURENSCHÄRFE (Auflösungsvermögen). Vergrößerungen von überentwickelten Negativen sind stets weniger scharf als die von richtig entwikkelten. Dieser Schärfenverlust wirkt sich besonders stark aus, wenn das Negativ außerdem noch überbelichtet war.

KÖRNIGKEIT. Je länger ein Film entwickelt wird, um so gröber wird seine Kornstruktur. Rapid- und Normalentwickler ergeben gröbere Kornstruktur als Feinkorn-Entwickler.
Körnigkeit und Schärfe sind allerdings nicht unvereinbar. Es ist eine Tatsache, daß ein feinkörniges Foto unter gewissen Bedingungen weniger scharf erscheinen kann als ein Foto mit ausgesprochener Kornstruktur. Das kann dann vorkommen, wenn feinkörnige, dünnschichtige Emulsionen in einem Feinkornentwickler entwickelt wurden, der dadurch feinkörnig wirkt, daß er während der Entwicklung einen gewissen Teil des metallischen Silbers, das das Bild aufbaut, herauslöst. Das wirkt sich ungünstig auf die Konturenschärfe aus. Daher sollten Dünnschichtfilme nie mit Feinkornentwicklern behandelt werden, die Silberlösungsmittel enthalten.

FILMEMPFINDLICHKEIT. Die Empfindlichkeit eines Schwarzweiß-Filmes kann unter bestimmten Voraussetzungen durch Verlängerung der Entwicklungszeit um einen Faktor von zwei oder mehr vergrößert werden. Da aber eine längere Entwicklungszeit gleichzeitig auch den Kontrast des Negativs steigert, können nur dann zufriedenstellende Resultate erwartet werden, wenn der Motivkontrast verhältnismäßig niedrig ist und der Film von sich aus weich arbeitet. Am besten sind für diese Empfindlichkeitssteigerung Filme mit einer Empfindlichkeit von etwa 27 DIN geeignet. Weniger gut eignen sich dafür höchstempfindliche Filme mit 30 DIN und darüber, weil dabei ein zu grobes Korn entsteht. Völlig ungeeignet sind schließlich alle geringempfindlichen und feinkörnigen Filme, weil Empfindlichkeitssteigerung durch verlängerte Entwicklung hier nur unerwünscht hohen Kontrast und keinen wesentlichen Empfindlichkeitsgewinn ergibt. Die Empfindlichkeit bestimmter Farbfilme kann durch entsprechende Modifikation der Behandlung um ein oder zwei Blendenstufen gesteigert werden. Anweisungen darüber findet man in der FARB-FOTOLEHRE vom selben Verfasser.

Vergrößern

Technisch gesehen ist die Herstellung eines Positivs der einer Aufnahme sehr ähnlich. Auch hier sind vier getrennte Stufen der Behandlung zu unterscheiden, von denen jede bestimmten Kontrollen unterliegt, also jede dem Fotografen die Wahl zwischen verschiedenen Möglichkeiten zur Verwirklichung seiner Ideen läßt. Die technischen Grundlagen für Kontakt-Kopien und Vergrößerungen wurden schon in DIE NEUE FOTOLEHRE vom selben Verfasser besprochen, auf die der interessierte Leser verwiesen sei. Was hier folgt, ist eine kurze Besprechung der verschiedenen Kontrollen, die auf jeder Stufe zur Verfügung stehen.
Zuerst aber einen Rat: Technisch befriedigt am meisten das Positiv, das von einem einwandfreien Negativ gemacht worden ist. Natürlich kann ein geschickter Laborant in größerem oder kleinerem Maße viele Eigenschaften eines unzulänglichen Negativs verbessern – besonders in bezug auf Belichtung, Kontrast, Perspektive, Verteilung von Hell und Dunkel, Komposition und Abbildungsmaßstab. Aber noch bessere Resultate hätten erzielt werden können, wäre das Negativ selbst in diesen Beziehungen einwandfrei gewesen. Daher versucht der erfahrene Fotograf schon seinen Negativen alle die Eigenschaften mitzugeben, die er später im Bild sehen möchte, und betrachtet Korrekturen beim Vergrößern als Notbehelfe, die man besser vermeidet.

AUSSCHNITTSBESTIMMUNG am Vergrößerer kann mit Festlegen des Bildausschnittes bei der Aufnahme verglichen werden. In beiden Fällen besteht der Zweck dieser Maßnahme darin, die Darstellung des Objektes durch Ausschnitt und Komposition am wirkungsvollsten zu gestalten. Hat der Fotograf in dieser Weise schon bei der Aufnahme erfolgreich gearbeitet, kann das ganze Negativ vergrößert werden, wobei dann die Ausschnittsbestimmung im Vergrößerungsgerät mehr auf die Herstellung des geeignetsten Vergrößerungsmaßstabes ausgeht. Viel öfter aber ist der Ausschnitt der Aufnahme nur ungefähr gewählt und bedarf weiterer Gestaltung, ehe das Objekt befriedigend wirken kann: das Negativ muß in der Vergrößerung »beschnitten« werden. Zu entscheiden, welche Bildteile wegfallen und wo die neuen Bildkanten liegen, ist ein wichtiger Teil der folgenschweren Gestaltungsphase, die gewöhnlich als Komposition bezeichnet wird. Komposition mit dem Vergrößerungsgerät kann aus verschiedenen Gründen notwendig werden:

Die Aufnahme wurde mit einem quadratischen Negativformat gemacht, und der Fotograf kann einfach keine quadratischen Bilder mehr sehen. Die erfolgreiche Umsetzung eines quadratischen Bildes in ein rechteckiges hängt von der Art und Weise ab, wie es ausgeschnitten wird, was also fortbleibt und wo die neuen Begrenzungen liegen.

Das Negativ ist mit Einzelheiten überladen, von denen viele überflüssig oder störend sind; oder das eigentliche Aufnahmeobjekt, zum Beispiel ein Gesicht, erscheint zu klein, um zu wirken. In solchen Fällen bringt nur das Weglassen der unwichtigen Bildteile des Negativs durch überlegte Ausschnittswahl bei der Projektion im Vergrößerer das Bild zur Wirkung, strafft die Komposition und verbessert den Eindruck des Bildes.

(Diese Korrekturen wären zu vermeiden gewesen, wenn man die Aufnahme aus einem kürzeren Motivabstand oder mit einem Objektiv längerer Brennweite gemacht hätte. Dann wäre das Objekt im Negativ größer abgebildet worden, weniger Unwichtiges hätte den Eindruck des Bildes abgeschwächt, und das so entstandene Negativ wäre in seinem ganzen Format zu vergrößern gewesen. Dabei hätte sich ein schwächerer Vergrößerungsmaßstab und durch diesen eine bessere Schärfe ergeben.)

»Perspektivische Verzeichnung« in der Form von »stürzenden Senkrechten« ist ein häufiger Fehler vieler Architekturaufnahmen. Diese Konvergenz von in Wirklichkeit parallelen Linien kann beim Vergrößern korrigiert werden. Auch Waagerechte (und andere parallele Linien) können in der Vergrößerung wieder parallel ausgerichtet werden, indem man entweder das Negativ im Vergrößerungsgerät oder das Papier auf dem Grundbrett entsprechend gegeneinander neigt. Ausführliche Anweisungen dafür sind in DIE NEUE FOTOLEHRE vom selben Verfasser gegeben.

(Eine einfachere Methode zur Sicherung der Parallelität von in Wirklichkeit parallelen Linien bei Schrägaufnahmen bieten die Verstellbarkeiten einer Atelier-Kamera; siehe Anweisung auf Seite 288.)

DAS EINSTELLEN des Vergrößerungsobjektives geschieht am besten mit

Hilfe eines Einstellgerätes, mit dem der Fotograf dadurch die beste Bildschärfe erzielt, daß er direkt auf das Negativkorn einstellt – nach meinen Erfahrungen die günstigste Art, sich beste Bildschärfe zu sichern. Um diese Schärfe über die ganze Bildfläche auszudehnen, habe ich es mir zur Gewohnheit gemacht, anstelle von glaslosen Negativhaltern die praktischen Anti-Newtonring-Glasplatten zu benützen, die von Simmon-Omega, Inc., W. Woodside, N. Y., geliefert werden. Für beste Schärfe blendet man dann das Vergrößerungsobjektiv um mindestens zwei Blendenstufen ab.

DIE BELICHTUNG des Vergrößerungspapieres ergibt durch kürzere oder längere Zeit entsprechend hellere oder dunklere Bilder. Mit dieser wichtigen Kontrolle kann ein Fotograf vom selben Negativ normale, High-Key- oder Low-Key-Darstellungen herstellen und damit die Stimmung des Bildes verschieden gestalten.
Sehr oft enthält ein sonst gut abgestuftes Negativ bestimmte Bildteile, die bei normaler Belichtung entweder zu hell oder zu dunkel erscheinen würden. Die häufigsten Fehler dieser Art sind Spitzlichter, die zu dicht sind und daher in der Vergrößerung zu hell erscheinen, und andrerseits Schatten, die zu dünn sind, also im Bild zu dunkel werden. Solche unbefriedigende Gradation begrenzter Negativteile kann meist durch »Nachbelichten« oder »Zurückhalten« (»Abwedeln«) – die beiden Möglichkeiten der lokalen Tonwertkontrolle – korrigiert werden. Diese Technik beruht darauf, daß ein bestimmter Bildteil dunkler wird, wenn man ihn länger als die anderen Bildteile belichtet. Andrerseits wird er heller, wenn er während der Belichtung weniger Licht erhält als das übrige Bild. Diese Belichtungstechnik erfordert einige Geschicklichkeit und wird eingehend in DIE NEUE FOTOLEHRE vom selben Verfasser besprochen. Wie man den Allgemeinkontrast einer Vergrößerung durch Wahl der geeigneten Papiergradation regelt und wie man, falls notwendig, kontrastreiche Vergrößerungen von kontrastarmen Negativen und umgekehrt herstellt, wurde bereits besprochen.
Um die ganze reiche Tonwertabstufung, deren ein Fotopapier fähig ist, auszunutzen, muß die Belichtungszeit, gleichgültig, ob die ganze Bildfläche gemeinsam oder mit Nachbelichten belichtet wurde, so gewählt werden, daß die Vergrößerung mindestens 1½ oder besser 2–2½ Minuten im Entwickler behandelt wird. Vergrößerungen, die vor dieser Zeit bereits zu dunkel erscheinen, wurden zu lang belichtet. Reißt man sie noch rechtzeitig aus dem Entwickler und fixiert, wässert und trocknet man sie, erscheinen sie fleckig, schmutzig und flau. Vergrößerungen, die nach 2½ Minuten langer Entwicklung noch zu hell sind, wurden zu kurz belichtet. Setzt man das Entwickeln fort, um sie dunkler zu bekommen, werden sie nur hart und kalkig und bekommen oft auch gelbe oder bräunliche Flecken.

ENTWICKELN. Aus den Gründen, die eben erläutert wurden, sollen fotografische Papiere normalerweise so belichtet werden, daß die Vergrößerungen richtig aussehen, nachdem sie mindestens 1½ oder höchstens 2½ Minuten lang entwickelt worden sind. Allerdings haben einige Papiere einen größeren Entwicklungsspielraum. Diese Papiere können, falls notwendig, etwas länger als normal belichtet und etwas kürzer als normal entwickelt werden, wobei sich in den so behandelten Vergrößerungen ein etwas geringerer Kontrast als bei normaler Belichtung und Entwicklung ergibt. Mit dieser Behandlung kann der Fotograf eine Tonabstufung erzielen, die auf halbem Wege zwischen der des betreffenden Papieres und der der nächstweicheren Gradation liegt.

In der Regel ist eine falsch belichtete Vergrößerung völlig unbrauchbar und gehört in den Abfalleimer. Wenn allerdings nur ein Teil zu hell oder zu dunkel und diese Fläche nicht zu groß ist, kann sich die Arbeit lohnen, um das Bild noch zu retten. Ist also ein Bildteil zu hell, kann er etwas dunkler gemacht werden, indem man ihn während der Entwicklung mit warmem Wasser oder mit konzentriertem Entwickler behandelt. Und die Fläche, die zu dunkel ist, kann – nach der Fertigstellung der Vergrößerung – mit Hilfe des Blutlaugensalzabschwächers (Farmerscher Abschwächer) aufgehellt werden. Erläuternde Anweisungen dazu findet man in DIE NEUE FOTOLEHRE vom selben Verfasser.

Wandlungsfähige Bildaspekte

Der Zweck dieses Buches besteht darin, dem Leser zu helfen, ein besserer Fotograf zu werden. Dazu wird ihm immer wieder vor Augen geführt, daß jedes Objekt auf die verschiedensten Arten wiedergegeben werden kann, von denen natürlich einige wirkungsvollere Bilder ergeben als die anderen; daß er fast unbeschränkten Einfluß auf die Bildgestaltung durch Wahl des Objektes und Einstellung zum Objekt, durch Ausrüstung und Material, Methoden und Techniken hat; und schließlich wird ihm durch Hinweise in Worten und Bildern gezeigt, wie er das Beste aus diesen Möglichkeiten herausholen kann.
Das vorhergehende Kapitel beschäftigte sich mit den Möglichkeiten der Ausrüstung und Techniken – ein Thema, das mit Worten behandelt werden kann. Wenn dann aber die Erklärung der Einflüsse beginnt, die durch entsprechende Kontrolle auf die mannigfaltigen Aspekte des Bildes selbst in bezug auf Licht und Schatten, Kontrast, Farbe, Schärfe, Verwischung, Perspektive, Tiefe, Filmkorn, Struktur- und Bewegungswiedergabe, Stimmung

usw. ausgeübt werden können, genügen Worte allein nicht mehr, sondern dann müssen bestimmte Fotos zur Verdeutlichung herangezogen werden. Aus diesem Grunde habe ich den Hauptteil dieses Buches den Illustrationen gewidmet. In 380 Bildern, die auf Seite 92 beginnen, findet der Leser Beispiele der verschiedenen Gestaltungsmöglichkeiten, die einem erfahrenen Fotografen zur Verfügung stehen. Ich hoffe, daß er sie anregend findet.

Die Wahl des Augenblicks

Gleichgültig, wie gut die Ausrüstung eines Fotografen zusammengestellt oder wie ausgereift seine Technik ist, wenn er den richtigen Augenblick für die Aufnahme verpaßt, ist sein Bild ein Fehlschlag. Andrerseits ist es sehr wohl möglich, daß ein Foto, mag es auch mangelhafter technischer Wiedergabe wegen berechtigte Kritik verdienen, Interesse und Aufsehen erregt, weil es das Motiv in neuartiger Weise zeigt und den richtigen Augenblick erfaßt. Denn die meisten Menschen verstehen sehr wenig von fotografischer Technik und kümmern sich kaum darum; aber sie kümmern sich sehr darum, ob ein Foto langweilig ist oder ob es ihnen gefällt. In diesem Sinne betrachtet ist die Wahl des richtigen Aufnahmeaugenblicks gegenüber der Technik als der wichtigere Faktor anzusehen – eine unerläßliche Kontrolle, die über das Schicksal des Bildes entscheiden kann.
Die Wahl des Augenblicks ist besonders wichtig im Hinblick auf die folgenden Aspekte:

der psychologische Augenblick;
die Bewegung des Objektes oder des Fotografen;
Licht und atmosphärische Verhältnisse.

Der psychologische Augenblick

Jedes Ereignis hat seinen Höhepunkt – den Augenblick, in dem die Spannung ihre Spitze erreicht, in dem sich Unerwartetes ereignet, Temperamente explodieren oder der Zusammenbruch einsetzt –, den Augenblick von Sieg oder Niederlage. Das sind die Momente, die der Darstellung eines Ereignisses Bedeutung und Wert verleihen. Sie zu erfassen, erfordert Reaktion in Sekundenbruchteilen. Ein Höhepunkt kommt allerdings nicht immer plötzlich, ist auch nicht immer vorauszusehen. Oft ist sein Erscheinen schwer erkennbar, was es schwieriger macht, ihn zu erfassen und auf den Film zu bringen. Ist aber einmal der psychologische Augenblick vorbei, hat der Fotograf seine Gelegenheit für ein ausdrucksvolles Bild hoffnungslos verpaßt.

Ein gutes Beispiel ist in dieser Hinsicht Paul Schutzers klassische Reportageaufnahme, auf der der Vizepräsident Nixon ärgerlich mit dem Finger auf einen lästigen Frager deutet (S. 352–353). Dieser Vorfall wird kaum länger als eine Sekunde gedauert haben, aber ein schußbereiter Fotograf erkannte den richtigen Augenblick und machte eines der berühmtesten Fotos unserer Zeit. Bei anderen Gelegenheiten ist der entscheidende Moment weniger offensichtlich wie zum Beispiel in der Bildserie von hervorragend erfaßten Großaufnahmen, die während einer Untersuchung des amerikanischen Kongresses über Gangstertum aufgenommen wurde und durch Erfassung der momentan unbeherrschten Gesichtsausdrücke der Angeklagten den wahren Charakter dieser Männer, ihre Habgier und Rohheit, widerspiegelt.

Zu den Dingen, bei denen der richtige Augenblick ausgesprochen schwer zu erfassen ist, gehört das Lächeln. Jeder kennt das »Zähnezeigen« aus Werbefotos, das auf das Kommando »Sage cheese« erfolgt, in dem sich weder Vergnügen noch Freude abspiegelt, das abgeschmackt, ausdruckslos und langweilig ist. In ihrer Verlogenheit stellen diese Bilder die Ergänzung zu den übertriebenen Ansprüchen und bezahlten Anerkennungen der Reklame dar, die sie illustrieren. Ein natürliches Lächeln ist da ganz anders – eine spontane, emotionale Reaktion auf eine humoristische oder herzliche Situation, die sich in den Augen widerspiegelt und das ganze Gesicht verklärt. Es geht so schnell vorüber, wie es gekommen ist, und wird nur dann im Bild wirken, wenn es im richtigen Augenblick erfaßt worden ist.

Die Bewegung des Objektes oder des Fotografen

Wir leben in einer Welt dauernden Wechsels, immerwährender Bewegung: Menschen und Tiere, Autos und Flugzeuge, Züge und Schiffe; Bäume und Blumen schwanken im Winde, Wolken ziehen über den Himmel, Wellen über den See, Flüsse laufen durchs Land, das Wasser eines Teiches formt Ringe, wo ein Frosch hineingehüpft ist. Aber selbst dann, wenn Dinge ruhig und still sind, bewegt sich der Fotograf selbst, und mit jedem Schritt, den er tut, mit jedem Kilometer, den er fährt, sieht er seine Motive aus einem anderen Winkel, erscheinen sie in einer anderen Größe und in einem anderen Verhältnis zu ihrer Umgebung. Kein Wunder daher, daß Erfolg oder Mißerfolg oft davon abhängt, welche Bewegungsphase ein Fotograf wählt, welchen Augenblick er festhält, in welchem Moment er dann den Verschluß löst.

Die Bewegung des Objektes oder Fotografen kann die Erscheinung im Bild auf verschiedene Weise beeinflussen. Zum Beispiel haben Bewegungen, die eine Abstandsveränderung zwischen Objekt und Kamera verursachen, im Foto Änderung des Aufnahmemaßstabes zur Folge. Diese Änderung der Abbildungsgröße muß überall da beachtet werden, wo ein Objekt sich dem Fotografen nähert oder sich von ihm entfernt und selbstverständlich auch, wenn sich ein Fotograf näher zum Objekt oder von ihm weg bewegt. In der Praxis ergibt sich diese Situation besonders oft bei Sportaufnahmen.

Eine andere Auswirkung von Bewegung muß vom Fotografen beachtet werden, wenn die Wahl des Augenblicks für die Aufnahme vom Zusammenspiel der verschiedenen Bildkomponenten abhängt. Um ein einfaches Beispiel dafür zu geben: Nehmen wir an, daß ein berühmter Mann auf einem Spaziergang fotografiert werden soll. Er geht an Menschen und Wagen vorbei, an Bäumen und Gebäuden, einmal ist er klar vor einer Mauerfront zu sehen, im nächsten Augenblick wird er durch einen Busch halb verdeckt. Selbstverständlich macht es einen großen Unterschied, wie ein Fotograf eine solche Aufnahme anbringt – ob die Person im Augenblick der Belichtung vor einem unruhigen Hintergrund steht, halb verdeckt hinter irgendeinem Hindernis oder klar dargestellt in einem geeigneten Rahmen. In jedem Falle bleibt das Objekt – der spazierengehende Mann – dasselbe, aber die verschiedenen Aufnahmen, die von ihm gemacht werden konnten, zeigen ihn sehr verschieden – ihre Wirkung wird durch die Wahl des Augenblicks bestimmt.

Dieses Beispiel mag einen sehr einfachen Fall schildern, enthält aber trotzdem bereits alle Elemente von komplizierten Situationen. Die wichtigsten Aspekte des Bildes, die Aspekte, die sich aus dem Zusammenwirken von Bewegung des Objektes, Bewegung von seiten des Fotografen und Wahl des Augenblicks ergeben, sind völlig verschieden in bezug auf Kontrast und Farbe, Klarheit der Objektdarstellung, Überschneidung und Gegenüberstellung von Formen. Wie ist die augenblickliche Beziehung zwischen dem Objekt und den anderen Bildelementen – Vordergrund, Hintergrund, Menschen, Gebäuden, Bäumen? Wie verhalten sich diese Bildelemente zueinander in bezug auf Wirkung und Klarheit der Darstellung? Kann eine Komponente eine andere verdecken, verdunkeln, überschneiden oder mit ihr in unerwünschter Weise verschmelzen? Wie wirken sie von der Komposition aus gesehen miteinander? Stehen die Hauptmassen des Bildes im harmonischen Gleichgewicht? Wie ist die Verteilung von Licht und Schatten?

Ein anderer Aspekt der Bewegung besteht darin, daß nicht nur die meisten Lebewesen, sondern auch manche Gegenstände in der Bewegung ihre Erscheinung von Augenblick zu Augenblick verändern. Nehmen Sie als Beispiele eine Bildserie einer gehenden Person auf. Kein Zweifel, daß in einigen dieser Bilder der Mensch so aussieht, als würde er über seine eigenen Füße stolpern, während er in anderen elegant daherschreitet. Es hängt also von der Wahl des Aufnahmeaugenblicks ab, ob das Bild grotesk oder harmonisch aussieht – ob es linkisch wirkt oder rhythmisch fließende Bewegung erfaßt. Ähnliche Überlegungen treffen natürlich auf jedes bewegte Objekt zu. Nehmen wir ein einfaches Beispiel: das Foto einer Hand, deren Gesten eine lebhafte Diskussion begleiten. Ob ihre Bewegungen unbeholfen oder ausdrucksvoll erscheinen, hängt ganz vom Augenblick der Aufnahme ab. Oder betrachten wir das Verhalten einer Flagge im leichten Wind. In einem Augenblick hängt sie schlaff herab und rührt sich kaum, im nächsten schlägt sie schwerfällig oder flattert lebhaft – dauernd ändert sie ihre Form. Der Augenblick, in dem man sie fotografiert, entscheidet darüber, ob sie im Bild wie ein schlaffes Tuch oder wie das stolze Symbol einer Nation wirkt.
Die Wahl des Aufnahmeaugenblicks kann auch zu wesentlichen Unterschieden beim Fotografieren von Landschaften führen, etwa an Tagen, wenn Sonnenschein und Wolken einander abwechseln und Wolkenschatten über das Land ziehen. Hat der Fotograf genügend Zeit und Geduld, bekommt er vielleicht eine Verteilung von Licht und Schatten, die den Schwerpunkt seiner Komposition durch Licht betont, und zwar so ausbalanciert, als hätte er die Landschaft sorgfältig mit Fotoleuchten angestrahlt. Auch in solchen Fällen hängt die Bildwirkung größtenteils von der Wahl des richtigen Augenblicks ab.

Licht und atmosphärische Verhältnisse

Zu den enttäuschendsten Seiten der Arbeit als Fotograf für ein Bildmagazin gehört, daß gewöhnlich alles sehr schnell erledigt werden muß. Die Auswirkung dieser ständigen Hast macht sich am unliebsamsten bei Außenaufnahmen bemerkbar, bei denen die Aussage des Bildes vielfach davon abhängt, ob es das Motiv in der ausdrucksvollsten Art von Licht und Stimmung zeigt. Ich habe viele solcher Bildserien für *Life* gemacht, aber selten habe ich so unter Einschränkungen gelitten, die sich durch Zeitmangel auf meine Arbeit auswirkten, wie bei den Arbeiten für meine Bildserie vom Hudson-Fluß. Die Wirkung fast jedes Bildes dieser Serie beruhte auf seiner »Stimmung«, auf dem wirksamsten Zusammenspiel von Wetter und Licht.

Daher konnten viele sonst recht geeignete Motive nicht fotografiert werden, denn die Licht- und Wetterbedingungen waren zur vorgesehenen Zeit ungeeignet. Wenn gegen hundert verschiedene Fotos an einem 450 Kilometer langen Fluß aufgenommen werden sollen, ist es natürlich nicht immer möglich, auf das günstigste Licht oder Wetter zu warten.

Daß die Bildserie gelang, ist der Tatsache zu verdanken, daß ich keine Aufnahme ohne die richtige Art von Wetter und Licht gemacht habe. Hatte ich den Eindruck, ein Motiv müßte im Nebel des frühen Morgens fotografiert werden (vgl. das Bild S. 266), nahm ich es eben so oder überhaupt nicht auf. So hatte ich den Eindruck, die Engen am Strom King Highway müßten bei Sturm fotografiert werden. Das Glück wollte es, daß ich dieses Wetter vorfand. Wäre die Aufnahme nicht bei Gewitterschwüle möglich gewesen, hätte ich auf sie verzichtet. Denn der Anblick dieses wilden und dramatischen Laufes des Flusses bei friedlichem Sonnenschein hätte den Charakter dieser Landschaft verleugnet.

Für Höchstresultate muß bei Außenaufnahmen der Aufnahmeaugenblick in Übereinstimmung mit Licht, Wetter und Art des Motives gewählt werden. Für Freilicht-Porträts zum Beispiel eignet sich am besten Licht von einem dunstigen oder leicht bedeckten Himmel oder zerstreutes Licht im Schatten. Im direkten Sonnenlicht fühlt sich jeder unbehaglich, was sich in zusammengekniffenen Augen und verzogenen Mienen widerspiegelt. Hoher Kontrast, also »ausgebrannte« Spitzenlichter und tintenschwarze Schatten, verschlimmern ferner den schlechten Eindruck, den diese durch die Wahl eines ungeeigneten Augenblicks mißlungenen Bilder machen. Um solche Fehlschläge zu vermeiden, muß ein Fotograf bei der Wahl des Aufnahmeaugenblicks bei Freilichtaufnahmen außer der Wirkung von Bewegung noch folgendes beachten:

EIGENSCHAFTEN DES LICHTES. Der Fotograf hat die Wahl zwischen direktem Sonnenlicht, mehr oder weniger verschleierter Sonne, bedecktem Himmel und Licht im Schatten. Ferner hat das Licht am frühen Morgen und am späten Nachmittag völlig andere Eigenschaften als das Mittagslicht.

Die Hauptunterschiede in den Eigenschaften des Tageslichtes liegen in Helligkeit, Richtung, Kontrast und Farbe. Je weniger das Sonnenlicht durch Dunst oder Wolken gemildert wird, um so kräftiger und kontrastreicher beleuchtet es, und umgekehrt. Und die Farbe des Tageslichtes ändert sich schnell und oft sehr stark mit dem Wechseln der atmosphärischen Bedingungen und der Tageszeit, was für Farbfotografen von besonderer Bedeutung ist.

Die Lichtrichtung. Ein Fotograf hat die Wahl zwischen Vorderlicht, verschiedenen Arten von Seitenlicht und verschiedenen Arten von Gegenlicht. Am Morgen und Abend ergibt die niedrigstehende Sonne durch ihre ausgedehnten und verlängerten Schlagschatten eine völlig andere Wirkung als das Licht um die Mittagszeit, das mehr oder weniger als Oberlicht verhältnismäßig kurze oder überhaupt keine Schlagschatten wirft (ausgenommen natürlich unter dem Objekt, wo sie gewöhnlich unsichtbar sind).

Atmosphärische Bedingungen. Ein Fotograf hat die Wahl zwischen so verschiedenem Wetter wie Sonnenschein, Regen und Schnee, Dunst und Nebel, Windstille, Wind und Sturm. Dieselbe Landschaft wirkt völlig verschieden, ob man sie im Dunst des frühen Morgens, in harter Mittagssonne oder an einem stürmischen, trüben Tag fotografiert. Eines der Bilder mag nichts anderes sein als ein »Kalenderbild«, ein fotografischer Abklatsch – während ein anderes zur Offenbarung werden kann.

Bildteil

Die folgenden Beispiele erläutern im Bilde die meisten der verschiedenen und oft außerordentlich vielgestaltigen Möglichkeiten der Einwirkung, die jedem Fotografen, der sich ihrer bedienen will, zu Gebote stehen. Die Notwendigkeit einer solchen Einwirkung wird jedem einleuchten, wenn er sich folgendes überlegt:

Jedes Motiv kann auf viele verschiedene Arten veranschaulicht werden. Natürlich sind nicht alle gleich wirkungsvoll, das heißt, manche sind fesselnder, aufschlußreicher, stimmungsvoller oder im ästhetischen Sinne gefälliger als andere. Nur ein Fotograf, der diese Unterschiede in der Auffassung und Wiedergabe des Motivs kennt, der also mit den verschiedenen Mitteln der fotografischen Bildbeeinflussung vertraut ist, wird die Mittel auswählen und anwenden können, mit denen sich dann die besten Ergebnisse erzielen lassen.

Es ist unmöglich, drei der bei den meisten Motiven wichtigsten Merkmale bei einer Schwarzweißaufnahme unmittelbar wiederzugeben: Farbe, Raum (Dreidimensionalität) und Bewegung. Deshalb müssen diese Eigenschaften symbolisch durch Grautöne, Kontrast, Perspektive, Verschwommenheit usw. angedeutet werden. Jede läßt sich in vielen verschiedenen Formen symbolisieren. Um die wirksamsten auswählen und anwenden zu können, muß ein Fotograf mit allen vertraut sein.

Das Objektiv »sieht« anders als das Auge. Deshalb kann man, wenn man die »Empfindung« festhalten und übermitteln will, die der Anblick eines Motivs hervorruft, gewöhnlich nicht einfach die Kamera darauf richten und das Bild »schießen«. Nur ein Fotograf, der diese Unterschiede im »Sehen« berücksichtigt, das heißt also, von den Möglichkeiten der Bildbeeinflussung Gebrauch macht, kann die Wirklichkeit in eindrucksvolle Lichtbilder übertragen.

»Sehunterschiede« zwischen Auge und Objektiv

Das Auge, das vom Gehirn gesteuert und von Erinnerung und Gefühl beeinflußt wird, sieht subjektiv. Das Objektiv, das nach strengen Gesetzen der Optik funktioniert, sieht, wie sein Name sagt, objektiv.

Das bedeutet nun in der Regel, daß wir die Dinge nicht so sehen, wie sie sind, sondern so, wie sie nach unserer Meinung sein sollten. Das Auge wird zum Beispiel die durch die Filterwirkung der Blätter hervorgerufene grünliche Tönung des Gesichts eines Menschen, der unter einem Baum steht, nicht bemerken. Objektiv und Film werden sie dagegen auf einer »ungesteuerten« Farbaufnahme verzeichnen.

Das Auge sieht selektiv, es stellt sich nur auf das ein, was uns interessiert und was wir sehen möchten; alles andere übersieht es. Das ungesteuerte Objektiv dagegen »sieht« unkritisch und gibt beides, das Wichtige wie das Unwichtige, im Bilde wieder. Deshalb »sehen« wir wahrscheinlich in der Natur den krummen Ast im Hintergrunde nicht, der dann auf einer »geknipsten« Fotografie zu unserer Überraschung und Bestürzung aus dem Kopf des Abgebildeten zu sprießen scheint.

Wir wissen, daß Hauswände parallel laufen, also »sehen« wir sie auch so, selbst wenn wir zum Dach emporschauen. Das unbeeinflußte Objektiv gibt sie im Bilde als konvergierende Flächen wieder, so daß es aussieht, als würden sie im nächsten Augenblick zusammenstürzen.

Das Auge kann einem bewegten Objekt folgen, kann es scharf umrissen sehen und dennoch dem Gehirn mitteilen, daß es sich bewegt. Das Objektiv dagegen zeichnet, wenn es ein bewegtes Objekt scharf wiedergibt, gewöhnlich Bilder, die den Eindruck hervorrufen, das Objekt habe still gestanden. Man kann sich leicht davon überzeugen, wenn man Aufnahmen von Autorennen betrachtet, auf denen die scharf wiedergegebenen Wagen still zu stehen scheinen, obwohl sie vielleicht mit 160 Kilometern in der Stunde dahinbrausen.

Bei der Betrachtung eines Objekts mit beträchtlicher Tiefe berichtigt das Auge »automatisch« die Brennweite für Punkte, die in verschiedenen Entfernungen liegen; es »zerlegt« auf diese Weise die Tiefe und orientiert sich im Raum, während das ungesteuerte Objektiv oft den als »perspektivische Verzerrung« bekannten Eindruck hervorruft. Das bestätigt uns ein Blick auf Bilder von Objekten beträchtlicher Tiefe, die aus kurzem Abstand mit einem Weitwinkelobjektiv aufgenommen worden sind.

Das vom Gehirn gesteuerte Auge paßt sich Helligkeitsveränderungen rasch an und verringert auf diese Weise Unterschiede zwischen Licht und Schatten so weit, daß wir da wie dort Einzelheiten erkennen können. Die objektive Wiedergabe des tatsächlichen Helligkeitskontrastes führt bei einfach geknipsten Bildern oft dazu, daß undurchgezeichnete schwarze und weiße Flecken nebeneinander stehen.

Die vier Bilderpaare auf der folgenden Doppelseite sind Beispiele für Unterschiede zwischen beeinflußten und unbeeinflußten Lichtbildern und zeigen, wie derselbe Gegenstand (in Form von beeinflußten, »gesteuerten« Fotos) dem »subjektiven« Auge und wie er dem »objektiven«, ungesteuerten Aufnahmeobjektiv erschien.

So sieht es das Auge:

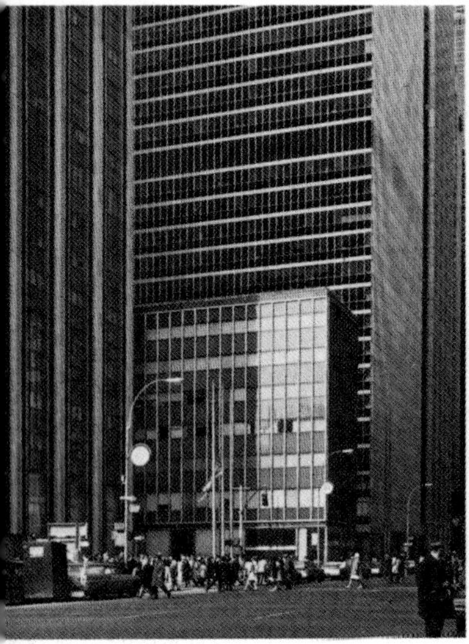

Wände erscheinen senkrecht und parallel.

und so »sieht« es das Objektiv:

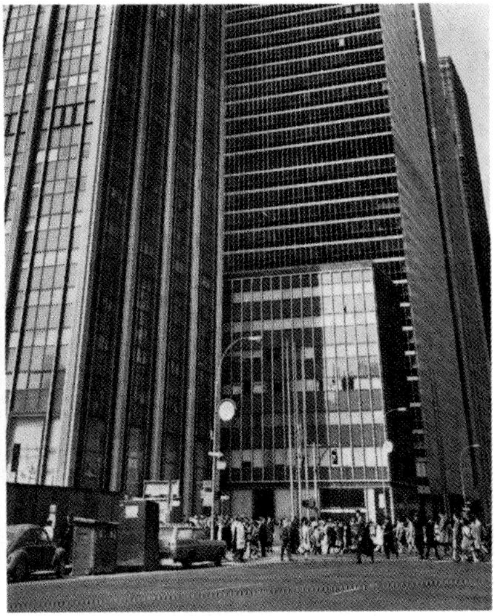

Wände streben zusammen, als stürzten sie ein.

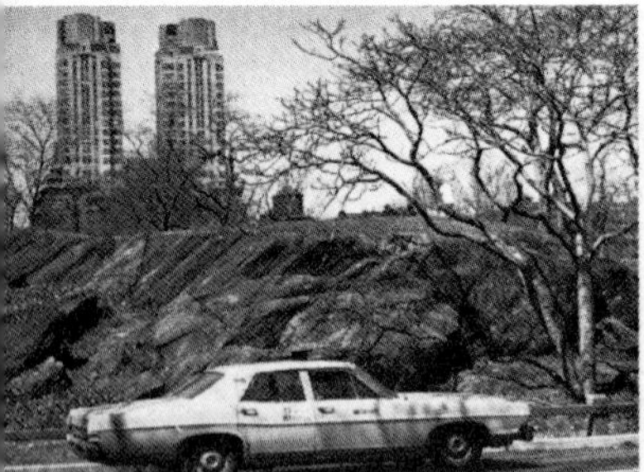

Ein fahrendes Auto erscheint scharf.

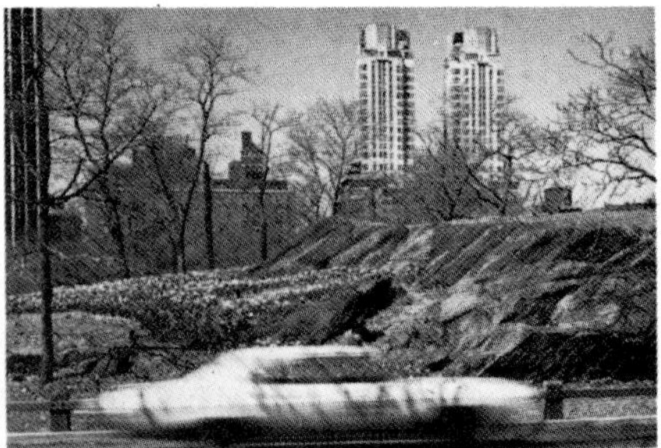

Ein fahrendes Auto wird verwischt abgebildet.

So sieht es das Auge:

und so »sieht« es das Objektiv:

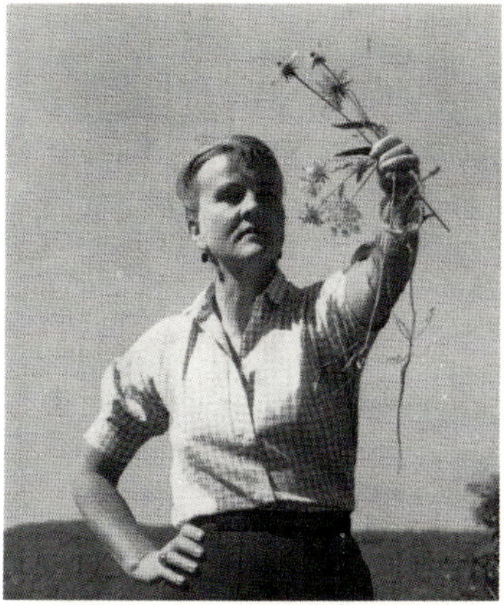

Die Hand sieht kleiner aus als der Kopf.

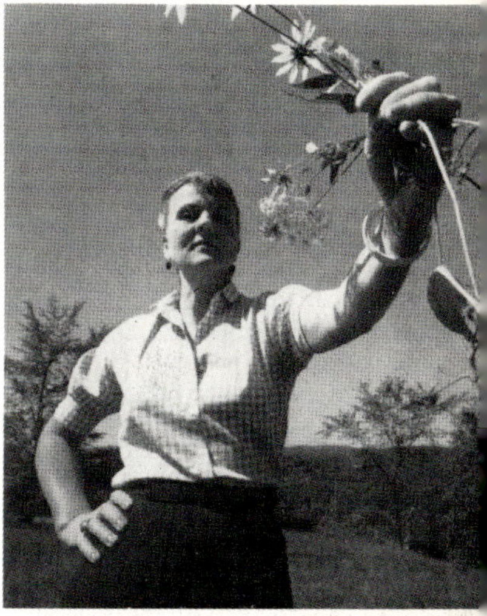

Die Hand ist grotesk groß wiedergegeben.

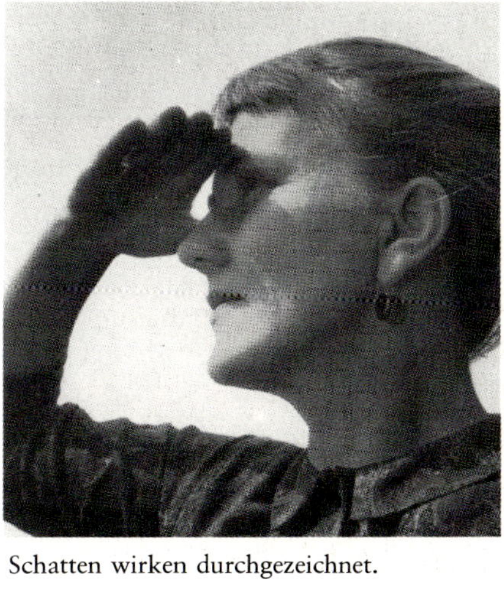

Schatten wirken durchgezeichnet.

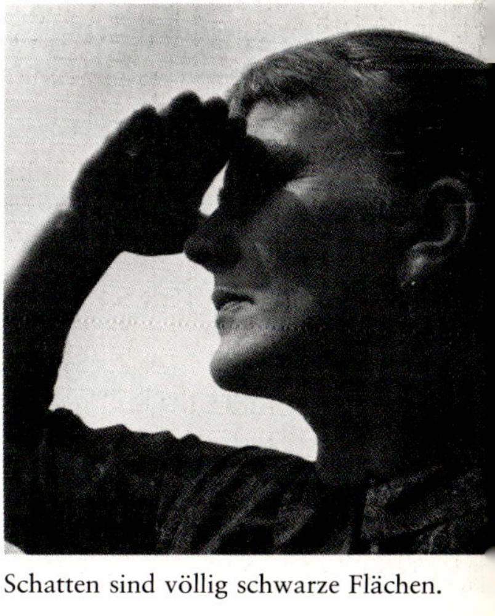

Schatten sind völlig schwarze Flächen.

»Positive Kameralügen«

Das alte Sprichwort »Die Kamera lügt nicht« ist unzutreffend. Im Grunde sind die weitaus meisten Lichtbilder »Kameralügen«, da sie mit der Wirklichkeit nicht übereinstimmen, zum Beispiel zweidimensionale Bilder von dreidimensionalen Objekten, Schwarzweißbilder von farbigen Motiven, Standfotos von Bewegungsstudien.

Wir wollen uns aber mit der Tatsache abfinden, daß die meisten Fotos »lügen«, und sie nach Kräften ausnutzen, denn »Lügen« bedeuten, so wie das Wort hier gebraucht ist, nicht unbedingt etwas Negatives. Es besagt lediglich, daß zwischen einem Foto und dem darauf abgebildeten Motiv ein Unterschied besteht. Bei den meisten »geknipsten« Fotos wird dieser Unterschied nun allerdings zum negativen Faktor, weil der Eindruck des geknipsten Bildes in der Regel schwächer ist als der, den das Auge empfing.

Begreift man aber erst einmal den Unterschied zwischen dem, was das Auge sieht, und dem, was die Kamera aufzeichnet, kann man aus diesem Unterschied Nutzen ziehen, denn obwohl das Objektiv (und das gesamte fotografische Verfahren) in mancher Hinsicht dem Auge unterlegen ist, ist es ihm in anderer Beziehung überlegen. Geknipste Bilder zeigen nur seine Unterlegenheit. Wenn aber ein Fotograf mit seinem Medium wirklich umzugehen weiß, kann er dessen Überlegenheit ausnutzen, um durch seine Bilder *mehr* zum Ausdruck zu bringen, als ein Betrachter an dem Objekt selber hätte wahrnehmen können. Die Fotografie wird, bei geschickter Verwendung, zu einem Mittel, um Entdeckungen zu machen, und die Kamera zu einem Instrument, mit dem wir den Bereich unserer durch das Auge vermittelten Erkenntnisse erweitern können.

Die folgenden neun Seiten enthalten Beispiele solcher »positiven Kameralügen«.

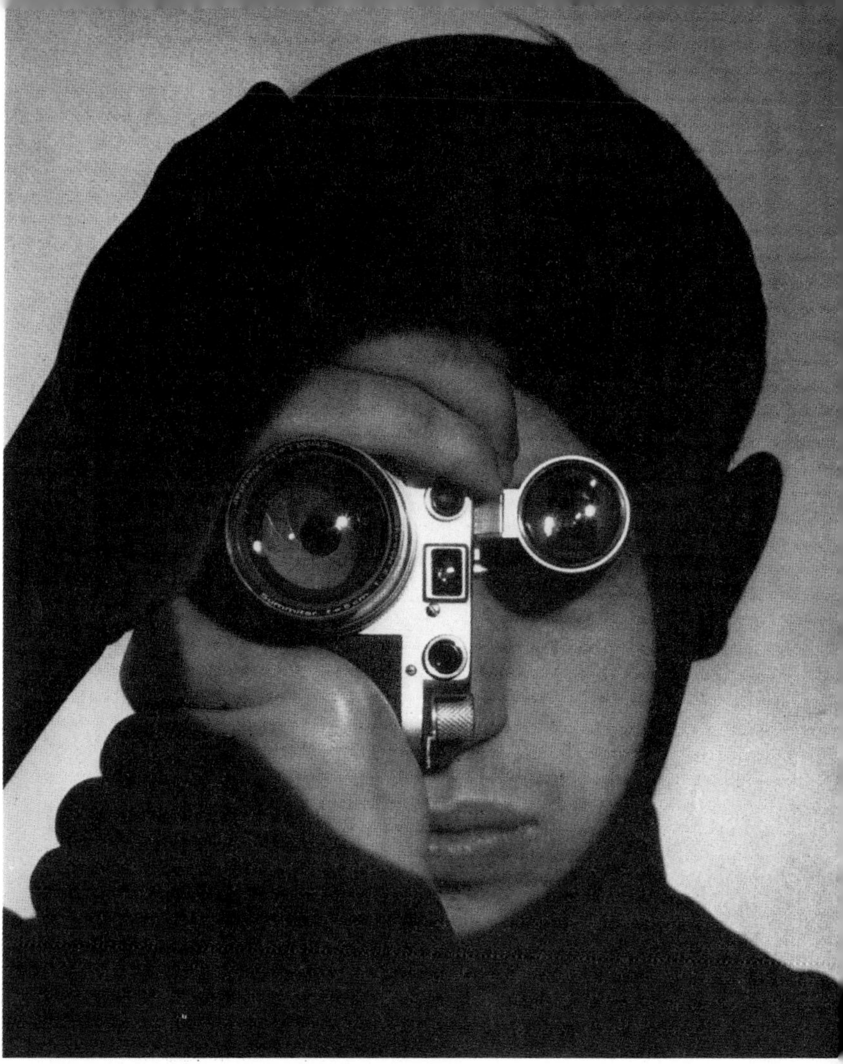

Bildlicher Ausdruck eines Begriffes: der Bildjournalist. So sieht normalerweise kein Fotograf aus, aber das Begriffsbild eines Fotoreporters, dem seine Kamera zum »dritten Auge« wird, läßt sich auf diese drei wesentlichen Dinge vereinfachen: Sucher, Objektiv und Verstand. Dieses sorgfältig durchgearbeitete Foto, das als Titelbild für die Zeitschrift »Life« gedacht war, ist ein Versuch, den Begriff »Bildjournalist« fotografisch zum Ausdruck zu bringen.

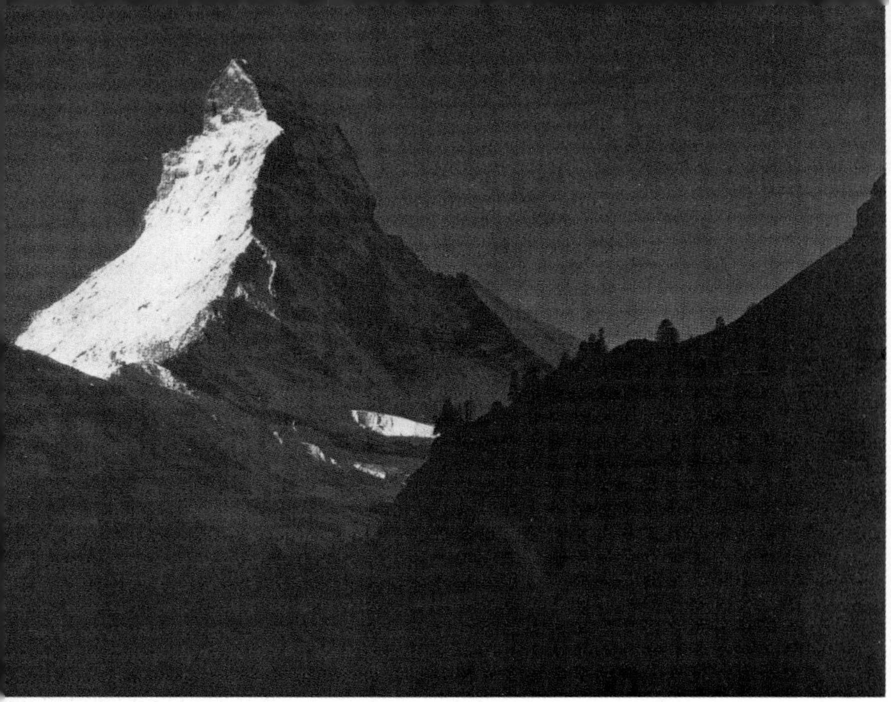

Das Auge kann Farben nicht in Schwarzweißtöne übertragen. Aber durch Verwendung von Filtern und entsprechend abgestuften Papiers kann ein Fotograf sogar die uninteressantesten Farben in grafisch kräftige, bildwirksame Grautöne oder in Schwarz und Weiß umwandeln, wie diese Matterhorn-Aufnahme von G. Kidder Smith beweist.

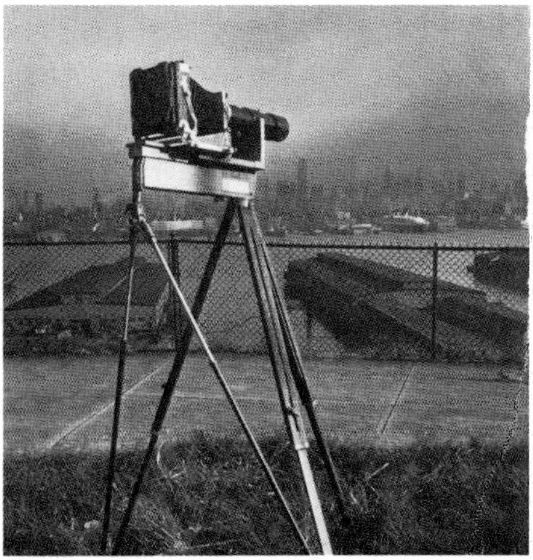

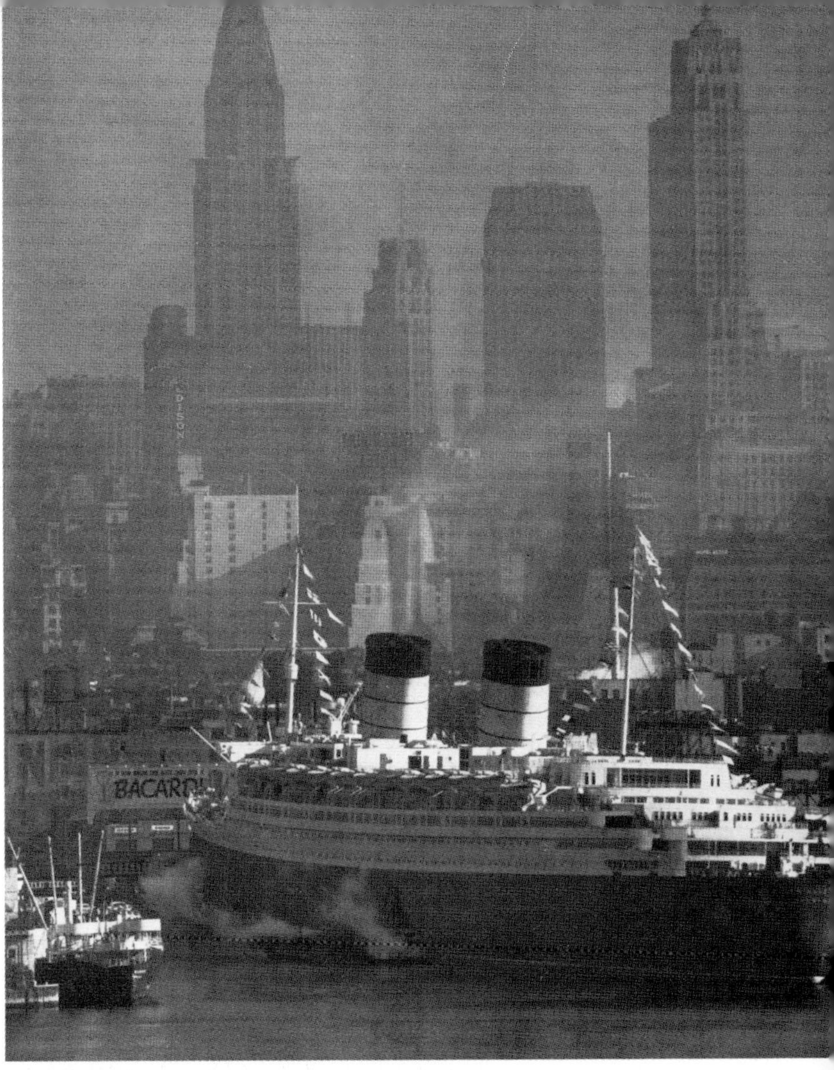

Das Auge kann über eine bestimmte Entfernung hinaus Objekte nicht mehr erkennen, »auflösen«, wie das die Optik nennt. Aber mit Hilfe von Teleobjektiven kann ein Fotograf die Entfernung überwinden und weit entfernte Objekte größer und vollkommen deutlich zeigen. Das kleine Bild (links) zeigt die Szene so, wie sie dem Auge erschien. Man sieht darauf die Kamera und das Stativ (vgl. S. 358) mit dem diese Aufnahme gemacht worden ist.

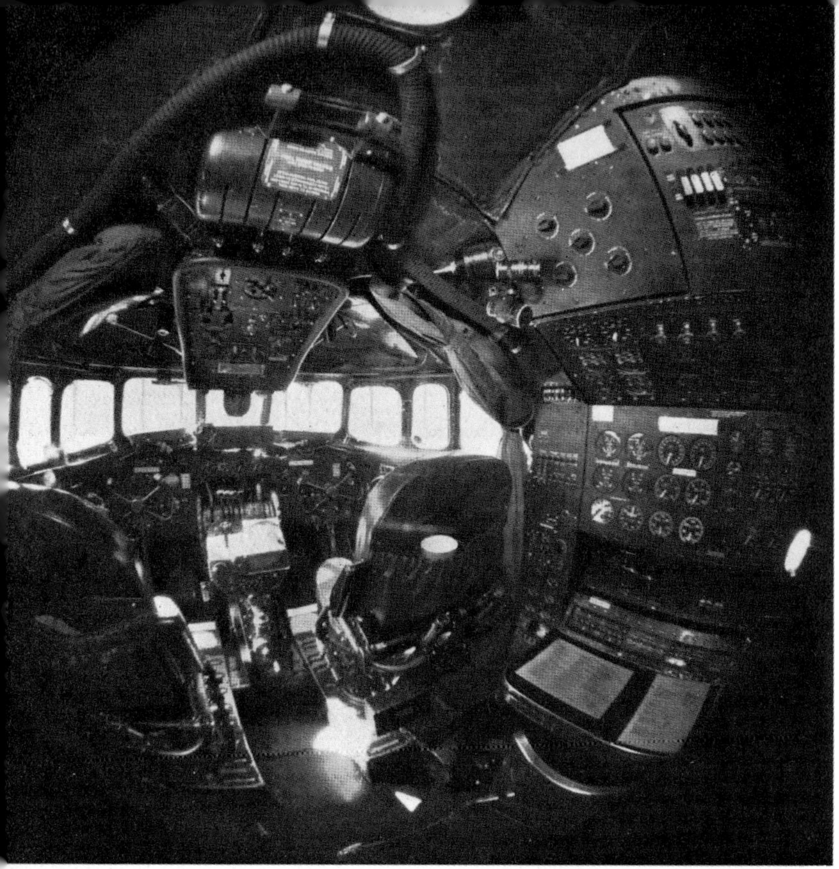

Der Gesichtswinkel, den das Auge eines Menschen scharf erfaßt, beträgt weniger als 20 Grad, es gibt jedoch fotografische Objekte, die einen Blickwinkel von 90 Grad und mehr scharf erfassen können. Den größten hat die »Fischaugenlinse« der Nikon mit einem Bildwinkel von 180 Grad. Die obige Aufnahme der Kanzel eines Verkehrsflugzeugs ist mit einem solchen Objektiv gemacht.

Auf den ersten Blick wirkt die Perspektive solcher Weitwinkelaufnahmen natürlich sonderbar, aber wenn man sich erst einmal daran gewöhnt und gelernt hat, sie richtig zu »deuten«, erkennt man die ungeheuren Vorzüge derartiger Bilder: Motive, die sonst eine ganze Reihe von Aufnahmen erfordert hätten, kann man auf diese Art in einem einzigen zusammengefaßten Bilde zeigen.

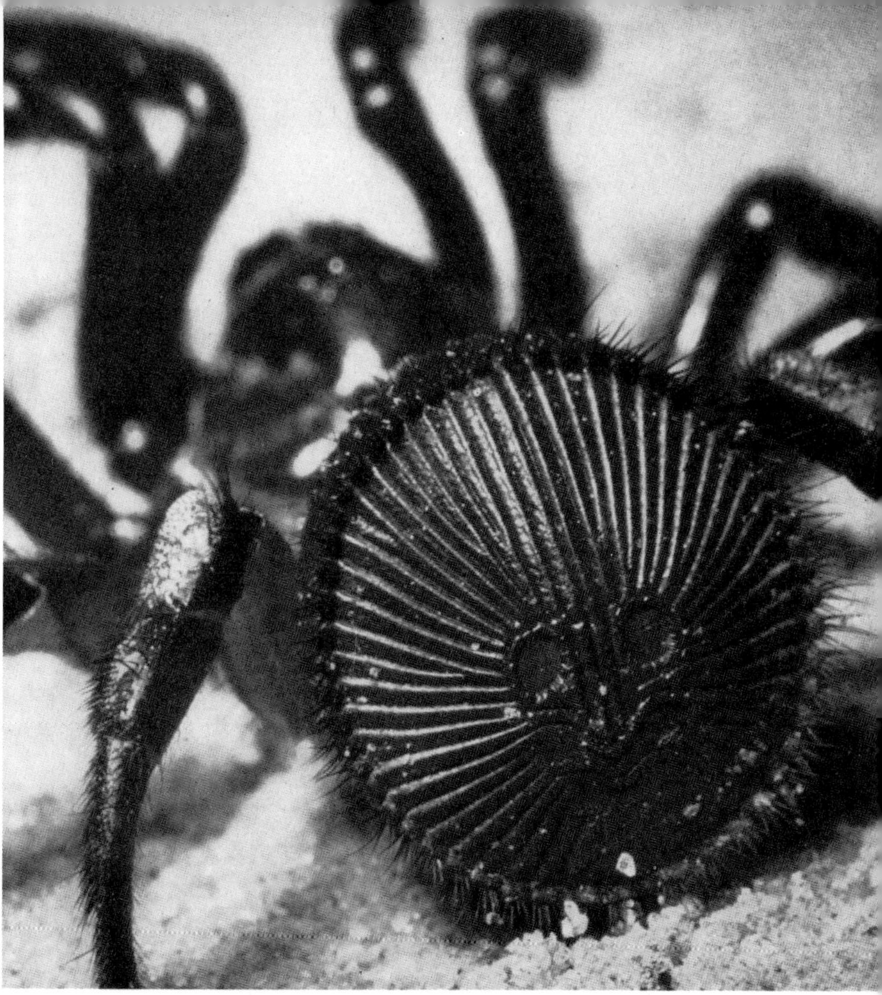

Das menschliche Auge kann keine Objekte »auflösen«, von denen es weniger als etwa 20 cm entfernt ist. Für das Kameraobjektiv gibt es keine derartige Beschränkung. Wenn er eine Kamera mit ausreichendem Balgenauszug hat, kann ein Fotograf Objekte aus einem Abstand von wenigen Millimetern scharf abbilden. Dadurch eröffnet sich uns die bisher verschlossene Welt der kleinsten Dinge, und wir können uns an so phantastischen Dingen erfreuen wie an der Hinteransicht einer Deckelspinne, die hier zehnfach vergrößert gezeigt wird.

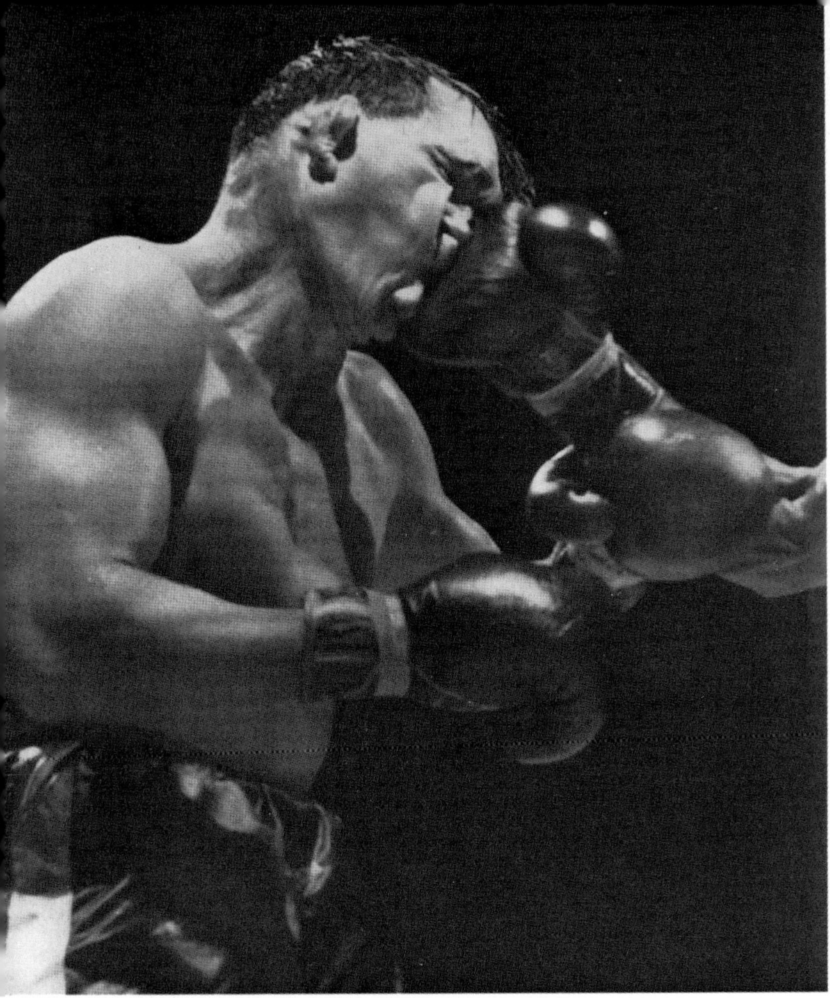

Das Auge sieht Objekte, die sich sehr schnell bewegen, mehr oder weniger verwischt oder kann sie nicht alle wahrnehmen, aber durch sehr kurze Belichtungszeiten oder Verwendung eines Elektronenblitzgeräts kann der Fotograf Objekte, die sich so schnell bewegen, daß sie am Auge einfach vorüberhuschen, gestochen scharf im Bilde festhalten und Ereignisse aufnehmen, die sich so schnell vollziehen, daß sie dem Auge unsichtbar bleiben, wie die Schlagwirkung der Faust eines Boxers im Gesicht des Gegners (United Press Intern.).

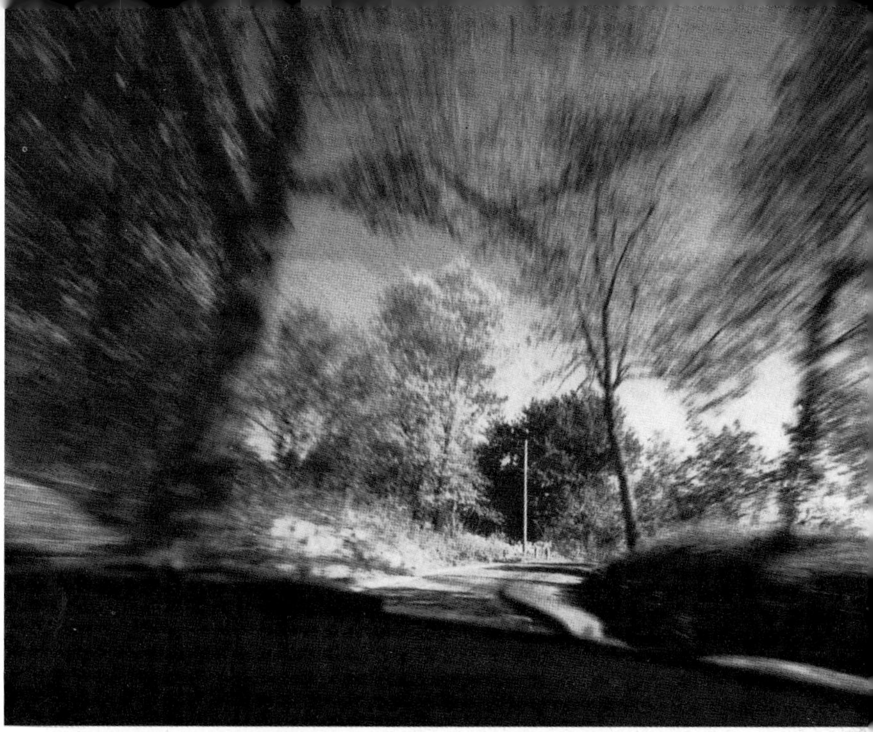

Bei scharfer Wiedergabe sind zwei Bilder desselben Objekts, das einmal in Bewegung, das andere Mal ruhend fotografiert wurde, oft gleich. Folglich kann jemand, der solche Bilder sieht, nicht sagen, ob der abgebildete Gegenstand (etwa ein Auto) sich bewegte oder still gestanden hat. Diese Verwirrung läßt sich vermeiden, wenn der Fotograf mit einer verhältnismäßig langen Belichtungszeit arbeitet, um eine gewisse Verwischung in das Bild hineinzubekommen, die Bewegung andeutet, ohne das Objekt unkenntlich zu machen. Im Foto oben, das durch die Windschutzscheibe eines fahrenden Wagens aufgenommen wurde, symbolisiert ein sorgfältig berechneter Grad der Verwischung bildlich die Geschwindigkeit (Weitwinkel Hasselblad, $1/5$ Sekunde).

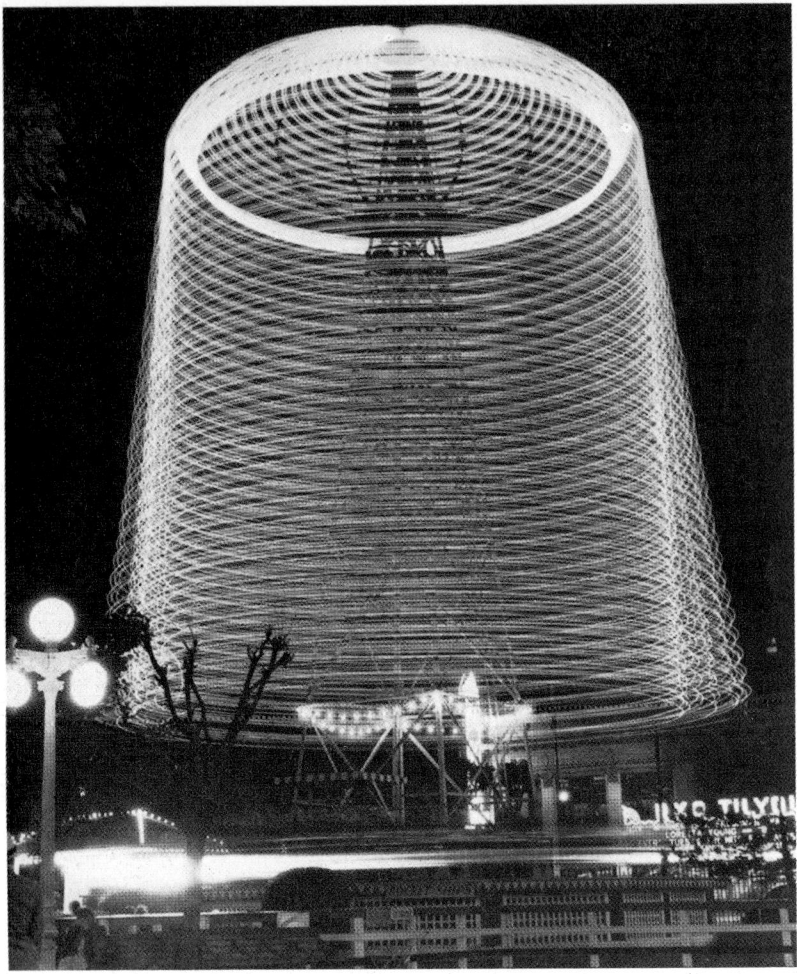

Das Auge kann ein Bild nicht beliebig lange festhalten und kann auch nicht die verschiedenen Bilder, die durch eine Folge von Geschehnissen hervorgerufen werden, überlagern. Die Kamera kann das. Das obige Bild zeigt ein Karussell bei Nacht; durch eine Zeitaufnahme seiner kreisenden Lichter ist eine grafische Darstellung von Raum und Bewegung entstanden. Auf der Gegenseite zeigt ein Foto von Gjon Mili, wie man mit Hilfe eines Mehrfachelektronenblitzes verschiedene Erscheinungsformen eines Geschehnisses überlagern kann, um mehrere Phasen eines Vorgangs in einem Blick zu erfassen.

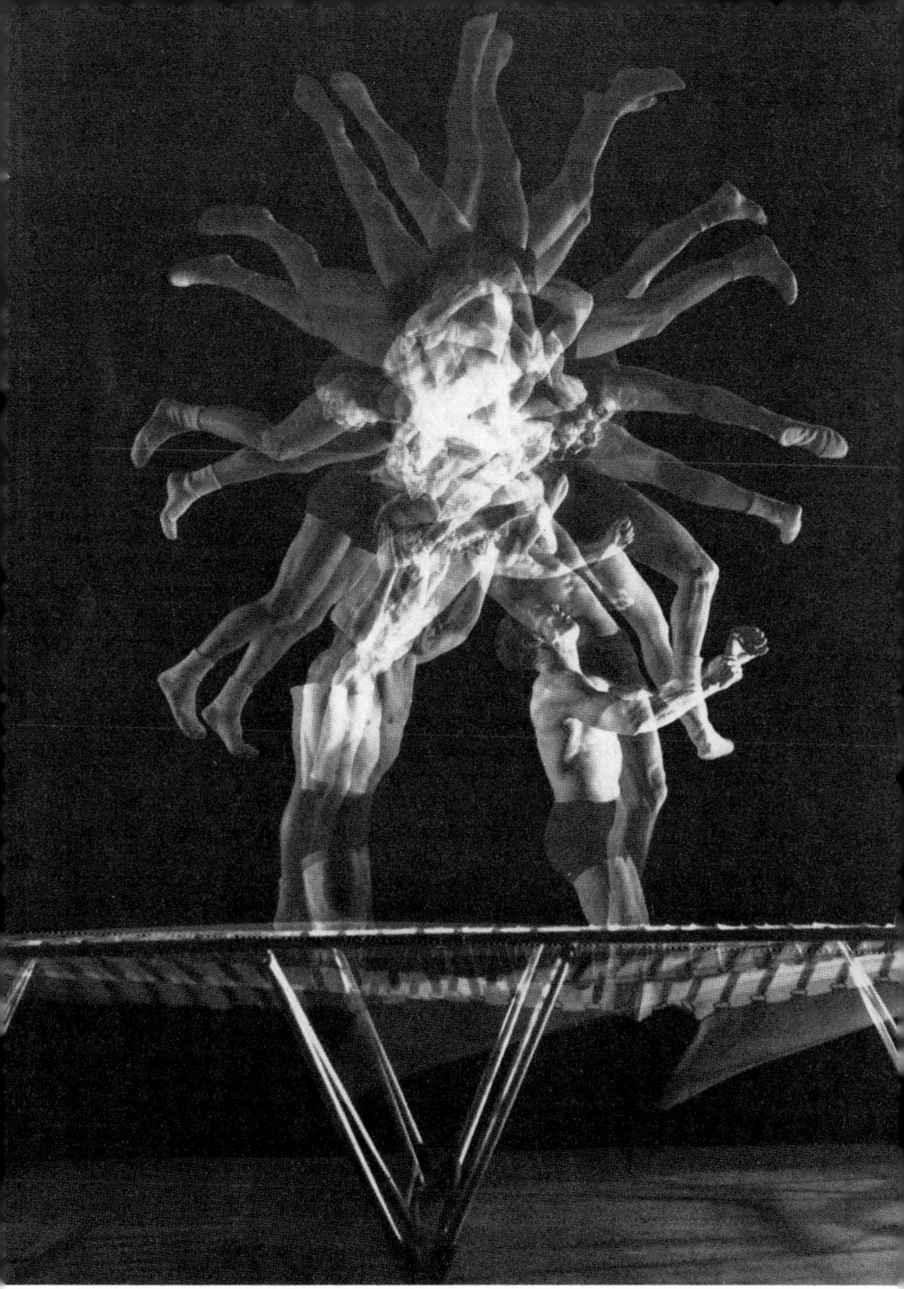

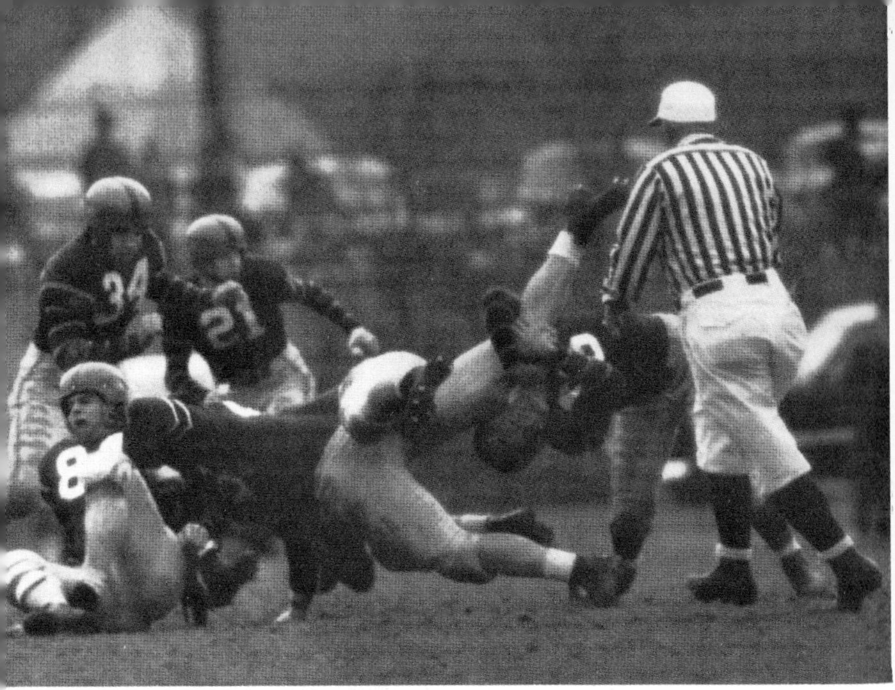

Dynamische und statische Objekte

Aus Gründen, die mit Auffassung und Wiedergabe des Themas zusammenhängen, ordnet man fotografische Objekte am zweckmäßigsten in zwei Gruppen ein: in dynamische und in statische Objekte.

Dynamische Objekte sind einem immerwährenden Wechsel unterworfen, wiederholen sich niemals genau. Zu dieser Gruppe gehören Menschen und Tiere, Straßenszenen, Meer und Himmel und andere dynamische Erscheinungsformen der Natur.

Wegen ihrer unzähligen verschiedenen »Gesichter« bieten dynamische Objekte einem Fotografen unerschöpfliche Möglichkeiten für eigene Lösungen. Erfolg oder Mißerfolg bei der Aufnahme solcher Objekte hängt fast ganz von der Betrachtungsweise des Fotografen ab und von seiner Fähigkeit, sie auf neue und interessante Weise zu »sehen«. Besonders wichtig ist der Zeitpunkt der Aufnahme. Gewöhnlich erzielt man die besten Ergebnisse mit einer kleinen, unauffälligen Kamera (35-mm-Kleinbildkameras).

Statische Objekte bewegen sich nicht und verändern ihr Aussehen nicht, es sei denn unter Einwirkung von außen. In diese Gruppe gehören die meisten Objekte: Kunstwerke (wie der hier gezeigte afrikanische Fetisch), Bauwerke einschließlich Innenräume, die meisten Landschaften und Naturgegenstände wie Blumen, Kristalle, Muscheln usw.

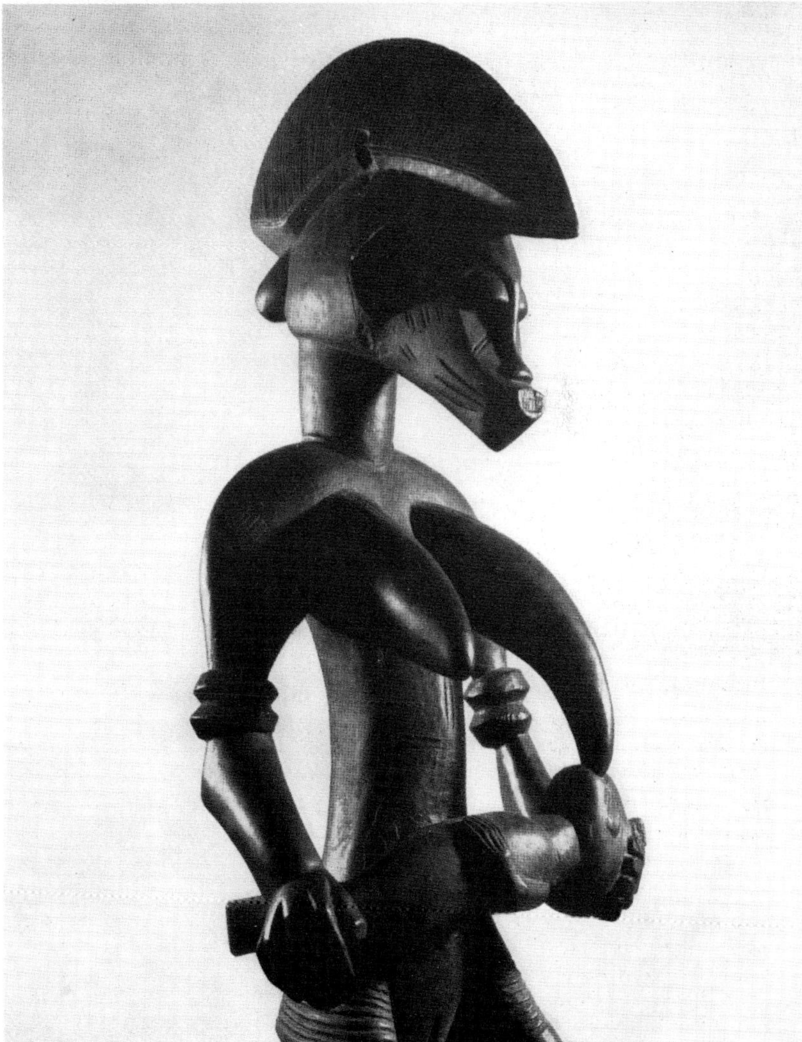

Die meisten statischen Objekte lassen dem Fotografen infolge der ihnen eigentümlichen Starrheit weniger Raum für eine phantasievolle Behandlung als dynamische Objekte. Auffassung des Motivs, Standpunkt des Fotografen und Beleuchtung sind besonders wichtig. Die besten Ergebnisse erzielt man gewöhnlich mit einer Großformatkamera (9×12 cm; näheres S. 46 und 152).

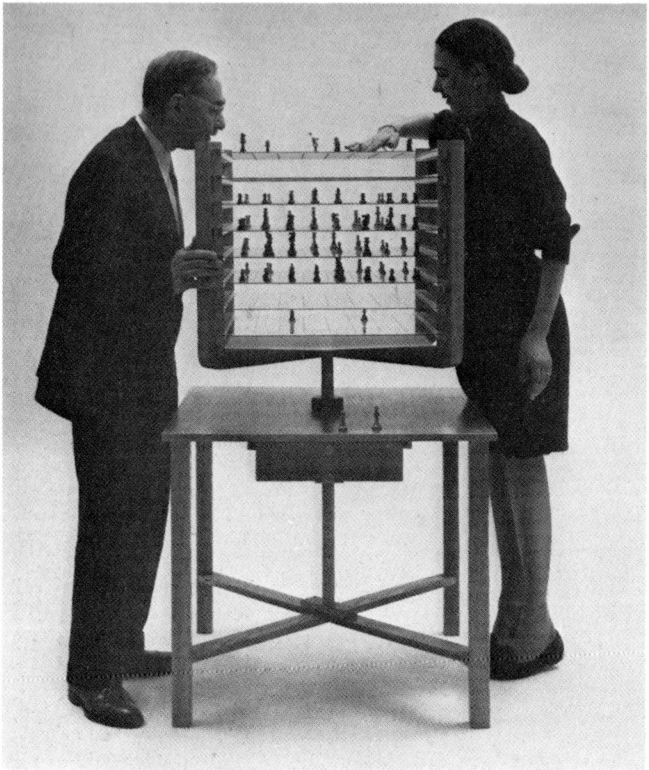

Objektive oder subjektive Betrachtungsweise

Im Grunde hat ein Fotograf die Wahl zwischen objektiver und subjektiver Auffassung seines Motivs.

Objektive Betrachtungsweise ist für Dokumentar- und wissenschaftliche Fotografie das Gegebene. Bezeichnend dafür ist ein bewußtes Bemühen, objektiv, ohne Vorurteil oder Bekundung einer persönlichen Meinung zu berichten. Klare Wiedergabe ist besonders wichtig. Phantasie ist vielleicht eher ein Hindernis als eine Hilfe, obwohl Objektivität in der Bildberichterstattung niemals als Entschuldigung für eine langweilige oder abgedroschene Arbeit dienen darf.

Die obige Aufnahme von Yale Joel, die ein neuartiges, dreidimensionales Schachspiel zeigt, kann als typisch für die objektive Betrachtungsweise gelten.

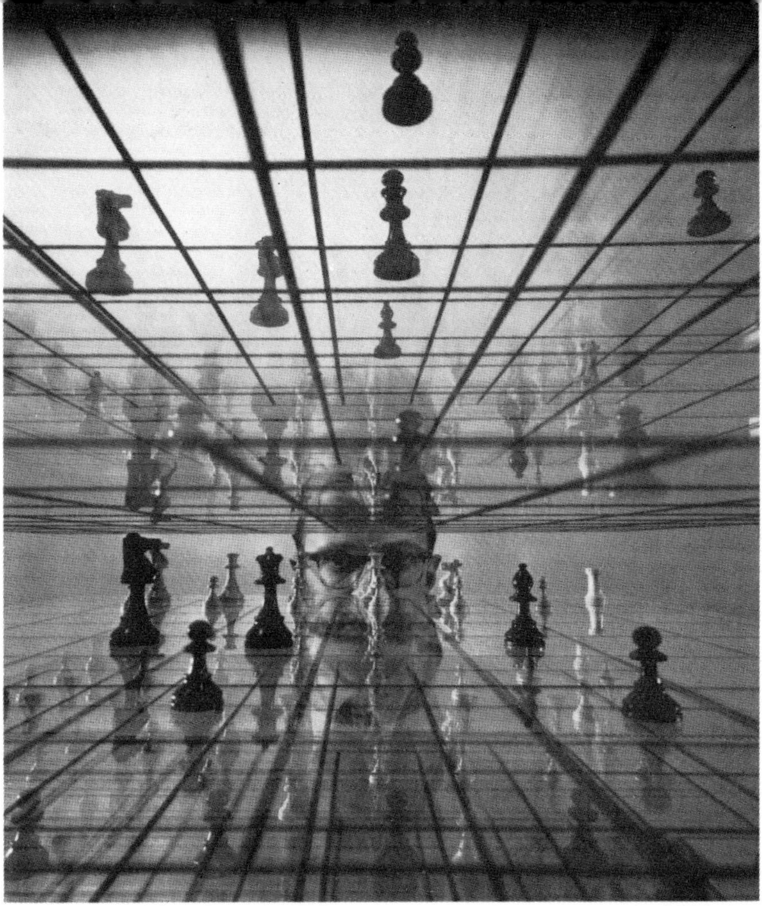

Subjektive Betrachtungsweise ist die Art, in der der schöpferische Fotograf oder der Künstler an das Motiv herangeht. Bezeichnend dafür ist die Absicht, eine persönliche Meinung oder ein Erlebnis, das der Fotograf mit anderen teilen möchte, im Bilde zum Ausdruck zu bringen. Phantasie und echtes Empfinden für das Motiv sind besonders wichtig.

Subjektive Lichtbilder sind im allgemeinen interessanter und reizvoller als objektive Bilder, weil sie aus Gedanken, Empfindungen und persönlichen Erfahrungen erwachsen. Die besten Bilder dieser Art geben dem Beschauer etwas Neues, etwas das er noch nicht gesehen oder woran er noch nicht gedacht hatte, eine neue Erkenntnis oder Erfahrung auf dem Gebiet des grafischen Ausdrucks.

Das obige Bild zeigt, wie Joel das dreidimensionale Schachspiel, das auf der Gegenseite in objektiver Ansicht gezeigt ist, schöpferisch-subjektiv sieht.

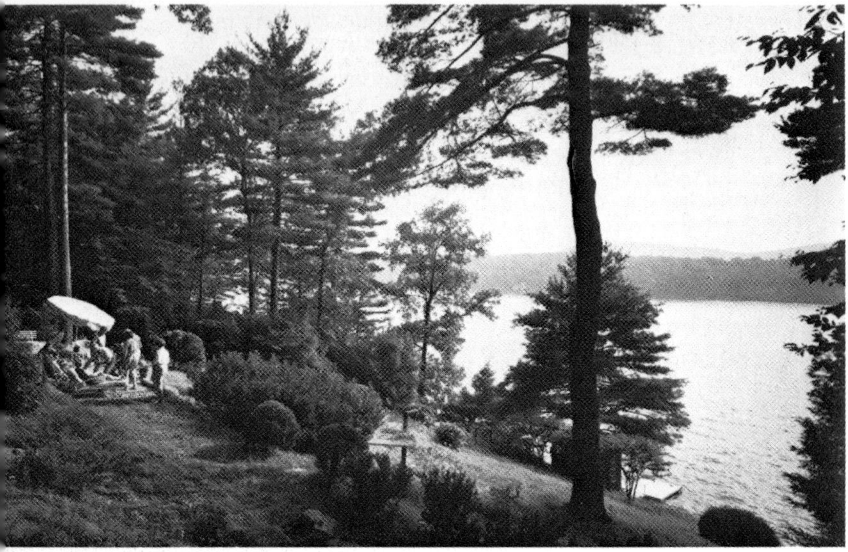

Motiv-Auffassung: Von Totale bis Nah

Der Fotograf hat, was Entfernung und Maßstab des Objektes angeht, die Wahl zwischen Totale, Halbtotale und Nahaufnahmen.

Die Totale zeigt das Objekt im Verhältnis zu seiner Umgebung. Sie soll den Betrachter informieren und es ihm möglich machen, weitere, aus mittlerer Entfernung und aus der Nähe gemachte Aufnahmen damit zu vergleichen und in ihren richtigen Verhältnissen zu sehen. Totale werden gewöhnlich aus ziemlich großer Entfernung mit einem Objektiv normaler Brennweite aufgenommen. Wenn der Abstand nicht ausreicht, arbeitet man mit einem Weitwinkelobjektiv.

Die Halbtotale zeigt das Objekt als Ganzes, verzichtet jedoch auf den größten Teil der Umgebung. Sie bringt bereits ein gewisses Maß an Einzelheiten und macht es dem Betrachter möglich, Nahaufnahmen wichtiger Teile des Objekts in ihrem Verhältnis zum Ganzen zu beurteilen. In der Regel nimmt man Halbtotale am besten mit einem Normalobjektiv auf oder bei großem Abstand zwischen Objekt und Kamera mit einem Teleobjektiv von mittlerer Brennweite.

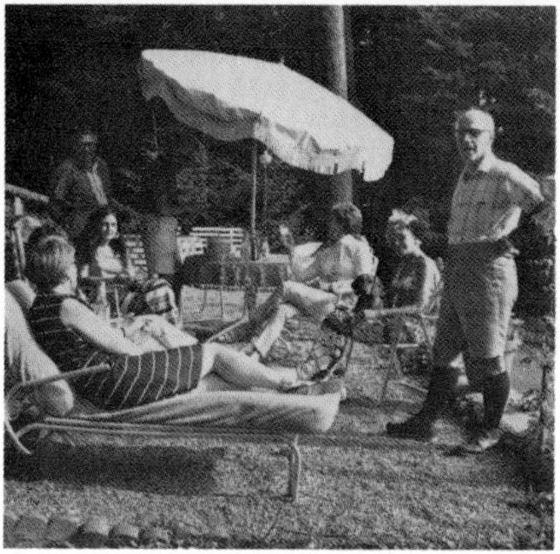

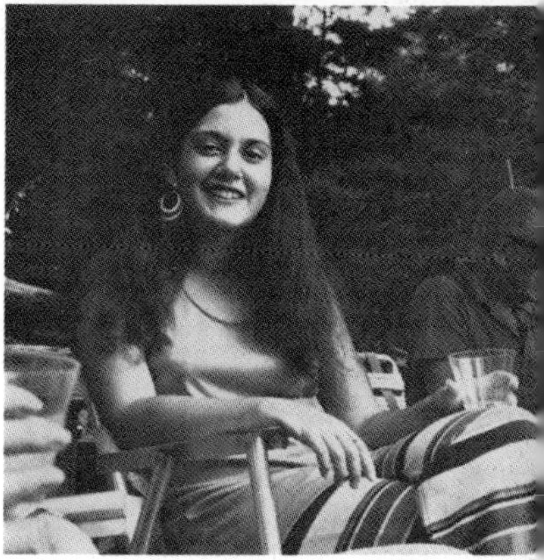

Die Nahaufnahme zeigt wichtige Teile des Objekts groß und legt Gewicht auf Details. Nahaufnahmen sind Ergänzungsaufnahmen, die dem Beschauer ein ins einzelne gehendes Verständnis des Objekts vermitteln sollen. Je nach der Entfernung zwischen Objekt und Kamera arbeitet man mit einem Normal-, einem Tele- oder einem Weitwinkelobjektiv.

Das eigentliche Motiv dieser Bilderfolge ist die junge Frau auf dem letzten Foto. Man könnte jedoch auch sagen, daß das Motiv der ersten Aufnahme ein Garten in Halbtotale, das Motiv der zweiten Aufnahme eine Gruppe Menschen in Halbtotale und das der dritten und vierten Aufnahme ein Mädchen jeweils in Halbtotale und als Nahaufnahme sei.

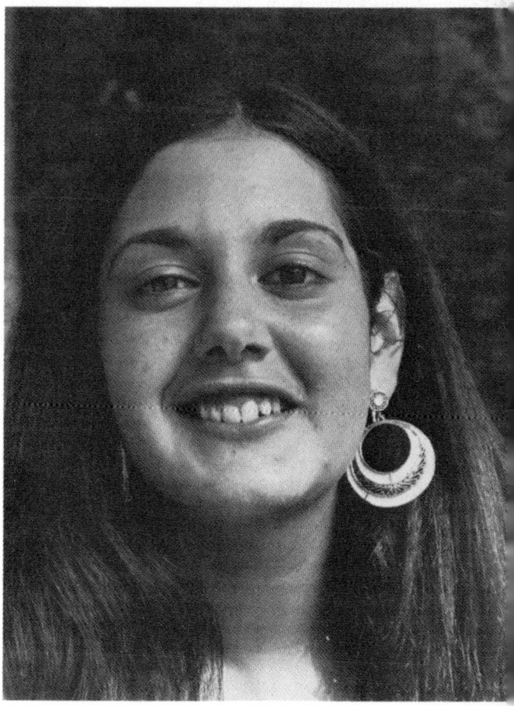

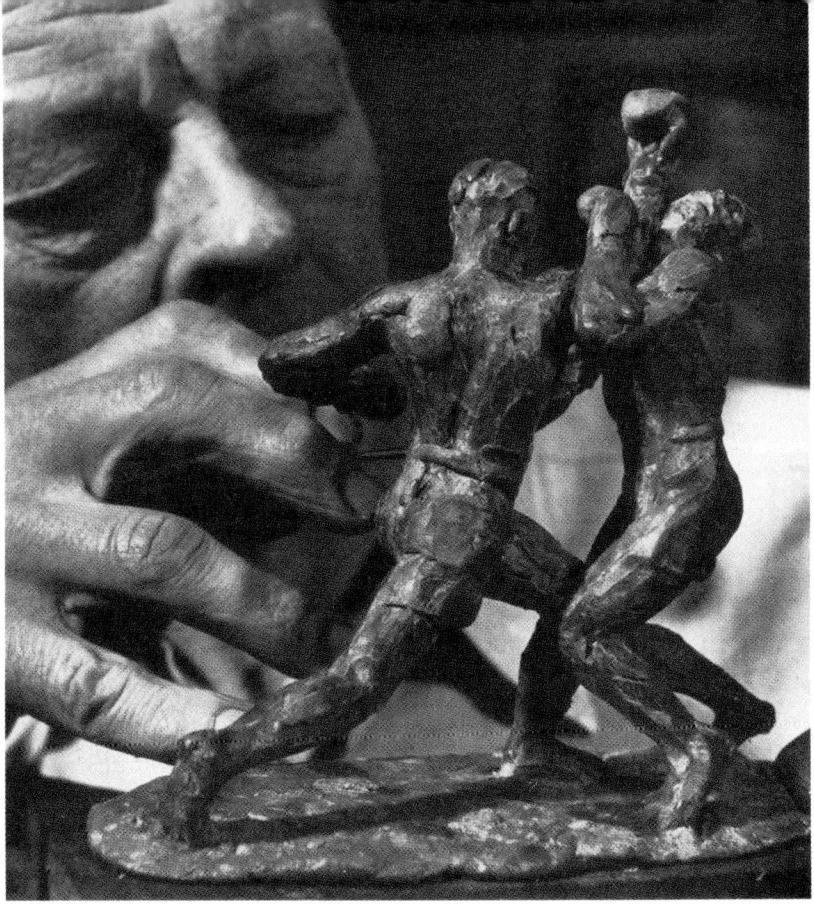

Motiv-Auffassung: Von Totale bis Nah

Die Wahl zwischen Totale, Halbtotale und Nah hat der Fotograf nicht nur bei Außen-, sondern auch bei Innenaufnahmen.

Diese Bilderfolge zeigt den Bildhauer Cecil Howard bei der Arbeit. Die Totale stellt den Ort der Handlung dar, die Halbtotale ist ein Porträt des Künstlers, und die Nahaufnahme gewährt ein detailliertes Bild der Arbeit.

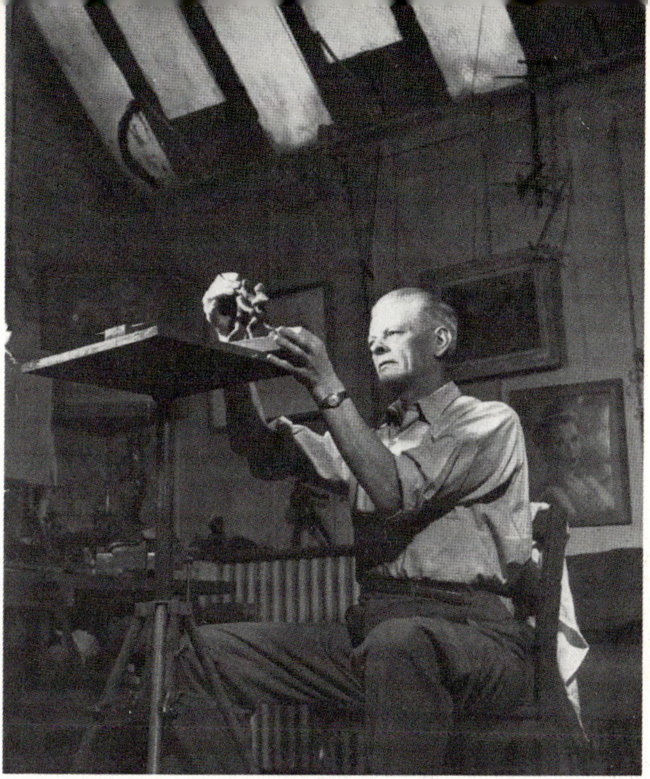

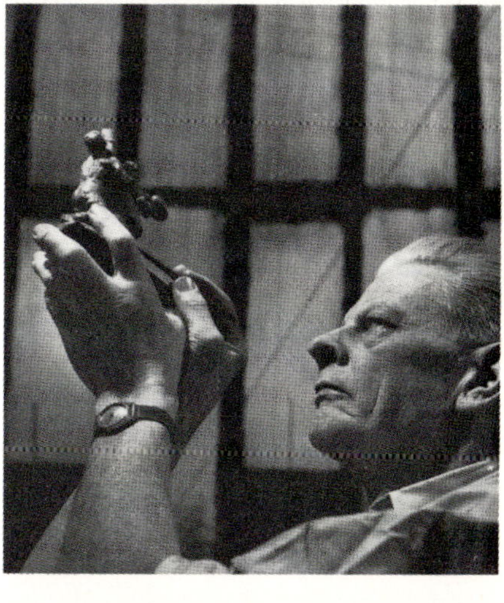

Technisch kann man den Übergang von der Totalen zur Nahaufnahme auf zweierlei Weise erreichen. Entweder verringert man allmählich den Abstand zwischen Objekt und Kamera, oder man fotografiert mit Objektiven immer längerer Brennweite.

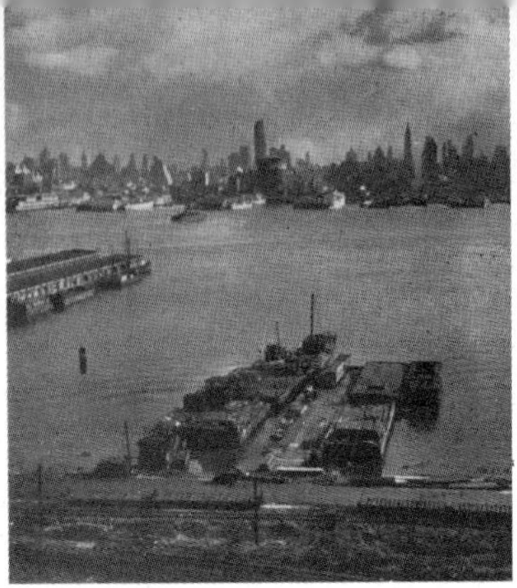

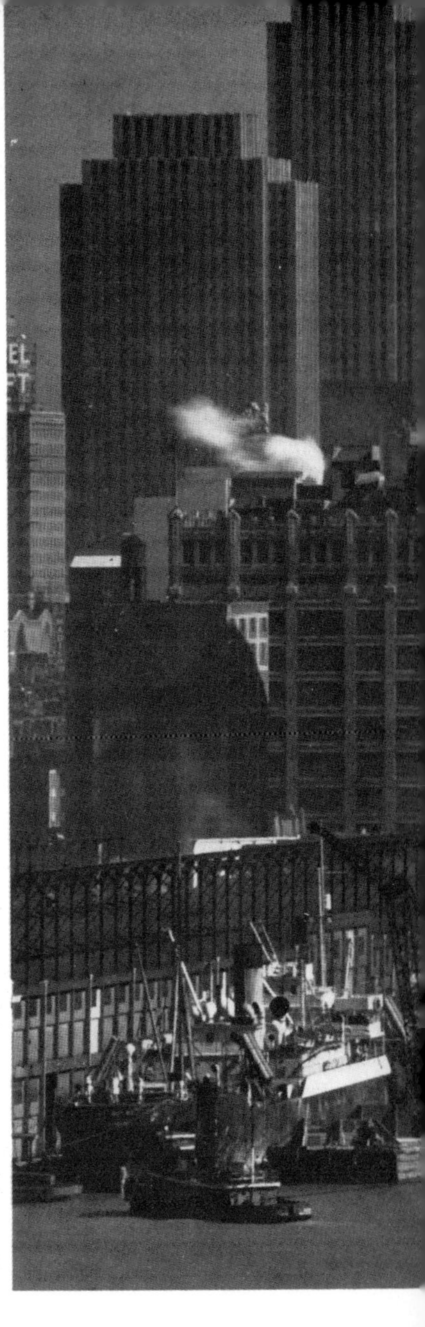

Motiv-Auffassung: Die Nahaufnahme mit dem Teleobjetiv

Oft ist es mit Rücksicht auf die Raumwiedergabe unerwünscht, den Abstand zwischen Kamera und Objekt so zu verringern, daß man eine Nahaufnahme mit einem Objektiv normaler Brennweite machen kann.

Wenn man ein ähnliches Bild der berühmten »skyline« von Manhattan mit einem Normalobjektiv von einem Schiff aus fotografiert hätte, wäre eine »perspektivische Verzerrung« dabei herausgekommen. Nahe Schiffe würden unverhältnismäßig groß im Bild erschienen sein, und die weit entfernten Gebäude würden unverhältnismäßig klein erscheinen. Deshalb wurden sowohl die Gesamt- als auch die Nahaufnahme vom selben Kamerastandpunkt aus aufgenommen, die erste mit einem Objektiv normaler Brennweite, die andere mit einem extremen Teleobjektiv.

Ähnliche Erwägungen gelten natürlich für die Porträtfotografie, wo ungenügender Abstand vom Objekt stets die Gefahr der »Verzerrung« mit sich bringt (siehe die Bilder auf S. 129 oben).

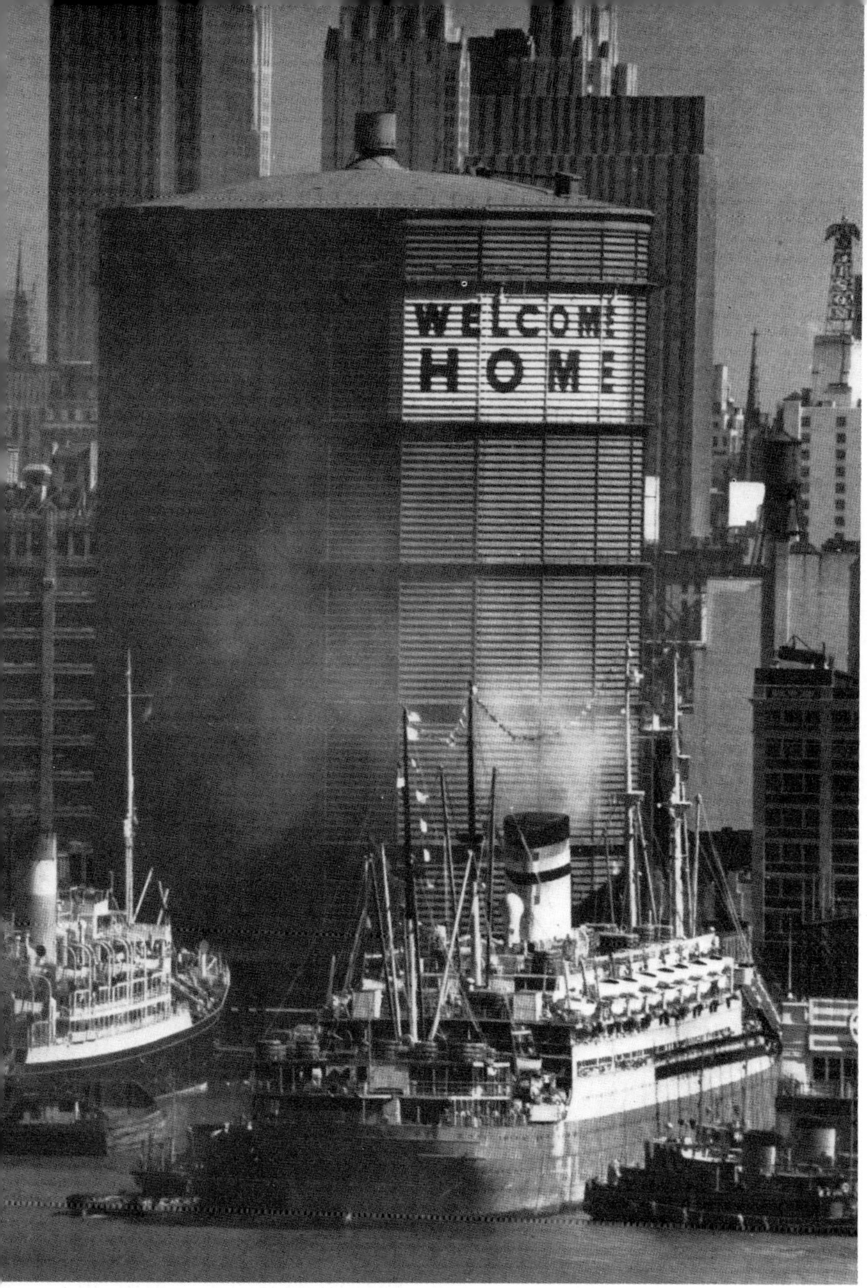
WELCOME
HOME

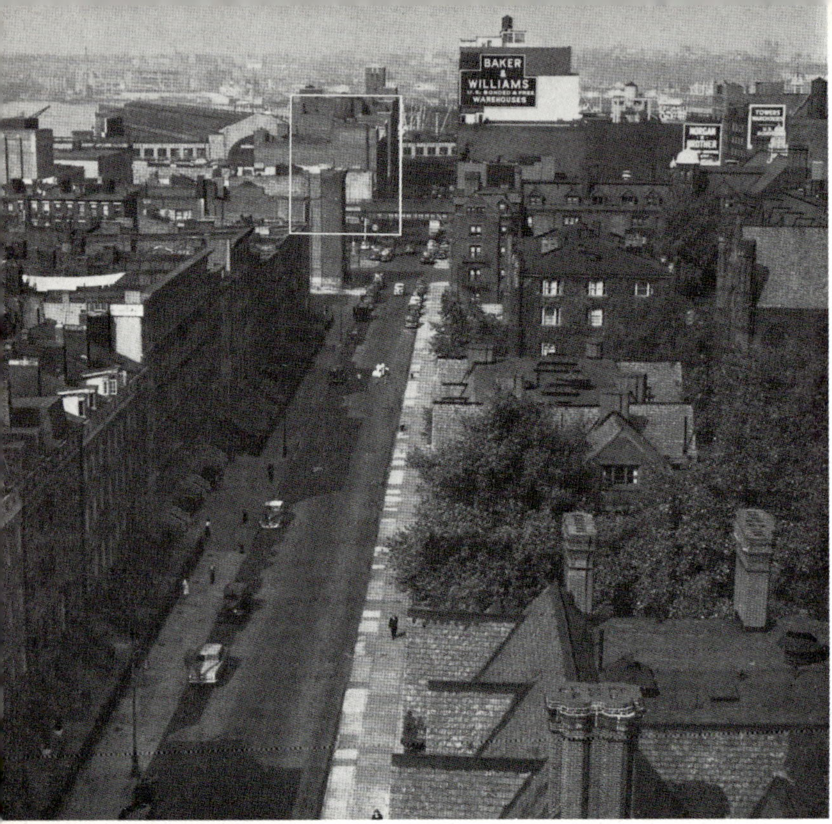

Motiv-Auffassung: Das Bild im Bilde

Auf den meisten Fotos sieht man »zuviel«. Dieser Fehler läßt sich beheben, indem man nur den interessantesten Ausschnitt des Negativs vergrößert. Aus fototechnischen Gründen ist es jedoch besser, das eigentliche Objekt mit einem Objektiv genügend langer Brennweite zu fotografieren, das den Bildwinkel verengt und dadurch Bildelemente am Rande, die den Blick ablenken, beseitigt.

Das obige Foto ist eine recht trübselige Ansicht einer New Yorker Straße, so wie sie dem Auge erscheint. Aber diese Ansicht enthielt ein anderes, interessanteres Bild, die menschlich berührende Aufnahme einer ärmlichen Hausfrau, die rechts in der Wüste von Stahl und Stein ihre Wäsche aufhängt. Für dieses Bild brauchte man ein Teleobjektiv mit langer Brennweite. Hätte man einen Ausschnitt aus einem »gewöhnlichen« Negativ vergrößert, so wäre die typische Struktur des Mauerwerks durch das Filmkorn verlorengegangen.

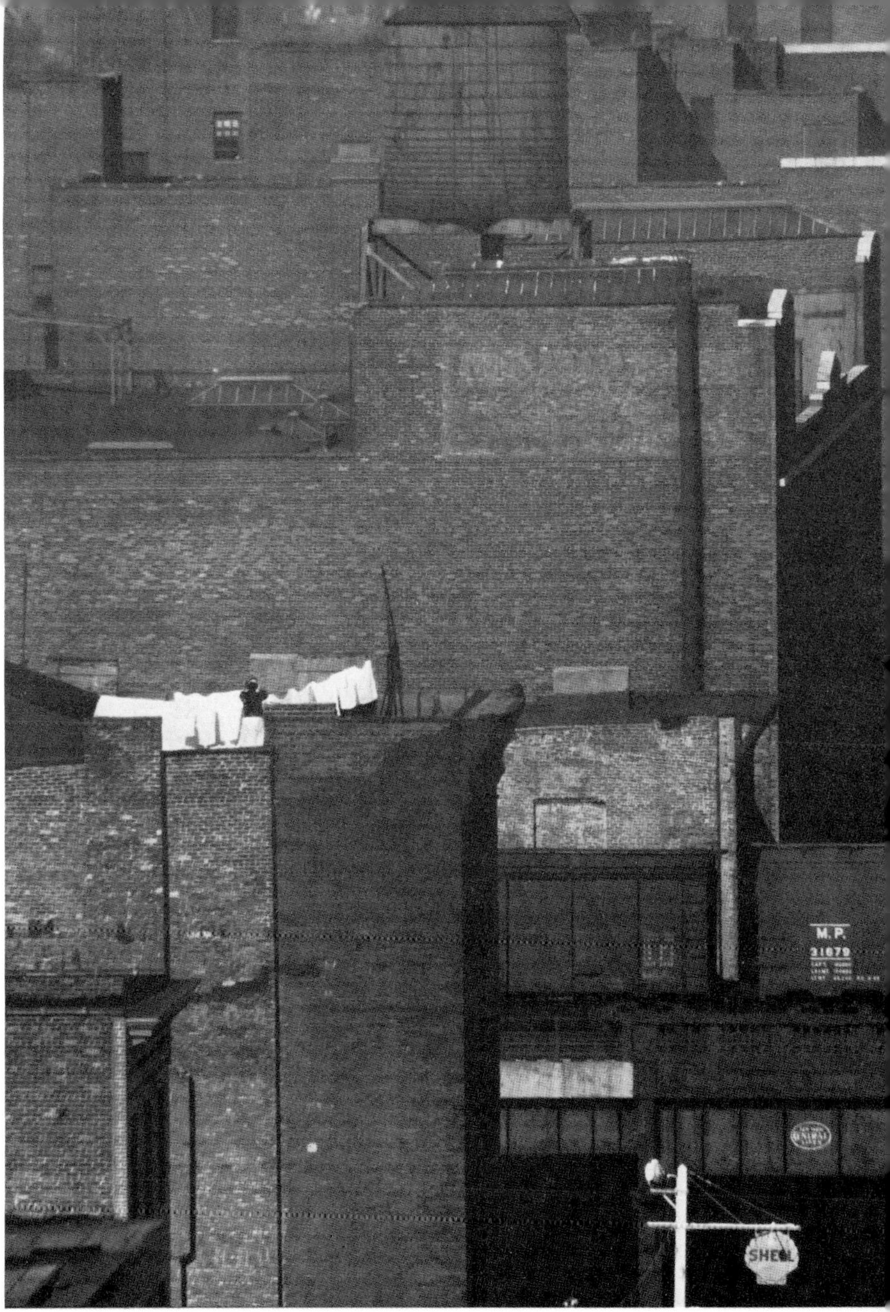
M.P.

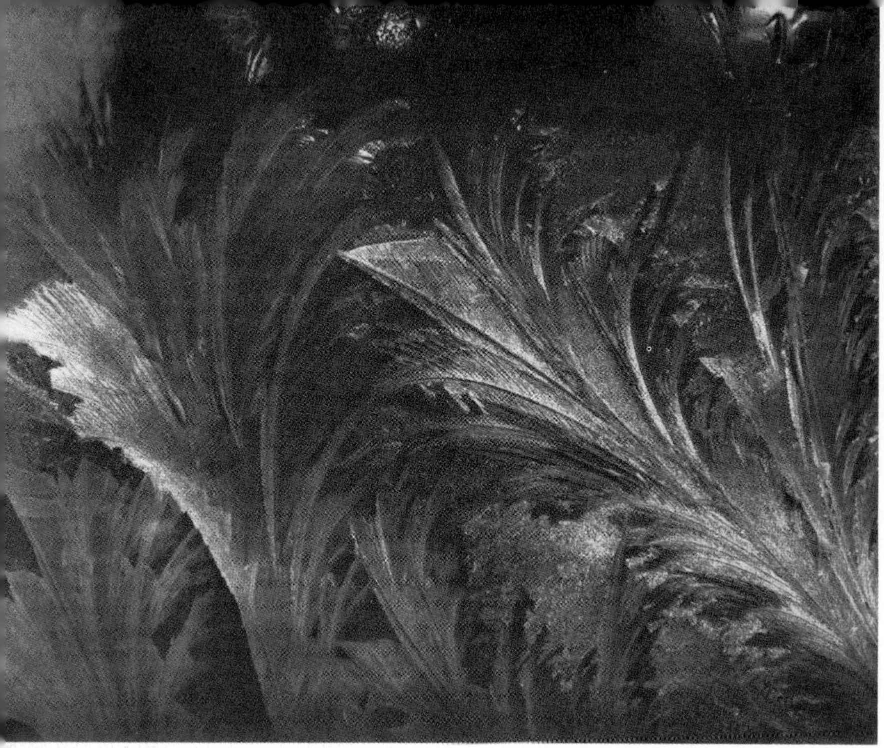

Motiv-Auffassung: Die Nahaufnahme

Eins der stärksten Mittel zu intensiverem Sehen ist die Super-Nahaufnahme, ein Foto eines kleinen Objekts in Überlebensgröße.

Der Mensch kann bestimmte Objekte nicht sehen, weil sie zu klein sind. Die Kamera, die mit Objektiven kurzer Brennweite und langen Balgenauszügen oder Ansatztuben ausgerüstet ist, zeigt uns diese Dinge. Hier ist das Reich der Makrofotografie; die zauberhafte Welt jener Dinge, die zu klein sind, als daß man sie genau sehen könnte, aber nicht klein genug für die Betrachtung durch ein Mikroskop, kann jetzt mit Hilfe fotografischer Mittel erforscht werden.

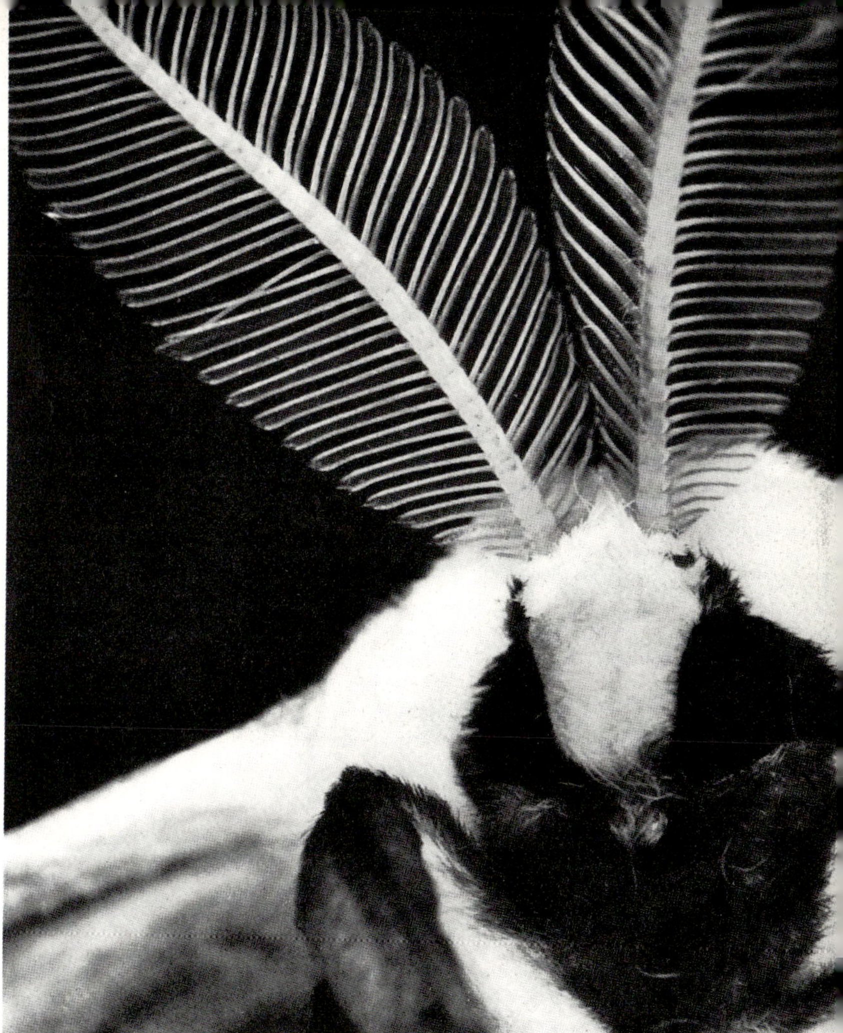

Unsere Bilder sind Beispiele für die Makrofotografie: Eiskristalle auf einer Fensterscheibe in zwanzigfacher linearer Vergrößerung und der fünffach vergrößerte Kopf einer männlichen Luna-Motte mit seinen phantastischen Fühlern.

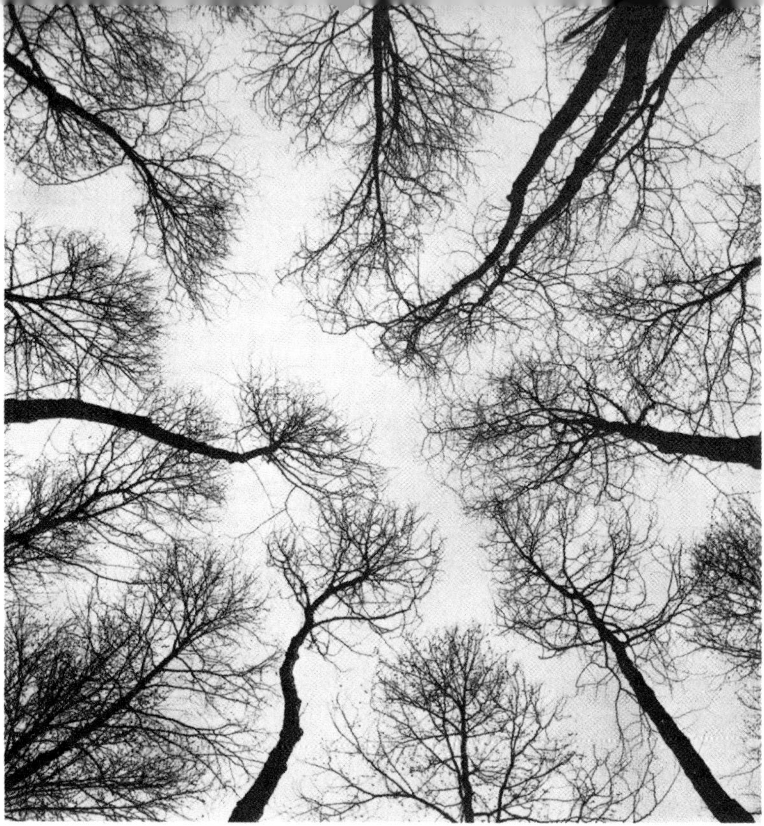

Motiv-Auffassung: Standpunkt

Ein guter Fotograf prüft sein Motiv unter jedem nur möglichen Blickwinkel, um sich zu vergewissern, daß er es vom wirksamsten Standpunkt aus zeigt.

Das ist ganz wörtlich zu nehmen: Betrachten Sie Ihr Motiv von rechts und links, von vorn und hinten, von oben und unten, ehe Sie sich entscheiden, von welcher Stellung aus Sie es aufnehmen. Jede Sicht ist erlaubt – horizontal, diagonal, vertikal – vorausgesetzt, daß das Bild dadurch besser, klarer, lehrreicher oder interessanter wird.

Die folgenden Fotos zeigen zwei Durchschnittsmotive unter außergewöhnlichen Blickwinkeln: eine Gruppe junger Schwarzbirken, von unten aufgenommen, und eine Menschenmenge, die senkrecht von oben fotografiert wurde. In jedem Falle wurde der ungewöhnliche Standpunkt der Kamera ganz bewußt gewählt, da er aller Wahrscheinlichkeit nach die aussagekräftigsten und bildmäßig interessantesten Aufnahmen geben würde.

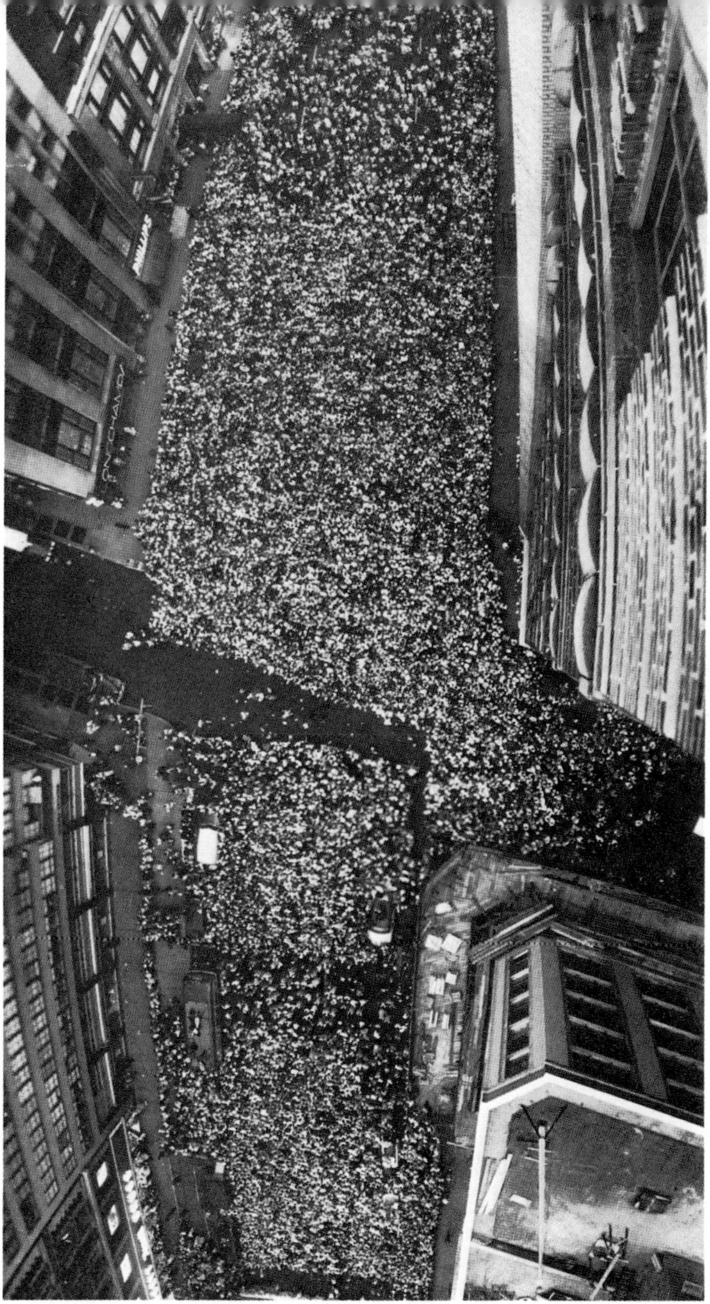

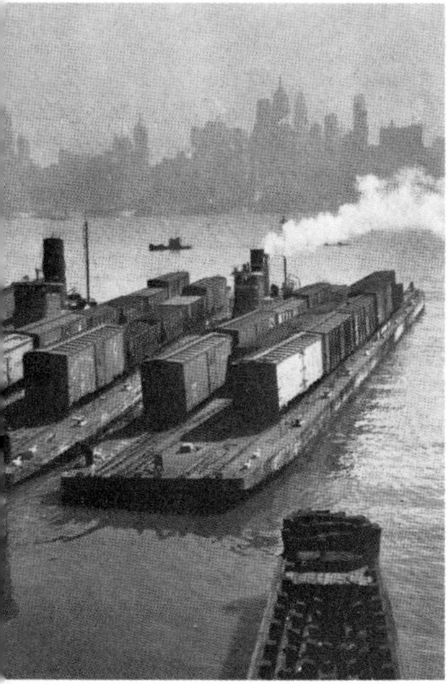

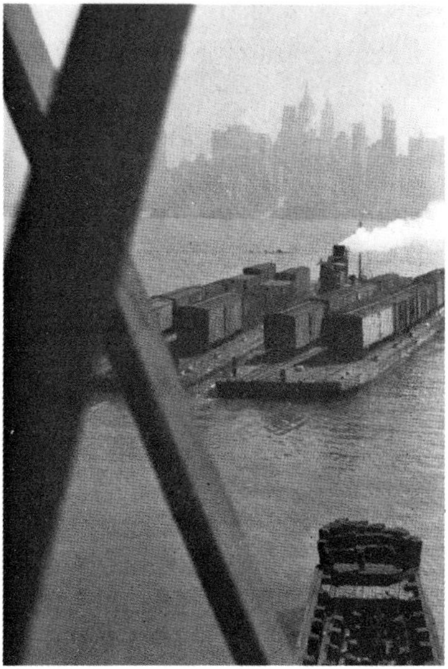

Motiv-Auffassung: Man hat immer die Wahl . . .

Jedes Motiv läßt sich auf viele Arten fotografieren, wobei natürlich nicht alle gleich wirkungsvoll sind. Manchmal ergeben sich sogar durch geringfügige Veränderungen in der Motivbehandlung völlig unterschiedliche Bilder, wie diese beiden zu Vergleichszwecken aufgenommenen Bilderpaare beweisen.

New Yorker Hafenszene. Der Fotograf ist ein paar Schritte zurückgetreten, dadurch konnte er die Stahlträger mit ins Bild nehmen, die die ankommende Eisenbahnfähre »einrahmen«, und durch Gegenüberstellung naher und ferner Objekte die Illusion der Tiefe auf dem Foto verbessern (vgl. S. 140).

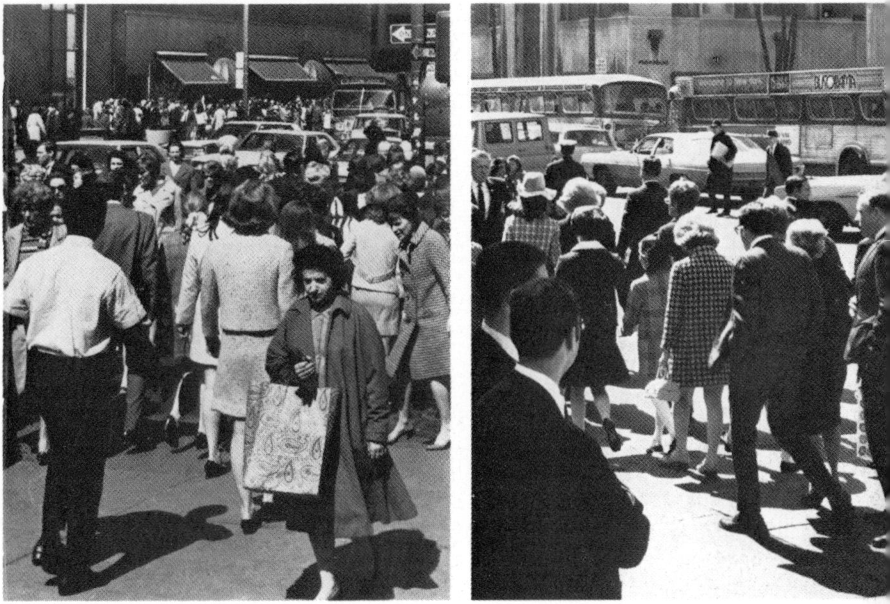

Fifth Avenue, New York. Eine Drehung der Kamera um 90 Grad, die einen Wechsel von Vorderlicht in Gegenlicht zur Folge hatte, ließ zwei völlig verschiedene Versionen der gleichen Szene entstehen. Die Aufnahme im Gegenlicht (Schatten fallen auf die Kamera zu) hat die stärkere Tiefenwirkung. Beide Bilder wurden innerhalb Sekunden vom gleichen Standpunkt aus gemacht.

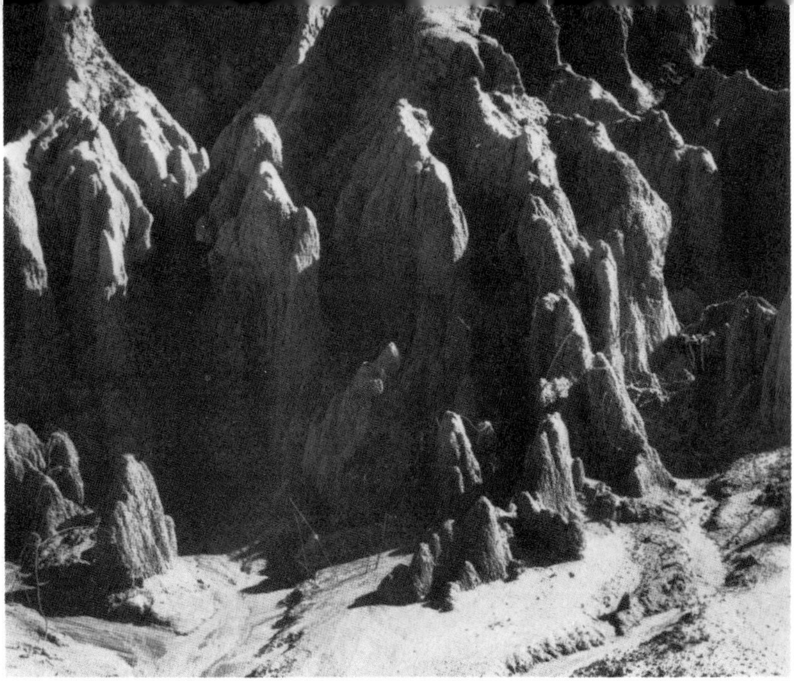

Die Bedeutung des Maßstabes

Damit der Betrachter eine Vorstellung von den tatsächlichen Ausmaßen des dargestellten Objekts bekommt, muß ein Foto einen Maßstabhinweis enthalten.

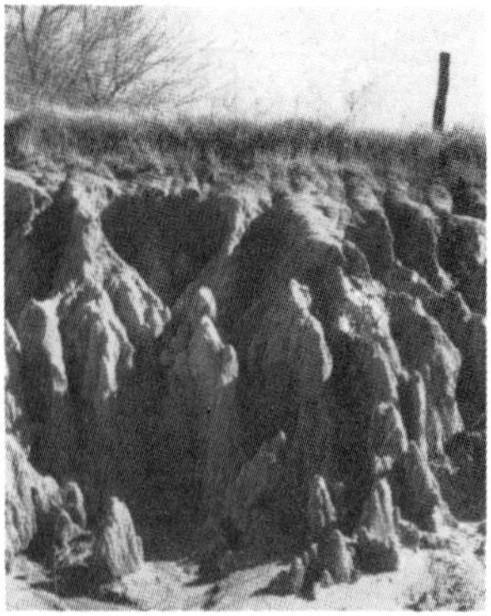

Maßstabhinweise sind alltägliche Objekte, deren Ausmaße bekannt sind, etwa Menschen, eine Hand, ein Fenster, Autos usw., im Verhältnis zu denen man die tatsächlichen Ausmaße des dargestellten Objekts abschätzen kann. Wenn solche Maßstabhinweise fehlen, kann man keine Schlüsse auf die tatsächliche Größe des abgebildeten Objektes ziehen.

Unterspülter Damm einer Fernstraße. Hier haben wir ein typisches Beispiel für ein maßstabloses Bild. Kein Mensch kann mit Bestimmtheit sagen, wie groß die abgebildete Fläche ist. Dagegen liefert das kleine Vergleichsfoto Maßstäbe. Stacheldrahtzaun und Bäume im Hintergrund lassen ganz eindeutig erkennen, daß die fotografierte Fläche verhältnismäßig klein gewesen ist.

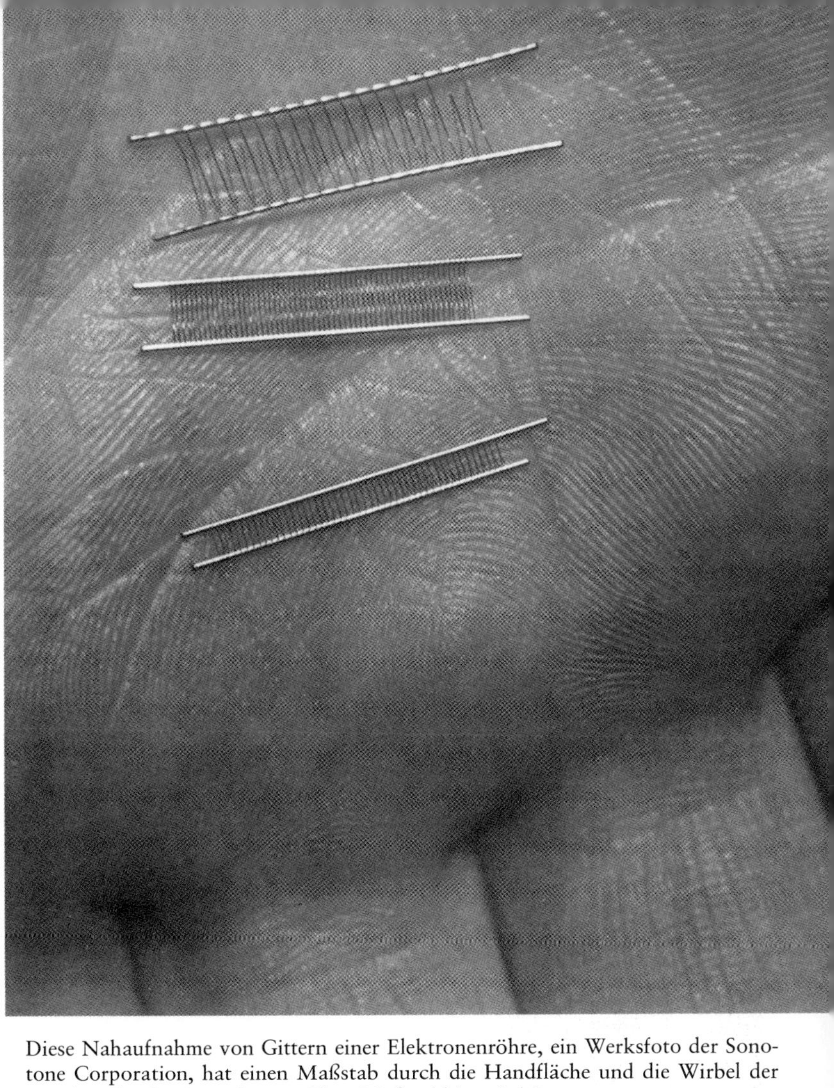

Diese Nahaufnahme von Gittern einer Elektronenröhre, ein Werksfoto der Sonotone Corporation, hat einen Maßstab durch die Handfläche und die Wirbel der Hand, in der die Gitter liegen. Ohne Maßstabhinweis könnte man, wenn man eine fotografische Aufnahme solcher Gitter sieht, nicht wissen, wie groß sie tatsächlich sind. Ab und zu kann allerdings die Weglassung eines Maßstabhinweises auf einem Bilde dazu dienen, durch Unklarheit über die Größe des Objekts die Spannung zu steigern (vergleiche das Bild S. 122 oben).

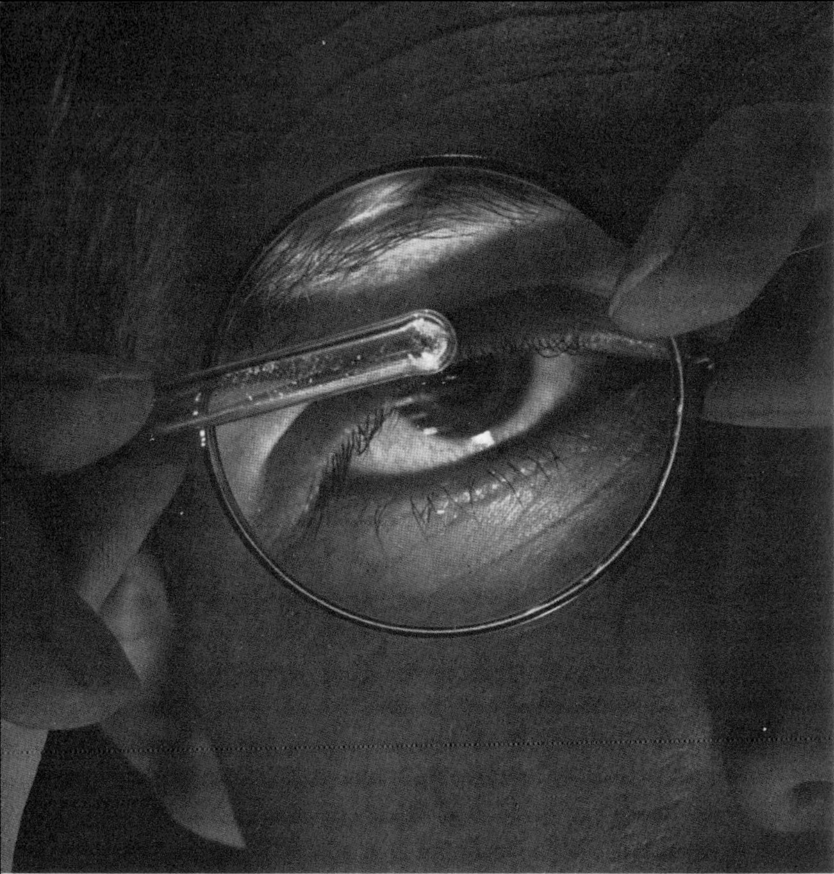

Die Bedeutung des Maßstabes

Synthetisches Penicillin. Auf diesem Bild liefert ein Auge den Maßstab und gibt durch seine eigene, allgemein bekannte Größe einen Begriff von der Winzigkeit der ersten paar Körnchen Penicillin, die synthetisch hergestellt wurden.

Kleinstkamera. Damit die Kamera möglichst klein erscheint, hat man das große Gesicht und die großen Hände eines Mannes als Maßstab auf diesem Bilde gewählt. Vor dem feineren Gesicht und in den zarten Händen eines Mädchens würde die gleiche Kamera verhältnismäßig größer gewirkt haben.

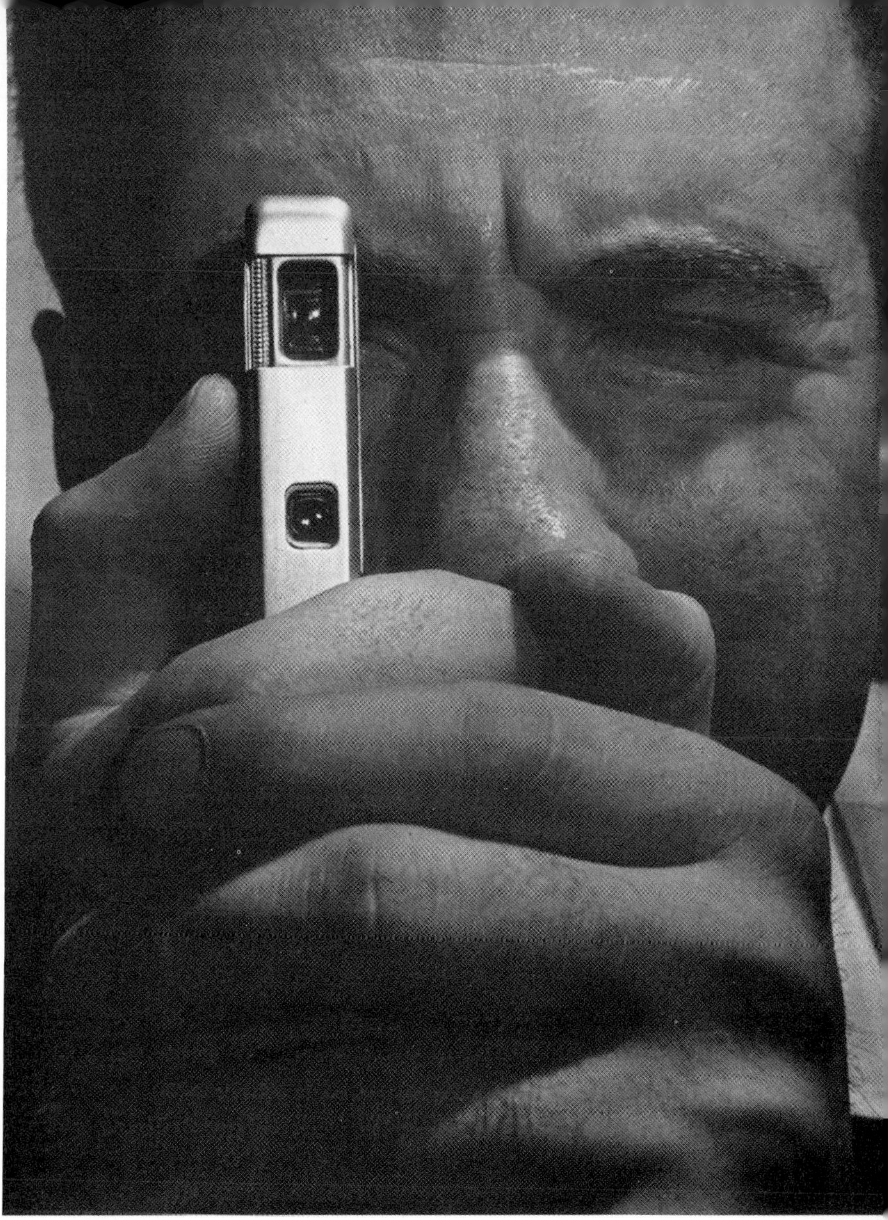

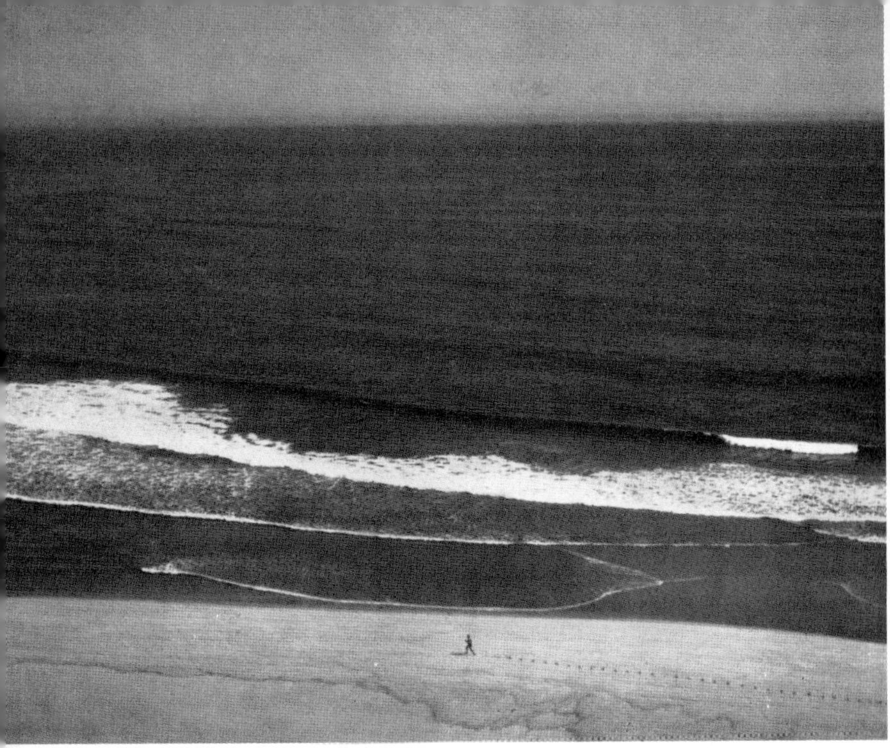

Die Bedeutung des Maßstabes

Landschaftsaufnahmen wirken so oft enttäuschend, weil ihnen ein Maßstab fehlt.

Landschaften sind das häufigste Fotomotiv. Natürlich machen sie als Bild, auf einen winzigen Bruchteil ihrer wahren Ausmaße reduziert, keinen besonderen Eindruck, wenn der Betrachter keinen Hinweis auf ihre wirkliche Größe erhält. Das kann auf zweierlei Art geschehen: Entweder man vergrößert das Negativ auf Wandbildformat (was nur selten möglich ist), oder man gibt dem Bild einen Maßstabhinweis.

Der beste Maßstabhinweis auf einem Landschaftsfoto ist der Mensch. Damit aber die Landschaft möglichst groß erscheint, muß die Maßstabeinheit – die menschliche Gestalt – klein aussehen. Winzige Gestalten weit im Hintergrund lassen eine Landschaft weit und groß wirken, große Gestalten im Vordergrund lassen sie klein erscheinen. Auf diese Weise kann ein Fotograf die Raumwirkung seiner Außenaufnahmen von vornherein ganz genau bestimmen, indem er seine Maßstabhinweise in entsprechendem Abstand von der Kamera bringt.

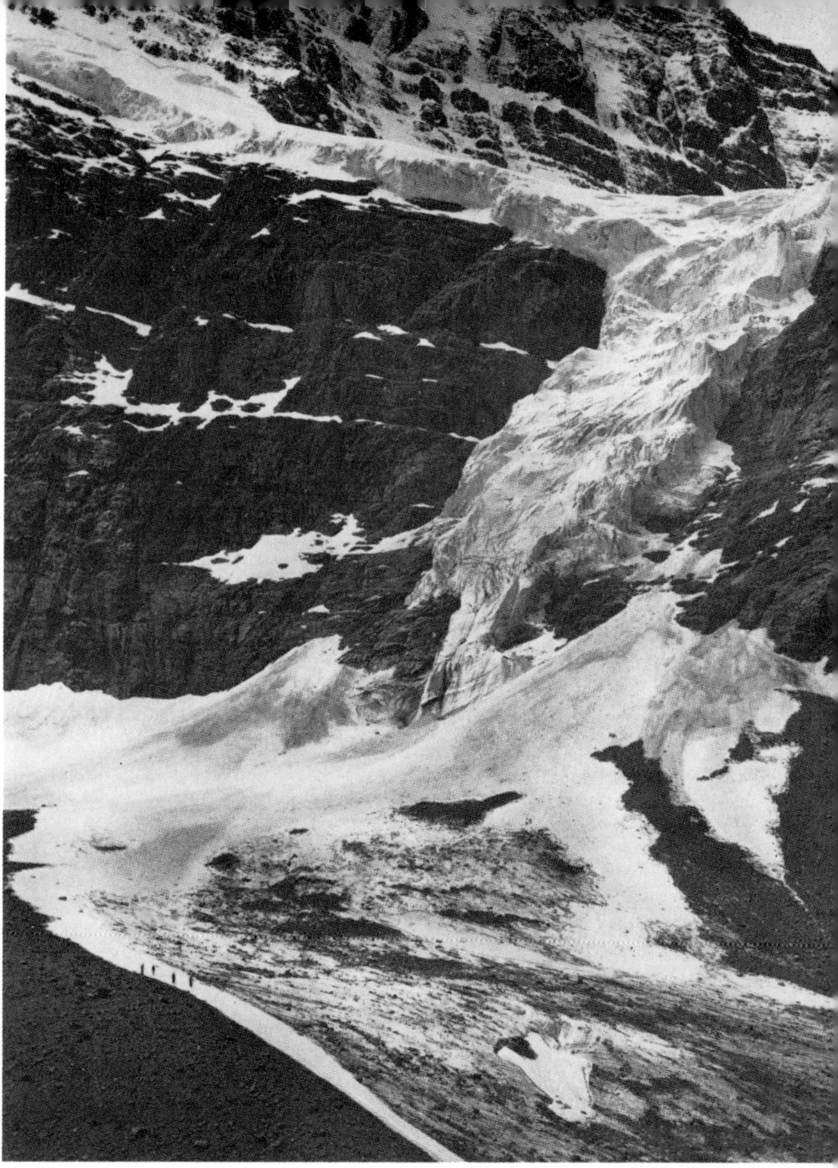

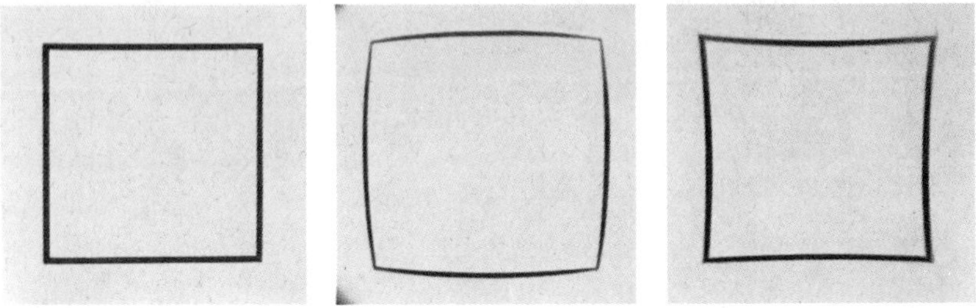

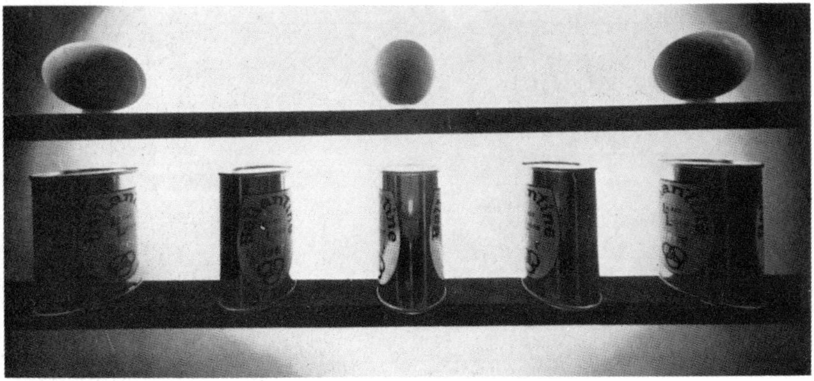

Verzerrung

Es gibt zwei Arten von Verzerrung: »echte« Verzerrung, die durch Mängel des fotografischen Objektivs verursacht wird, und »Pseudo-Verzerrung« als natürliche Erscheinung der Perspektive.

Die obere Bilderreihe zeigt ein Quadrat, das mit drei verschiedenen Objektiven aufgenommen wurde: links eine unverzerrte Wiedergabe, Mitte tonnenförmige Verzerrung, rechts kissenförmige Verzerrung. Die erste Aufnahme wurde mit einem gut korrigierten Objektiv gemacht; die beiden anderen, die mit unkorrigierten konvexkonkaven Objektiven aufgenommen wurden, sind Beispiele einer »echten« Verzerrung.
Die Bierdosen und Gummibälle an den Bildrändern erscheinen verzerrt, weil die Aufnahme aus sehr kurzer Entfernung mit einem Weitwinkelobjektiv gemacht worden ist. Diese Erscheinung tritt mehr oder weniger stark bei allen Weitwinkelobjektiven auf, je nach der Größe ihres Bildwinkels, und zwar als unvermeidliches Ergebnis der Projektion dreidimensionaler Gegenstände auf die Filmebene.

Beide Gesichter gehören demselben Mädchen, das aus sehr kurzen Entfernungen mit einem Weitwinkelobjektiv fotografiert wurde; einmal befand sich die Kamera etwas unter Augenhöhe, das andere Mal etwas oberhalb. Die Pseudo-Verzerrung, die sich daraus ergab, ist eine natürliche Erscheinung der Perspektive, die in Wirklichkeit aufgetreten wäre, wenn der Fotograf das Mädchen aus derselben Stellung und mit

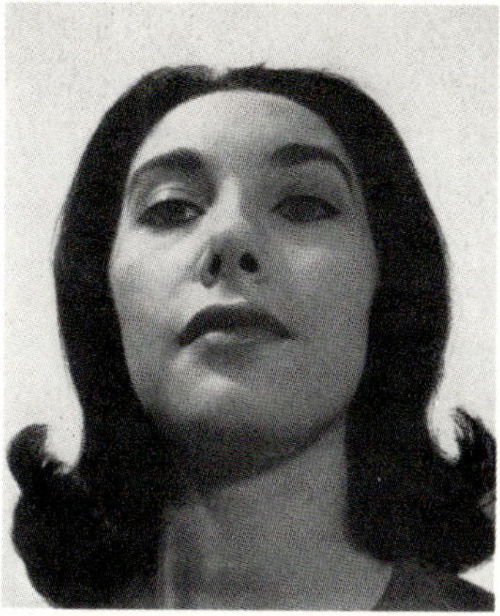

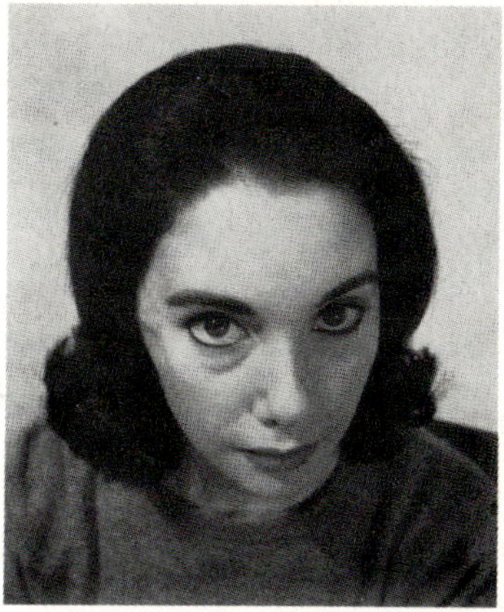

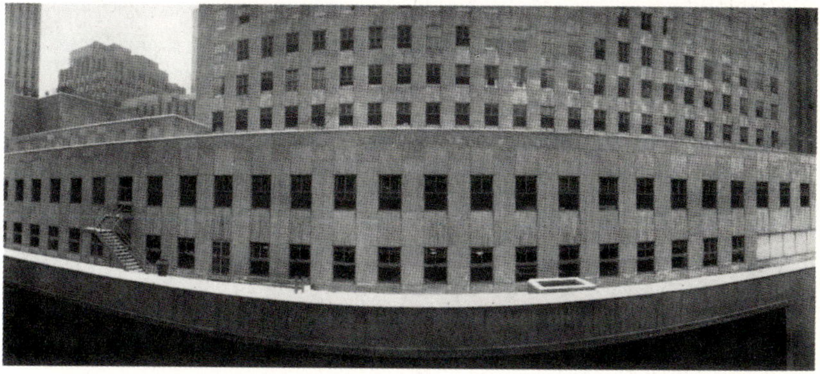

demselben breiten Gesichtswinkel wie das Kameraobjektiv betrachtet hätte (was für das menschliche Auge leider nicht möglich ist, wohl aber für die Augen gewisser Fische und Insekten). Diese übertriebene Perspektive (das grafische Symbol für extreme Nähe) läßt sich nur vermeiden, wenn man das Bild aus größerer Entfernung mit einem Objektiv längerer Brennweite aufnimmt.

Auf dem Foto eines Gebäudes ist die Krümmung der Horizontalen, die in Wirklichkeit gerade war, darauf zurückzuführen, daß das Bild mit einer Panoramakamera aufgenommen wurde, deren Objektiv bei der Aufnahme einen Bogen beschreibt. Diese Ansicht erfaßt einen Bildwinkel von 140 Grad, was ziemlich genau dem Eindruck entspricht, den man erhielte, wenn man dicht vor dem Gebäude stünde und den Kopf von einer Seite zur andern wenden würde, um es in seiner ganzen Ausdehnung zu sehen. Eine Erklärung für diese Art der »zylindrischen« Perspektive mit interessanten Bildbeispielen findet man auf Seite 308–313.

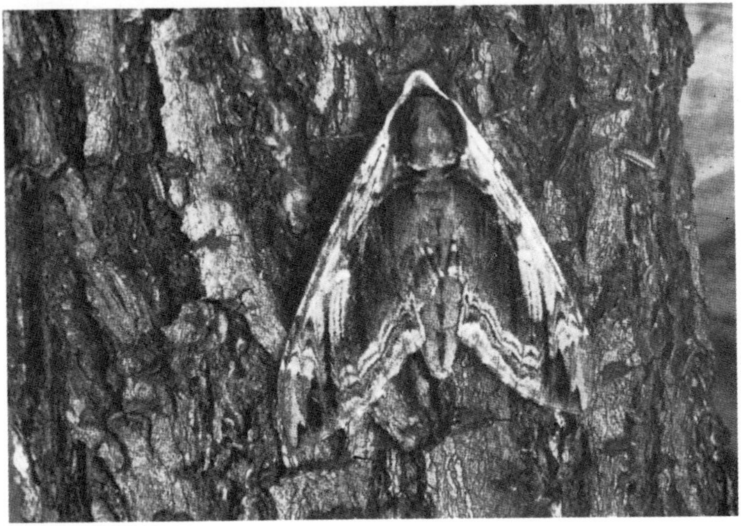

Der Hintergrund

In der Regel sollen Objekt und Hintergrund durch Tonwert, Muster und Schärfegrad gut unterschieden werden, um unerwünschtes Ineinanderübergehen zu vermeiden.

Obwohl der Hintergrund einen wesentlichen und höchst wichtigen Bestandteil der meisten Bilder darstellt, schenken ihm nur wenige Fotografen die gebührende Beachtung. Die Wirkung eines verwirrenden Hintergrundes wird durch das obige Bild verdeutlicht. Man sieht, wie die Natur eines ihrer Lebewesen schützt, indem sie ihm eine Zeichnung gibt, die mit dem Muster des Hintergrundes (Baumrinde), auf dem es gewöhnlich ruht, übereinstimmt.

Je einfacher und unaufdringlicher der Hintergrund ist, desto stärker ist in der Regel die Wirkung des Objekts. Kleine Objekte kann man oft vorteilhaft unmittelbar auf eine Mattglasscheibe setzen, die man 25 bis 50 cm über einem weißen Blatt Papier aufhängt (Winkinger-Amulette auf der Gegenseite oben), oder man kann sie vor einem neutralen Hintergrund anordnen. In jedem Falle muß der Hintergrund gleichmäßig beleuchtet sein. Der Abstand zwischen Lichtquelle und Hintergrund bestimmt den Tonwert des Hintergrunds auf der Fotografie. So erhält man Lichtbilder von unübertroffener Klarheit, bei denen das Objekt keine Schatten auf den Hintergrund wirft, die die grafische Reinheit der Wiedergabe beeinträchtigen könnten (ein typischer Fehler des Anfängers).

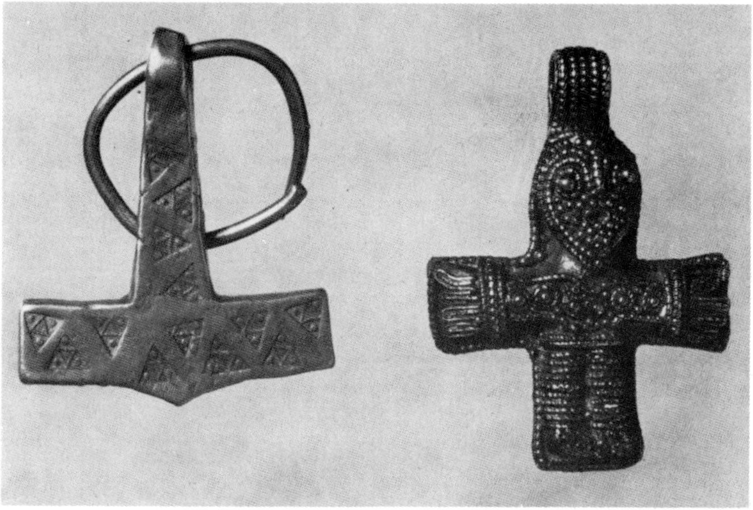

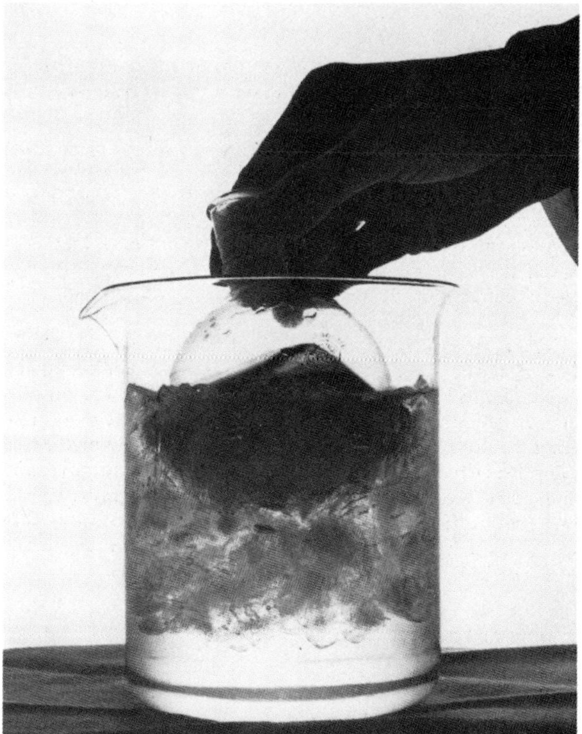

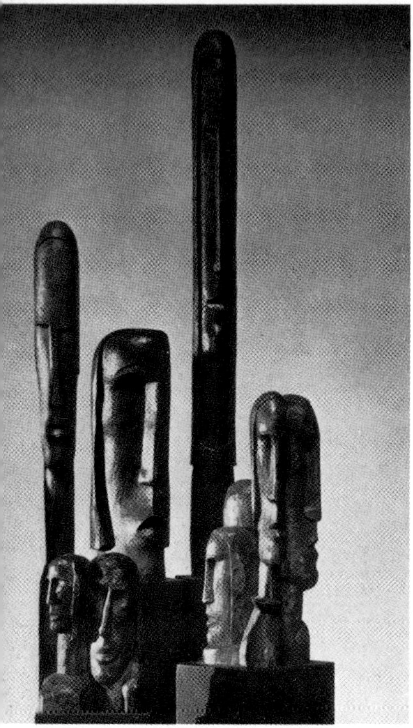 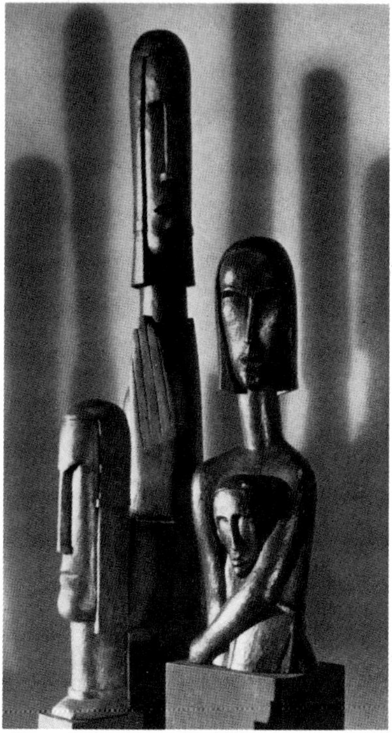

Der Hintergrund: Thema und Variationen

Drei Lichtbilder desselben Gegenstands, Skulpturen von Nick Carpenko, verdeutlichen hier, wie der Eindruck eines Bildes durch den Hintergrund beeinflußt werden kann.

Ein neutraler, schattenloser Hintergrund läßt die Skulpturen für sich selber sprechen. Solch ein einfacher, unaufdringlicher Hintergrund ist niemals falsch.

Längliche Schatten, als Elemente in die Bildkomposition einbezogen, wiederholen in abgewandelter Form das Grundthema.

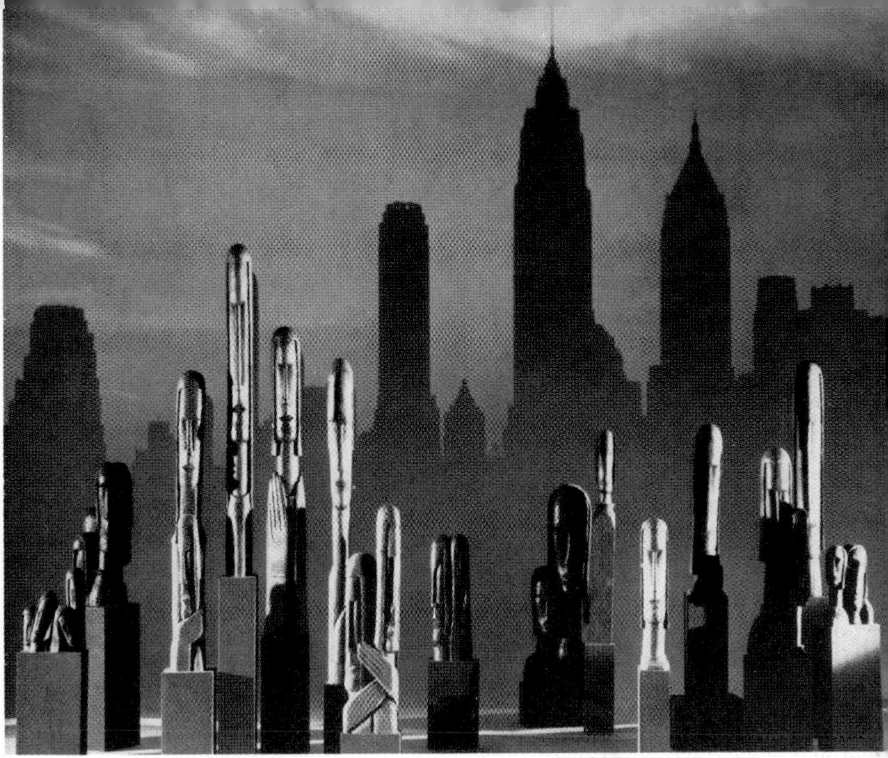

Ein Aufbau vor der Kulisse von New York deutet den Einfluß dieser Häusersilhouette auf Carpenkos Arbeit an (Hintergrund auf eine Wand projiziert).

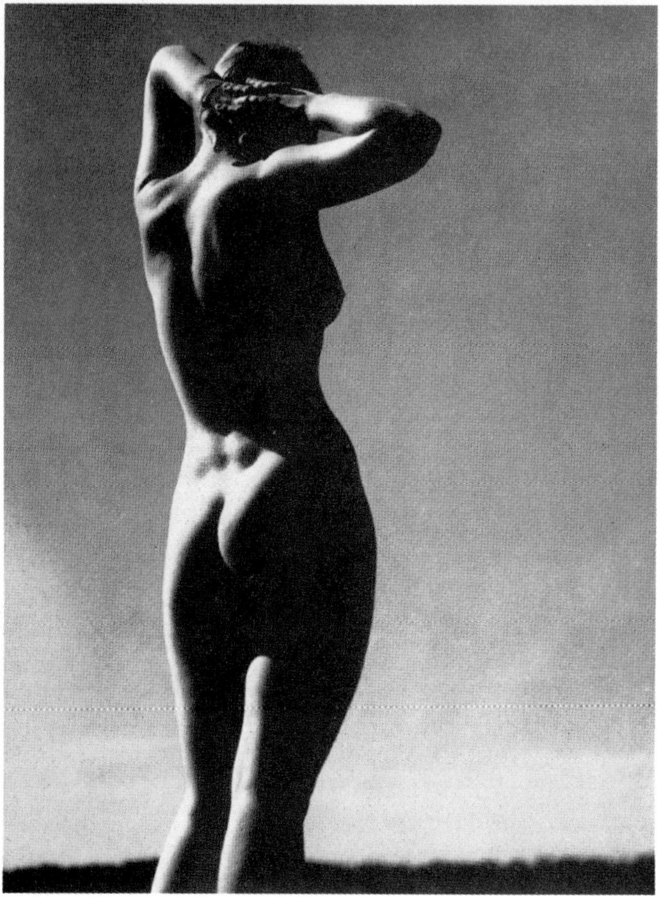

Der Hintergrund bei Außenaufnahmen

Bei Außenaufnahmen gibt es keinen besseren Hintergrund als den freien Himmel, weil er neutral und dennoch zart moduliert ist und niemals langweilig und »tot« wirkt.

Hier wurde der blaue Himmel durch einen Rotfilter in einen Grauton umgewandelt, der heller als die dunkle, aber dunkler als die helle Seite der Gestalt ist, so daß eine einwandfreie Tontrennung erreicht wird.

Und auf der Gegenseite bildet ein tiefer, natürlicher Schatten gerade den richtigen, kontrastierenden Hintergrund für die spitzenartige Struktur dieses Spinngewebes. Nur vor einem solchen einfachen Hintergrund kann ein so kompliziertes Objekt mit seiner Fülle von Feinheiten wirkungsvoll erscheinen.

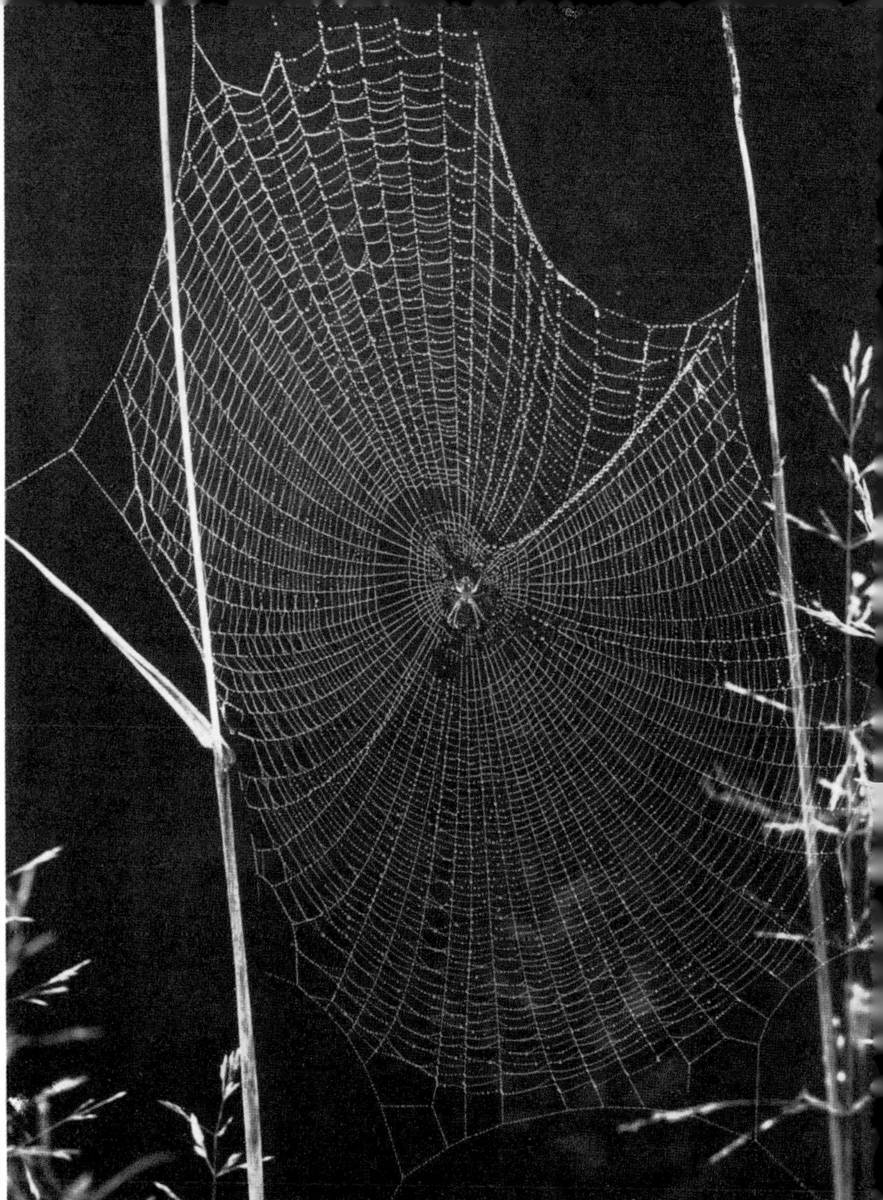

Der Vordergrund

Der Vordergrund symbolisiert, nach seiner Wiedergabe im Bilde bewertet, »Nähe« und irdische Eigenschaften, der Hintergrund – und besonders der Himmel – »Ferne« und geistig-seelische Eigenschaften.

Der Fotograf kann daher, in dem er absichtlich das eine oder andere auf seinem Bilde betont, den Sinngehalt oder die irdischen oder geistigen Gesichtspunkte seines Motivs stärker hervortreten lassen. Technisch läßt sich das auf zweierlei Weise erreichen:

Indem er die Kamera nach unten oder oben schwenkt (oder das Objektiv tiefer oder höher stellt), um mehr oder weniger Vordergrund mit ins Bild zu nehmen.

Indem er ein Weitwinkel- beziehungsweise ein Teleobjektiv benutzt, um den Vordergrund im Bilde zu betonen oder abzuschwächen.

Durch Gegenüberstellung von Vorder- und Hintergrundobjekten entsteht der Eindruck der »Tiefe«. Sie wird daher zu einem wertvollen Mittel für die symbolhafte Darstellung von »Raum« auf der zweidimensionalen Fläche eines Bildes. Diese Art des Raumeindrucks kann auf dreifache Weise hervorgerufen werden:

Gegenüberstellung von nahen und fernen Objekten. In der Praxis erreicht man das am wirksamsten durch »Rahmen«, das heißt, man zeigt ein entferntes Objekt durch einen »Rahmen«, den ein Objekt im Vordergrund bildet.

Gegenüberstellung von großen (nahen) und kleinen (weit entfernten) Objekten. Das ist eine perspektivische Erscheinung, die man Verjüngung nennt. Regeln läßt sie sich durch eine Verbindung der Wirkungen von Objektabstand und Brennweite des Objektivs. Je kürzer der Abstand zwischen dem Objekt im Vordergrund und der Kamera und je größer der Bildwinkel des Objektivs, desto ausgesprochener wird die Verjüngung und umgekehrt.

Gegenüberstellung von Hell und Dunkel. Man nennt das »Luftperspektive«. Je dunkler der Vordergrund abgebildet wird und je heller die entfernten Objekte erscheinen, desto stärker wird der Eindruck der »Tiefe« und umgekehrt.

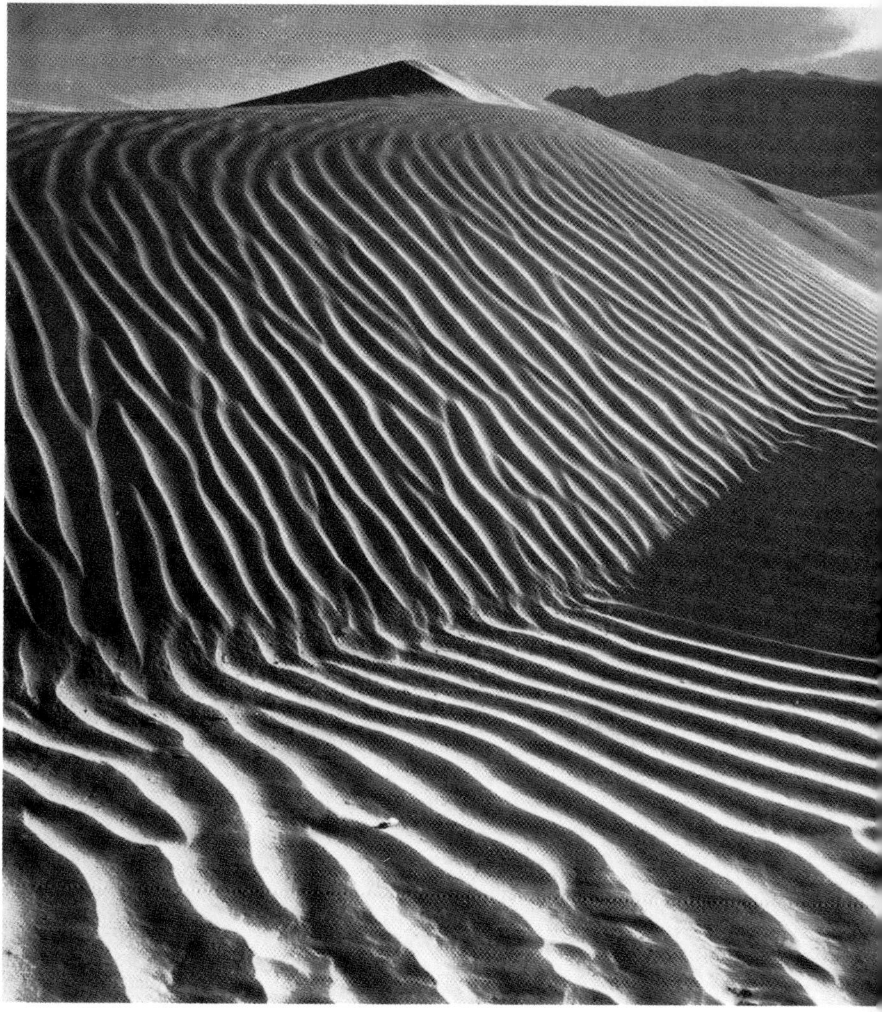

Betonung des Bildvordergrundes erweckt die Vorstellung von Greifbarkeit, Nähe und Vertrautheit. Hier wurde mit nach unten geschwenkter Kamera fotografiert und durch die Nähe des Bodens eine gute Strukturwiedergabe erreicht, was bewirkt, daß der Beschauer den Sand fast »fühlen« kann. Weniger Vordergrund und mehr Himmel ergäbe eine ganz andere Wirkung.

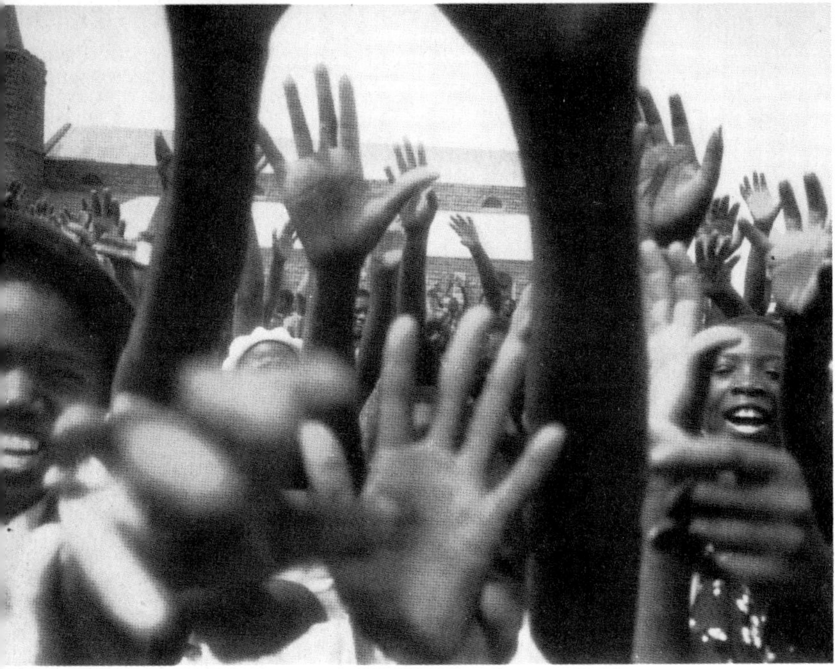

Der Vordergrund: Gegenüberstellung naher und ferner Objekte

Oben: »Zur Begrüßung erhobene Hände« von Terence Spencer, *rechts:* Willkommensparade für die Astronauten (N. Y. Daily News Photo). Bei beiden Bildern wurde der Vordergrund als Mittel benutzt, die Illusion der Tiefe hervorzurufen. Beachten Sie aber bitte, daß bei beiden Fotos das Gewicht auf den entfernten Motiven ruht (der Menschenmenge), die infolgedessen scharf wiedergegeben sind, während der Vordergrund entweder scharf oder unscharf sein kann, ohne daß die Aufmerksamkeit vom eigentlichen Motiv abgelenkt wird.

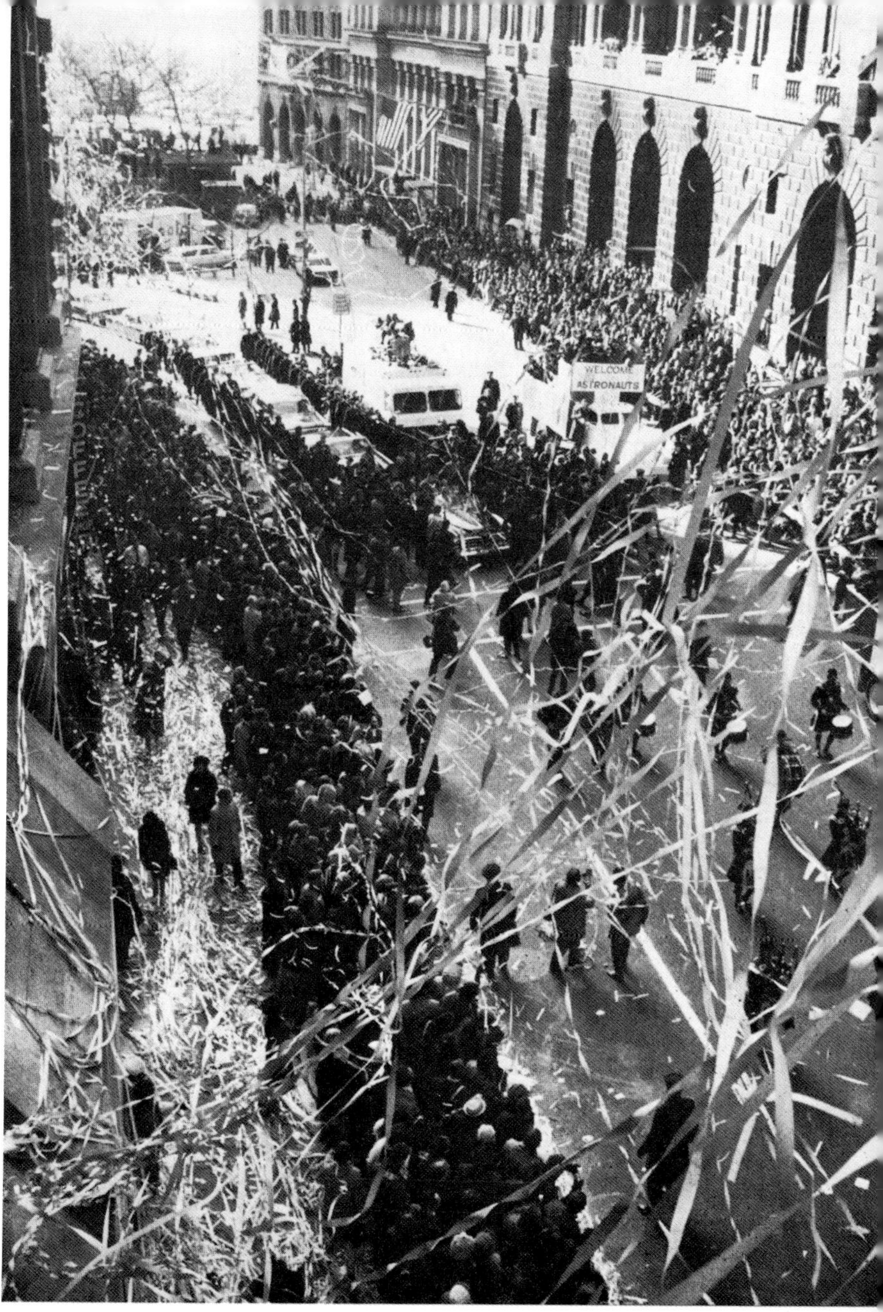
WELCOME
ASTRONAUTS

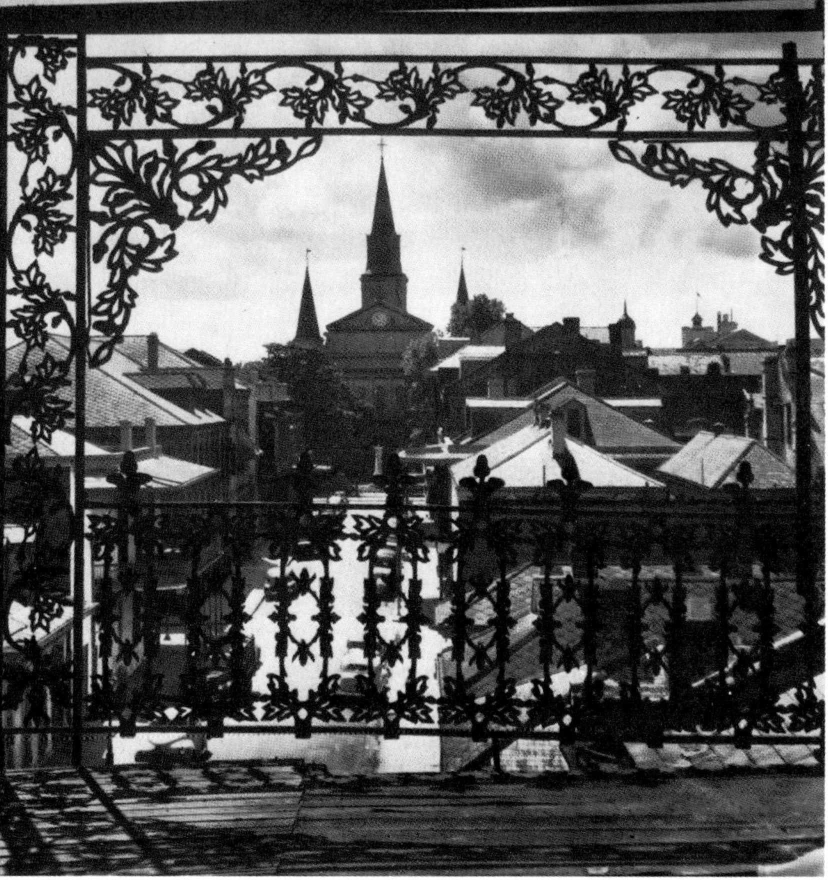

Der Vordergrund: Das eingerahmte Motiv

Das »Französische Viertel« in New Orleans. Indem der Fotograf die Kirche mit einem der für New Orleans charakteristischen schmiedeeisernen Gitter »einrahmte«, erreichte er zweierlei: er verstärkte den Eindruck der Tiefe und gab der Aufnahme gleichzeitig das echte Lokalkolorit von New Orleans.

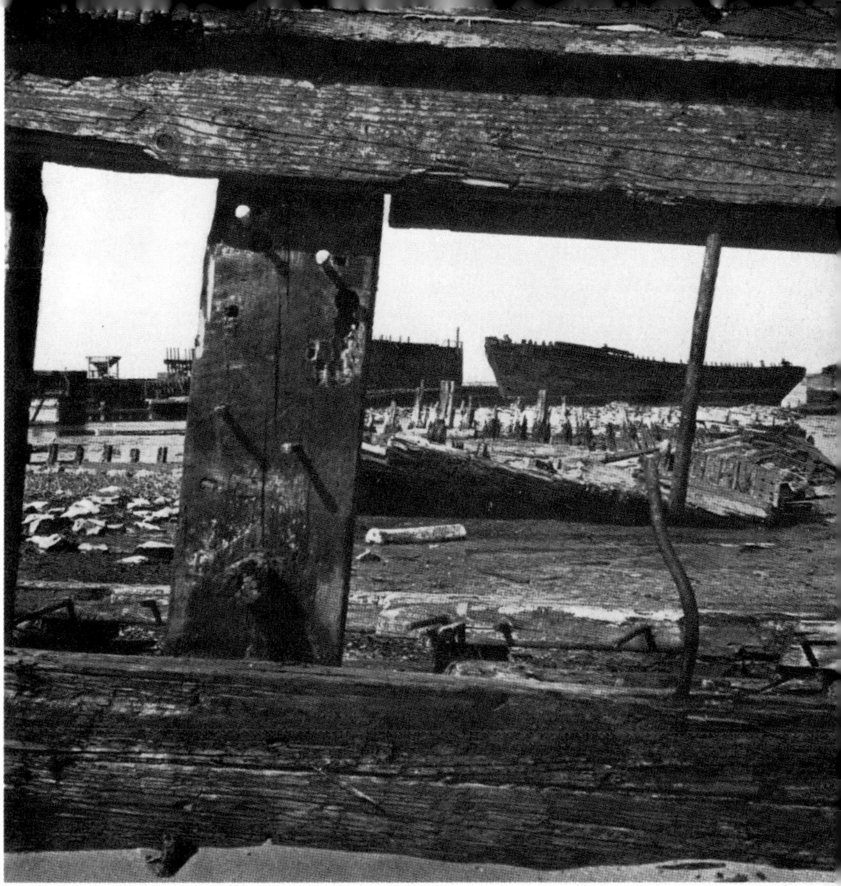

Alte Segelschiffe im New Yorker Hafen. Durch die »Rahmung« der zerbrochenen Schiffsrümpfe in einem Wrackstück war es möglich, eine Nahaufnahme von der Bauweise solcher Schiffe zu machen und durch Gegenüberstellung naher und ferner Objekte dem Bilde Tiefenwirkung zu verleihen.

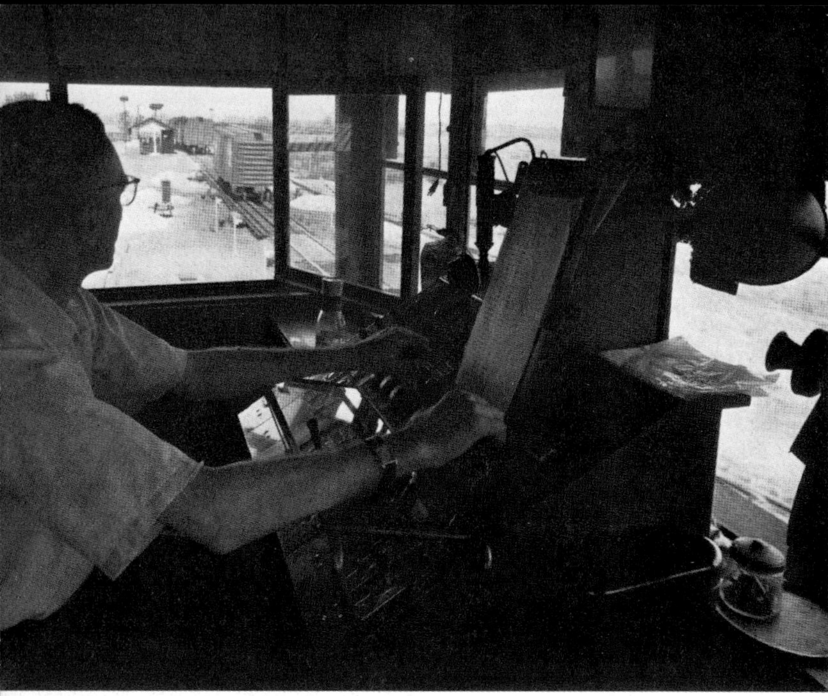

Der Vordergrund: Gegenüberstellung von Dunkel und Hell

Kontrollraum auf einem Güterbahnhof (oben) und Blick über den Hudson in New York. Luftperspektive – Kontrast zwischen dunklem Vorder- und hellem Hintergrund – bewirkt den starken Tiefeneindruck dieser Bilder.

Luftperspektive kann man mit Hilfe von Filtern und Schattenaufhellung beeinflussen. Ein Blaufilter verstärkt, Gelb- und Rotfilter vermindern die Luftperspektive eines Lichtbildes. Wenn man den Vordergrund mit Hilfe schattenaufhellender Beleuchtung erhellt (ein allgemein übliches Verfahren, um Einzelheiten nahe gelegener Schattenpartien besser wiederzugeben), wird der Gegensatz zwischen nahen und fernen Objekten abgeschwächt und die Wirkung der Luftperspektive verringert und unter Umständen sogar völlig aufgehoben.

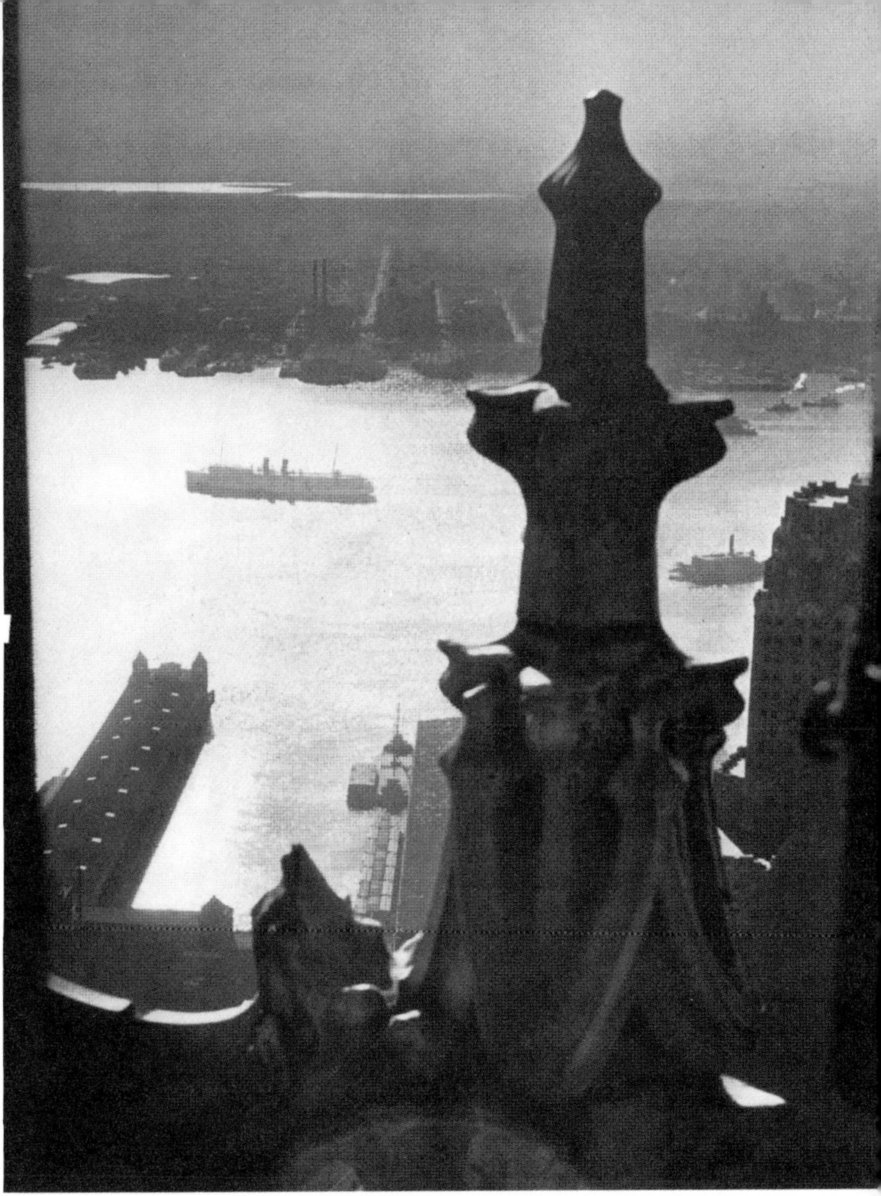

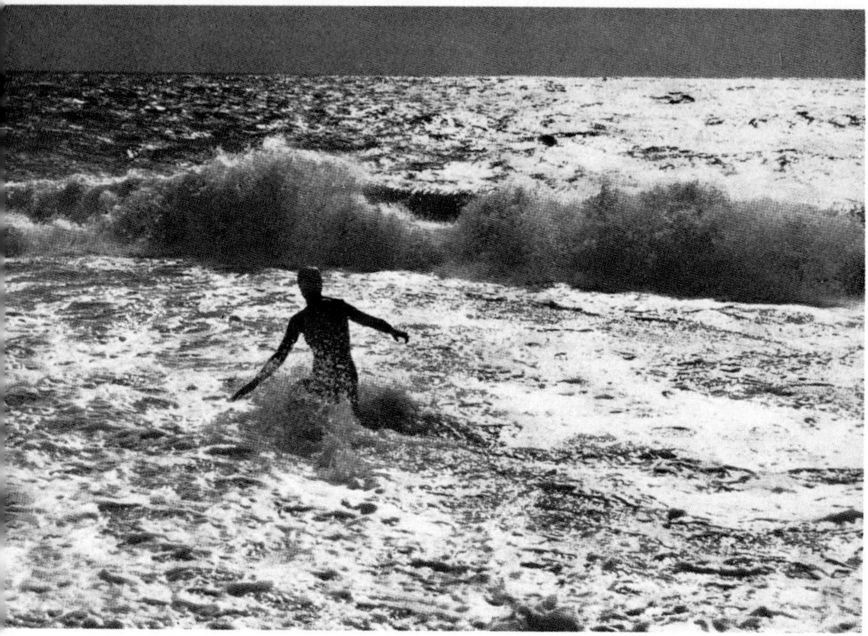

Der Horizont

Der Horizont ist, wenn er auf einem Foto zu sehen ist, eines der wichtigsten Bildelemente.

Der Horizont teilt ein Foto in zwei Teile (Erde und Himmel), deren Verhältnis das Bild stark beeinflußt und es, indem die Aufmerksamkeit entweder auf den nahen Vordergrund oder auf den fernen Himmel gelenkt wird, »schwer« oder »leicht« (irdisch oder vergeistigt) erscheinen läßt.

Ein geradliniger Horizont symbolisiert Ausgeglichenheit, Gelassenheit, Beständigkeit und Dauer.

Ein schräger Horizont erzeugt das Gefühl der Unbeständigkeit im Bildaufbau, macht ein Bild dynamisch, läßt an Veränderungen denken und vermittelt den Eindruck der Bewegung.

Ein wellenförmiger oder gezackter Horizont wirkt dramatisch, gewaltsam, dynamisch bewegt und wechselvoll.

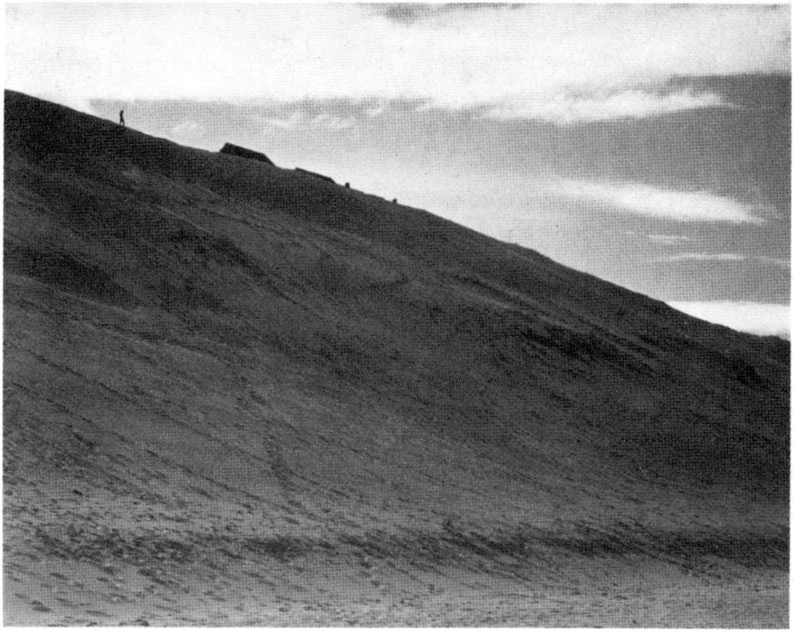

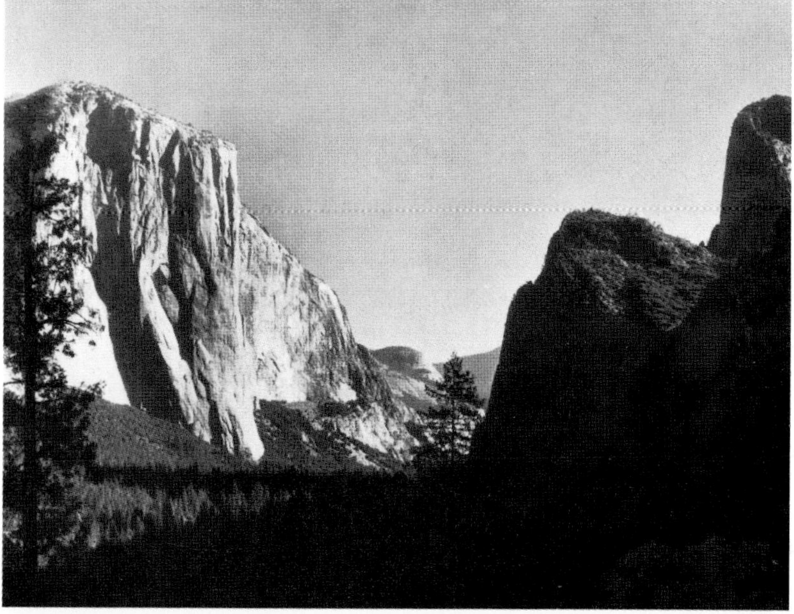

Der Horizont

Am *Strand von Cape Cod, Mass.* Zwei Ansichten desselben Motivs zeigen, was für einen unterschiedlichen Eindruck man zustande bringen kann, indem man einfach den Horizont in der Aufnahme höher oder tiefer abbildet.

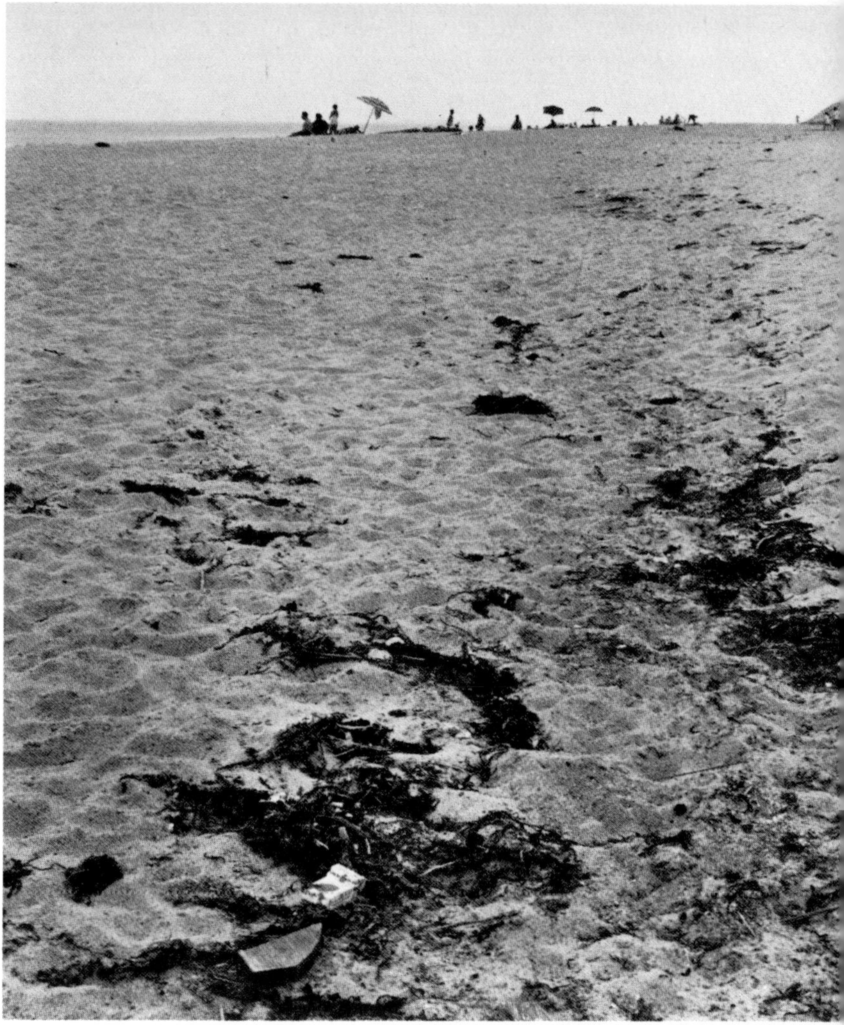

Der niedrige Horizont gibt Raum für den Himmel, die Fernsicht, die Luft, die Wolken und die grenzenlose Weite. Der hohe Horizont unterstreicht ein innigeres Bild, den Vordergrund, den Boden, das Detail. Keine der beiden Ansichten ist »besser«, sie sind lediglich verschieden. Welche dieser beiden Möglichkeiten oder welche Zwischenmöglichkeiten man wählt, hängt ganz von den Absichten des Fotografen ab und von dem, was er zum Ausdruck bringen möchte.

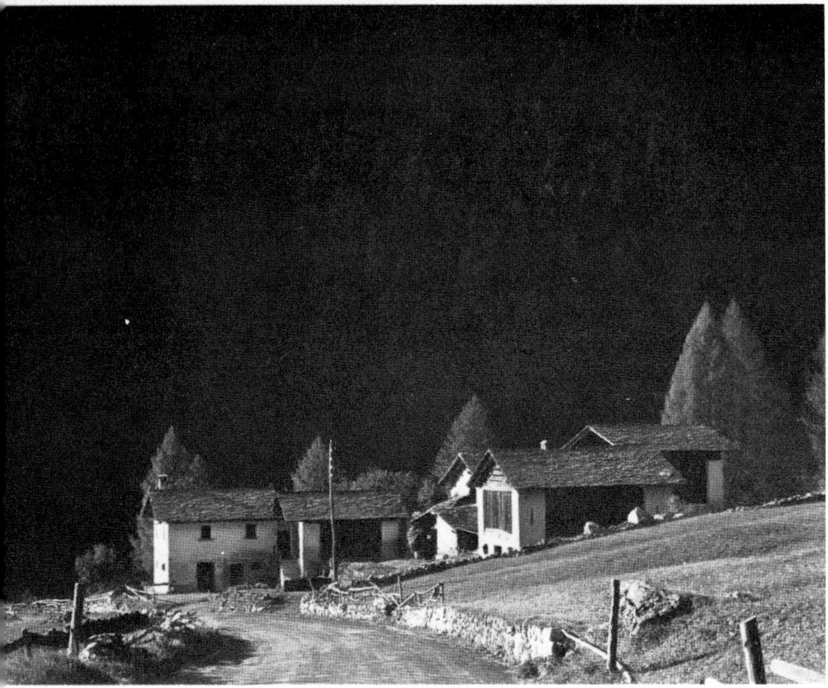

Der Horizont

Die höchste Steigerung, zwei Extreme: alles Himmel und überhaupt kein Himmel. Bezeichnenderweise ist das Bild eines Schweizer Dorfes von G. E. Kidder Smith dunkel, während das Bild des Habichts, der sich in die Lüfte schwingt, vorwiegend hell ist. So versinnbildlicht jedes auf seine Weise Erde und Himmel.

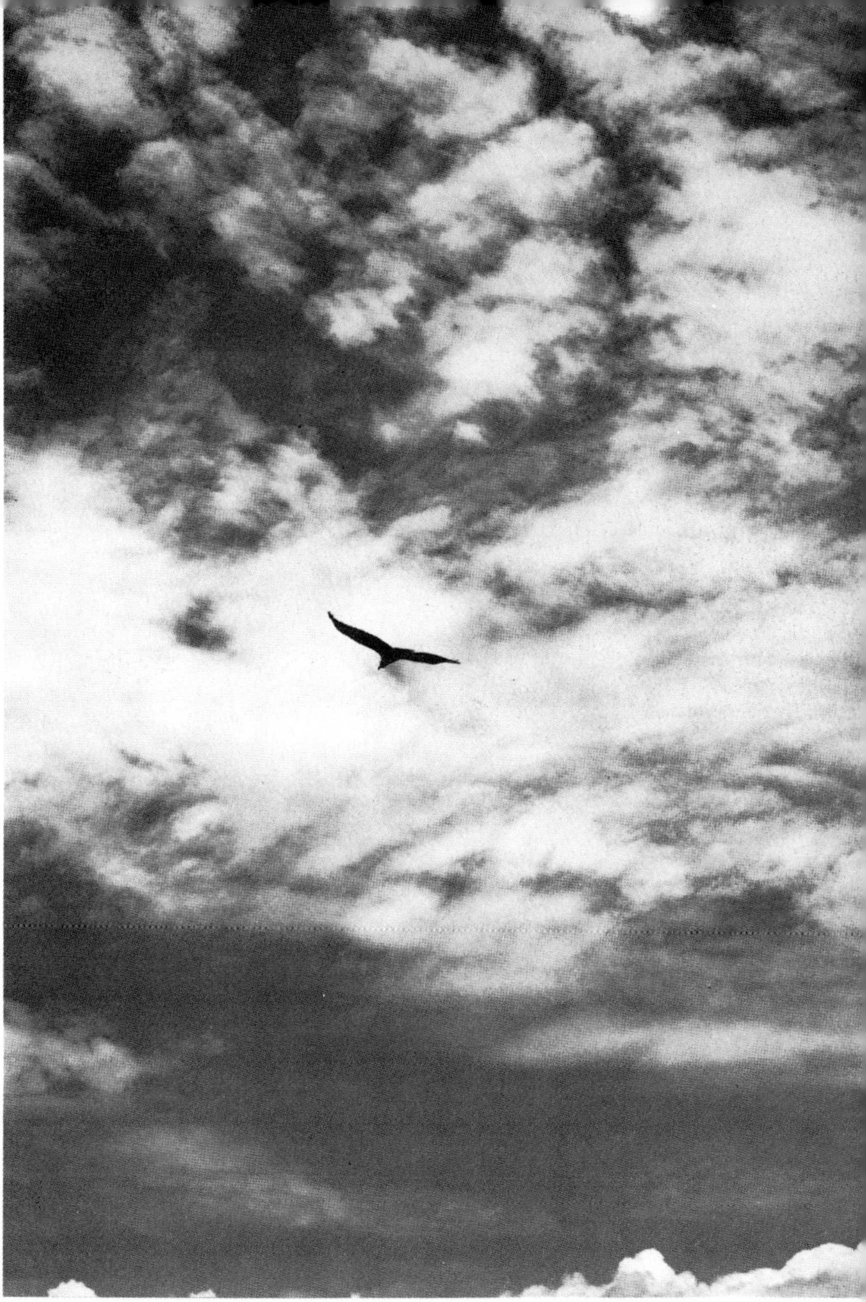

Ausrüstung und Methoden

Ein Lichtbild entsteht durch Verwendung einer bestimmten technischen Ausrüstung und bestimmter Methoden. Ausrüstung und Methoden lassen sich mehr oder weniger verändern und bestimmen, und jede Veränderung hat eine entsprechende Auswirkung auf das Bild, das dabei herauskommt.

Ich stelle auf den nächsten Seiten die wichtigsten technischen Ausrüstungsgegenstände und Methoden zusammen, die veränderlich sind:

Die Kamera. Ein Fotograf hat die Wahl zwischen verschiedenen Typen, die in ihrer Bauart völlig unterschiedlich sind. Die meisten gibt es in verschiedenen Formaten für verschiedene Formate und Typen von Negativmaterial (Rollfilm, Planfilm, Filmpack). Jede Kamera ist ein kompliziertes Instrument, das aus einer Anzahl verschiedener Teile besteht, die an sich oder hinsichtlich ihrer Funktionen veränderlich sind: Objektiv, Blende, Verschluß, verstellbare Vorder- und Rückseite von Mattscheibenkameras, Vorrichtungen zur Entfernungs- und Scharfeinstellung usw. (vgl. S. 44–59).

Obwohl man fast jedes Objekt mit beinahe jeder Kamera fotografieren kann, erhält man mit bestimmten Kameratypen nicht nur durchweg *bessere* Bilder bestimmter Objekte oder Geschehnisse als mit anderen Kameras, sondern der Fotograf kann solche besseren Bilder auch schneller und einfacher machen. Daher ist die Wahl einer für eine bestimmte Art von Fotoarbeiten am besten geeigneten Kamera sehr wichtig.

Kameras mit gekuppeltem Entfernungsmesser. Das ist der Kameratyp, mit dem man am schnellsten arbeiten kann, die unübertreffliche Kamera für den Bildberichterstatter. Für Aufnahmen von Menschen und Vorgängen gibt es nichts besseres.

Die *Spiegelreflexkamera* ist die beste Allzweck-Kamera – im 35-mm-Kleinbild-Format für Farbdias, im Format 6×6 cm für Farbpapierbilder, beide natürlich auch für Schwarzweiß-Aufnahmen. Als einäugige Spiegelreflexkamera ist sie unübertroffen für Nah- und Teleaufnahmen.

Die Mattscheibenkamera ist nach wie vor die beste Kamera zum Fotografieren statischer Motive wie Gebäude, Innenräume, Landschaften und Stilleben, und zur Herstellung von Reproduktionen. Sie ist der einzige Kameratyp, der eine fast unbegrenzte Kontrolle der Perspektive ermöglicht.

Die *Weitwinkelkameras.* Davon gibt es drei vollkommen verschiedene Typen. Alle sind ausgesprochene Spezialgeräte, die sich für nichts anderes eignen als für extreme Weitwinkelfotografie. Die Hasselblad Super Wide

6×6 cm und die Plaubel Veriwide 6×9 cm Kameras erfassen einen Bildwinkel von nahezu 100 Grad, die Goerz-Hypergon-Weitwinkelobjektive einen Bildwinkel von 130 Grad. Alle drei liefern Bilder mit gradliniger Perspektive (s. Erklärung S. 302).

Panorama-Kameras, d. h. Kameras, deren Objektive während der Belichtung einen Bogen beschreiben, wie die 35-mm-Panox und die 6×10-cm-Panon-Kamera, liefern Bilder mit »zylindrischer« Perspektive (s. die Aufnahmen auf S. 310–313). Sie erfassen Bildwinkel von 140 Grad.

Kameras, die mit »Fischaugen-Objektiven« ausgestattet sind, erfassen den phantastischen Bildwinkel von 180 Grad. Auf diesen Bildern ist die Perspektive jedoch »sphärisch« (s. die Aufnahmen auf S. 315–317).

Luftbildkameras. Für die Luftbildfotografie sind sie ideal. Aber da sie sehr umfangreich und schwer sind, und da ihr Objektiv fest auf unendlich eingestellt ist, eignet sich dieser Typ für keinen anderen Zweig der Fotografie.

Scharfeinstellung. Durch richtigen Gebrauch der Einstellvorrichtungen (Mattscheibe, Entfernungsmesser), der Blende und, wenn vorhanden, der ausschwenkbaren Objektivstandarte und des Kamerarückteils kann ein Fotograf Grad und Ausdehnung der Schärfe seiner Bilder nahezu willkürlich bestimmen. Nähere Hinweise finden Sie auf S. 162–167.

Belichtung. Durch richtigen Gebrauch der Belichtungsregler (Blende und Verschluß) in Verbindung mit entsprechender Negativentwicklung kann ein Fotograf in sehr hohem Maße Dichte, Kontrastgefälle, Durchzeichnung der Schatten, Konturenschärfe und Körnigkeit seiner Negative bestimmen. Es steht ihm ferner frei, bewegte Objekte scharf oder mehr oder weniger verwischt wiederzugeben. Nähere Hinweise findet man auf S. 76–77 und 170–173.

Entwicklung. Durch richtigen Gebrauch der Möglichkeiten die Entwicklung zu beeinflussen (Entwicklertyp, Temperatur der Lösung, Dauer der Entwicklung) kann ein Fotograf Dichte, Kontrast, Konturenschärfe und Grad der Körnigkeit seiner Negative weitgehend beeinflussen.

Vergrößern. Durch richtigen Gebrauch der Möglichkeiten zur Beeinflussung des Kopierverfahrens (Auswahl eines Papiers mit richtigem Härtegrad, hellerer oder dunklerer Gesamtton der Kopie durch entsprechende Belichtung, Aufhellen einzelner Partien durch »Abwedeln«, »Entzerrung«, [Ausgleich stürzender Linien], Ausschnittvergrößerungen, Beschneiden) kann ein Fotograf viele Fehler beseitigen und selbst von technisch mittelmäßigen Negativen noch ganz brauchbare Abzüge machen.

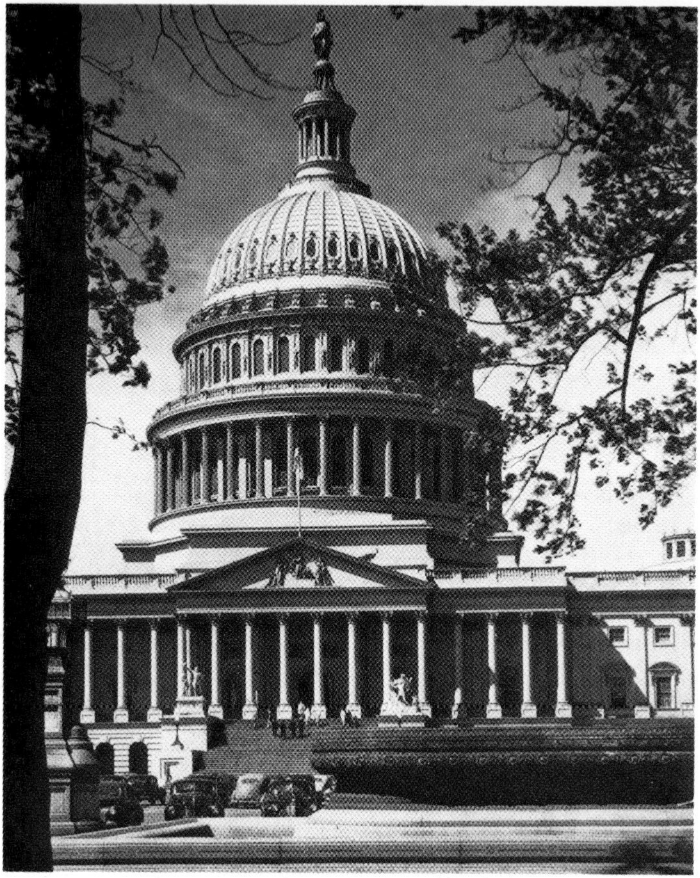

Die Atelierkamera

Mit ihrer beinah unbegrenzten Anpassungsfähigkeit an die jeweiligen Erfordernisse, ihrer großen und leicht »ablesbaren« Mattscheibe, ihren schwenkbaren Rahmen, und da sie praktisch mit jeder Art von Objektiv ausgerüstet werden kann, dabei allerdings ihrer ganzen Bauweise nach nur ein langsames Arbeiten gestattet, eignet sich diese Art der Kamera am besten für die Aufnahme unbelebter, statischer Objekte (Bauten, Innenräume, Kunstwerke) und Gegenstände jeder Art unter Aufnahmeverhältnissen, bei denen Schnelligkeit und Zeit unerheblich sind.

Oben: Das Kapitol in Washington. *Rechts:* Sockel eines Häuptlingsthrones aus dem Kongo (Aufnahme dem Buch »Frauen und Göttinnen« von Andreas Feininger entnommen).

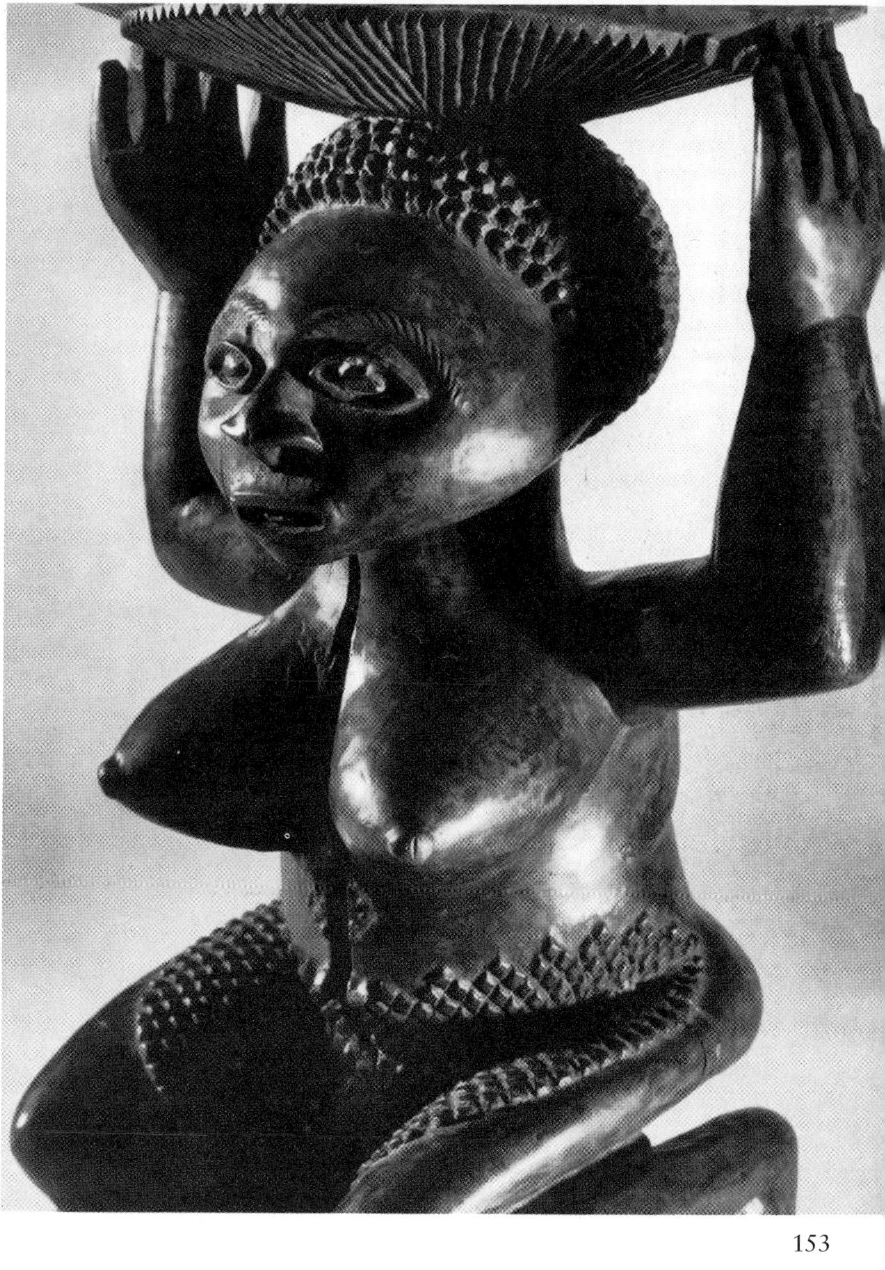

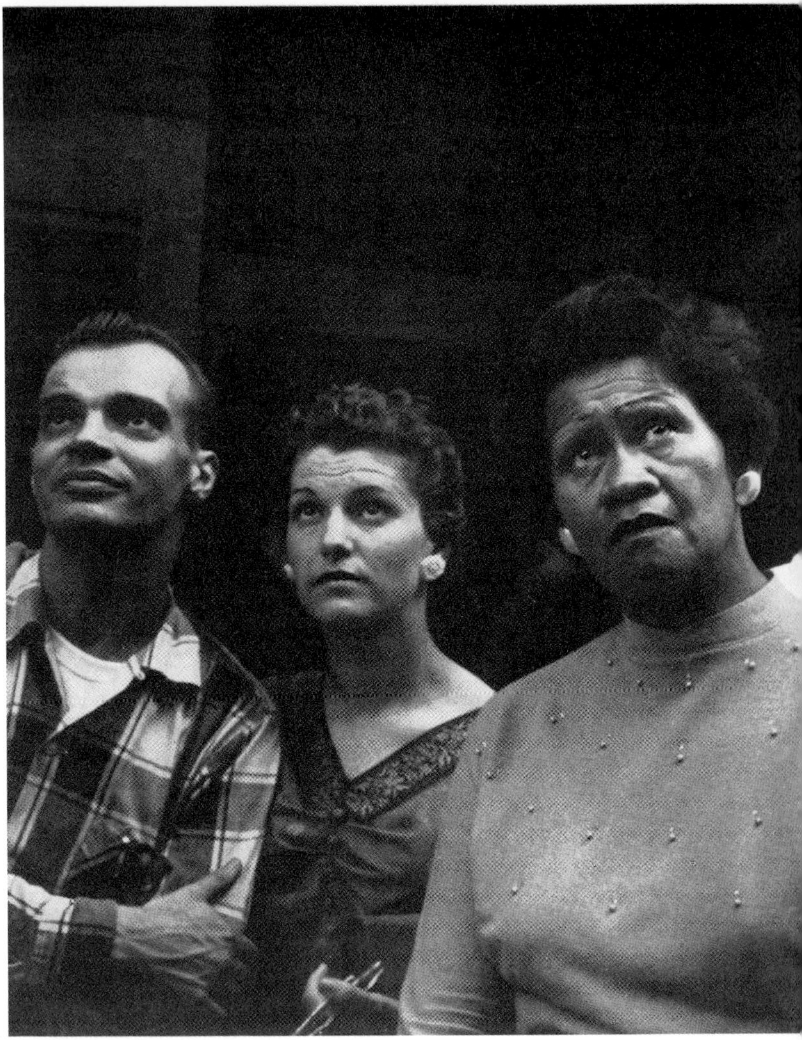

Die 35-mm-Kamera mit gekuppeltem Entfernungsmesser

Mit einem lichtstarken Objektiv ist diese schnelle, leichte, unauffällige Kamera, mit der man bis zu 36 Bilder auf einer einzigen Filmrolle rasch hintereinander aufnehmen kann, das ideale Gerät für den Bildjournalisten und Reporter. Am besten eignet

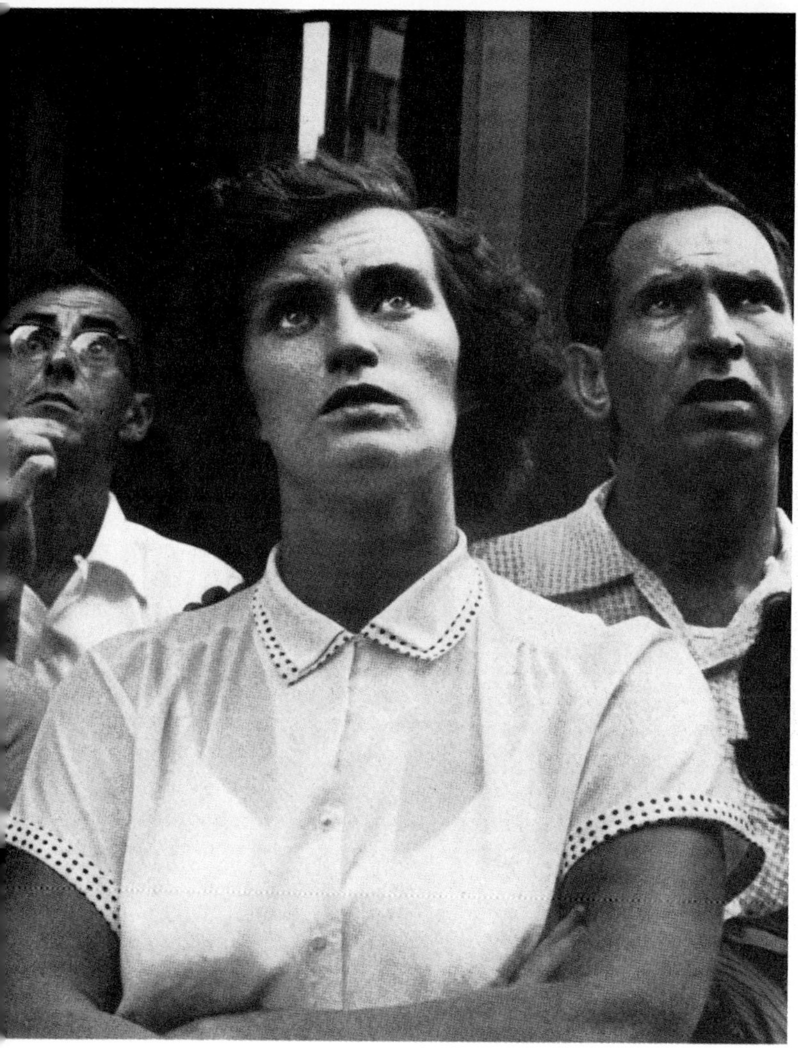

sie sich für die Aufnahme von Menschen und Geschehnissen und für die Fotografie bei einer Beleuchtung, die für Momentaufnahmen noch ausreicht. Unsere Aufnahme von Tony Triolo zeigt Menschen, die einen Brand beobachten. Sie wurde mit Leica und 35-mm-Weitwinkel gemacht.

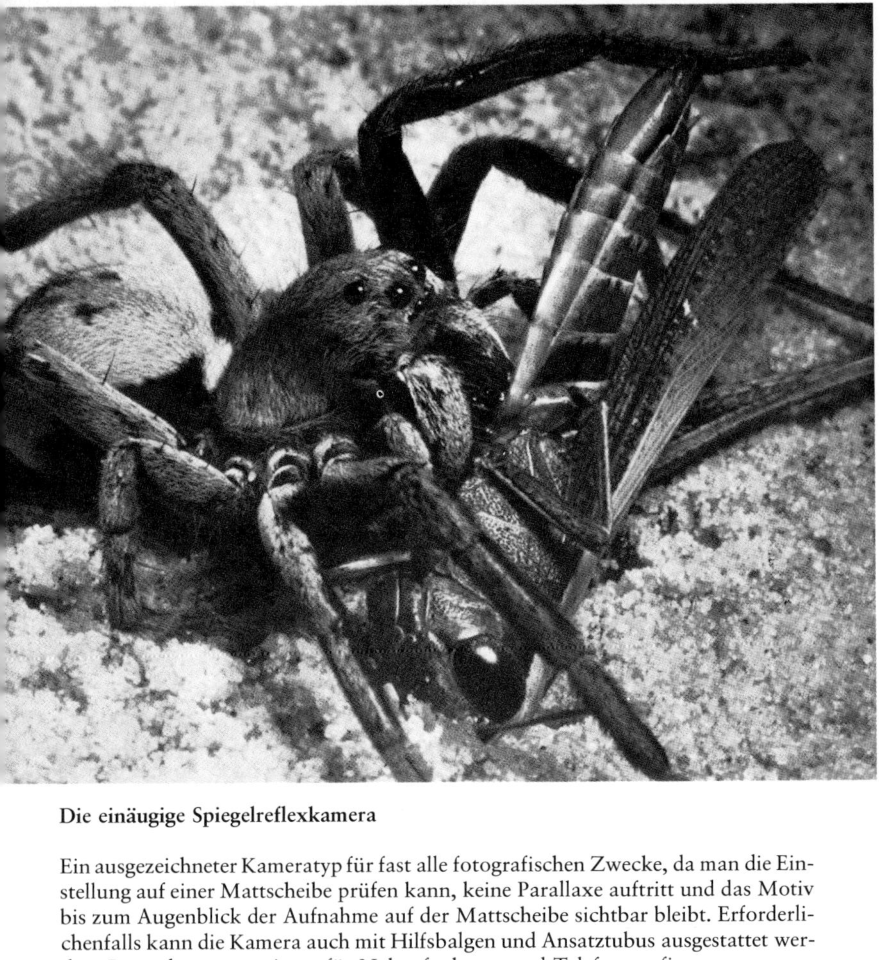

Die einäugige Spiegelreflexkamera

Ein ausgezeichneter Kameratyp für fast alle fotografischen Zwecke, da man die Einstellung auf einer Mattscheibe prüfen kann, keine Parallaxe auftritt und das Motiv bis zum Augenblick der Aufnahme auf der Mattscheibe sichtbar bleibt. Erforderlichenfalls kann die Kamera auch mit Hilfsbalgen und Ansatztubus ausgestattet werden. Besonders gut geeignet für Nahaufnahmen und Telefotografie.

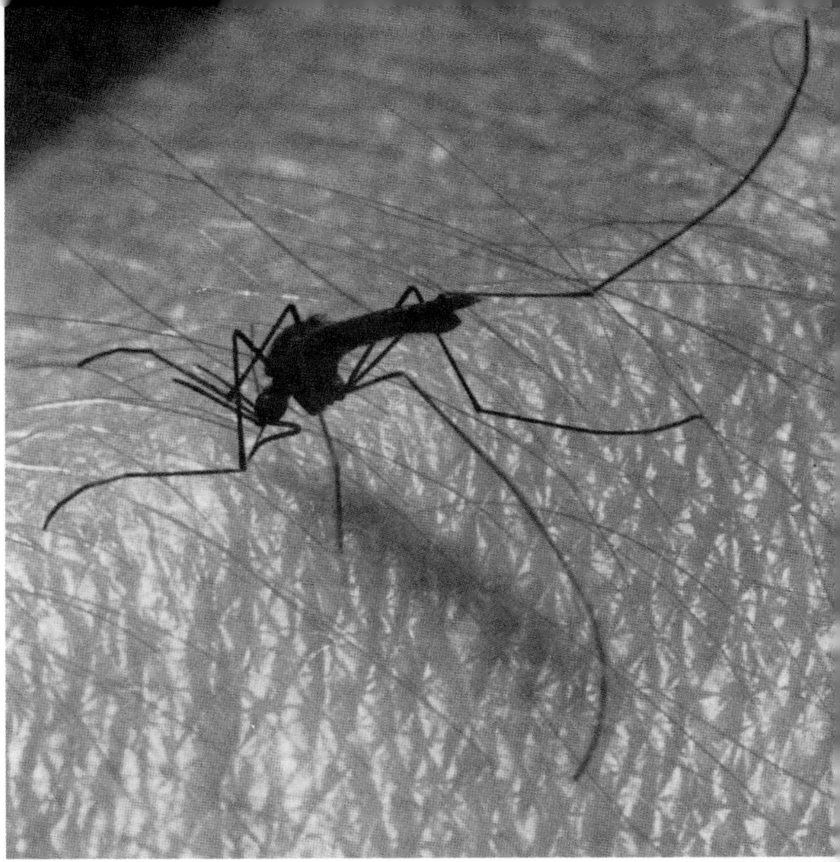

Links: Wolfspinne verzehrt eine Heuschrecke. *Rechts:* Blutsaugende Stechmücke. Die Spinne ist hier 3fach und die Mücke 6fach vergrößert gezeigt.

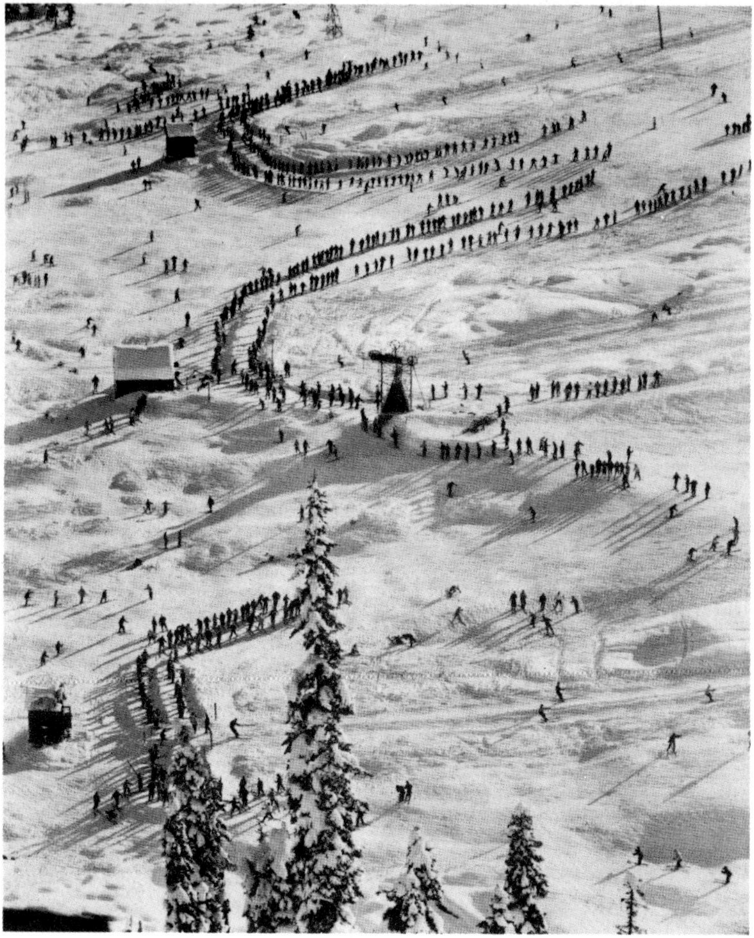

Die Luftbildkamera

Wegen ihrer starren Konstruktion und ihres großen Bildformats zur Aufnahme von Objekten mit vielen Einzelheiten sind Luftbildkameras die einzigen Geräte, die für Aufnahmen aus der Luft, wie die von Robert Lackenbach fotografierte Skipiste und der Blick auf Manhattan, der von der Küstenwache und dem Geodätischen Amt der USA fotografiert wurde, voll und ganz geeignet sind.

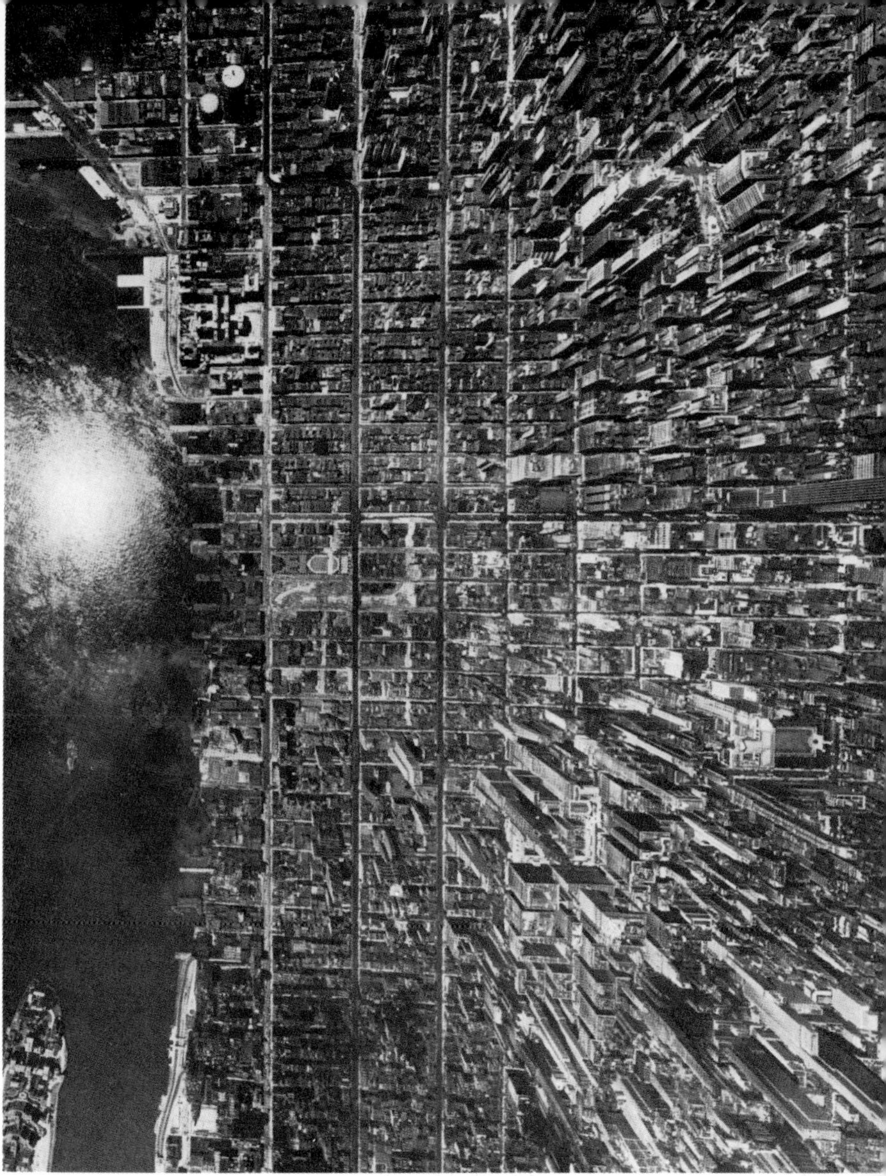

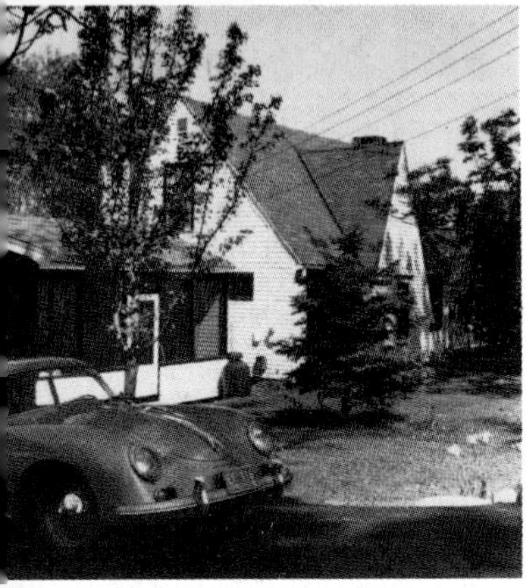

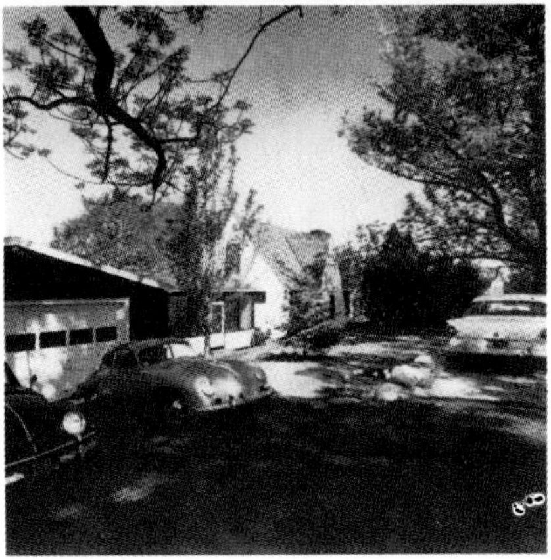

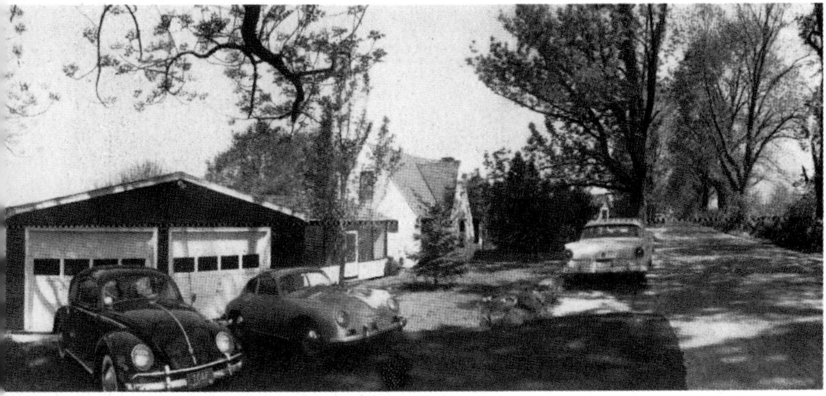

Die Weitwinkelkamera

Da Weitwinkelkameras einen übernormalen Bildwinkel erfassen, sind sie die einzigen Geräte, mit denen man befriedigende Aufnahmen machen kann, wenn der Abstand zwischen Aufnahme, Objekt und Kamera für die Verwendung von Objektiven normaler Brennweite zu gering ist.

Die drei Bilder auf dieser Seite wurden vom selben Standort aus mit drei verschiedenen Kameras aufgenommen: einer Rolleiflex mit einem Objektiv normaler Brennweite (oben links), einer Hasselblad Super Wide (oben rechts) und einer Panon mit Bildwinkeln von 45, 90 und 140°. Zum Vergleich: Der Bildwinkel der »Fischaugen«-Kamera, Seite 315, ist 180°.

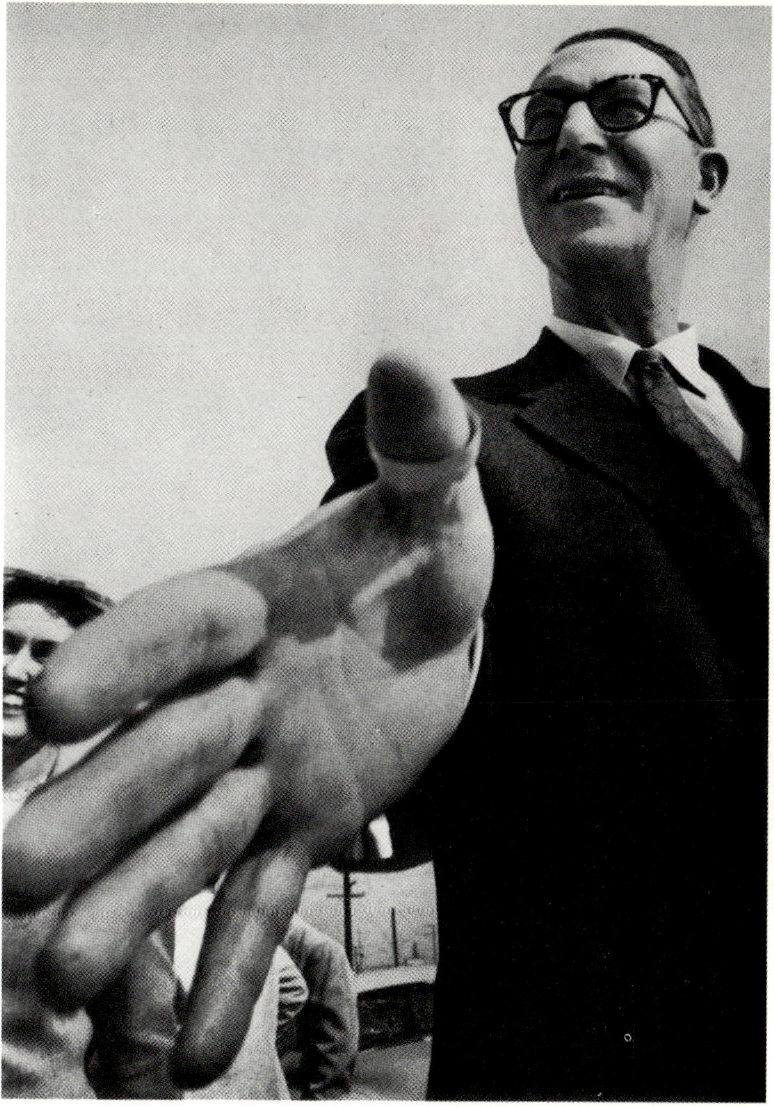

Mit Weitwinkelkameras und -objektiven erhält man vielfach Bilder, bei denen die Perspektive übertrieben wirkt, das heißt, ferne Objekte erscheinen zu klein und nahe zu groß. Wenn man sich dieser Art Super-Perspektive aber vernünftig bedient, kann sie äußerst wirkungsvoll sein wie auf Grey Villets Bild vom Senator Kefauver.

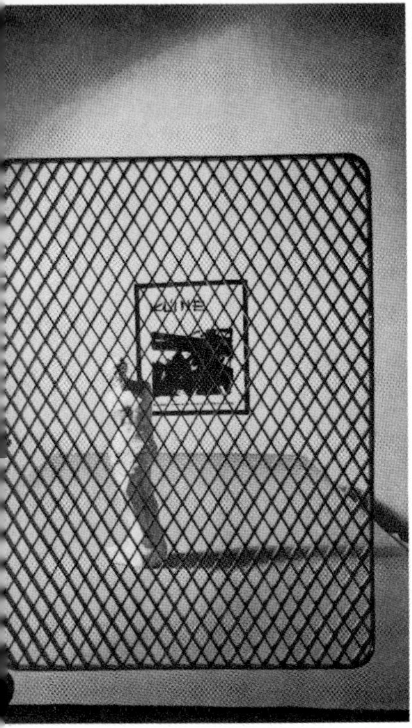

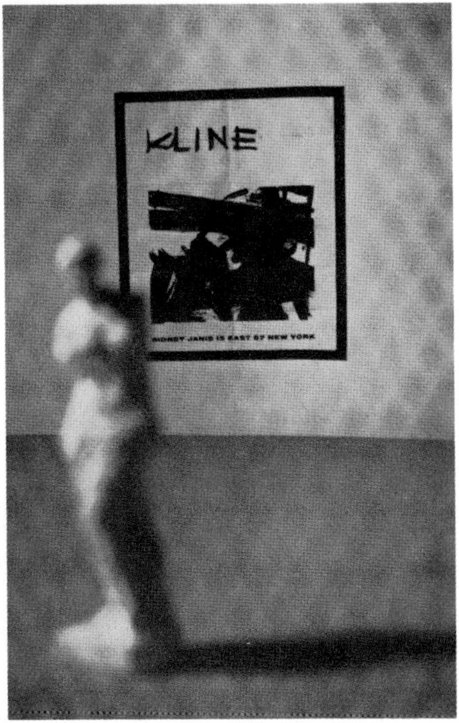

Einstellung: Die Wahl des Tiefenschärfenraumes

Durch Einstellung seines Objektivs auf einen ganz bestimmten Tiefenschärfenraum, für den er sich vorher entschieden hat, kann ein Fotograf diesen Bereich herausheben, betonen und scharf abbilden, während er andere Bereiche immer unschärfer erscheinen läßt, je weiter sie von der Schärfenebene entfernt sind. Der Unterschied zwischen scharf und unscharf wird stärker ausgeprägt, und der scharf abgebildete Raum wird flacher, je größer die relative Öffnung und die Brennweite des Objektivs und je kürzer der Abstand zwischen Aufnahmeobjekt und Kamera ist und umgekehrt.

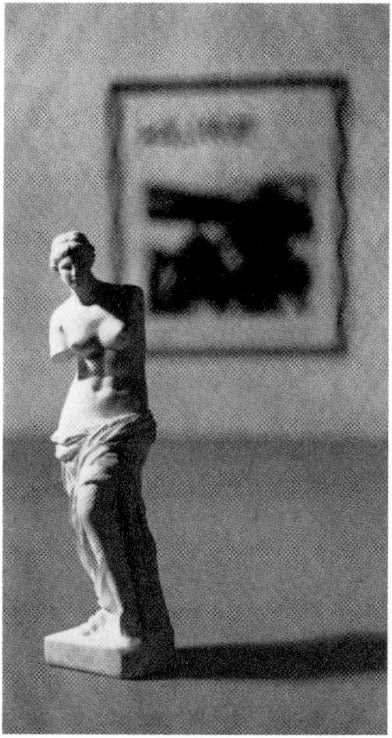

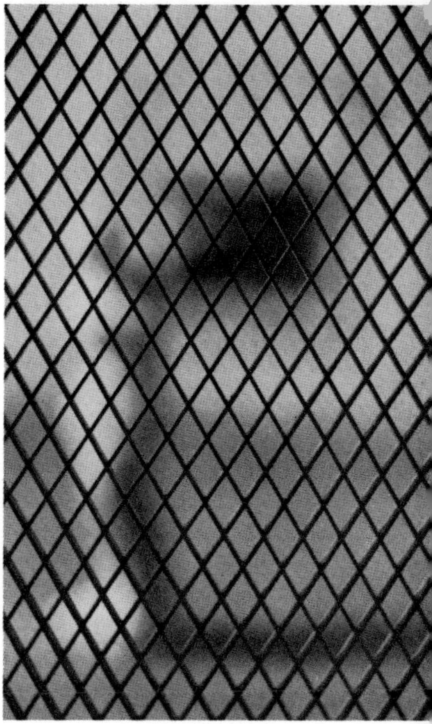

Damit der Fotograf mit der Technik der Scharfeinstellung bei Tiefenstaffelung vertraut wird, empfiehlt sich der Aufbau einer Versuchsanordnung von drei Objekten in verschiedenen Abständen von der Kamera ähnlich, wie das auf dem Foto links gemacht worden ist. Diesen Aufbau fotografiert er nun dreimal mit offener Blende und Scharfeinstellung einmal auf das Objekt im Hintergrund, dann auf das in der Mitte und schließlich auf das Objekt im Vordergrund. Bei den Bildern, die dabei herauskommen, beachte man vor allem die Staffelung und den Grad der Schärfe und Unschärfe jeder der drei Aufnahmen.

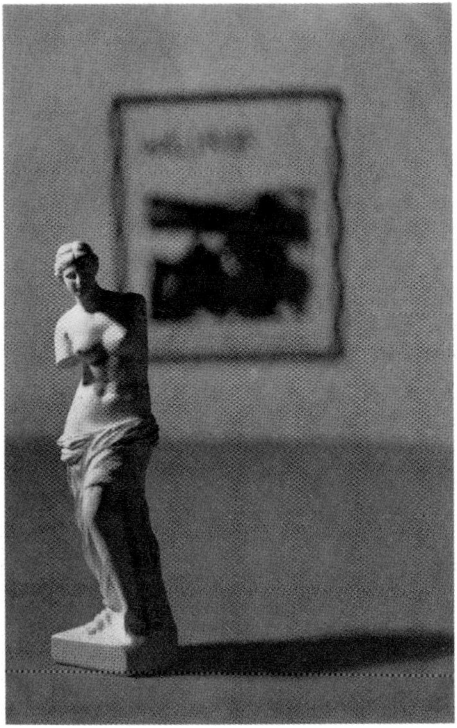

Tiefenschärfe durch Abblenden

Ein Fotograf kann die Schärfenzeichnung willkürlich auf einen mehr oder weniger flachen Tiefenbereich beschränken (vgl. die Aufnahmen auf der vorigen Doppelseite) oder kann sie nach und nach ausdehnen, bis sie sich auf die gesamte Tiefe des Aufnahmeobjekts erstreckt. Dazu bedient er sich der Blende. Je kleiner die Blende, desto größer wird der Schärfentiefenraum und umgekehrt.

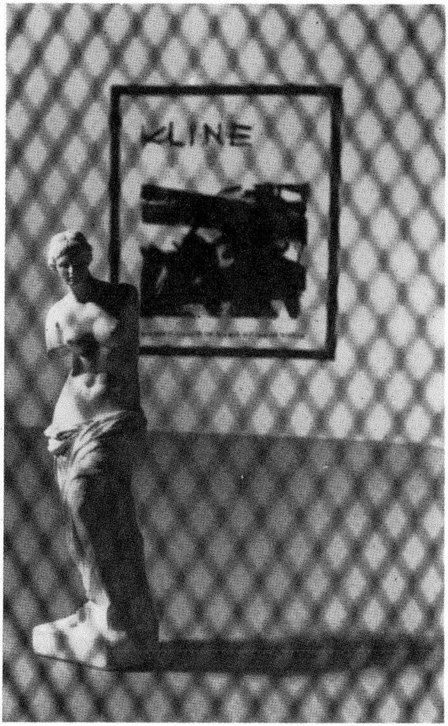

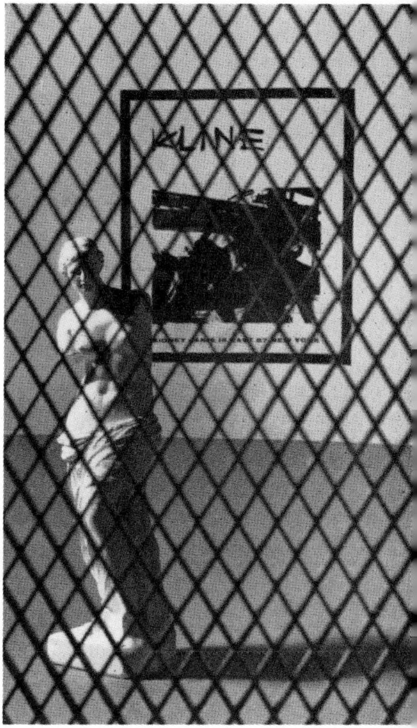

Die Aufnahmen oben zeigen dieselbe Versuchsanordnung, nur wurde diesmal bei allen drei Bildern das Objektiv auf mittlere Tiefe (die Statue) eingestellt. Die erste Aufnahme wurde mit Blende 3.5, die zweite mit Blende 12.5 und die dritte mit Blende 45 gemacht (9×12 Kamera mit 150 mm Carl Zeiss Tessar).

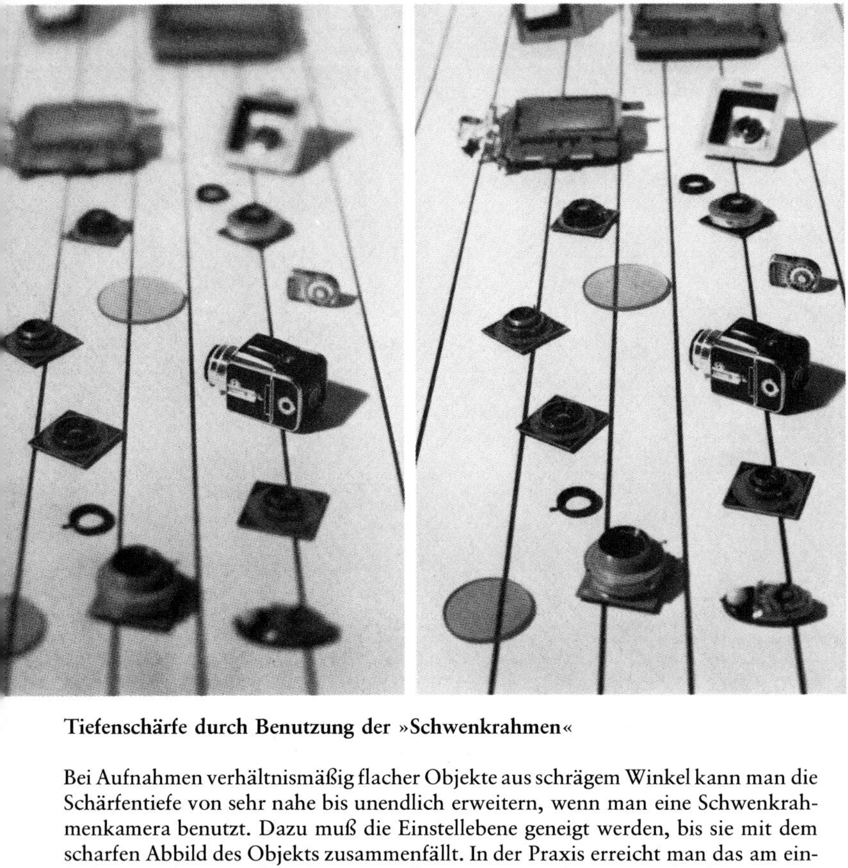

Tiefenschärfe durch Benutzung der »Schwenkrahmen«

Bei Aufnahmen verhältnismäßig flacher Objekte aus schrägem Winkel kann man die Schärfentiefe von sehr nahe bis unendlich erweitern, wenn man eine Schwenkrahmenkamera benutzt. Dazu muß die Einstellebene geneigt werden, bis sie mit dem scharfen Abbild des Objekts zusammenfällt. In der Praxis erreicht man das am einfachsten, indem man die Objektivstandarte zum Motiv hin neigt (oder den Kamerarückteil von ihm wegkippt), während man die Schärfenstaffelung des Bildes auf der Mattscheibe prüft und die Einstellung des Objektivs entsprechend verändert. Wenn alles richtig eingestellt ist, braucht man nur sehr wenig abzublenden, um die ganze fotografisch erfaßte Fläche vollkommen scharf zu bekommen.

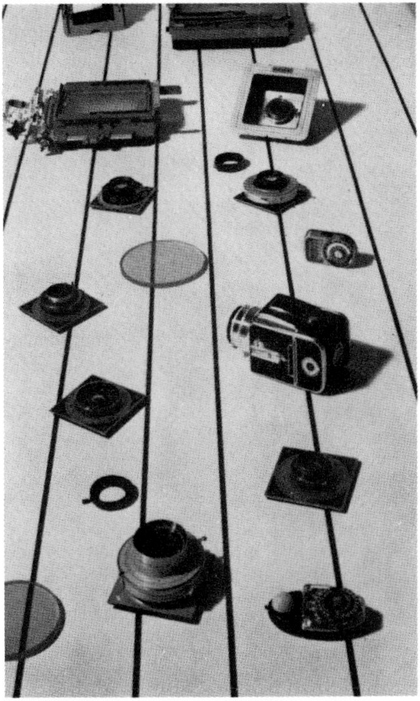
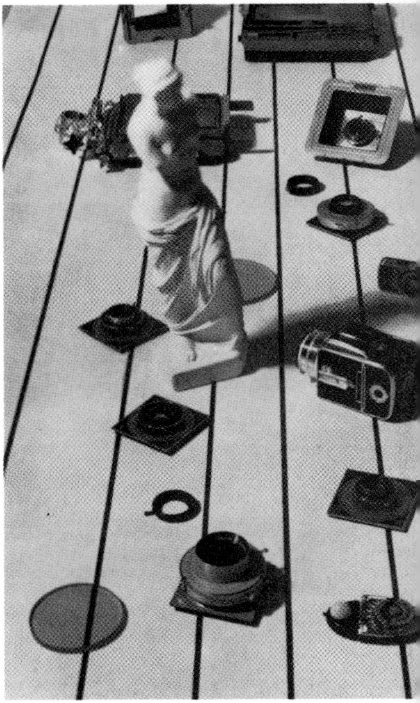

Die erste Aufnahme der oberen Reihe wurde bei Null-Stellung aller Einstellvorrichtungen der Kamera gemacht, mit weit geöffneter Blende (3.5) und Scharfeinstellung auf die Hasselblad-Kamera, die in etwa einem Drittel der Tiefe des Bildes aufgestellt war. Bei der zweiten Aufnahme war nur die Blende verändert, und zwar hatte man auf 6.3 abgeblendet. Bei der dritten Aufnahme war die Standarte zum Objekt hin, also nach vorn geneigt und die Schärfe entsprechend eingestellt worden. Die Blende 6.3 war beibehalten. Beachten Sie bitte, daß die Schärfe sich über die gesamte Tiefe dieses Bildes erstreckt. Die vierte Aufnahme wurde wie die dritte gemacht, nur wurde die Statue hineingesetzt, um zu zeigen, daß die Schärfe bei diesem Verfahren mehr oder weniger auf zweidimensionale Flächen beschränkt ist (der Sockel der Statue ist scharf, der obere Teil unscharf). Um die Schärfe auf die dritte Dimension auszudehnen, müßte man auf die übliche Weise abblenden (hier etwa Blende 16).

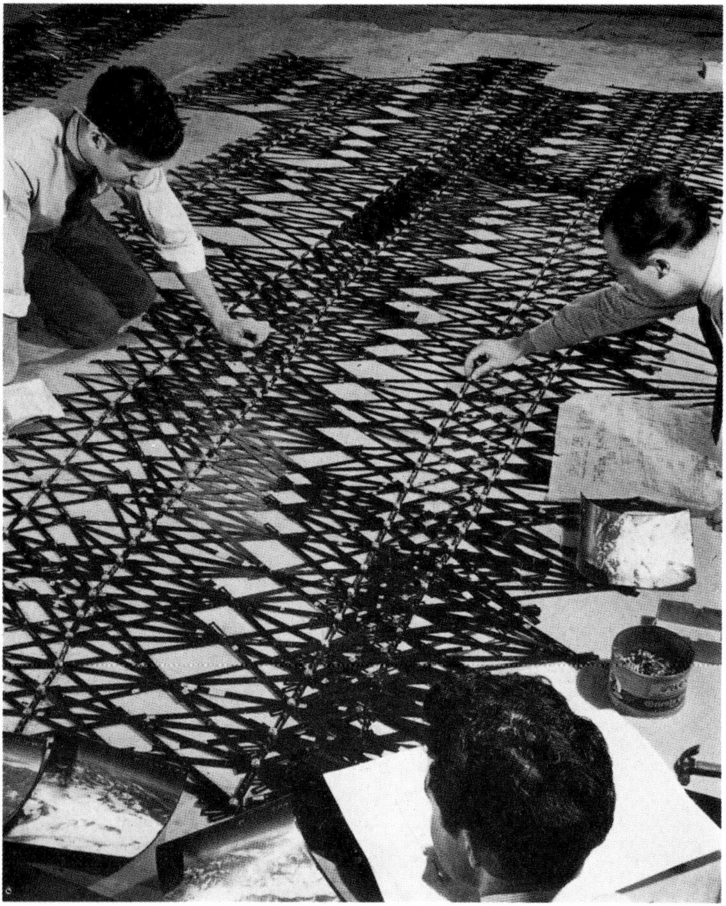

Tiefenschärfe vom Vorder- bis zum Hintergrund

So wertvoll auch die Schwenkrahmen einer Atelierkamera sind, wenn der Bereich der Schärfentiefe erweitert werden soll, *ohne daß man stark abblendet,* kann man sie doch nur bei Schrägaufnahmen mehr oder weniger zweidimensionaler Objekte verwenden. Ein Beispiel dafür ist das obige Foto. In einem solchen Falle kann man Schärfe vom Vorder- bis zum Hintergrund erreichen, indem man die Objektivstandarte nach vorn, zum Objekt hin neigt oder den Kamerarückteil nach hinten, vom Objekt weg (was allerdings eine gewisse perspektivische Verzeichnung bewirkt), und

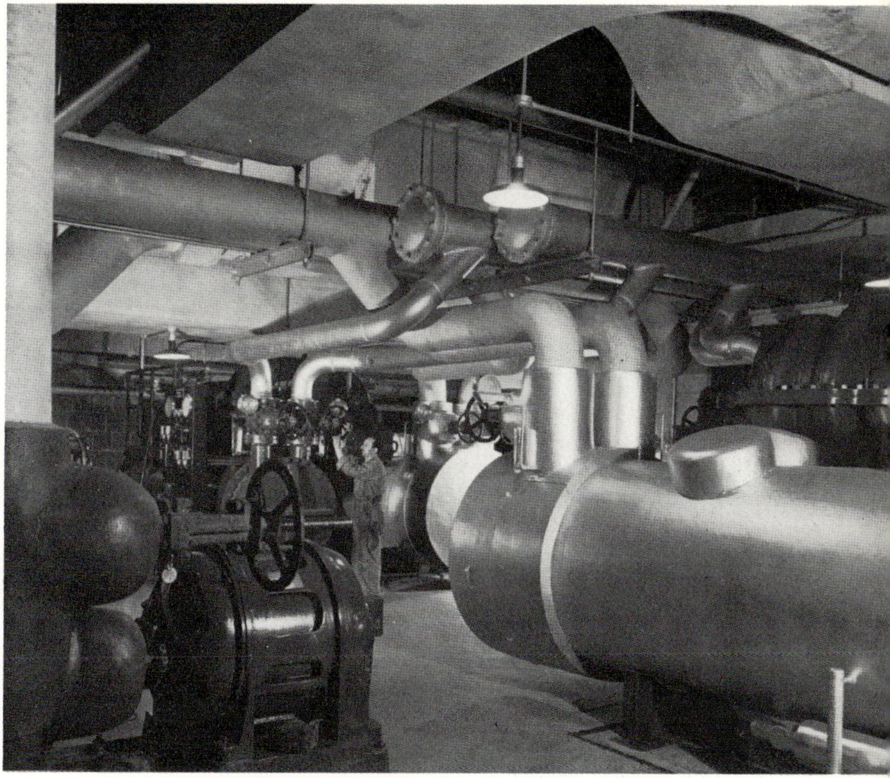

nur so weit abblendet, daß der Tiefenschärfenraum gerade noch jene Teile des Aufnahmeobjekts einschließt, die aus der scharf eingestellten, schrägen Ebene (hier also die an einem Luftbild arbeitenden Menschen) hervorragen.

Bei Aufnahmeobjekten, die nicht überwiegend auf eine Ebene beschränkt sind, kann man den Tiefenschärfenraum nur mit Hilfe der Blende vom Vordergrund bis auf den Hintergrund ausdehnen. Ein Beispiel dafür ist der oben abgebildete Kesselraum. Um von vorn bis hinten eine scharfe Wiedergabe zu erzielen, mußte das Objektiv in diesem speziellen Fall auf 32 abgeblendet werden.

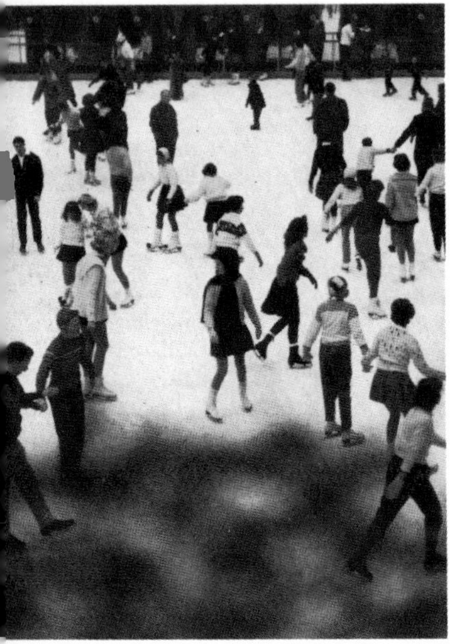

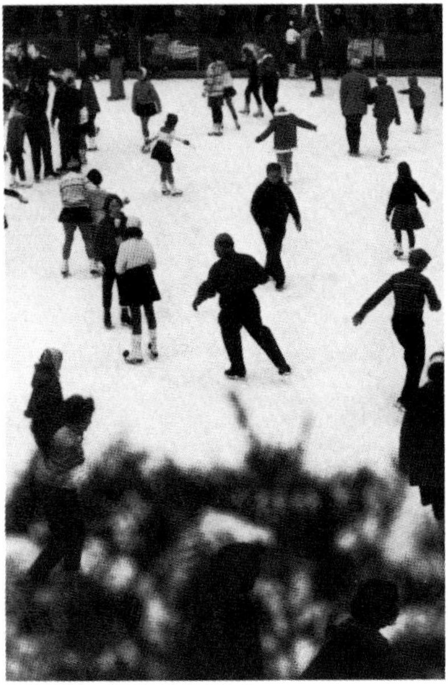

Belichtung: Verhältnis von Blendenöffnung und Verschlußzeit

Richtige Belichtung hängt von dem Verhältnis zwischen Wahl der Blende und Verschlußzeit ab (und natürlich der Stärke der Beleuchtung und der Empfindlichkeit des Films). Die Dichte des Negativs bleibt die gleiche, ob man mit weit geöffneter Blende und kurzer Belichtungszeit arbeitet oder ob man stark abblendet und entsprechend lange belichtet. Zwei wichtige Merkmale würden in diesen Bildern allerdings sehr unterschiedlich sein: die Tiefe des scharf abgebildeten Bereiches und die Wiedergabe der Bewegung des Objekts.

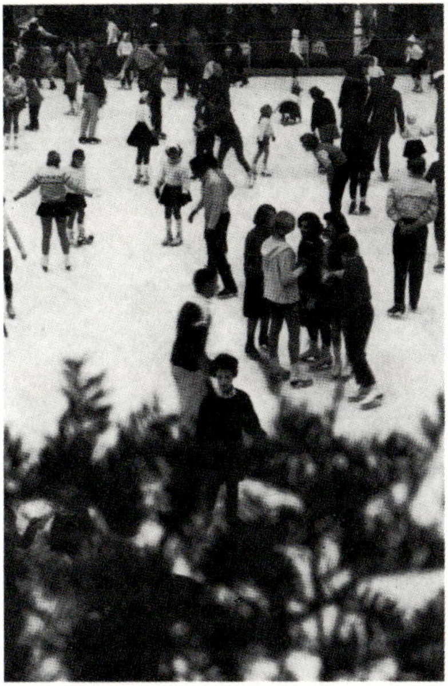

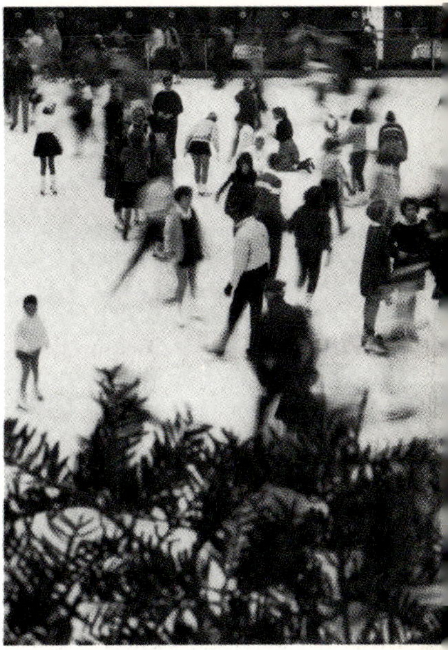

Die vier Aufnahmen dieser Vergleichsreihe wurden wie folgt aufgenommen:

1/1000 Sekunde, Blende 2.8
1/250 Sekunde, Blende 5.6
1/50 Sekunde, Blende 12.5
1/10 Sekunde, Blende 29

Die Dichte der vier Negative war genau die gleiche, aber ihre Wirkung im Hinblick auf Tiefenschärfe und Bewegungswiedergabe ist ganz und gar verschieden. Mit wachsender Tiefe werden die Gestalten der Eisläufer immer verwischter abgebildet und umgekehrt. Welche Art der Abbildung er vorzieht, muß natürlich immer der Entscheidung des Fotografen vorbehalten bleiben.

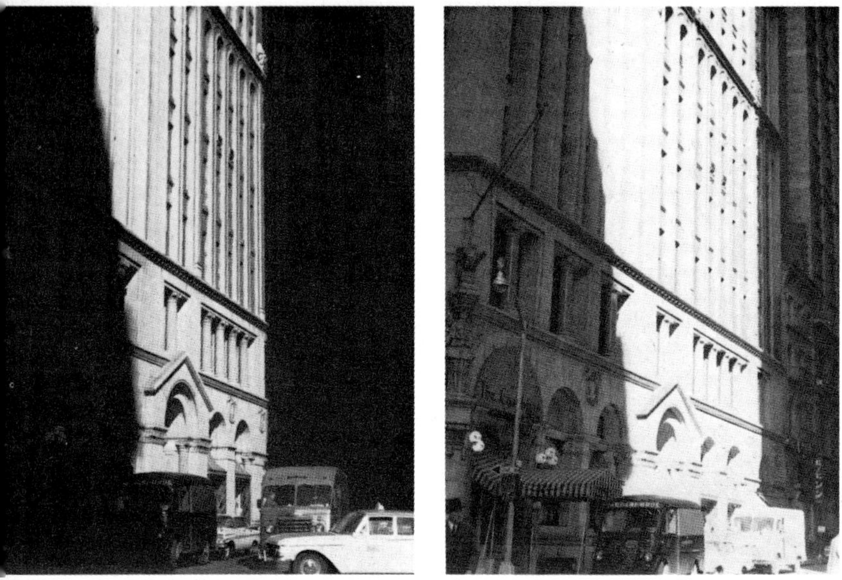

Belichtung: Die Lichtspeicherungsfähigkeit der Negativemulsion

Die Wirkung des Lichts auf eine fotografische Emulsion ist kumulativ. Je länger die Belichtung, desto dichter das Negativ und umgekehrt. Allerdings hat dieser Satz nur innerhalb bestimmter Grenzen Gültigkeit. Diese Eigenschaft der Negativschicht ist nützlich, wenn ein Fotograf ein sehr dunkles Objekt zu fotografieren hat. In dem Foto oben links zum Beispiel, bei dessen Aufnahme die Zeit vom Belichtungsmesser abgelesen wurde, sind die Schattenpartien einfach als unaufgelockerte schwarze Flächen wiedergegeben. Das Bild rechts dagegen wurde viel länger belichtet, und folglich wurden die Schatten transparent und durchgezeichnet, wenn auch in den besonnten Teilen manche Einzelheiten durch Überbelichtung großenteils verlorengegangen sind. Durch entsprechendes »Abwedeln« beim Kopieren konnte aus diesem Negativ aber noch ein brauchbarer Abzug herausgeholt werden, während das bei dem anderen nicht möglich war. Näheres auf S. 178–179.

Die vier Nachtaufnahmen auf der Gegenseite, die mit Belichtungszeiten von 1 Sekunde, 10 Sekunden, 60 Sekunden und 5 Minuten aufgenommen wurden, beweisen, daß man selbst das dunkelste Objekt mit voll durchgezeichneten Schatten fotografieren kann, wenn man es lange genug belichtet. Das erste dieser Bilder entspricht ungefähr dem, was das Auge im Moment der Belichtung sah. Das letzte zeigt nicht weniger Einzelheiten, als eine Tagesaufnahme desselben Motivs gezeigt haben würde.

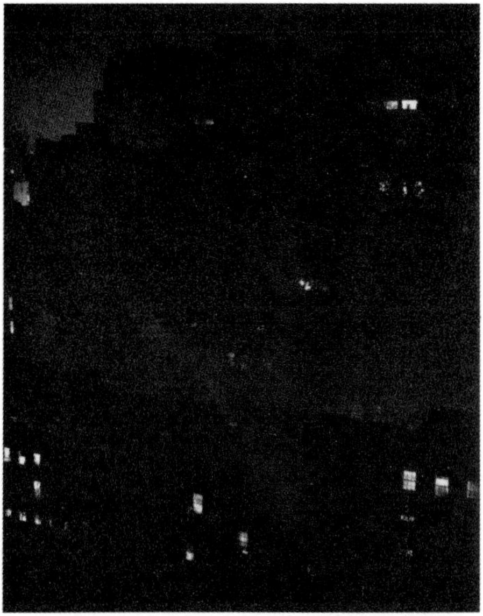
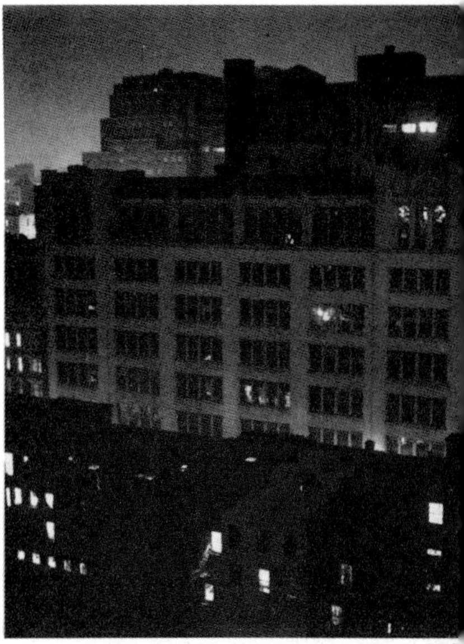
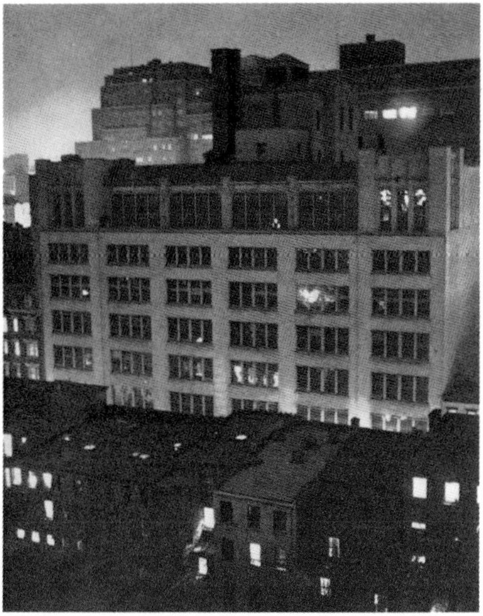
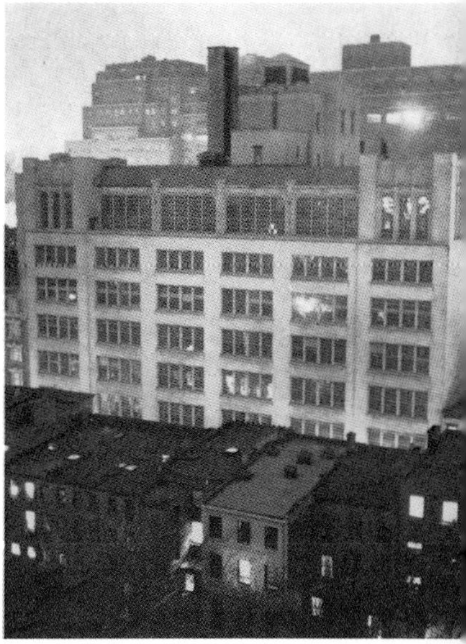

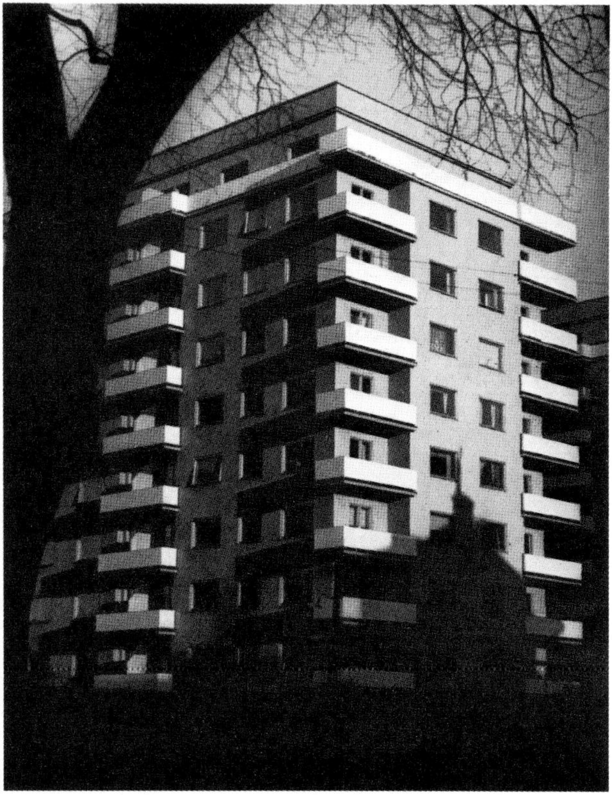

Belichtung als Mittel der Kontrastabstimmung

Kurz belichtete Negative, besonders wenn sie zum Ausgleich der Unterbelichtung etwas länger als normal entwickelt werden, sind kontrastreicher als Negative vom selben Motiv mit verhältnismäßig langer Belichtung, besonders wenn sie zum Ausgleich der Überbelichtung etwas kürzer als normal entwickelt worden sind. Obwohl unter normalen Verhältnissen die besten Ergebnisse stets bei richtiger Belichtung erzielt werden, kann man gelegentlich durch absichtliche Unter- oder Überbelichtung zur Verstärkung beziehungsweise Abschwächung des Negativkontrastes die Aufnahme beeinflussen.

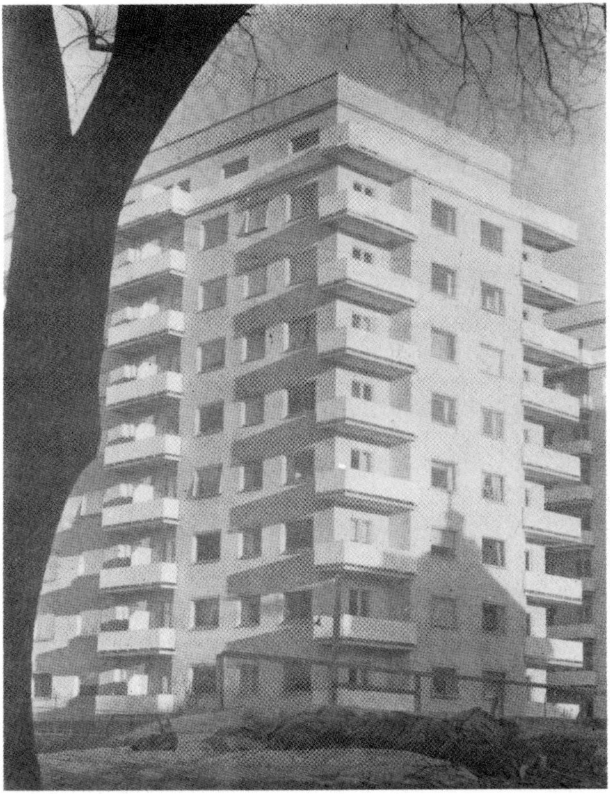

Die Bilder dieser Doppelseite zeigen das gleiche Motiv, das unter denselben Bedingungen aufgenommen wurde, nur hat man die linke Aufnahme um zwei Blendenwerte unterbelichtet und die rechte um vier Blendenwerte überbelichtet. Beide Negative wurden normal entwickelt und auf Papier normalen Härtegrades kopiert. Die Unterschiede in Kontrast und Schattenwiedergabe sind wirklich erstaunlich. Natürlich kann man durch entsprechende Belichtung (und Papierwahl) auch jede gewünschte Zwischenstufe an Kontrast erzielen.

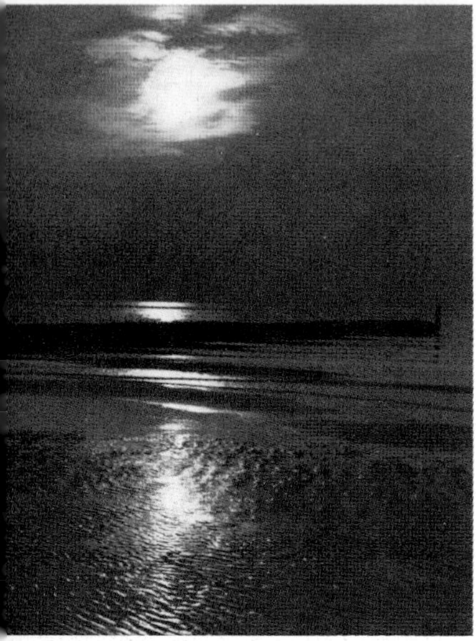

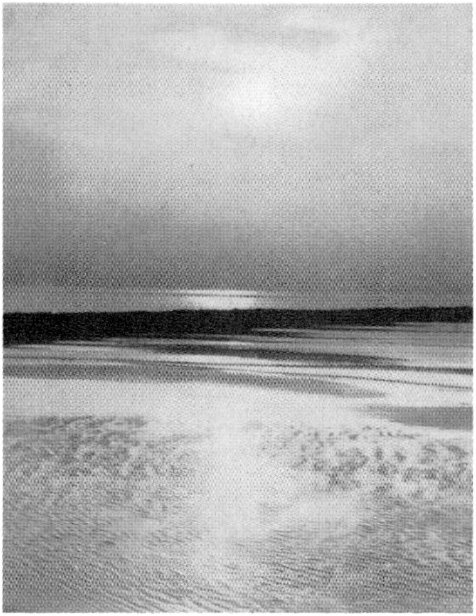

Möglichkeiten beim Kopieren: heller oder dunkler

Der Gesamtton des Abzuges hängt von der Belichtungsdauer beim Kopieren ab. Je länger man belichtet, desto dunkler wird – innerhalb gewisser Grenzen – der Gesamtton der Kopie und umgekehrt. Grundsätzlich vermittelt ein heller Gesamtton (high key) eine leichte, heitere oder frohe Stimmung, während ein dunkler Gesamtton (low key) ernst, unheilverkündend oder tragisch wirkt.

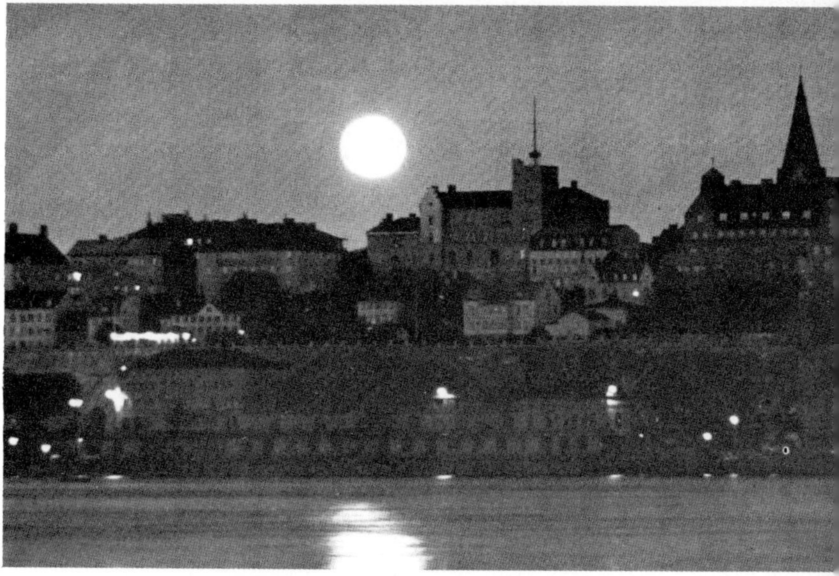

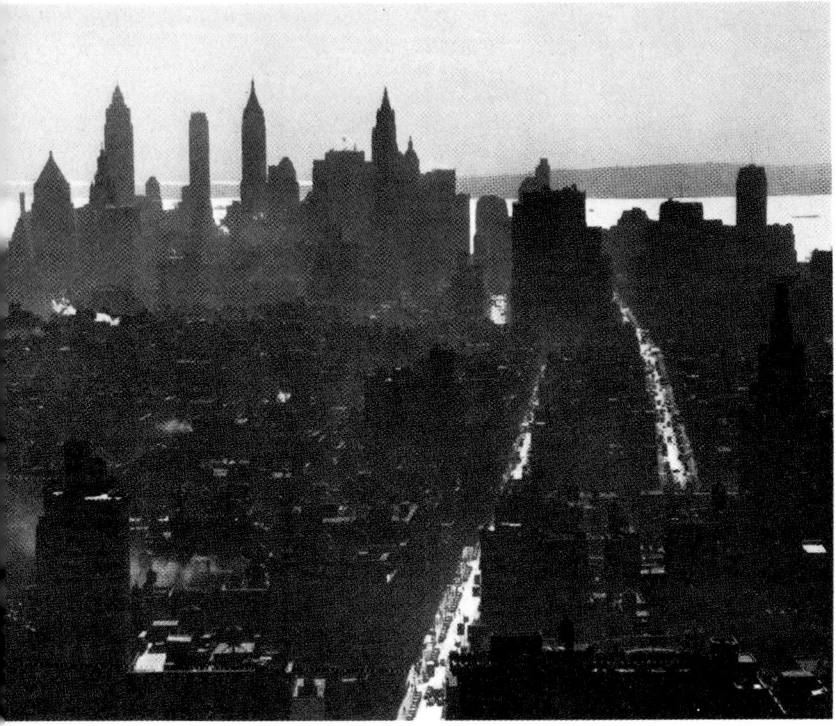

Möglichkeiten beim Kopieren: Abwedeln

Der Ton einzelner Bildstellen läßt sich durch »Abwedeln« regeln. Damit ein bestimmter Teil eines Negativs *auf der Kopie heller* herauskommt, als das normalerweise der Fall sein würde, muß er *weniger belichtet* werden als das restliche Negativ und umgekehrt. Man schirmt dazu diese Stelle des Papiers während eines Teiles der Belichtungszeit ab, und zwar mit den Händen oder einem runden Stück Pappe, an dem man einen dünnen Draht als Griff befestigt hat. Will man einen besonders dichten Teil des Negativs zusätzlich belichten, schirmt man den Rest des Kopierpapiers

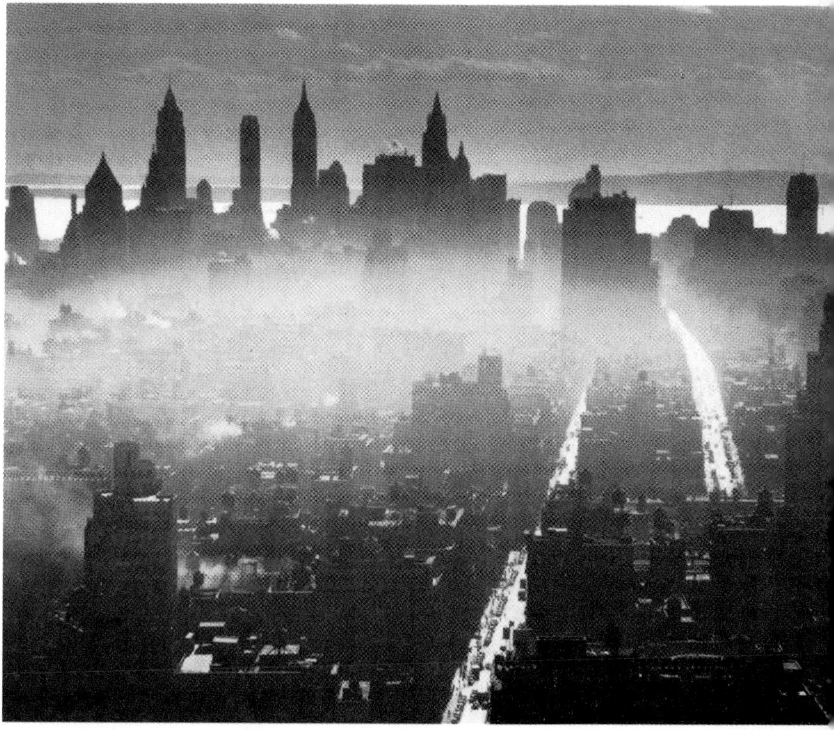

mit den Händen ab, während man die betreffende Stelle durch eine von den Fingern gebildete Öffnung »einbrennt«. Damit ein glatter, unmerklicher Übergang zwischen dem »abgewedelten« und dem unbehandelten Teil der Kopie entsteht, muß man die Hände während des »Abwedelns« leicht bewegen.

Auf den ersten Blick erscheint es vielleicht unglaubhaft, aber beide Bilder auf dieser Doppelseite wurden vom selben Negativ gezogen. Wenn man die Rauchstreifen, die Autos auf der Straße und die entfernten Schiffe genau betrachtet, wird man das merken. Diese Dunstwolke ist typisch für New York.

Formen der fotografischen Wiedergabe

Wenn wir eine Fotografie, bildlich gesprochen, »zerlegen« und Punkt für Punkt alle Ausdrucksformen einer Wiedergabe der Wirklichkeit im Bilde untersuchen, stellen wir fest, daß ein Lichtbild – ohne Rücksicht auf das Motiv und die Umstände, unter denen die Aufnahme gemacht wurde – stets die Summe einer Anzahl ganz bestimmter, ständig wiederkehrender Faktoren ist. Jeder dieser Faktoren läßt sich auf oft sehr unterschiedlicher Weise verändern, jeder läßt sich – oft in überraschend hohem Maße – vom Fotografen bestimmen. Die wichtigeren dieser Faktoren, also der einzelnen Erscheinungsformen fotografischer Wiedergabe, sind in der folgenden Übersicht zusammengefaßt.

Beleuchtung und Licht. Licht und seine negative Form, Schatten, üben wohl von allen Faktoren, die den grafischen Effekt eines Lichtbildes bestimmen, den stärksten Einfluß aus. Wegen seiner Bedeutung ist der Untersuchung und Darstellung der verschiedenen Eigenschaften des Lichtes und ihrer Beeinflussung das erste der folgenden Kapitel gewidmet.

Weitere Hinweise finden Sie auf S. 184–223.

Schärfe der Zeichnung. Schärfe ist ein relativer Begriff. Kein Foto ist wirklich scharf. Selbst das schärfste Bild sieht, in zwanzigfacher Vergrößerung, wie grobes Sandpapier aus, und die »schärfste« Linie erscheint zerfranst. Auch Unschärfe eines Lichtbildes ist relativ und eine Frage des Grades; es gibt schärfere und weniger scharfe Bilder. Im übrigen gibt es verschiedene Arten der Unschärfe. Die Unschärfe eines mit einem Normalobjektiv aufgenommenen unscharf eingestellten Bildes ist ganz anders als die Unschärfe eines scharf eingestellten, aber mit einem Weichzeichner oder durch einen Streuschirm aufgenommenen Bildes, und beide sind wieder anders als die Unschärfe, die ein Lochobjektiv erzeugt. Unschärfe der fotografischen Wiedergabe liegt ganz in der Hand des Fotografen und kann von ihm verwendet werden, um ganz bestimmte Wirkungen zu erzielen. Zwei überraschende Beispiele dafür sind auf S. 228–229 abgebildet.

Korn. Normalerweise soll man Körnigkeit zwar vermeiden, aber unter bestimmten Umständen kann sie zu einem bedeutsamen grafischen Mittel werden, um die Eindruckskraft eines Bildes zu erhöhen. Der Körnigkeitsgrad einer Fotografie kann mit Hilfe folgender Faktoren beeinflußt werden: Typ der Negativemulsion (s. S. 68, 69), Belichtung des Films (s. S. 77), Negativentwickler (s. S. 70–71), Dauer der Negativentwicklung (s. S. 78),

Härtegrad des Kopierpapiers (je kontrastreicher, desto stärker wird das Filmkorn auf der Kopie sichtbar), Verhältnis der Negativvergrößerung (je stärker man vergrößert, desto stärker wird das Negativkorn auf der Kopie sichtbar). Ein Beispiel für den besonderen Bildeffekt des Negativkorns findet man auf S. 224.

Kontrast. Jedes Bild auf Fotopapier entsteht ummittelbar durch Kontrast, und zwar durch Kontrast zwischen Schwarz und Weiß und Zwischentönen von Grau. Ohne einen solchen Kontrast gäbe es kein Bild, keine Unterscheidung von Ton und Form. Selbst die einfachste Linie oder Silhouette ist eine Erscheinungsform des Kontrastes, eine Gegenüberstellung von Hell und Dunkel.

Der Kontrast, einer der wichtigsten Faktoren eines jeden Bildes, ist nahezu uneingeschränkt dem Willen des Fotografen unterworfen. Er hat die Wahl zwischen folgenden Mitteln und Verfahren, mit denen er den natürlichen Kontrast seines Motivs nach ästhetischen oder redaktionellen Erwägungen erhalten, verstärken oder abschwächen kann: Wahl des Films (s. S. 68), Wahl des Filters (s. S. 61, 234), Wahl der Beleuchtung (s. S. 236–239), Wahl der Belichtungszeit (s. S. 76), Wahl des Entwicklers (s. S. 70), Wahl der Entwicklungsdauer (s. S. 240), Wahl der Papiergradation (s. S. 72 u. 242), »Abwedeln« beim Kopieren und Vergrößern (s. S. 81, 178). In welchem Maße man durch Gebrauch dieser Möglichkeiten den Kontrast der Kopie beeinflussen kann, zeigen die Bildbeispiele auf S. 230–231.

Übertragung der Farben. Bei Schwarzweißaufnahmen wird Farbe in Grautöne übertragen. Auf einem panchromatischen Film erscheinen, wenn die Aufnahme unter normalen Bedingungen (Sonne) gemacht wurde, die meisten Farben auf der Kopie als Grautöne, deren Helligkeit oder Dunkelheit mehr oder weniger der Helligkeit oder Dunkelheit der Farben entspricht, so wie das Auge sie sah. (»Mehr oder weniger«, weil die meisten Filme Blau etwas zu hell wiedergeben; viele panchromatischen Filme geben Rot zu hell und Grün zu dunkel wieder, und alle orthochromatischen Filme übertragen Rot viel zu dunkel oder als Schwarz.)

Nun ist aber aus bestimmten Gründen gelegentlich wünschenswert, eine Farbe in einem Grauton wiederzugeben, der heller oder dunkler ist, als die betreffende Farbe normalerweise wirkt. Es erscheinen beispielsweise ein Rot und ein Blau gleicher Helligkeit in einem Motiv nebeneinander. Bei einer Übertragung in Grautöne von gleichem Helligkeitswert würden beide Farben auf der Kopie als gleiche Graustufen erscheinen und ineinander übergehen, so daß die Trennung der Farbtöne und Formen verschwände. Überdies hat Rot einen »aggressiven« Gefühlswert, während Blau »verhalten« und »passiv« wirkt. Beim grafischen Schwarz-Weiß ist das Helle (weiß) aggressiv und das Dunkle (schwarz) passiv und verhalten, während Grau irgendwo dazwischen liegt. Folglich muß man, um die Gefühlseigenschaften dieser Farben auf eine Schwarzweißfotografie zu übertragen, Rot heller wiedergeben, als es »normalerweise« sein würde, und Blau dunkler. Das gilt selbst dann, wenn nur eine dieser Farben in dem Motiv vorhanden ist, so daß Fragen einer Trennung der Farbtöne dabei keine Rolle spielen.

Den Grauton, in dem eine bestimmte Farbe auf der Kopie erscheint, kann man durch entsprechende Wahl der Negativemulsion (orthochromatisch oder panchromatisch) und der Farbfilter (siehe S. 59–63) beeinflussen. Beispiele für deren Wirkung findet man S. 250–255.

Spiegelungen und Reflexe. Spiegelungen in Form von Glanzlichtern beleben ein Foto oftmals. Ab und zu können sie allerdings auch wichtige Objekte verdecken, zum Beispiel wenn man durch Spiegelungen einer Glasscheibe (Schaufenster, Verglasung eines Bildes) das dahinter befindliche Objekt nicht mehr klar erkennen kann. In solchem Falle kann man durch Verwendung eines Polarisationsfilters (s. S. 63) die Spiegelung je nach dem Einfallswinkel des Lichtes mehr oder weniger dämpfen oder ganz beseitigen. Beispiele für die Wirkung von Polarisationsfiltern findet man auf S. 272–275.

Raum und Tiefe. Die Wirklichkeit ist dreidimensional, aber Lichtbilder haben nur zwei Dimensionen, Höhe und Breite. Die Tiefe, die räumliche Ausdehnung, kann nur versinnbildlicht werden. Zum Glück gibt es eine Anzahl ausdrucksstarker Symbole, deren man sich bedienen kann, um die Illusion der »Tiefe« in der zweidimensionalen Form eines Lichtbildes zu erzeugen. Jedes dieser Symbole kann sehr weitgehend vom Fotografen beeinflußt werden. Dieser Seite der Fotografie ist ein ganzer Abschnitt des vorliegenden Buches gewidmet. Nähere Hinweise darüber auf S. 276–327.

Handlung und Bewegung. Viele Aufnahmeobjekte befinden sich in ständigem Wechsel und in unablässiger Bewegung. Ein Lichtbild steht dagegen »still«. Folglich kann man Bewegung auf einem Bild nur symbolisch ausdrücken. Diese Symbole und wie man sie verwendet, um bestimmte Arten der Handlung und Bewegung damit zum Ausdruck zu bringen, wird auf S. 328–349 erörtert und durch Bilder belegt.

Der richtige Augenblick. Sehr viele Fotos zeigen Geschehnisse, die sich in einem bestimmten Augenblick abspielen. Dadurch erhält natürlich der Moment, indem der Fotograf auf den Auslöser drückt, besondere Bedeutung. Tut er es zu früh oder zu spät, verpaßt er den günstigen Augenblick. Faktoren, die auf die Wahl des richtigen Augenblicks Einfluß haben oder sogar ausschlaggebend dafür sind, werden auf S. 83–88 erörtert; Abbildungen dazu auf S. 350–357.

Macht über das Licht

Jede Form der schöpferischen Tätigkeit hat ihr ganz bestimmtes Ausdrucksmittel. Für den Fotografen ist es das Licht. Ganz abgesehen von der selbstverständlichen Tatsache, daß ohne Licht kein Bild möglich ist, hat das Licht auf das fotografische Abbild eines Objekts größeren Einfluß als jeder andere technische Faktor. Es ist ein gewaltiger Unterschied, ob man ein Objekt bei Tag oder Nacht fotografiert, in heller Sonne oder beim Streulicht eines bedeckten Himmels, von vorn erhellt und in allen Einzelheiten oder als Schattenriß im Gegenlicht. Ein Fotograf, der nicht mit dem Licht zu »arbeiten« versteht, ist ebenso hilflos wie ein Maler, der nicht mit Farben umzugehen weiß. Um aber mit Licht arbeiten zu können, muß sich ein Fotograf zuerst einmal mit den Eigenschaften und Funktionen des Lichts vertraut machen.

Die Eigenschaften des Lichtes

Der Fotograf muß drei verschiedene Merkmale des Lichtes unterscheiden: Helligkeit, Art und Farbe.

Helligkeit ist das Maß der Lichtstärke und kann mit einem Belichtungsmesser ermittelt werden. Sie kann alle Stufen zwischen strahlender Helle und vollkommener Dunkelheit durchlaufen.

Die Helligkeit wirkt sich in zweifacher Hinsicht auf ein Lichtbild aus. Erstens beeinflußt sie die Belichtungsdauer. Je heller das Licht ist, desto kürzer die Belichtungszeit und umgekehrt. Zweitens beeinflußt sie die »Stimmung« eines Bildes. Bei heller Beleuchtung wirkt die gleiche Szene kontrastreicher, ihre Farben erscheinen lebhafter, ihre »Stimmung« ist heiterer als in trübem, gedämpftem Licht.

Art. Licht kann, ganz unabhängig von seiner Helligkeit, »hart« sein (nämlich wenn es von einer Punktquelle ausstrahlt) oder zerstreut (wenn es von einer Fläche ausstrahlt oder von ihr zurückgeworfen wird). Zwischen diesen Extremen gibt es jede erdenkliche Zwischenstufe.

Licht, das von einer Punktquelle ausgestrahlt wird (Sonne, Spot), ist immer verhältnismäßig kontrastreich und gibt kräftige, schwarze Schatten mit scharf umrissenen Rändern. Umgekehrt ist Licht, das von einer Fläche kommt (bedeckter Himmel, indirektes Licht, das von der Decke zurückgeworfen wird) verhältnismäßig kontrastlos und gibt schwache, blasse Schatten mit weich verschwimmenden Umrissen. Zwischen diesen Extremen gibt es Beleuchtung der verschiedensten Art. Eine Fotolampe erzeugt zum Beispiel eine Beleuchtung, die weniger kontrastreich ist als das Licht eines Spots, einer »Punktstrahllampe«, aber doch kontrastreicher als indirektes Licht. Eine Lampe mit kleinem Reflektor gibt eine härtere Beleuchtung mit schärferen Schatten als dieselbe Lampe in einem großen Reflektor. Eine Streuscheibe vor einem Reflektor schwächt den Kontrast der Beleuchtung ab. Helle Sonne aus klarem blauem Himmel ist härter und wirft »schwärzere« und schärfer umrissene Schatten als das gleiche helle Sonnenlicht aus einem klar blauen Himmel mit großen, strahlend weißen Wolken. Man kann den Kontrast jeder Art von Beleuchtung abschwächen, indem man die Schatten durch Zusatzbeleuchtung aufhellt, zum Beispiel durch Kolben- oder Röhrenblitz, durch besondere reflektierende Folien oder, wenn die Umstände es gestatten, durch Fotolampen oder andere Formen von Glüh- oder Leuchtstofflicht.

Farbe. Diese Eigenschaft des Lichtes ist zwar für den Schwarzweiß-Fotografen belanglos, entscheidend wichtig aber für jeden, der mit Farbe arbeitet. Der Farbfilm liefert unter normalen Umständen nur dann befriedigende Ergebnisse, wenn die »Farbe« der Beleuchtung der »Farbe« des Lichttyps entspricht oder ihr zumindest sehr nahekommt, auf den der Farbfilm abgestimmt ist. Nun gibt es zwar spezielle Farbfilme für verschiedene Arten Licht (oder »Farbe«), aber in unzähligen Fällen muß man Farbaufnahmen bei Licht einer Farbe machen, für die es keinen entsprechenden Farbfilm gibt. Verglichen mit dem »Durchschnitts-Tageslicht«, auf das die Tageslichtfarbfilme abgestimmt sind, wechselt zum Beispiel die Farbe des frühen Morgen- oder des späten Nachmittagslichtes von Gelb über Orange bis Rot. Tageslicht im Schatten ist im allgemeinen bläulicher und im Schatten von Bäumen grünlicher als offenes Tageslicht. An wolkigen Tagen hat Tageslicht auch Purpurtöne usw. Infolgedessen weisen Farbaufnahmen, die unter solchen »anomalen« Verhältnissen gemacht werden, in der Regel mehr oder weniger ausgeprägte Farbstiche auf, wenn der Fotograf die Beleuchtung nicht mit Hilfe der entsprechenden Farbkorrekturfilter »normalisiert«. Ich verweise den Leser, der alle notwendigen Hinweise auf Farbwiedergabe und Farbkontrolle haben möchte, auf mein Buch »Farb-Fotolehre«*).

Die Funktionen des Lichts

Als Fotografen müssen wir zwischen folgenden drei Funktionen des Lichts unterscheiden:

Licht schafft die Illusion des Raumes. Die meisten Fotografen wissen aus Erfahrung, daß »schattenloses« Licht von vorn, aus der Richtung der Kamera, ein Objekt in der Regel »flach« erscheinen läßt, während es bei Seitenlicht oder Gegenlicht, die deutlich abgegrenzte Schatten werfen, dreidimensional wirkt. Das hängt mit der Untrennbarkeit von Licht und Schatten zusammen. Licht und Schatten sind insofern das gleiche, als der Schatten im Bilde lediglich eine Stelle ist, die weniger Licht erhalten hat als die voll ausgeleuchteten Teile. Wenn nun ein dreidimensionales Objekt, etwa ein Würfel, von einer einzigen Lichtquelle her beleuchtet wird, kann man nicht mehr als drei Seiten auf einmal erhellen; die andern bleiben stets im Schatten. Eine glatte Fläche kann man dagegen voll ausleuchten. Wenn auf einer Fläche ein Schatten liegt, dann wird er entweder von irgendeinem Objekt geworfen, oder die Fläche ist nicht glatt, sondern gewölbt, gewellt usw., mit andern Worten, sie ist dreidimensional. Aus diesem Grunde verbinden wir gedanklich Schattenlosigkeit mit »Flachheit« und das Vorhandensein von Schatten mit Dreidimensionalität.

Daraus erklärt sich, daß die Art, wie der Fotograf Licht und Schatten behandelt, daß heißt, wie er die Beleuchtung einzusetzen weiß, für die Raumwirkung seiner Bilder von entscheidender Bedeutung ist.

Licht schafft »Stimmung« und »Atmosphäre«. Wir sprechen von der »Stimmung« einer Szene oder von der »Atmosphäre« eines Ortes und weisen damit gewöhnlich auf ihre Beleuchtung hin. Ein strahlend hell erleuchteter Ort hat eine andere »Atmosphäre« als ein Ort, der im Halbdunkel liegt. Ein gleichmäßig beleuchteter Raum, wie etwa ein Büro, hat eine an-

* Andreas Feininger: »Farb-Fotolehre«, Econ-Verlag, Düsseldorf, 474 Seiten, DM 25,–.

dere »Stimmung« als ein Raum, der spärlich von einer Anzahl vereinzelter Lämpchen erleuchtet wird, die von einer verhältnismäßig dunklen Zone umgeben sind, zum Beispiel ein Nachtlokal. Das Innere einer Fabrik, ein Wohnzimmer bei Tag, eine Kirche, eine Sportarena, ein Bulettenkeller – alle haben sie ihre typische »Atmosphäre« und »Stimmung«, die weitgehend durch den besonderen Charakter ihrer Beleuchtung erzeugt wird. Das gleiche gilt für Szenen im Freien. Eine Landschaft, die man bei hellem Sonnenschein sieht, hat eine ganz andere Stimmung als bei bedecktem Himmel, an einem nebeligen Morgen oder bei Sonnenuntergang, und auch diese Unterschiede ergeben sich vorwiegend aus Beleuchtungsunterschieden. Es genügt daher nicht, einfach die äußerlichen Erscheinungsformen eines Aufnahmeobjektes nach Perspektive, Struktur, Einzelheiten, Maßstab usw. festzuhalten, wir müssen uns auch bemühen, die »Empfindungen«, die es ausgelöst hat, seine »Stimmung« oder »Atmosphäre« (im psychologischen, nicht im meteorologischen Sinne) nachzuschaffen, wenn wir gehalt- und bedeutungsvolle Lichtbilder machen wollen, Bilder, die dem Betrachter unsere eigenen Eindrücke vermitteln können. Das sei vor allem denjenigen gesagt, die den Drang verspüren, sofort zum Blitzgerät zu greifen, sobald ein Schatten ein bißchen dunkel oder das Licht für eine Momentaufnahme zu schwach erscheint. Sie zerstören damit nicht nur die eigentümliche »Stimmung« des gerade herrschenden Lichtes, sondern auch ein wichtiges Merkmal des Motivs.

Licht schafft Muster und Komposition. Es ist durchaus zulässig, Gegenstand und Sinngehalt eines Lichtbildes vollkommen außer acht zu lassen und es einzig und allein als grafisches Schwarzweißmuster zu bewerten und zu genießen. Das ist sogar eine ausgezeichnete Übung für Fotografen, die die Hell-Dunkelverteilung und Komposition ihrer Bilder verbessern möchten.

Man darf nie vergessen, daß Licht und Schatten auf einer Fotografie mit Schwarz, Weiß und grauen Zwischentönen gleichbedeutend sind. Nun ist, psychologisch betrachtet, Weiß im großen und ganzen aggressiv und erzwingt Aufmerksamkeit, während Schwarz passiv ist, zurücktritt und ruhig wirkt. In der Regel wird ein Betrachter zuerst von den weißen Partien eines Bildes gefangengenommen. Andrerseits wird ein Bild gewöhnlich durch Schwarz zusammengehalten; die schwarzen Flächen verleihen ihm »Substanz« und »Gewicht«. Bilder mit betontem Weiß wirken hell, heiter und freundlich; wenn das Schwarze vorwiegt, versinnbildlicht sich darin Ernst, Drama oder Tragödie. Gleichmäßige Verteilung von Weiß und Schwarz macht ein Bild im allgemeinen monoton – was gelegentlich allerdings wünschenswert sein kann. Im Gegensatz dazu kann ein vorwiegend schwarzes Muster mit einigen wenigen, gut placierten weißen Akzenten oder ein vorwiegend weißes Muster mit einigen wenigen, gut placierten schwarzen Akzenten außerordentlich wirkungsvoll sein. Weiß wirkt besonders strahlend, wenn es von dichtem Schwarz umgeben ist; Schwarz sieht niemals schwärzer aus als inmitten von Weiß.

Ein Fotograf, der diese psychologischen Wirkungen des Lichtes in Betracht zieht, wird den grafischen Effekt seiner Bilder steigern können.
Aufnahmen, die diese und andere Eigenschaften des Lichts (und seiner negativen Form, des Schattens) verdeutlichen, findet man auf S. 188–223.

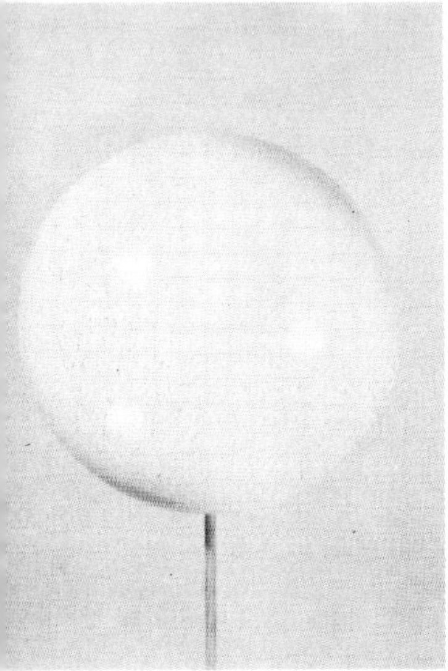

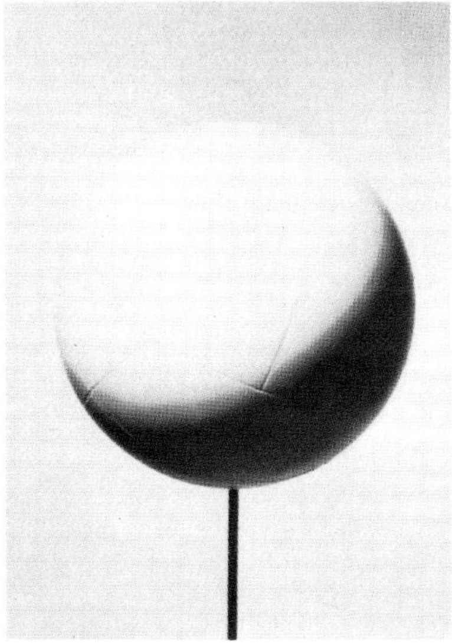

Licht schafft die Illusion des Raumes

Ein sehr überzeugendes Experiment, das die Bedeutung des Lichtes für die Raumwirkung eines Bildes verdeutlicht, kann man mit einer weißen Kugel, einem weißen Hintergrund und zwei oder drei Lampen anstellen. Man kann ein zwei- oder dreidimensional wirkendes Bild zustande bringen und die Kugel dunkel vor hellem Hintergrund oder hell vor dunklem Hintergrund erscheinen lassen, indem man lediglich Stellung und Stärke der Lampen verändert, wie das auf den dazugehörigen Fotos gezeigt wird.

1. Man beleuchtet Kugel und Hintergrund gleichmäßig mit schattenlosem Vorderlicht, so daß beide weiß aussehen. Bei dieser Beleuchtung geht die Unterscheidung verloren; Kugel und Hintergrund gehen ineinander über, und das Bild wirkt flach.

2. Man verschiebt das Hauptlicht nach oben und links. Dann liegt der rechte untere Teil der Kugel im Schatten, und das Bild beginnt »räumlich« zu wirken.

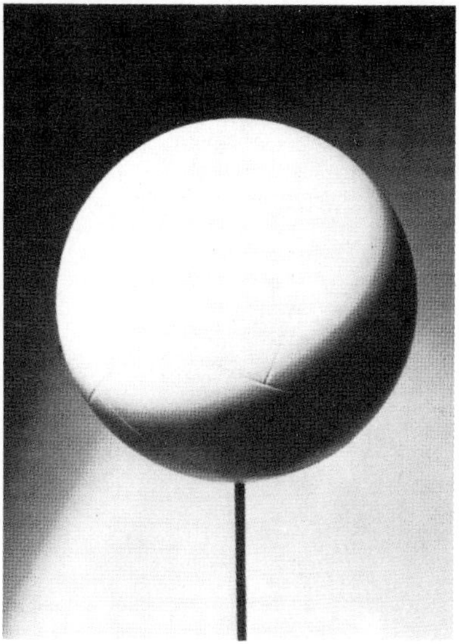

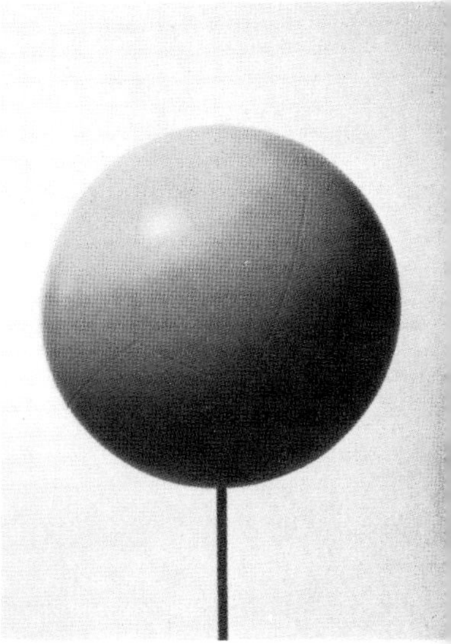

3. Man baut die Hintergrundbeleuchtung so auf, daß der Hintergrund ungleichmäßig erhellt wird wie im dritten Bild oben. Dadurch erzielt man eine vorzügliche Trennung von Kugel und Hintergrund, und die Kugel scheint frei im Raum zu schweben.

4. Man dämpft das Hauptlicht im Vergleich zum Hintergrundlicht wie auf dem Bilde oben rechts. Nun hat man eine dunkle Kugel vor einem weißen Hintergrund.

5. Jetzt kehrt man die Lichtstärke der beiden Lampen um, wie auf dem Bild unten rechts, mit dem Ergebnis, daß eine helle Kugel vor dunklem Hintergrund steht.

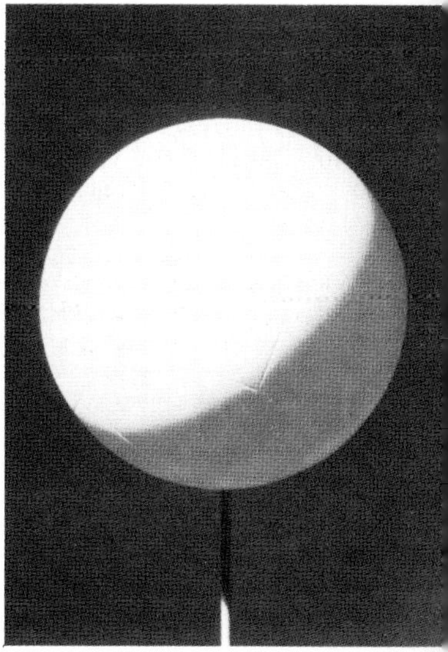

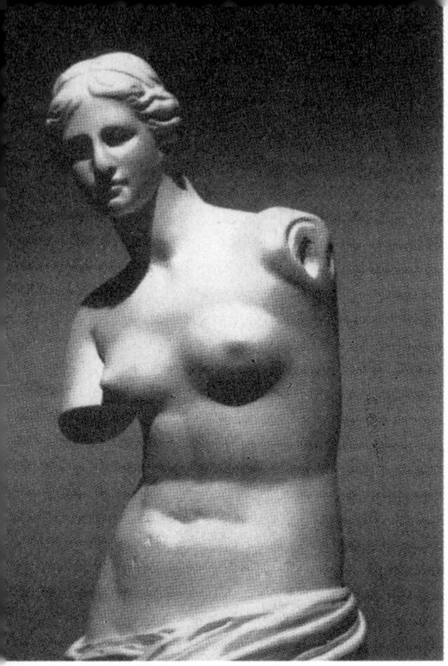

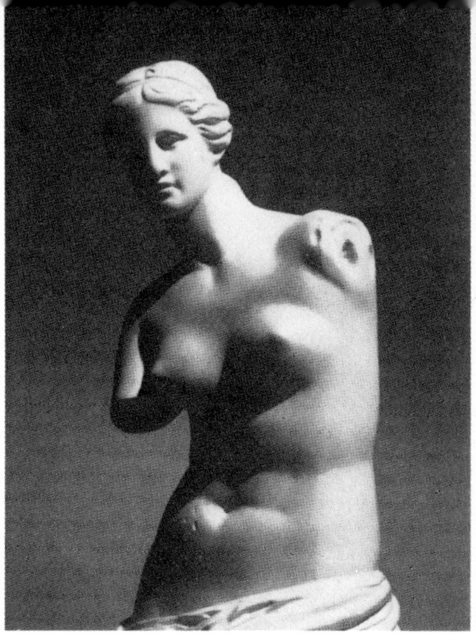

Licht und die Bedeutung des Schattens

Der Schatten bestimmt den Raumeindruck eines Bildes vielleicht noch stärker als die beleuchteten Teile des Motivs. Einfluß und Bedeutung der Schatten kann man sehr gut untersuchen, wenn man eine Skulptur auf verschiedene Weise mit einer einzigen, grellen Lampe anleuchtet, die scharf gezeichnete Schatten wirft. Bei dieser Übung kommt es darauf an, daß man lernt, wie man seine Lampen verteilen muß, damit die entstehenden Schatten die räumlichen Merkmale eines Motivs organisch betonen und gleichzeitig grafisch interessante Schwarzweiß-Muster bilden.

Die Bilder auf dieser Doppelseite zeigen sechs verschiedene Variationen einer solchen Übung. Sie sind der erste Schritt zu »vollendeten Fotos«, die jedes für sich eine interessante Darstellung des Objekts sind und nur noch der Schattenaufhellung bedürften, auf die hier aus Gründen der Klarheit verzichtet wurde.

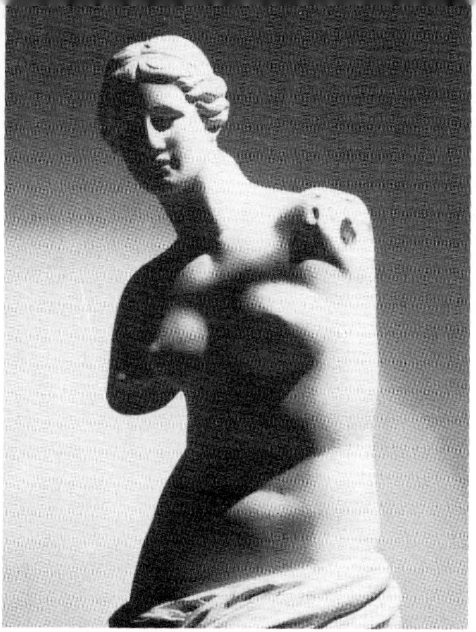
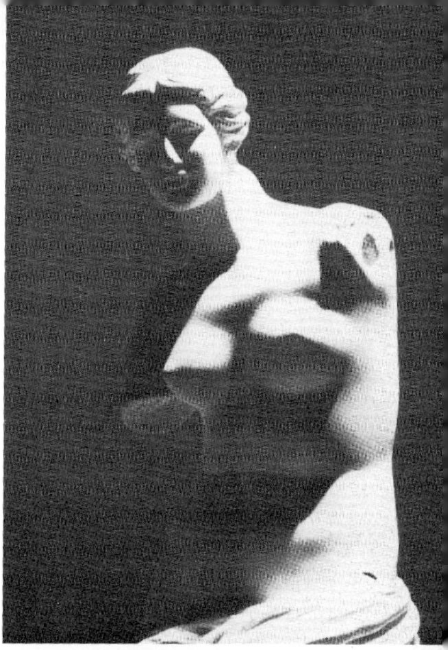
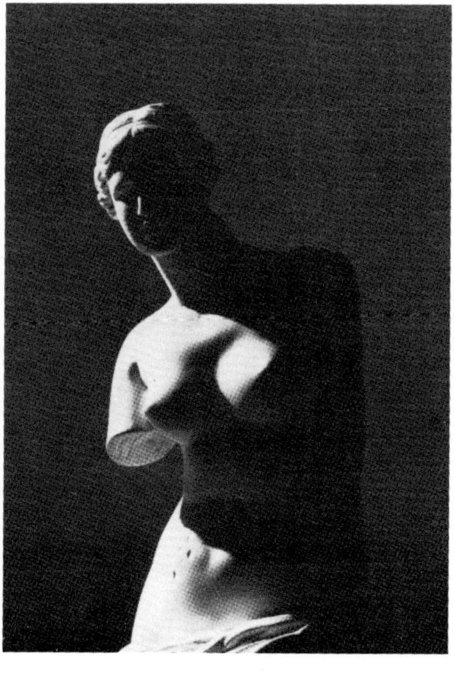
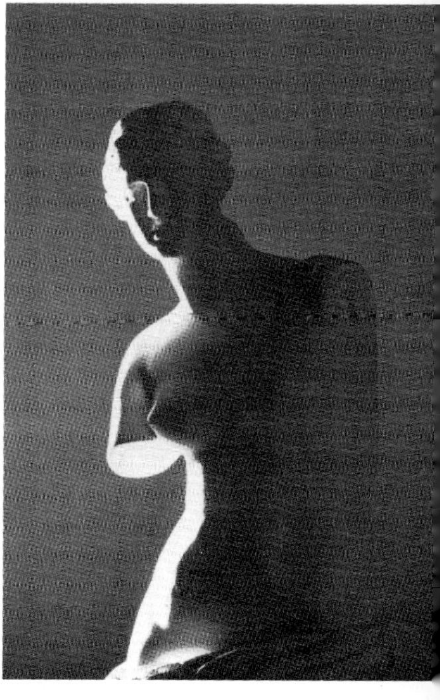

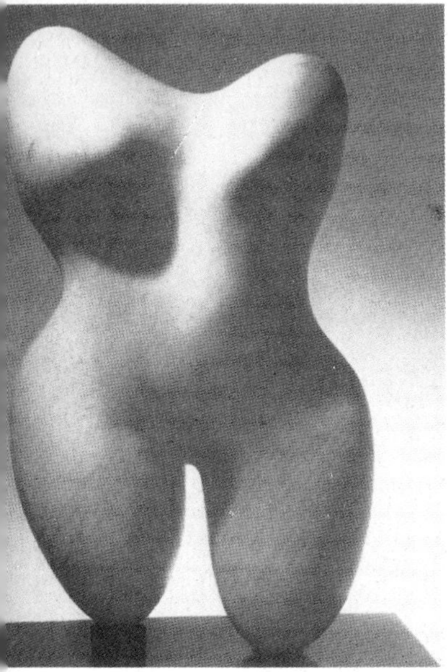

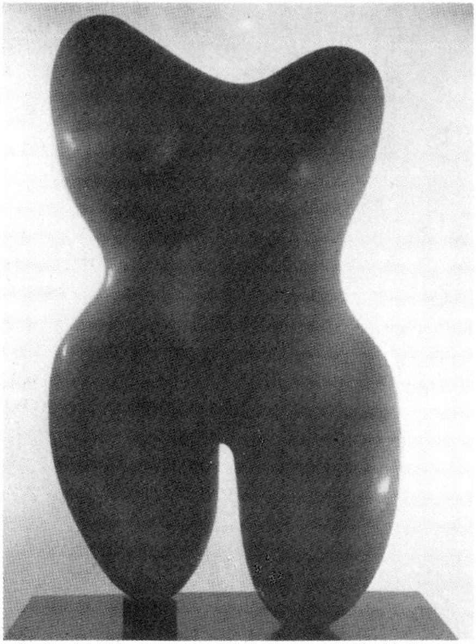

Licht und die Bedeutung des Schattens

Zwei fotografische Fassungen einer Skulptur von Alberto Viani (oben) werden hier als Beispiele für die Anwendung der auf S. 188–191 dargelegten Beleuchtungsgrundsätze gezeigt. Keine ist »besser« als die andere, sie sind lediglich verschieden. An ihren Unterschieden erkennt man das Ausmaß grafischer Ausdrucksmöglichkeiten, die jedem Fotografen zu Gebote stehen.

Wie wichtig der Schatten für die Raumwirkung eines Fotos sein kann, zeigt die Bilderreihe rechts, bei der ein und dieselbe Form stets aus derselben Richtung aufgenommen wurde. Die Form, die in Wirklichkeit konkav ist, wie man auf dem dritten Bilde sieht, erscheint je nach Lage des Schattens, das heißt nach der Richtung, aus der das Licht einfällt, konvex (oben) oder konkav.

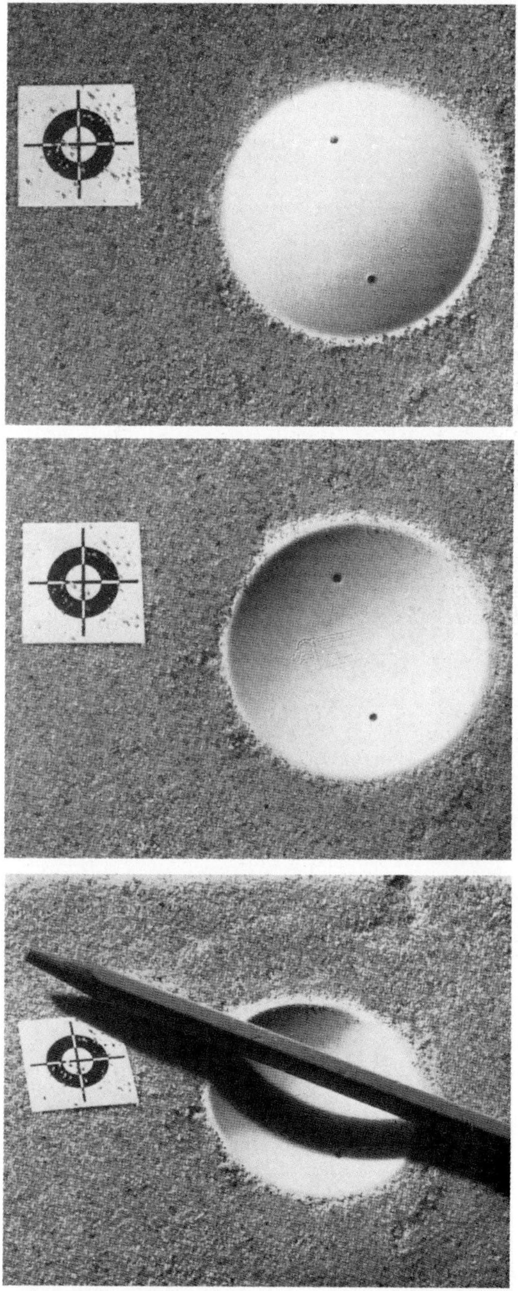

Die Schattenrichtung beeinflußt besonders die Erscheinung aller plastischen Objekte (Medaillen, Münzen, Flachreliefs) und sogar bestimmter Luftbildaufnahmen, die, wenn sie bei schräg einfallendem Licht gemacht wurden, je nach der Richtung des Lichtes die Erhöhungen als Vertiefungen zeigen und umgekehrt.

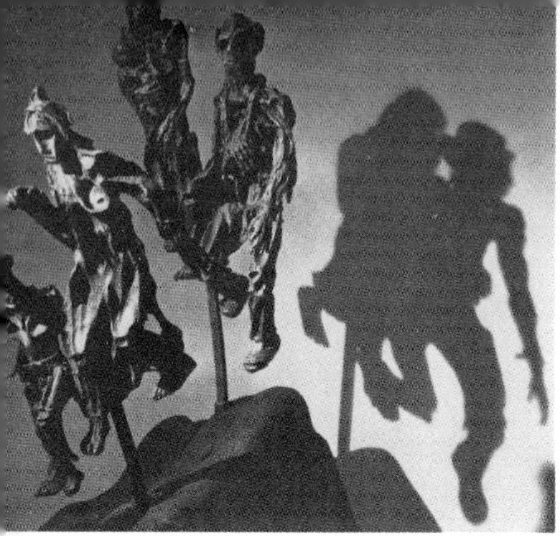

Licht und die Bedeutung des Schattens: Die drei Funktionen des Schattens

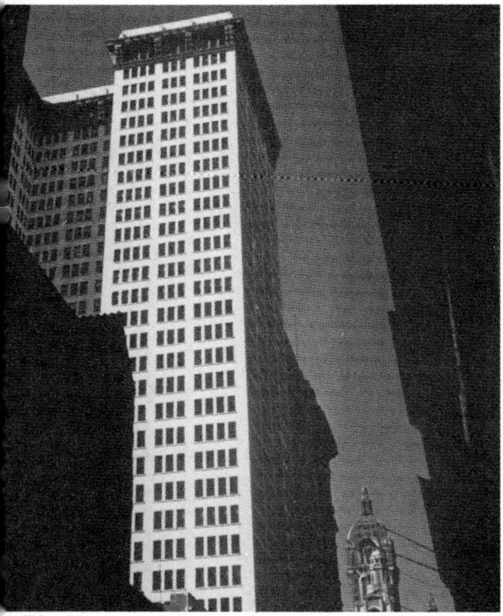

Ein Schatten kann auf einer Fotografie drei Aufgaben haben.

Er kann erstens Dunkelheit darstellen; dann ist er ein Teil des Schwarzweiß-Musters, wie auf dem Bilde links unten.

Zweitens kann er ein grafisches Mittel sein, mit dem die Illusion von Rundung, Volumen oder Raum erzeugt wird, wie in dem reizenden Bild von Erwin Blumenfeld auf der Gegenseite.

Drittens kann Schatten ein selbständiges Bildelement sein, wie auf dem Foto der Skulptur oben links, wo der Schatten durch eine grotesk verzerrte Wiederholung die tragischen Gestalten der vor den Greueln des Krieges flüchtenden Menschen noch betont.

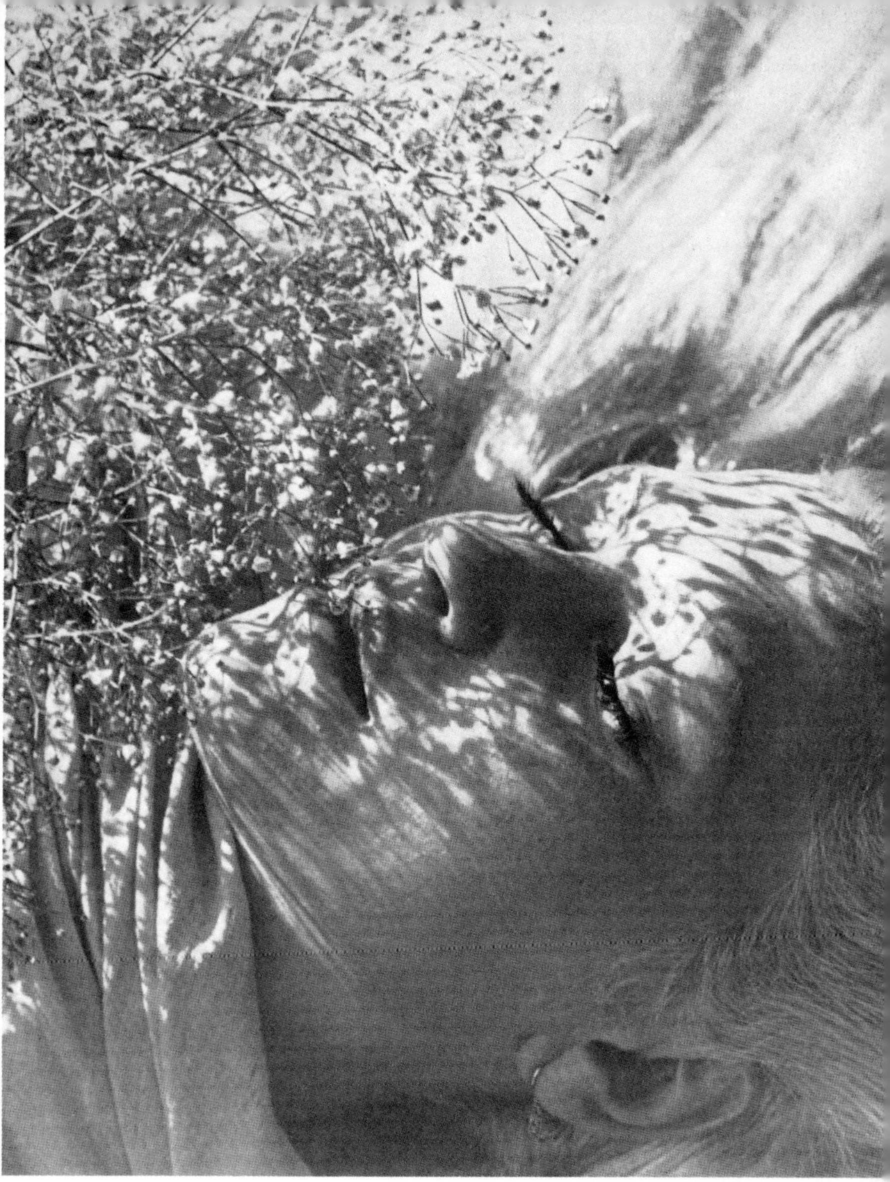

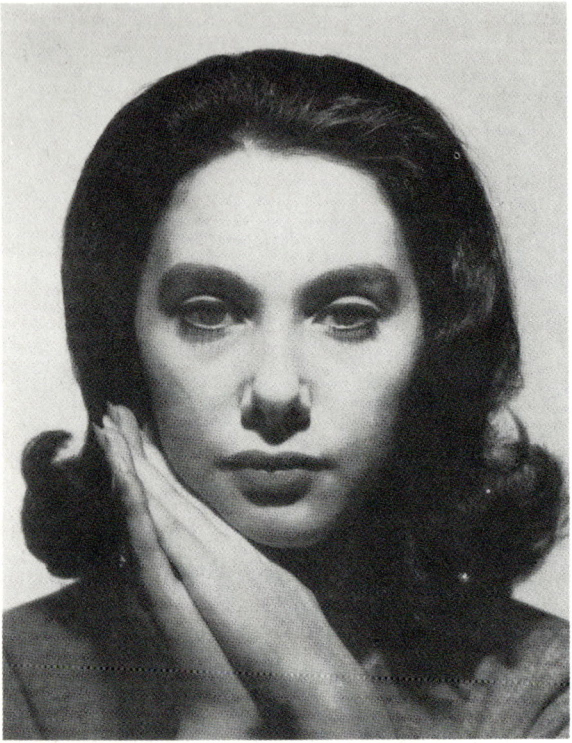

Licht verschiedener Art

Für den Fotografen sind die beiden wichtigsten Arten von Licht direktes und indirektes Licht. Direktes Licht strahlen Sonne, Glühlampen, Kolben- und Röhrenblitze aus. Indirektes Licht ist entweder reflektiertes Licht (zum Beispiel Licht von einem Deckenstrahler) oder stark zerstreutes Licht, wie es von einem gleichmäßig bedeckten Himmel kommt. Direktes Licht wirft starke, schwarze, scharf umrissene Schatten, die um so härter sind, je punktähnlicher die Lichtquelle ist. Zum Beispiel gibt die Birne einer Fotolampe ohne Reflektor einen schärferen Schatten als mit Reflektor, und ein kleiner Reflektor gibt schärfere Schatten als ein großer. Indirektes Licht

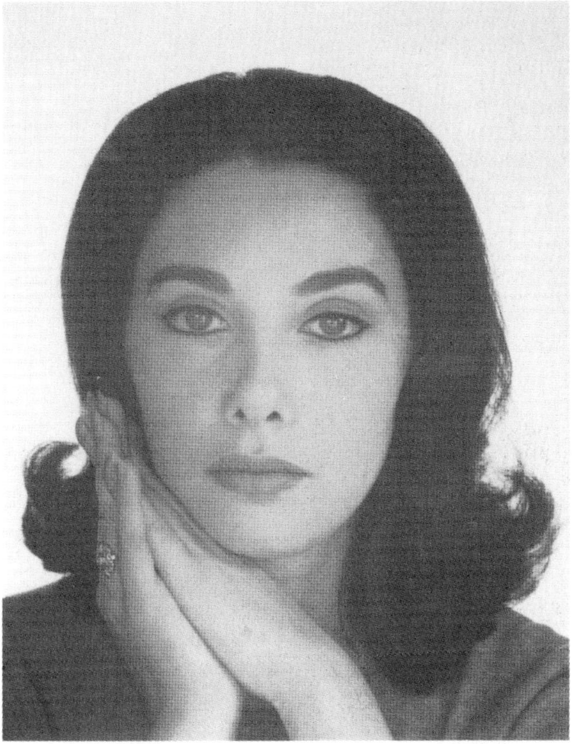

wirft, je nach dem Grad seiner Zerstreuung, entweder schwache und undeutlich abgegrenzte Schatten oder gar keine. Die Fotos zeigen die extremen Wirkungen von direktem und indirektem Licht. Das linke Bild (mit kräftigen Schatten) wurde mit einem Spot beleuchtet, das rechte Bild (schattenloses Licht) mit Licht, das von einem großen weißen Brett reflektiert wurde. Man kann natürlich jede zwischen diesen beiden Extremen liegende Art der Beleuchtung wählen, um den Erfordernissen des Motivs und den Ansprüchen des Kameraobjekts zu entsprechen, indem man verschiedene Arten von Lampen verwendet und notfalls die Schatten aufhellt.

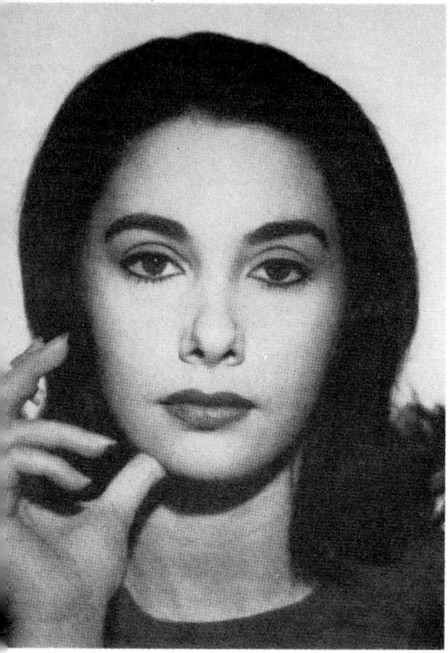

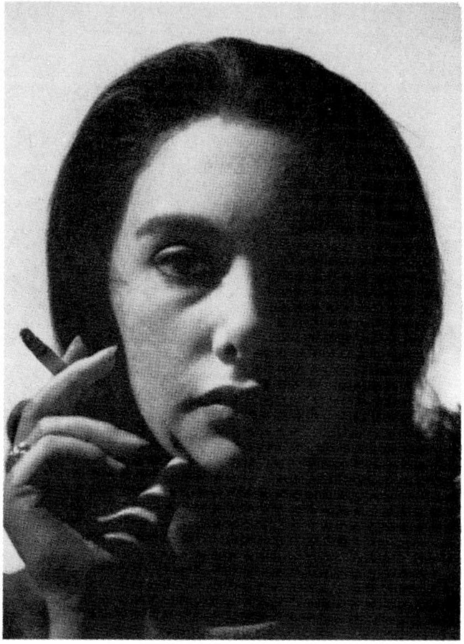

Licht aus verschiedenen Richtungen. *Obere Reihe:* Vorderlicht – 90 Grad Seitenlicht – 45 Grad Seitenlicht – dreiviertel Seiten- und Oberlicht. *Untere Reihe:* Gegenlicht – Oberlicht – Kombination von Ober- und Vorderlicht – Licht von unten. Vom Vorderlicht und der Verbindung von Ober- und Vorderlicht abgesehen, wird normalerweise keine dieser Beleuchtungsarten in der Porträtfotografie verwendet.

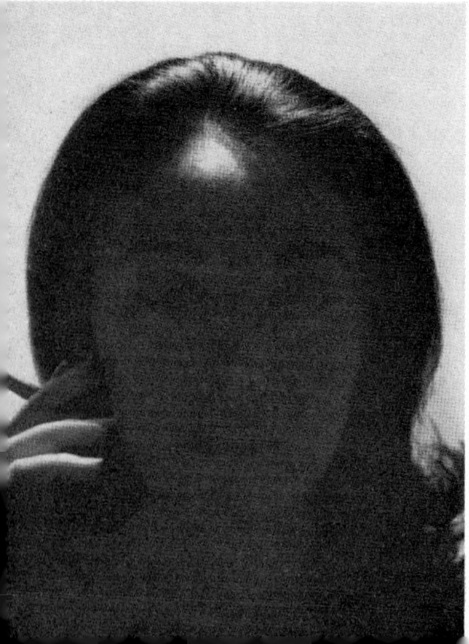

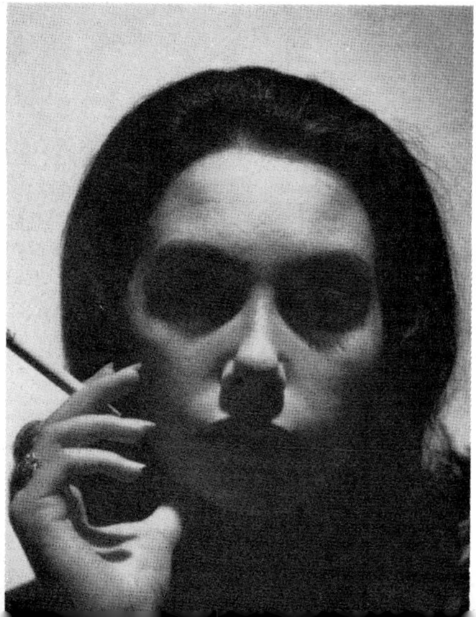

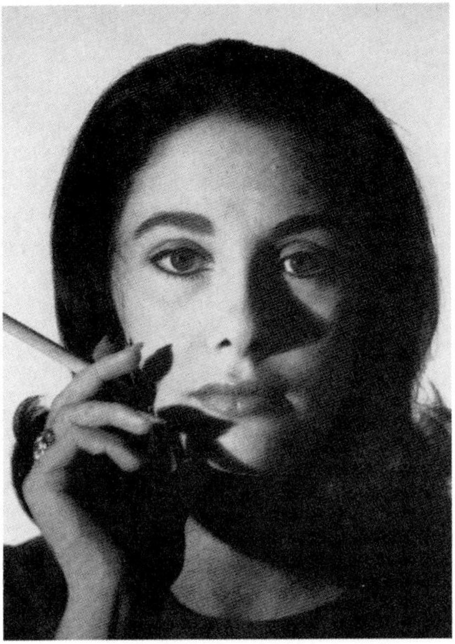
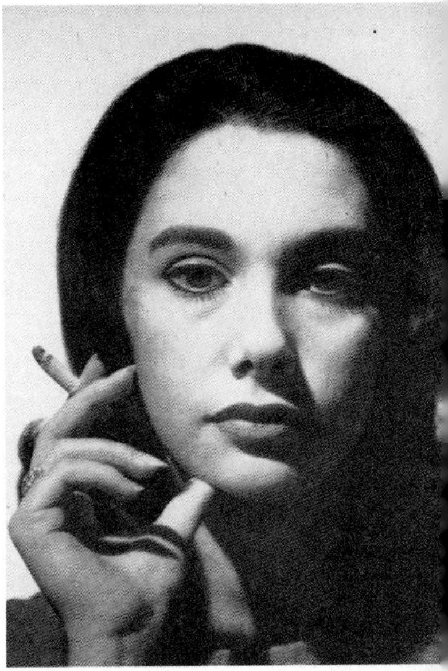

Wenn man sich diese Reihen aber genau ansieht und besonders auf die Schatten um die Augen und unter der Nase, den Lippen und dem Kinn achtet, kann man daraus Hinweise auf die richtige Stellung des Hauptlichtes bei Porträtaufnahmen bekommen und gleichzeitig lernen, was man vermeiden muß.

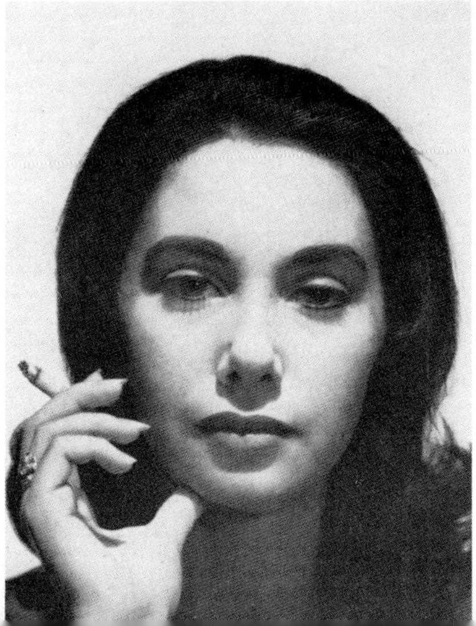
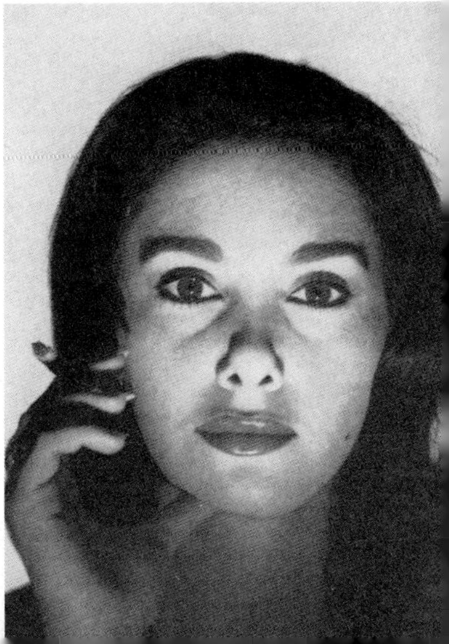

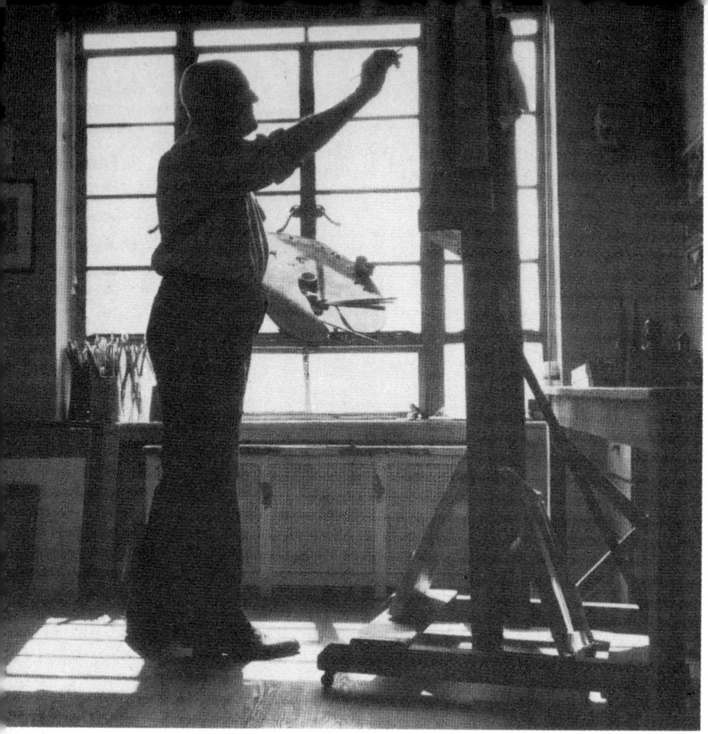

Die Behandlung des Lichts: Gegenlicht und Silhouette

Bei reinem Gegenlicht, also Licht, das aus der der Kamera entgegengesetzten Richtung einfällt, liegt die dem Objektiv zugewandte Seite des Motivs im Schatten, und es wird eine Silhouettenwirkung erzielt. Die Silhouette ist eine der stärksten grafischen Ausdrucksformen, vorausgesetzt, daß ihr Umriß interessant und für das Motiv charakteristisch ist. Die Aufnahme rechts zeigt eine Ecke eines im Dock liegenden Flugzeugträgers als reine Silhouette. Das Bild oben zeigt als Halbsilhouette, die in gewissem Umfange noch Einzelheiten erkennen läßt, den Maler Lyonel Feininger bei der Arbeit. Durch entsprechende Belichtung, Negativentwicklung, Härtegrad des Papiers und, wenn die Umstände es erfordern sollten, zusätzliche Beleuchtung zur Aufhellung der Schatten hat es der Fotograf vollkommen in der Hand, rein schwarz-weiße Silhouetten oder mehr oder weniger durchgezeichnete Bilder zu erzielen.

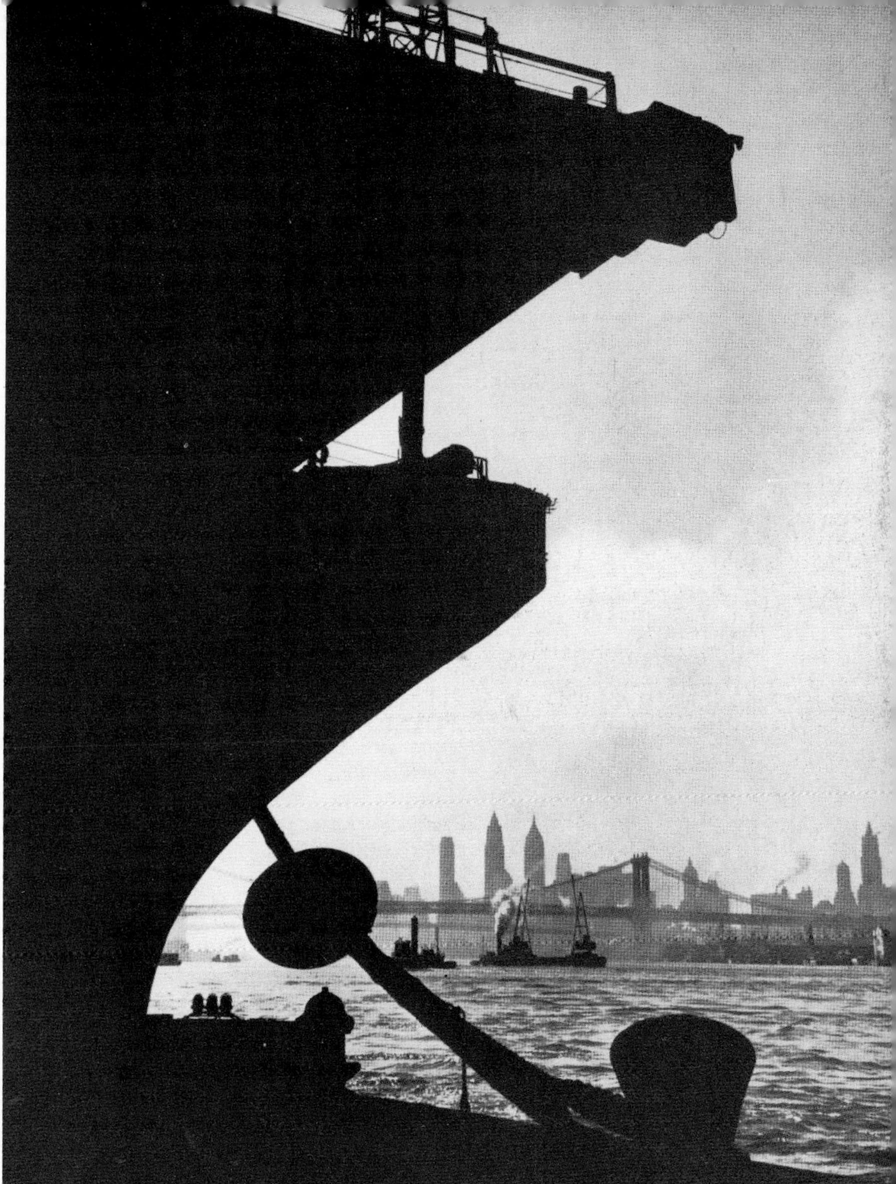

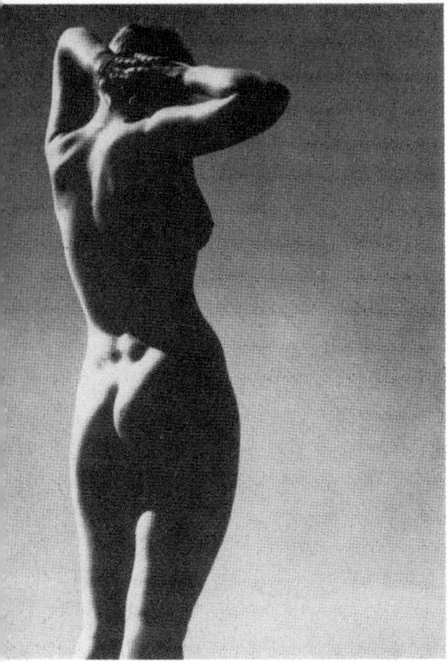

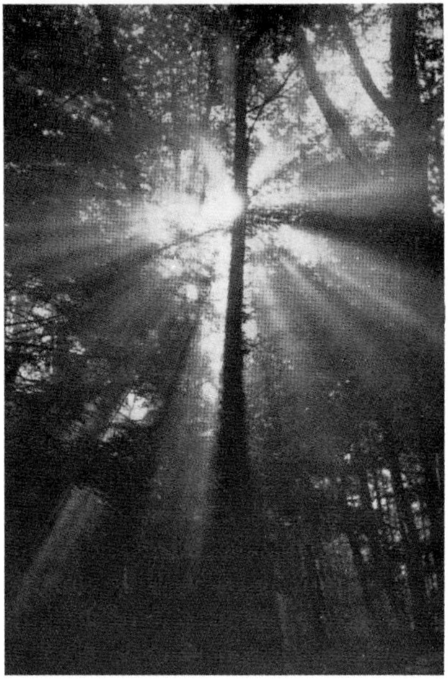

Die Behandlung des Lichts: Gegenlicht. Gegenlicht ist die fotogenste Beleuchtungsart, weil sie die Versinnbildlichung des Raumes erleichtert, indem sie Perspektive schaffende Schatten in Richtung auf die Kamera wirft. Sie verstärkt den Eindruck der Tiefe, weil sie in gestaffelten Abständen von der Kamera befindliche Objekte mit einem strahlenkranzähnlichen Licht umgibt (und sie auf diese Weise voneinander

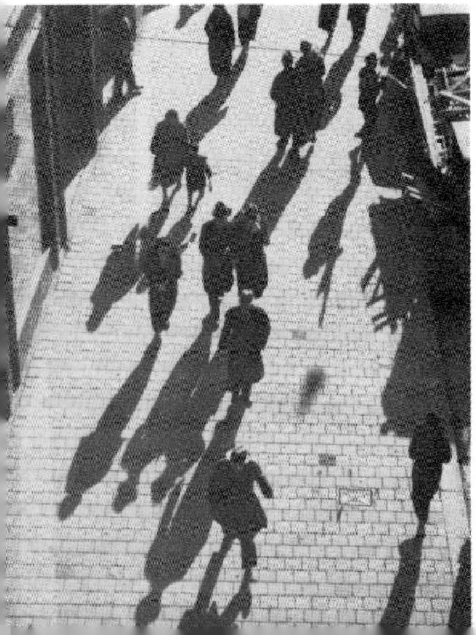

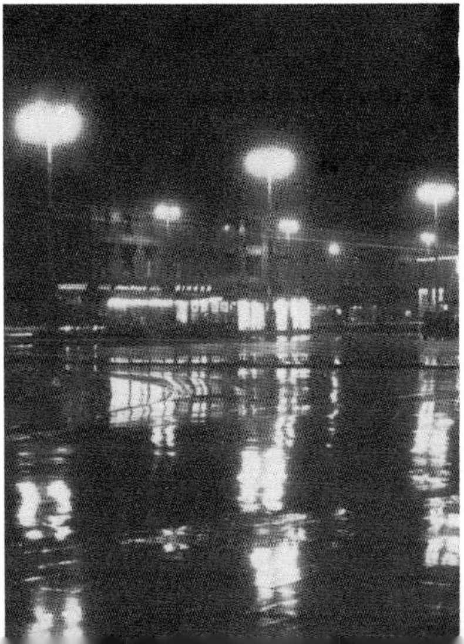

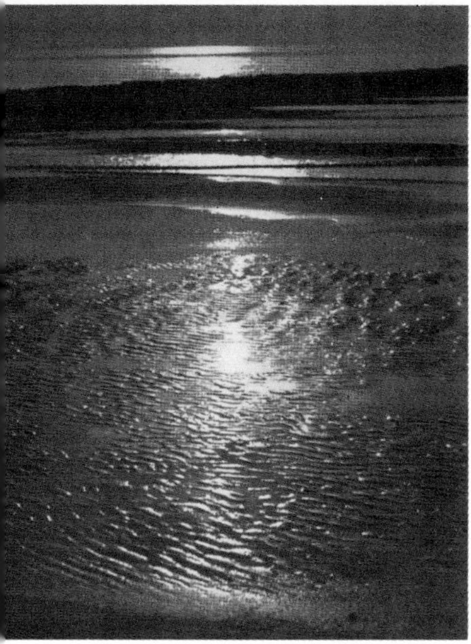

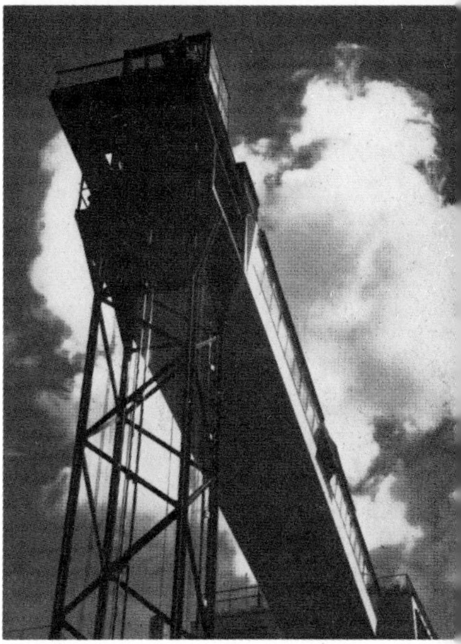

trennt). Gegenlicht betont außerdem den starken, grafischen Kontrast von Licht und Schatten, erleichtert die Wiedergabe der Oberflächenstruktur, setzt glitzernde Lichtreflexe als Akzente auf glänzende Objekte und verstärkt durch Vereinfachung der Tonalität die grafische Wirkung eines Bildes.

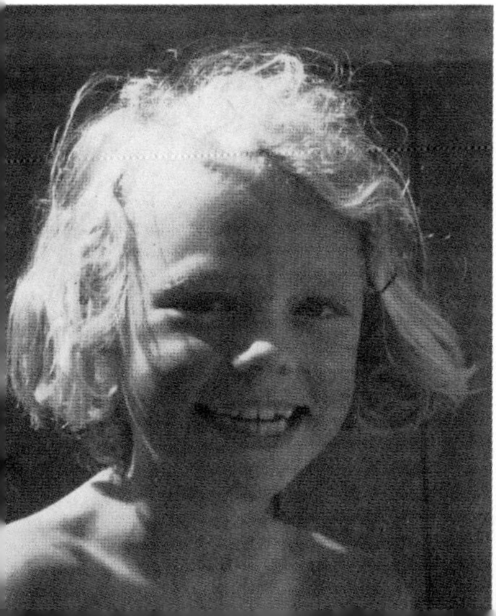

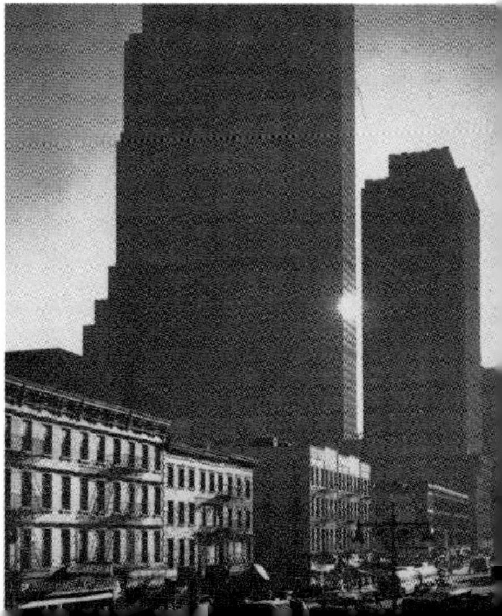

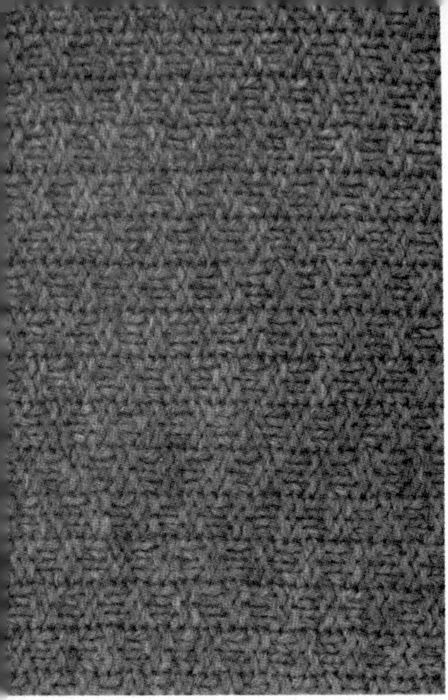

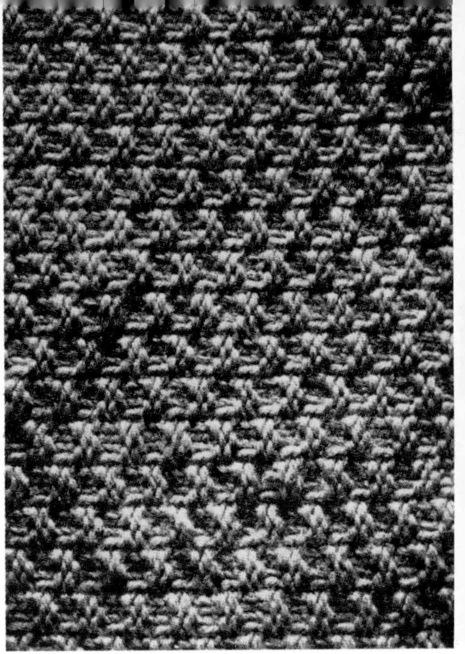

Grundsätze für die Wiedergabe der Oberflächenstruktur

Die gute fotografische Wiedergabe der Oberflächenstruktur hängt von der Wechselbeziehung zweier Faktoren ab: Schärfe und Kontrast. Ein unscharfes, aber kontrastreiches Bild zeigt ebensowenig von der Beschaffenheit der Oberfläche wie ein scharfes, aber flaches Bild. Das beweisen die beiden Aufnahmen oben: Auf dem Bilde links sieht man zwar das Muster, aber die durch Vorderlicht verursachte völlige Schattenlosigkeit gibt kein Gefühl der Oberflächenstruktur. Dagegen kann man auf dem Bilde rechts, das unter denselben Bedingungen aufgenommen wurde, wobei das Gewebe allerdings direktes Seitenlicht mit tiefen, deutlich gezeichneten Schatten erhielt, die rauhe Oberfläche des Materials beinahe fühlen.

Gegenseite: Sanddünen im »Todestal« in Kalifornien. Dieses Bild wurde innerhalb einer halben Stunde nach Sonnenaufgang aufgenommen, als das niedrig und schräg einfallende Licht dazu verwendet werden konnte, ihre Struktur gut im Bilde herauszubringen. Später erscheinen diese Dünen als ein einziges, blendendes, uninteressantes Weiß. Die Riffelung des Sandes, die ihnen Struktur gibt, ertrinkt in Fluten ungebändigten, schattenlosen Lichtes.

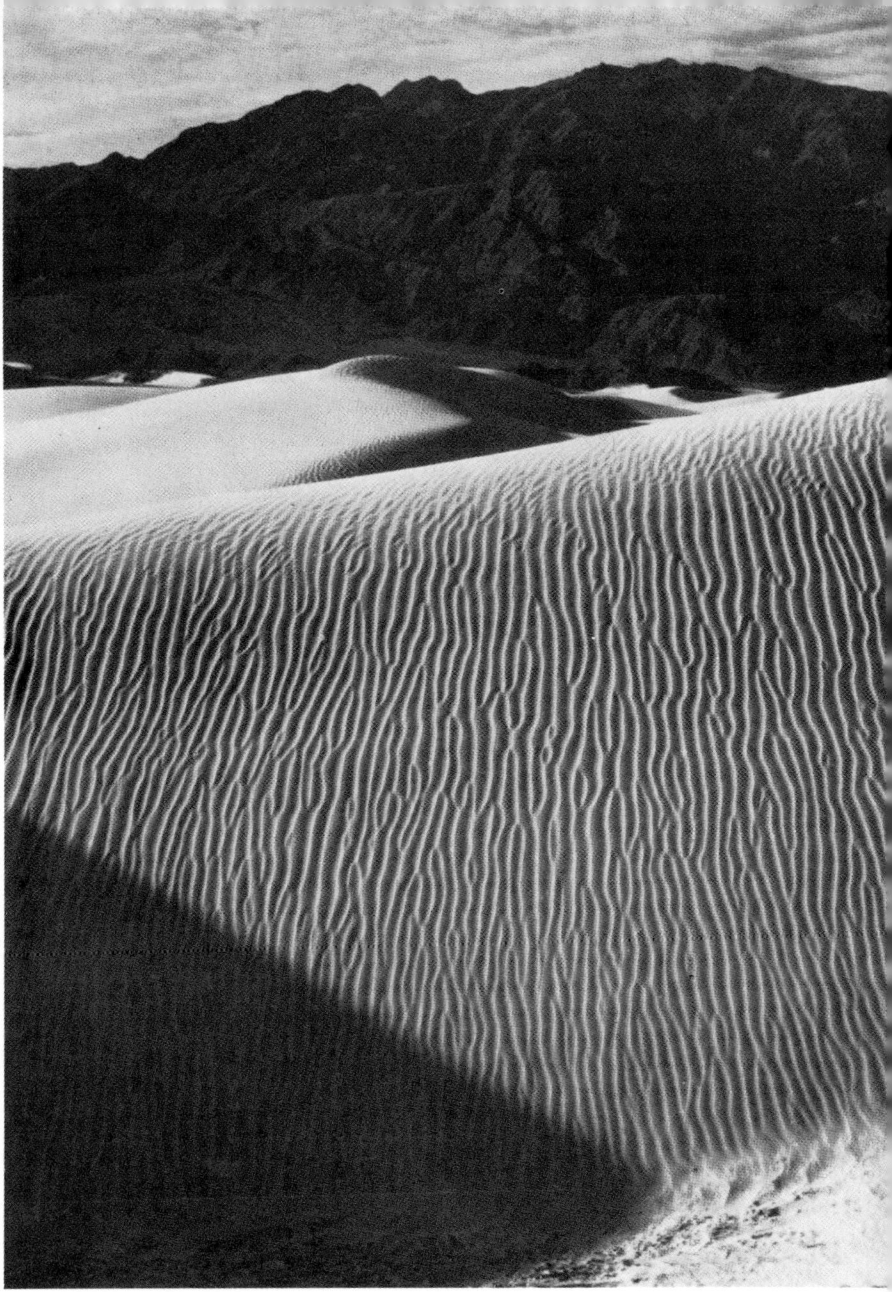

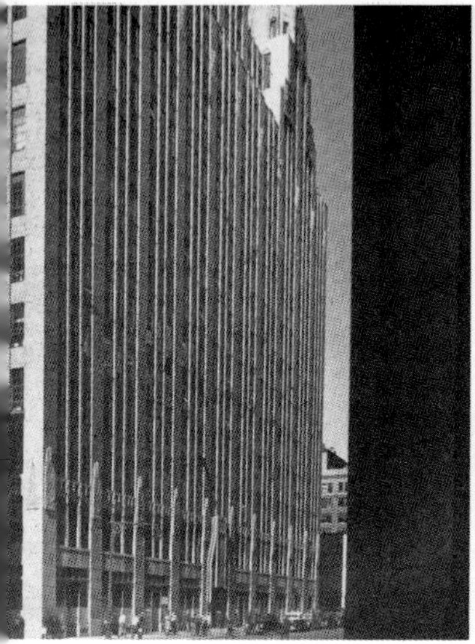

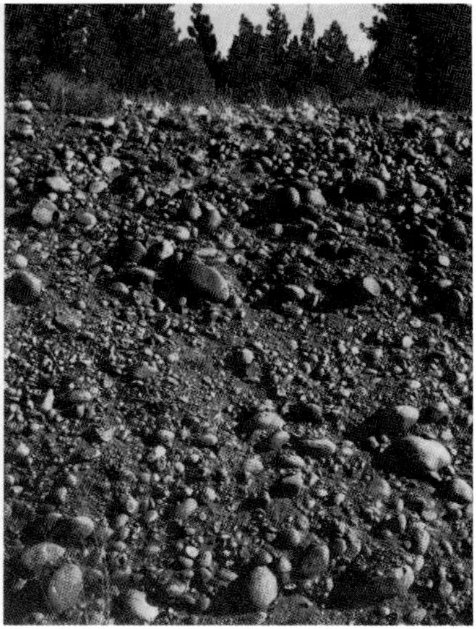

Die Behandlung des Lichtes: Beispiele für die Wiedergabe der Oberflächenstruktur. Wenn die Oberflächenstruktur nicht klar herauskommt, kann man bei einer Fotografie oft eine Wasserfläche nicht von einer Wiese, Sand nicht von Schnee, Gewebe nicht von Holz oder Stein unterscheiden. Durch mangelnde Oberflächenstruktur wirkt ein Bild leicht leblos und langweilig. Andrerseits gibt eine scharfe, saubere Ab-

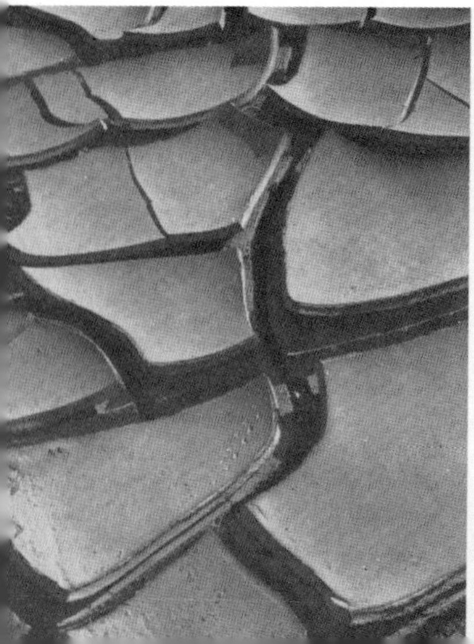

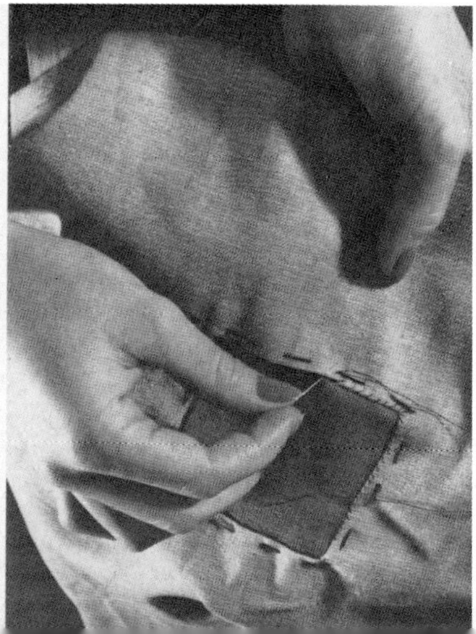

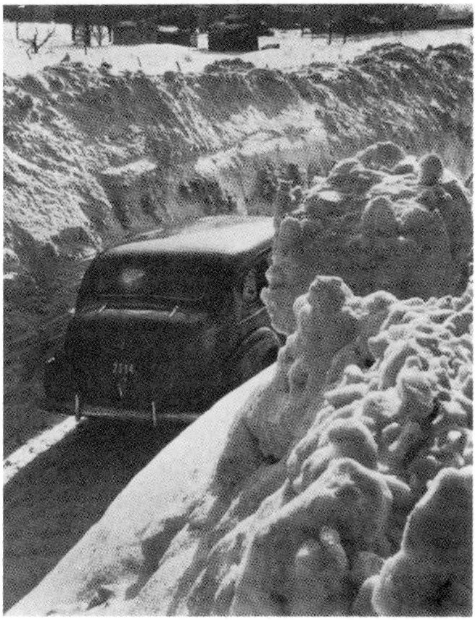

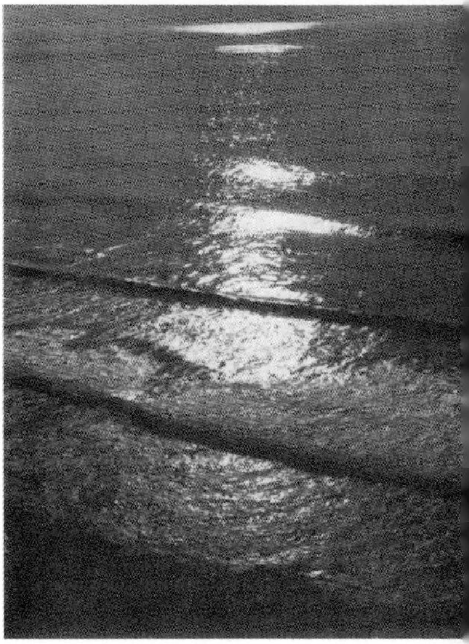

bildung der Oberflächenstruktur einem Bilde Glanz und »Leben«. Die Aufnahmen zeigen, wie man durch Verbindung von flach und schräg einfallendem Seitenlicht oder Gegenlicht (Wasser!) und Schärfenzeichnung die Oberflächenstruktur herausbringen und das Material fast greifbar erscheinen lassen kann.

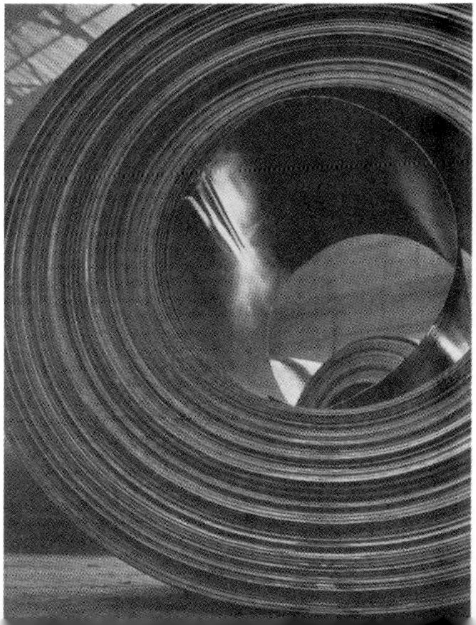

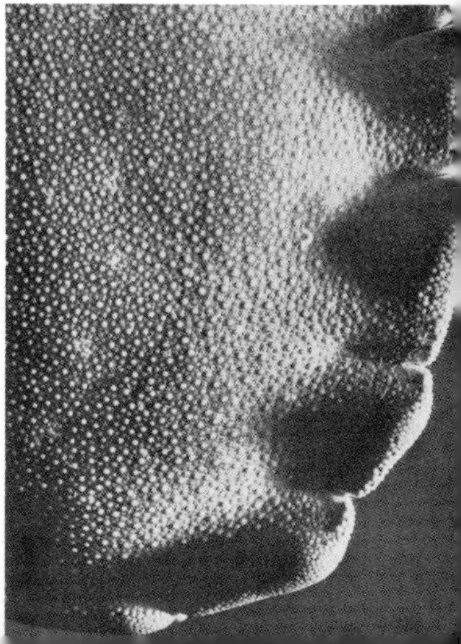

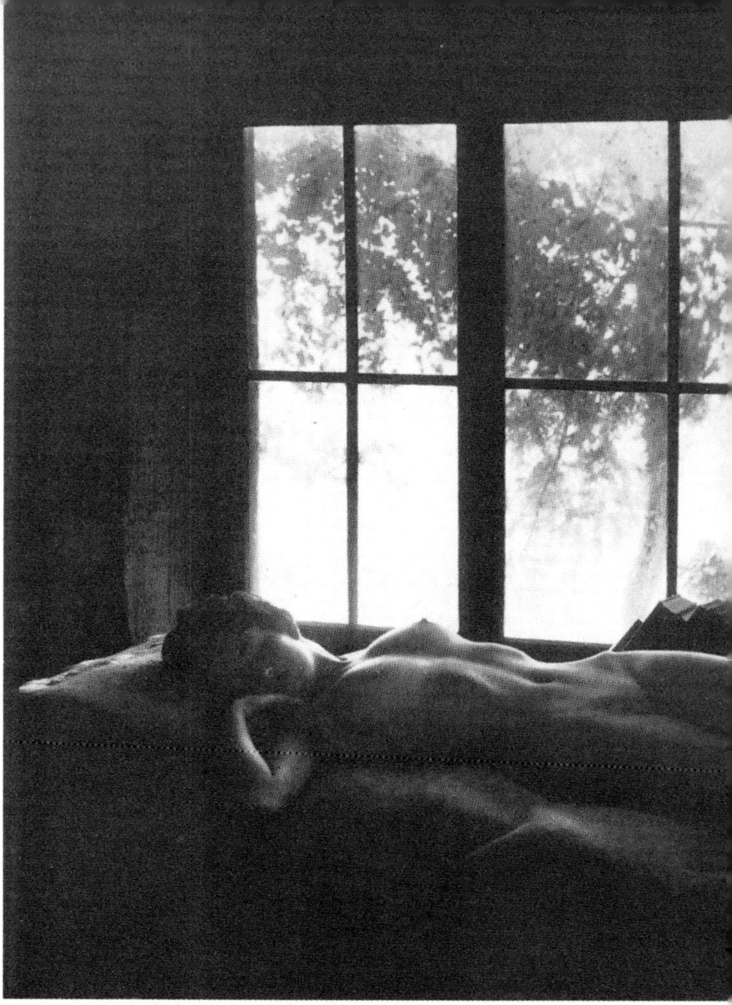

Die Behandlung des Lichts: Vorhandenes Licht

Immer mehr Fotografen kommen allmählich dahinter, daß der Charakter der Beleuchtung für die Wiedergabe der Stimmung oder »Empfindung« eines Motivs entscheidend wichtig ist. Infolgedessen werden auch immer mehr Bilder, für die man

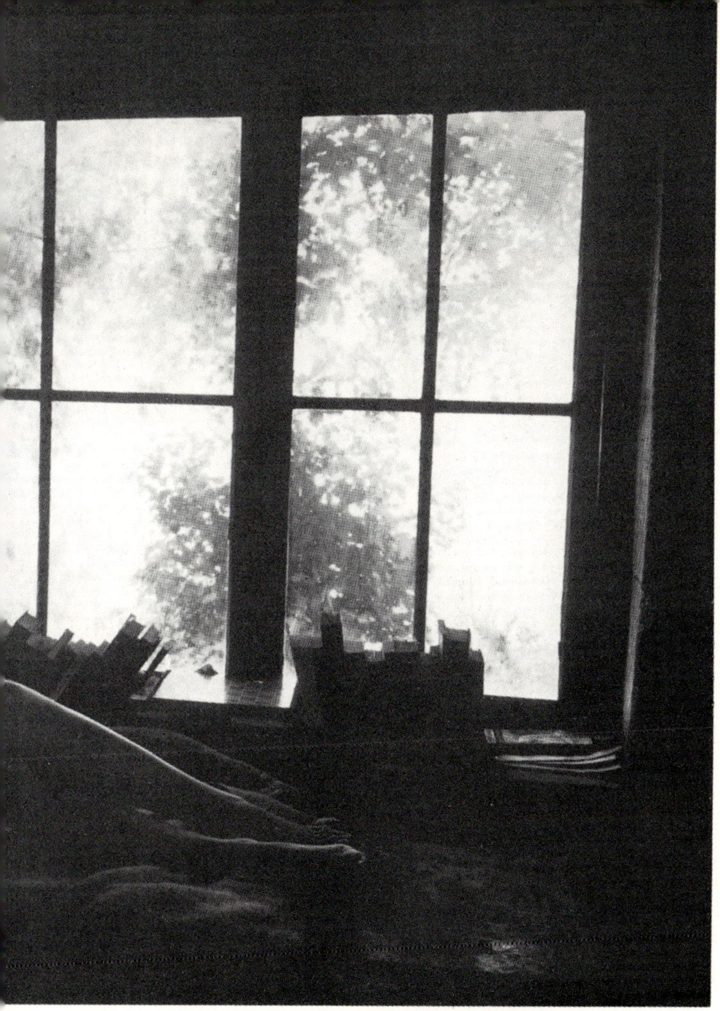

früher eine zusätzliche Beleuchtung verwendet hätte, heute bei »vorhandenem Licht« aufgenommen, dem Licht, das im Augenblick der Aufnahme herrschte und vom Fotografen in keiner Weise beeinflußt wurde. Diese Aufnahme von Wynn Bullock ist ein außergewöhnlich schönes Beispiel dafür, was ein feinfühliger, begabter Fotograf mit »vorhandenem Licht« machen kann.

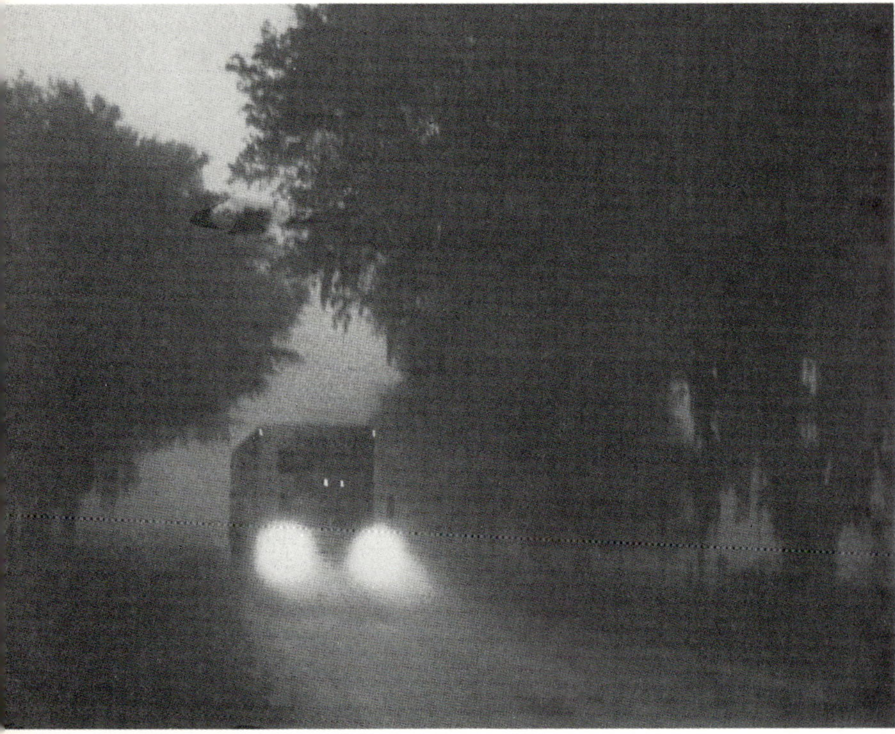

Behandlung des Lichts: Vorhandenes Licht

Mit Hilfe lichtstarker Objektive und hochempfindlicher Filme kann man heute fast bei jeder Art von Licht Aufnahmen machen, auch wenn es noch so schwach ist. Die Bilder auf dieser Doppelseite zeigen, wie man selbst ungewöhnliche »vorhandene« Lichtquellen zur Kennzeichnung einer »Atmosphäre« oder »Stimmung« verwenden kann, um »außergewöhnliche« Aufnahmen zu machen.

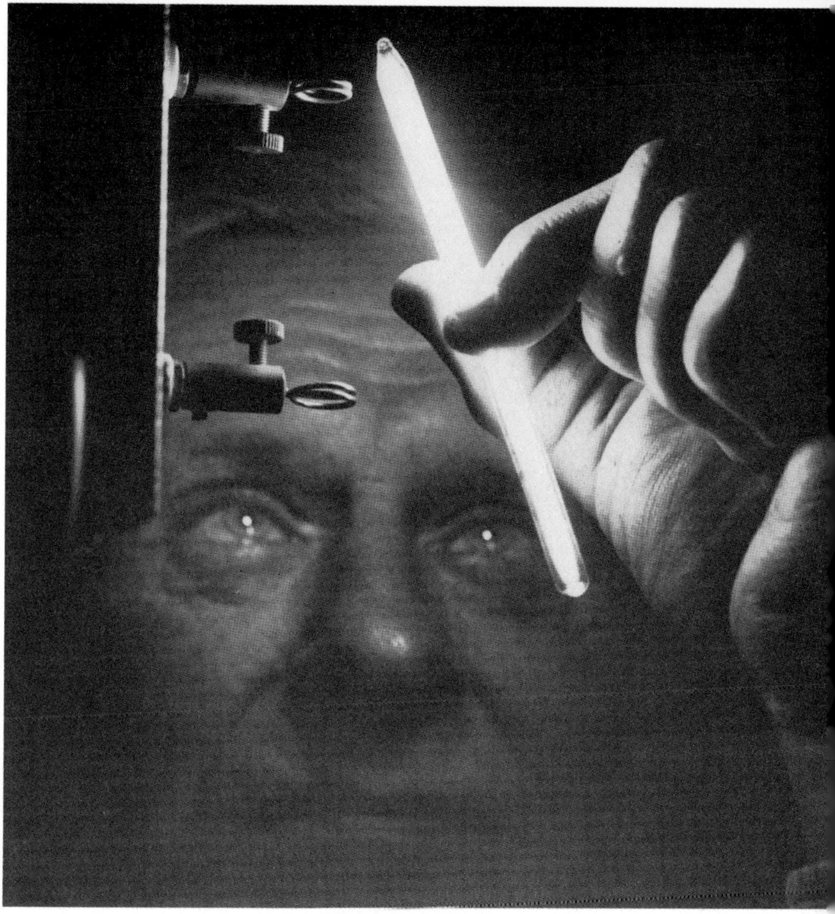

Links: »Morgenstimmung in Florida« von Guy Gillette fängt sehr effektvoll die unheimliche Stimmung einer von Bäumen gesäumten Landstraße im Morgengrauen ein. *Rechts:* Ein Physiker, der im Licht fotografiert wurde, das eine mit ionisiertem Gas gefüllte Röhre ausstrahlt. Der Erregerstrom ging von dem in der linken Bildecke sichtbaren Kurzwellengenerator aus.

Wer nicht den Mut aufbringt, Motive bei solchem oder ähnlichem gerade noch ausreichendem Licht zu fotografieren, dem entgehen oft ungewöhnliche Bilder.

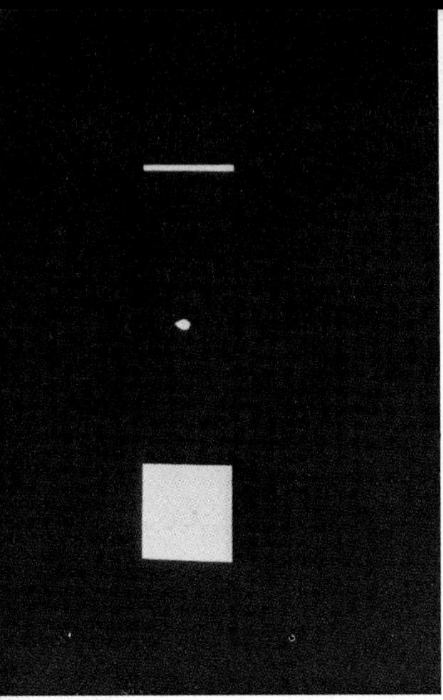

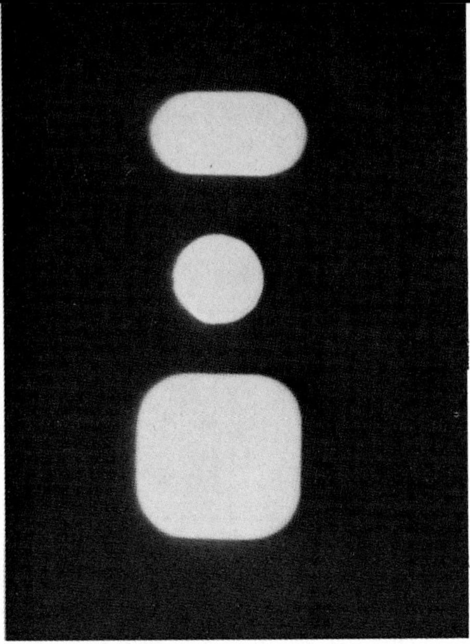

Die Strahlung direkten Lichtes: Der Kreis

Die Menschen reagieren auf strahlendes (direktes) und reflektiertes (indirektes) Licht ganz verschieden, aber auf einer Fotografie erscheinen beide Arten von Licht gleich. Genau wie Tiefe oder Bewegung kann das Bild die Strahlung direkten Lichtes nur in symbolischer Form wiedergeben.

Zum Glück gibt es verschiedene grafische Symbole, die sofort den Eindruck strahlenden direkten Lichtes vermitteln. Das bekannteste ist der funkelnde, glitzernde Stern. Ein weiteres Symbol ist der Lichthof, ein drittes der sanft glühende Kreis, den man mit bestimmten Arten Kugellampen oder dem Vollmond in Verbindung bringt. Jedes kann durch fotografische Mittel, wie sie auf dieser und den folgenden Seiten gezeigt werden, reproduziert werden.

Um diese Symbole zu untersuchen, schneidet man aus Pappe eine Schablone aus, ähnlich wie man sie hier oben links sieht. Hinter den Schlitz und das Quadrat klebt man ein Stück Seidenpapier als Streuscheibe; das kleine Loch in der Mitte läßt man unbedeckt. Dann stellt man eine Lampe hinter die Schablone und fotografiert sie entsprechend den Anweisungen auf den folgenden Seiten.

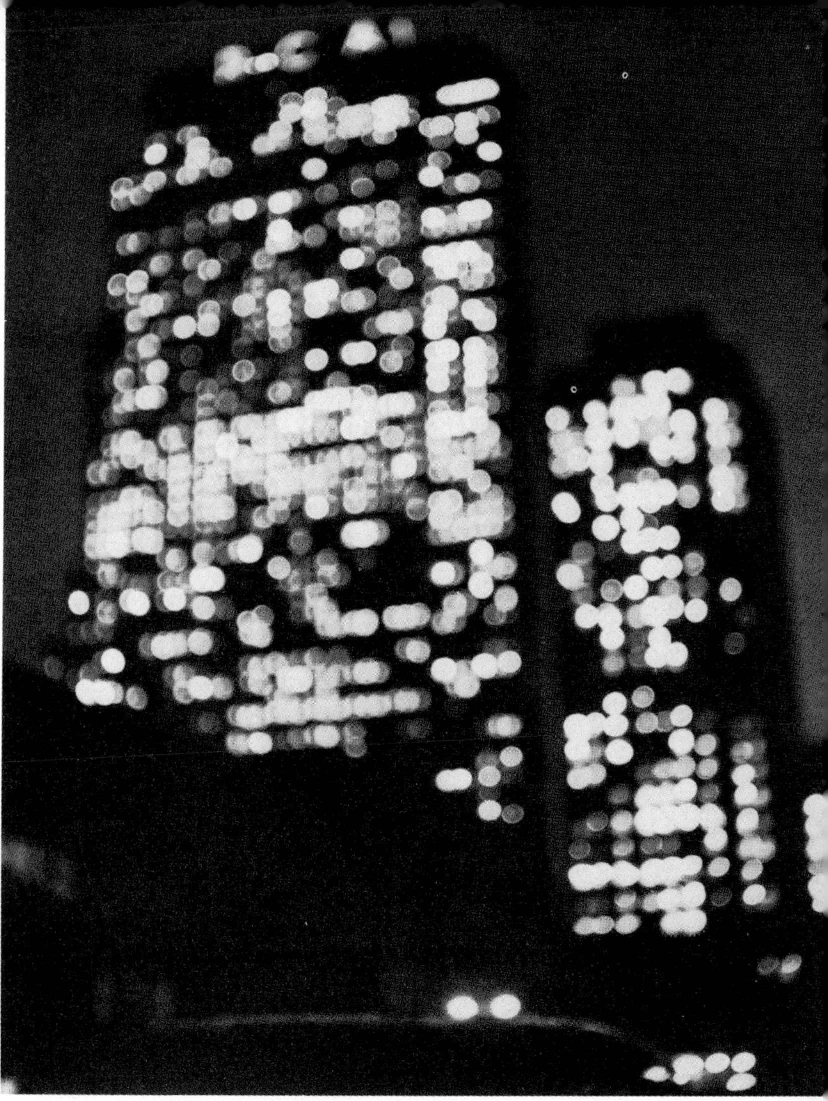

Um eine Lichtquelle in einen leuchtenden Kreis umzuwandeln, stellt man das Bild unscharf ein. Je unschärfer die Einstellung ist, desto größer werden die Kreise und desto unschärfer wird allerdings auch das Bild, und umgekehrt. Dieses Verfahren verwendete man für die obige Nachtaufnahme von Wolkenkratzern.

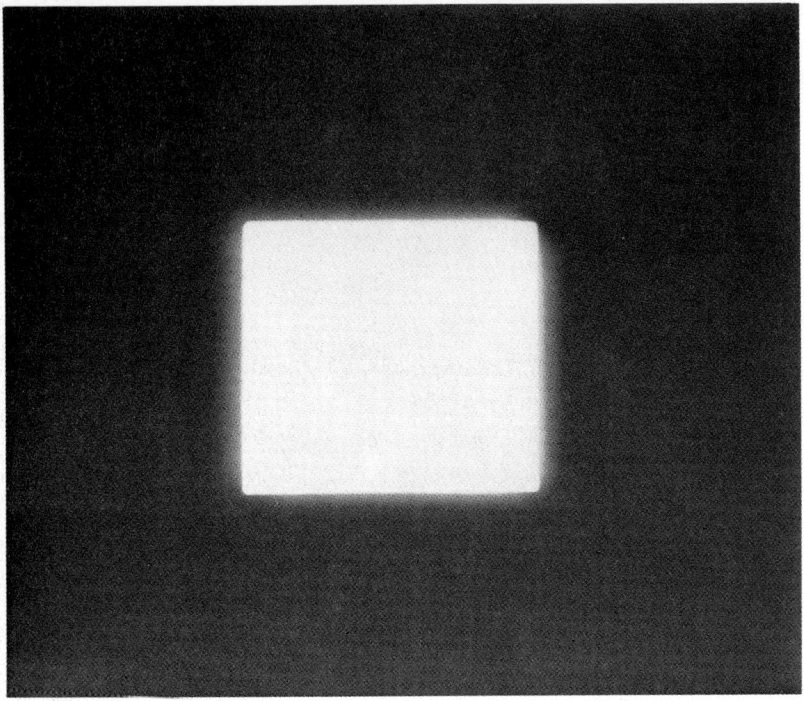

Die Strahlung direkten Lichts: der Lichthof

Um Lichtpunkte und direkte Lichtquellen mit sanft schimmernden Lichthöfen zu umgeben, benutzt man ein Weichzeichner-Objektiv wie das Thambar von Leitz oder setzt einen Weichzeichner vor das Objektiv. Solch ein »Halo-Effekt« ist beträchtlich schwächer als ein durch unscharfe Einstellung erzeugter Halo. Andererseits wird aber das Objekt selbst schärfer abgebildet, da sich die Halo-Wirkung meist auf die hellsten Partien des Motivs beschränkt. Aus diesem Grunde zeigt das obige Bild nur das Viereck der Schablone durch einen Weichzeichner aufgenommen. Der Effekt auf den Schlitz und das Punktloch war so geringfügig, daß er bei der Reproduktion völlig verlorengegangen wäre.

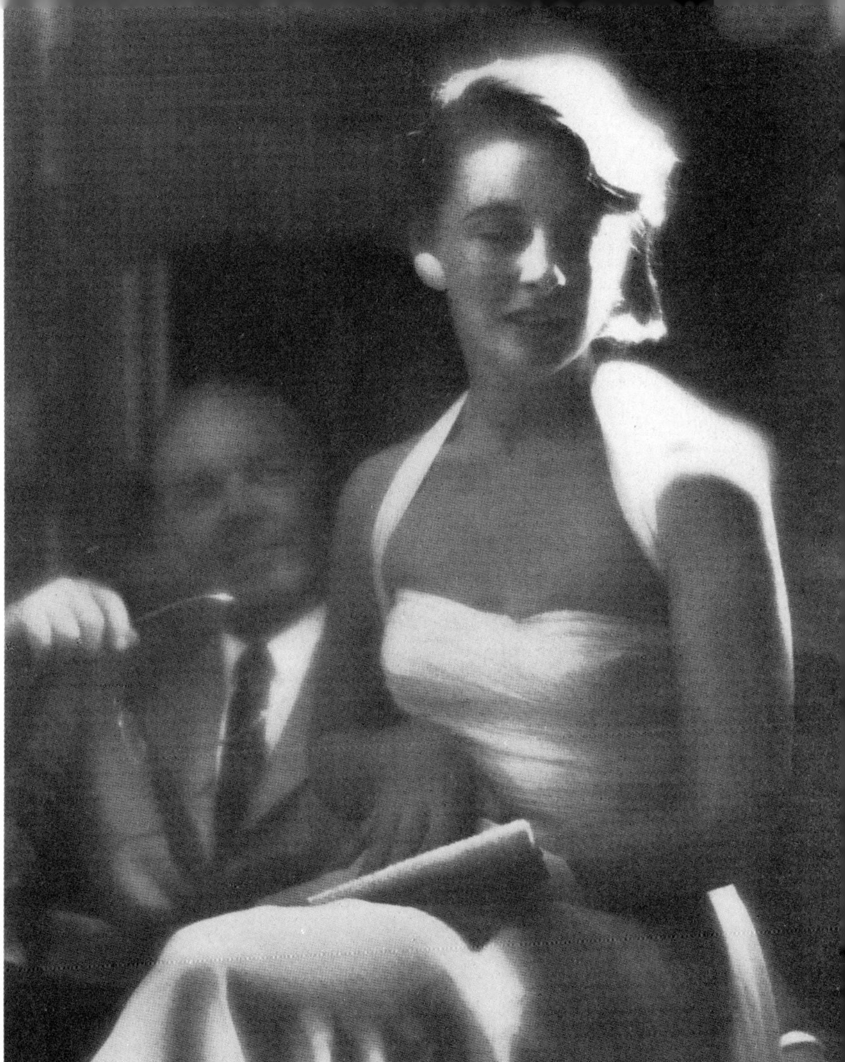

Dieses Verfahren benutzte Nina Leen für die obige schöne, fast strahlende Aufnahme einer jungen Braut.

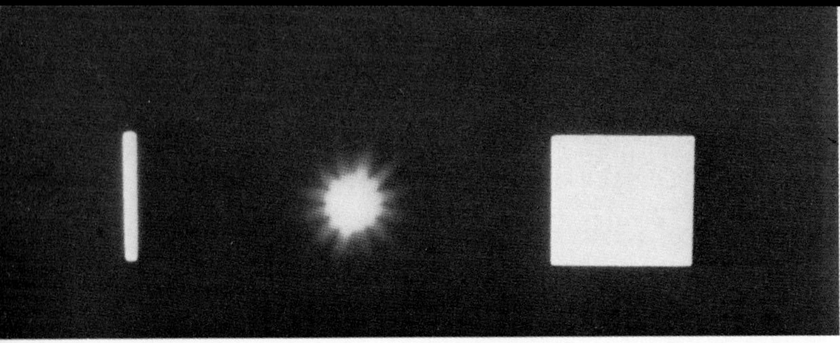

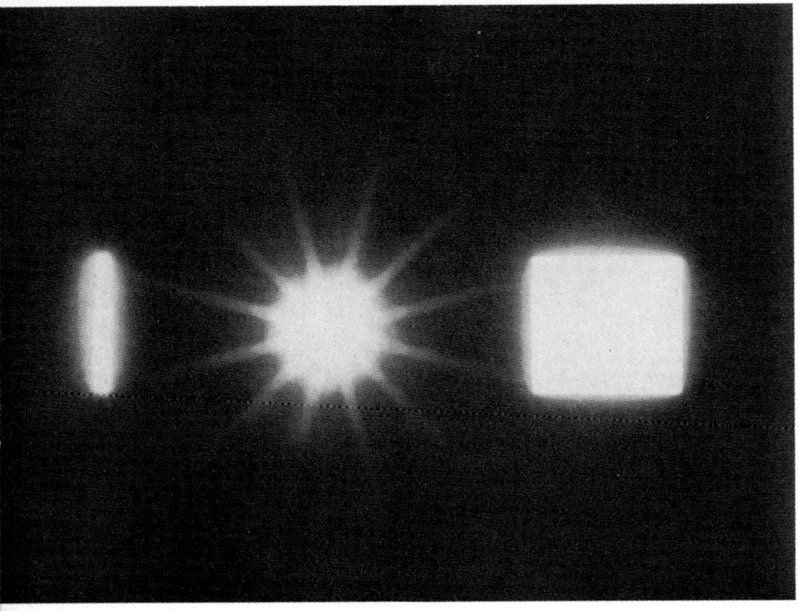

Die Strahlung direkten Lichtes: der Blendenstern

Wenn eine punktähnliche Lichtquelle mit einem auf 22 oder noch weiter abgeblendeten Objektiv aufgenommen wird, erscheint die Lichtquelle auf dem Bilde von einem sternförmigen Strahlenmuster umgeben, das von dem Licht hervorgerufen wurde, das die Lamellen der Blende reflektieren. Je länger die Belichtungszeit und je heller die Lichtquelle, desto stärker tritt diese Erscheinung auf. Das untere der beiden Fotos war viermal länger belichtet als das obere Bild.

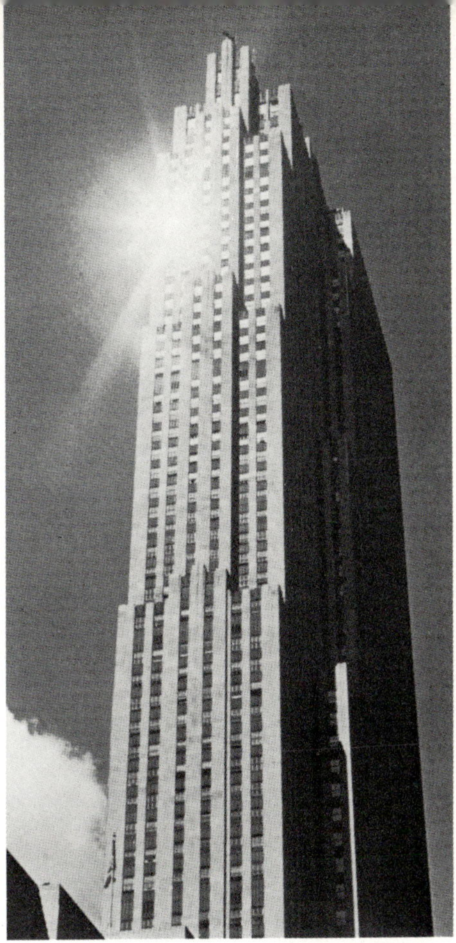

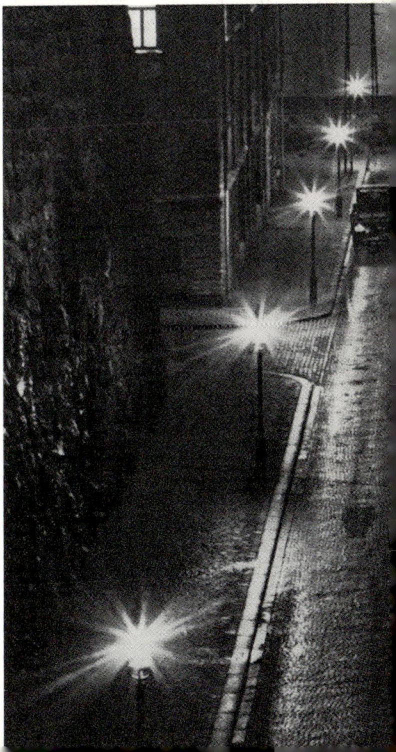

Die Sternmuster, die diese Bilder grafisch interessant machen, sind Blendensterne. Die Erklärung dafür findet man auf der vorigen Seite.

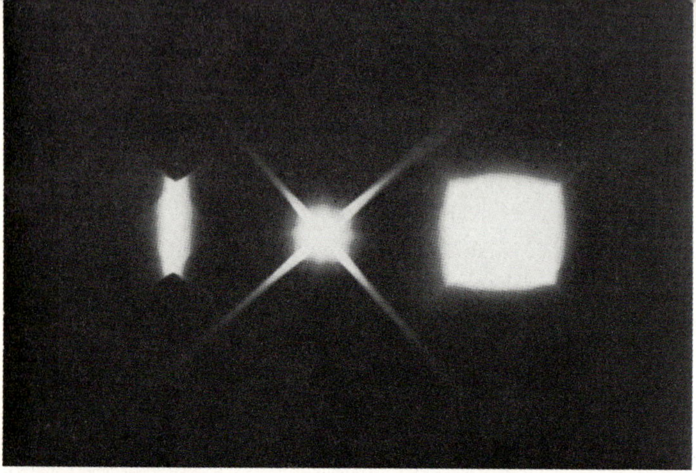

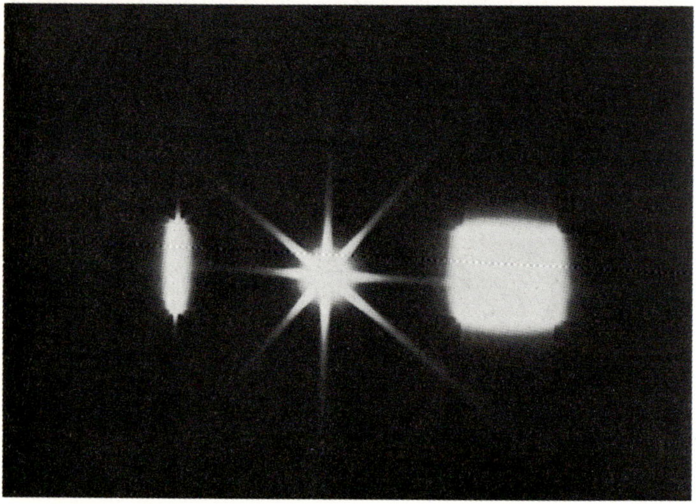

Die Strahlung direkten Lichtes: Sterne durch Drahtgittervorsatz

Helle Lichtpunkte lassen sich leicht in Sterne verwandeln, wenn man durch feinmaschige Drahtgitter fotografiert. Ein einziges Drahtgitter, das wie ein Filter vor das Objektiv gesetzt wird, gibt vierzackige Sterne (Bild oben); zwei im Winkel von 45 Grad gekreuzte Drahtgitter geben achtzackige Sterne (Bild unten).

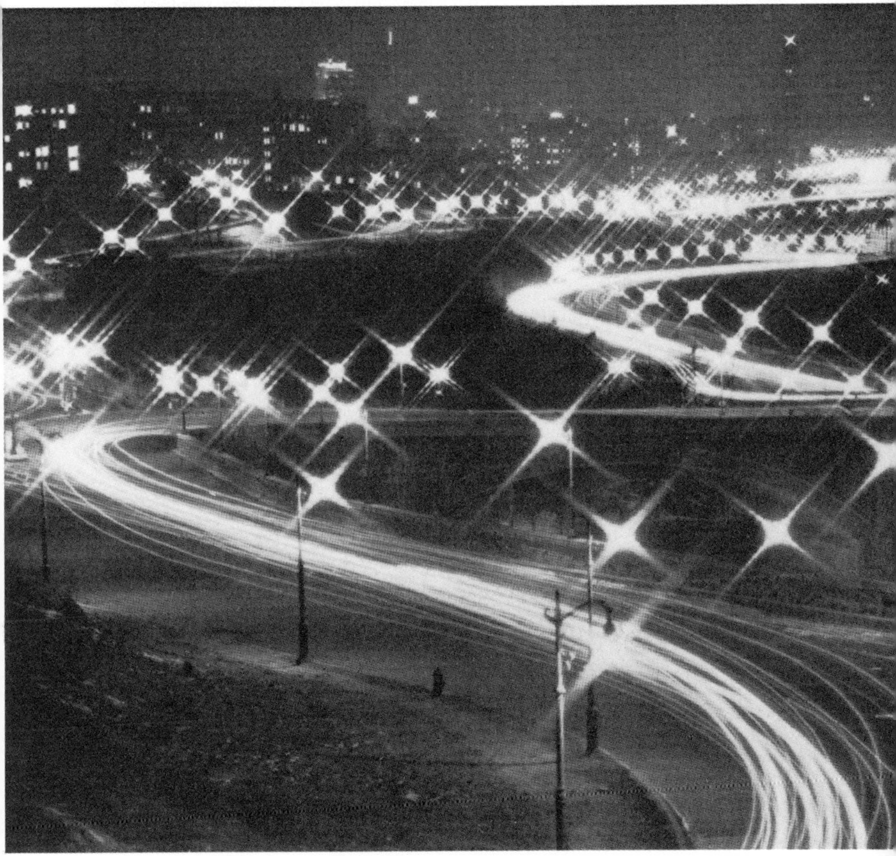

Das obige Bild zeigt, wie ein Fotograf mit einem solchen Drahtgittervorsatz jenes Gefühl der Lebensfreude wirksam zu versinnbildlichen vermag, das der Anblick einer Großstadt bei Nacht mit ihren glitzernden Lichtern auslöst.

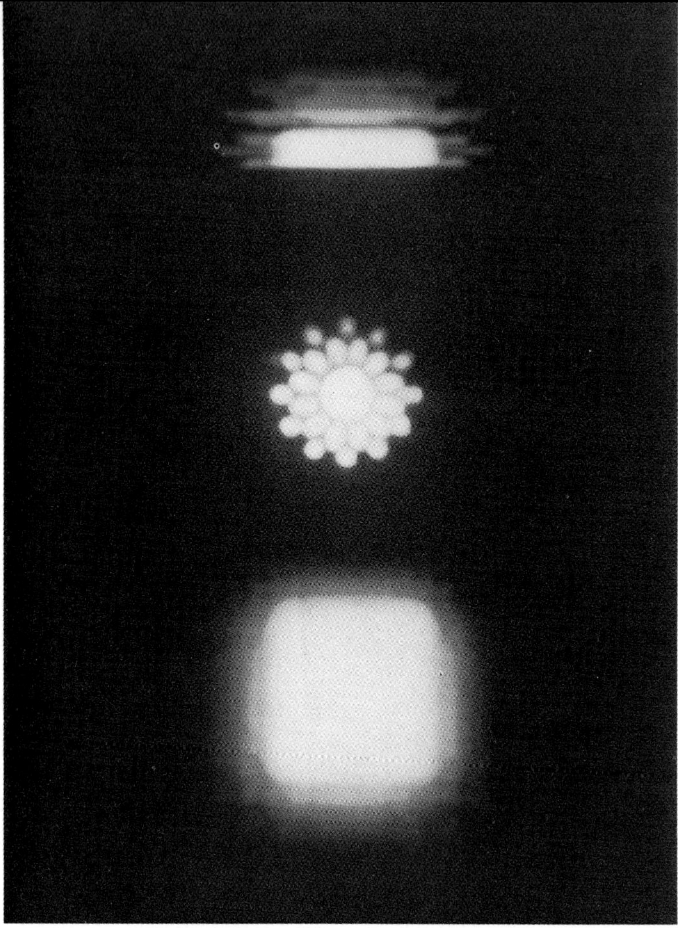

Die Strahlung direkten Lichtes: das Imagon-Objektiv

Ein ungewöhnliches Sternmuster entsteht, wenn man eine Lichtquelle mit einem Rodenstock-Imagon-Objektiv aufnimmt. Durch die siebähnliche Blende dieses Objektivs wird jeder Lichtpunkt in ein sternförmiges Muster verwandelt. Es ähnelt einer

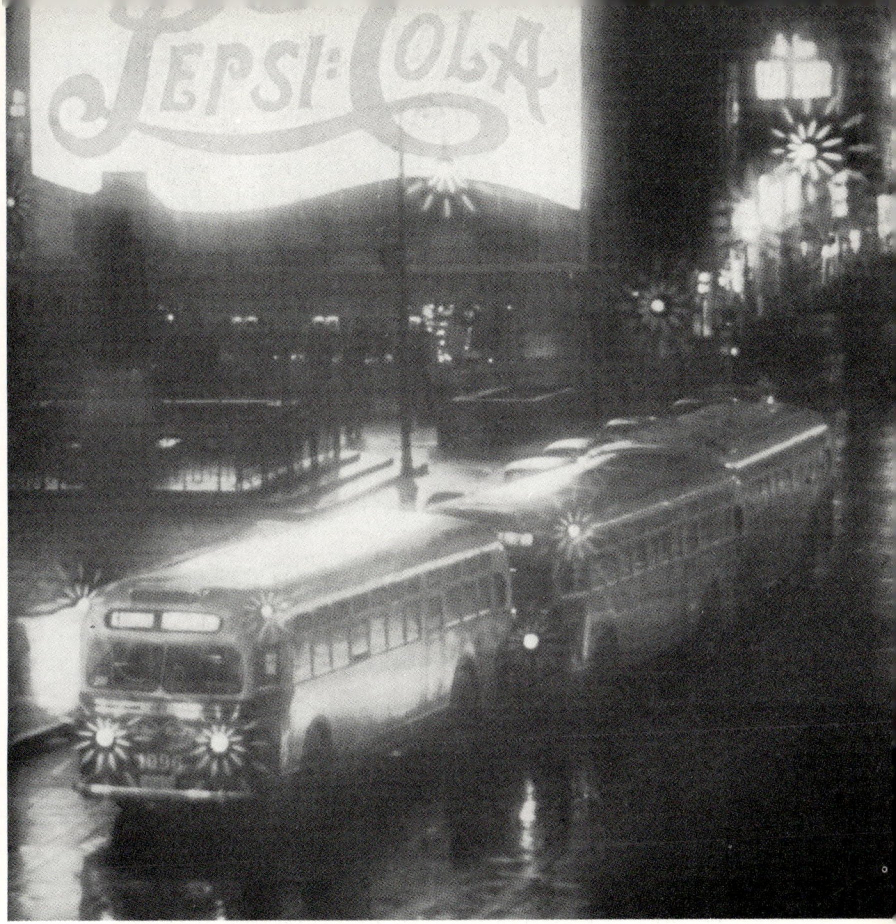

Lichtblume, die von einer Doppelreihe Blütenblätter aus Licht umgeben ist, ein Lichteffekt, der, wie das obige Bild beweist, stärker als jede andere Form der Lichtsymbole den festlichen Glanz nächtlicher Großstadtlichter spürbar werden läßt. Dieser Effekt muß mit Bedacht verwendet werden.

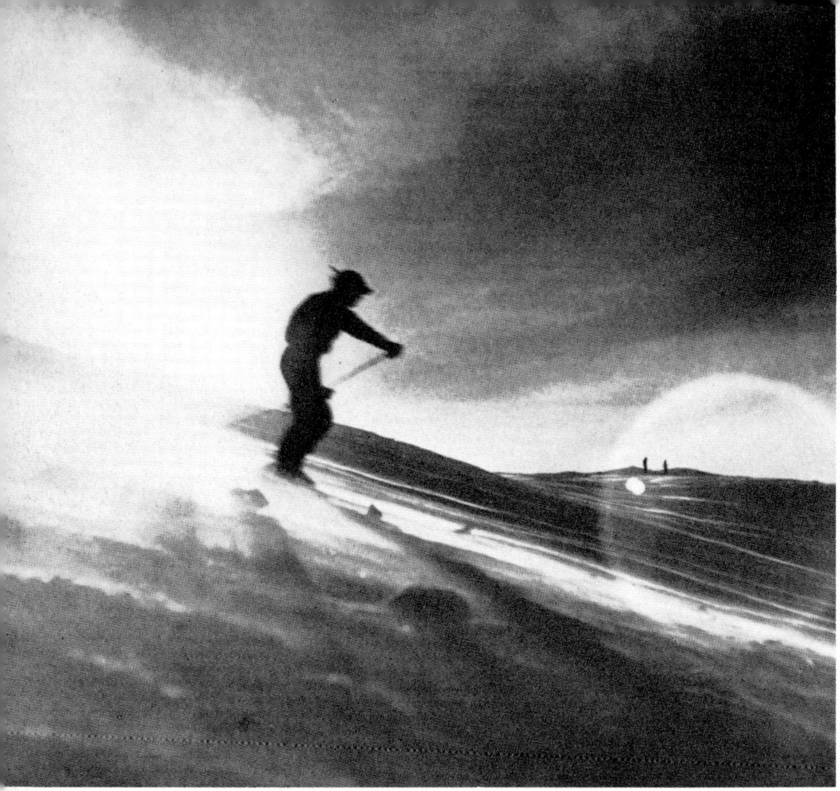

Die Strahlung direkten Lichts: Lichtflecke

Ein technischer Mangel kann gelegentlich zum Vorzug werden, wie körnige Negative beweisen. Hier haben wir nun ein weiteres Beispiel. Auf der Suche nach stärkeren Ausdrucksmitteln haben einfallsreiche und mutige Fotografen sogar offensichtliche Fehler, wie Lichtflecke und Lichthöfe in der Negativschicht, dazu benutzt, die überwältigende Leuchtkraft strahlenden Lichtes in graphisch gesteigerter Form zu versinnbildlichen. Mit welchem Erfolg, das bezeugen die beiden Aufnahmen von Skiläufern bei Sonnenuntergang (Ronny Jaques). Beide Bilder erwecken bei dem Betrachter das Gefühl, in gleißendes Licht zu schauen.

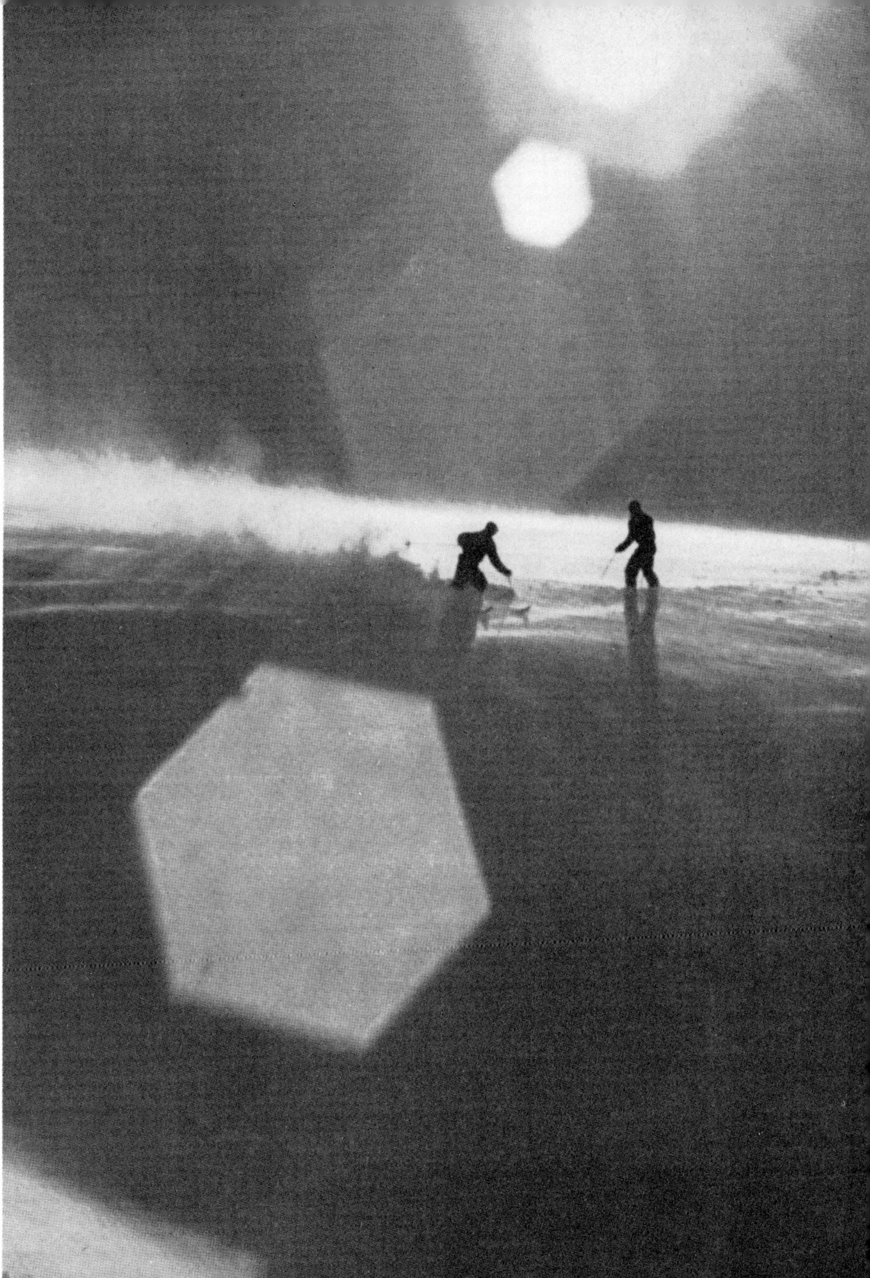

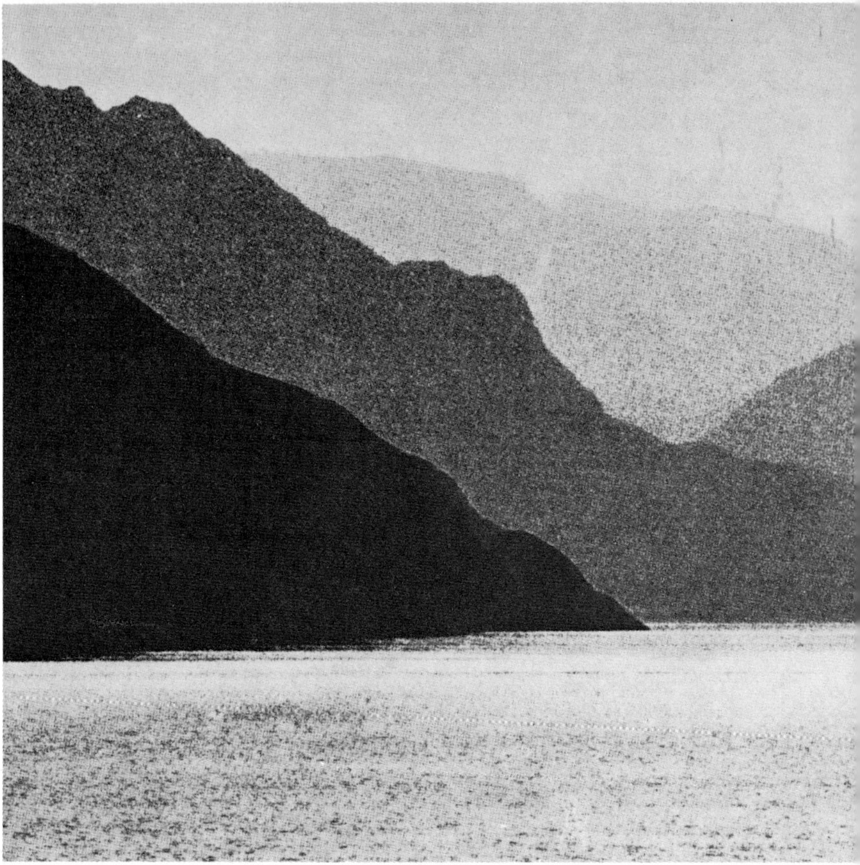

Schärfe und Negativkorn

Negativkorn ist zwar in der Regel ein Fehler, der vermieden werden sollte; unter bestimmten Umständen kann es jedoch zu einem wertvollen graphischen Mittel werden, die gefühlsmäßige Wirkung eines Bildes zu steigern. Korn symbolisiert sehr eindrucksvoll Begriffe wie Derbheit, Roheit und Gewalttätigkeit. Bei Innenaufnahmen von Kneipen, Kabaretts, Versammlungssälen usw. wird ein körniges Bild die dunstige Atmosphäre solcher Lokalitäten besser charakterisieren als ein kornloses Bild. Ich kenne eine Unmenge von Kriegsaufnahmen, deren Wirkung zum Teil auf ihr Korn zurückzuführen ist, das ein Gefühl von Schmutz und Rauch und der Erregung des Kampfes aufkommen läßt.

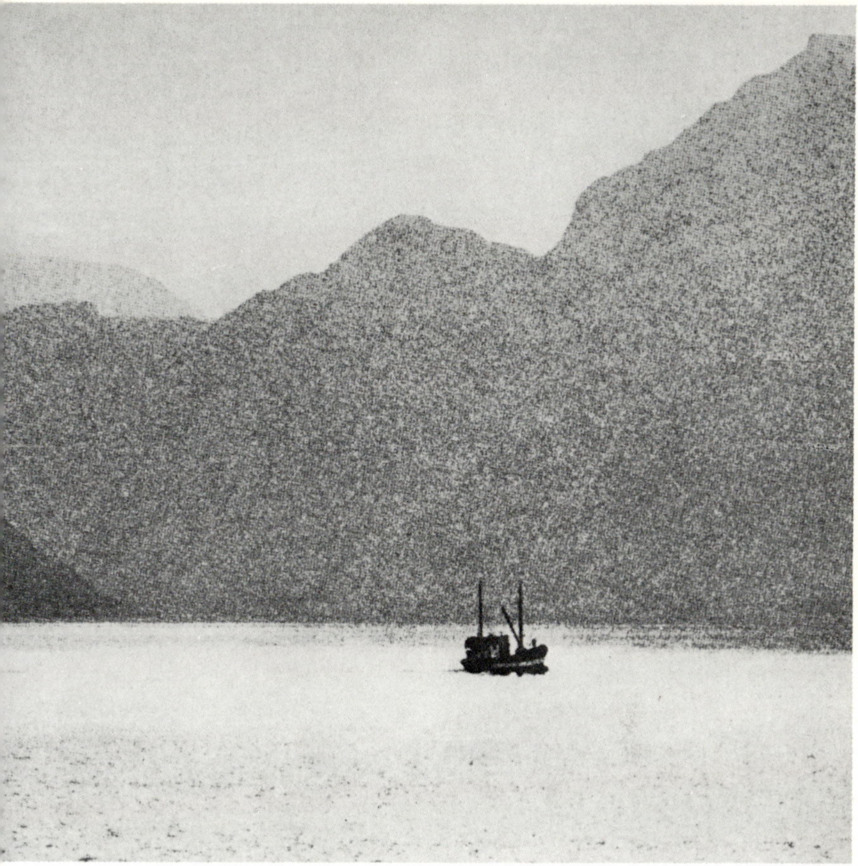

Auf diesem Bilde von Eric Dyring (Schweden) vermittelt das Filmkorn dem Betrachter sehr eindringlich die diesige Stimmung eines stillen Herbstmorgens.

Um das Korn einer Kopie zu vergröbern, arbeitet man mit einem kleinen Filmformat und fertigt dann starke Vergrößerungen an, oder man vergrößert kleine Filmausschnitte sehr stark. Man kann auch hochempfindliches, relativ grobkörniges Negativmaterial in Verbindung mit hartarbeitenden, kontraststarken Entwicklern benutzen oder Kopien auf hartarbeitendem Papier ziehen.

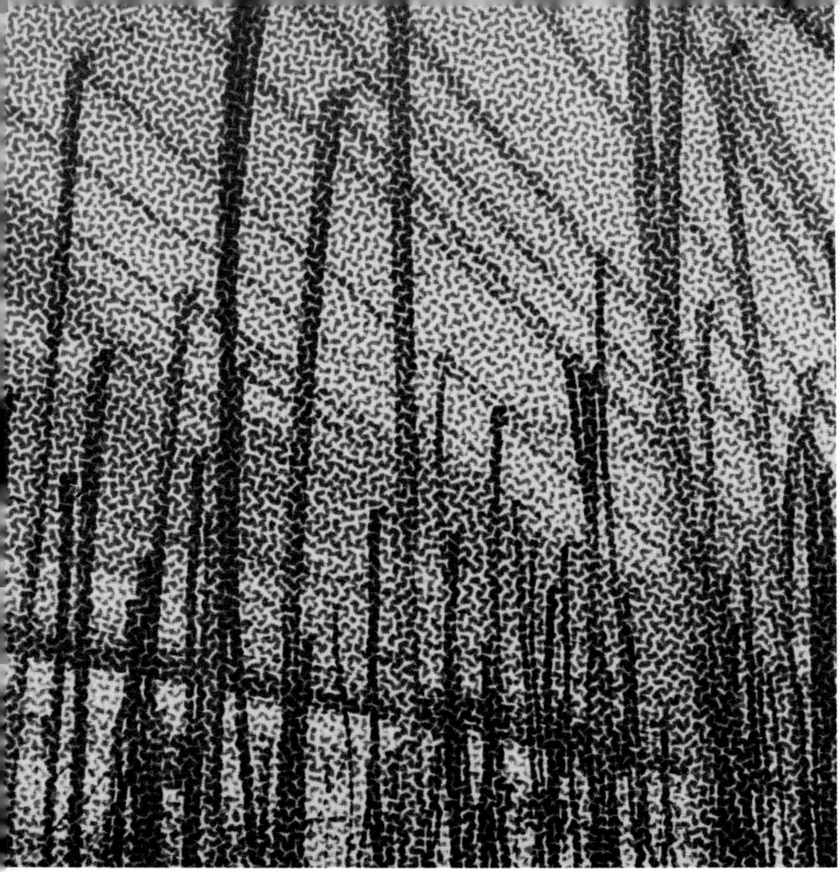

Schärfe und Runzelkorn

Die extremste Form des Korns ist die Wabenstruktur, die entsteht, wenn man die Negativschicht runzlig werden läßt. Zu diesem Zweck taucht man das fixierte, aber nicht gehärtete Negativ eine Weile in heißes Wasser. Die Temperatur des Wassers und die Dauer der Behandlung richten sich nach der Filmsorte und müssen durch Versuche ermittelt werden. Da dieses Verfahren kritisch ist und zur Zerstörung des Negativs führen kann, sollte man nur Negativdoppel auf diese Weise behandeln, um zu verhüten, daß möglicherweise ein wertvolles Original dabei verlorengeht. Je kontrastreicher ein Objekt ist und je einfacher seine Umrisse und Form, desto stärker wird normalerweise die graphische Wirkung des Runzelkorns sein und umgekehrt.

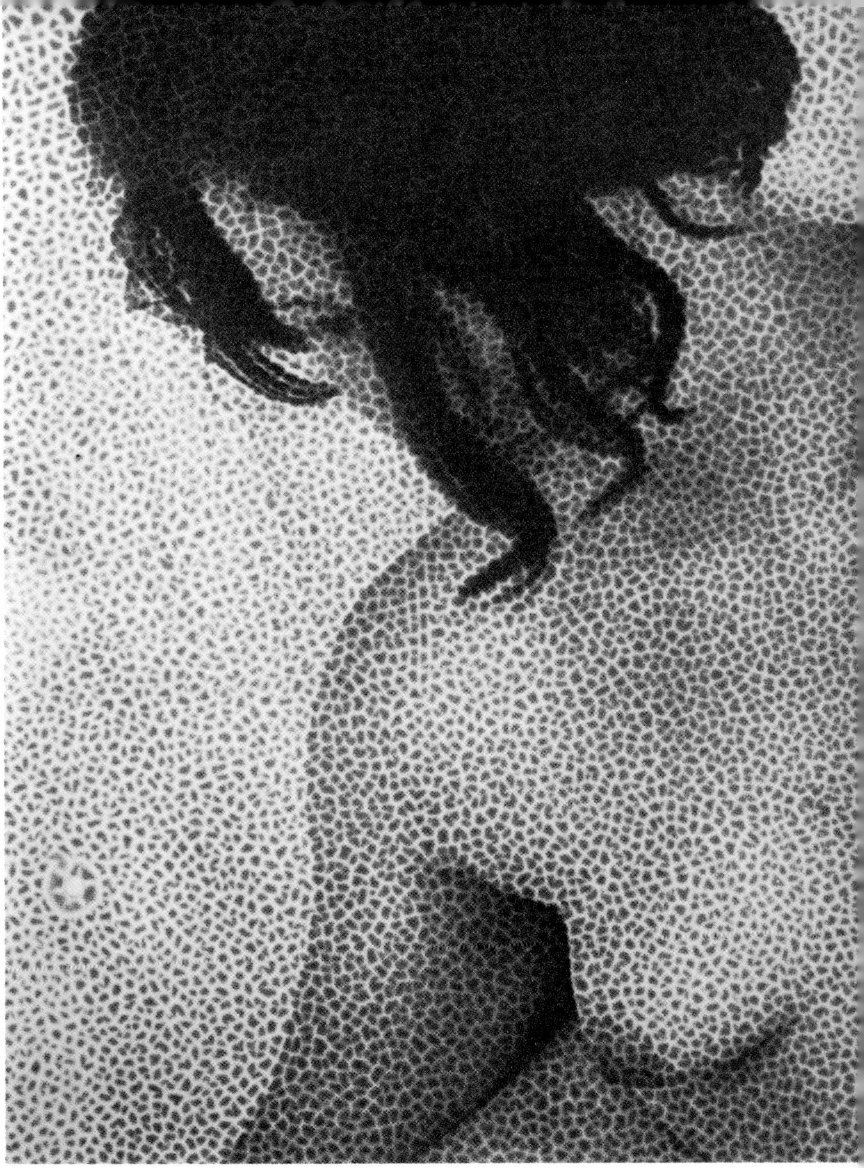

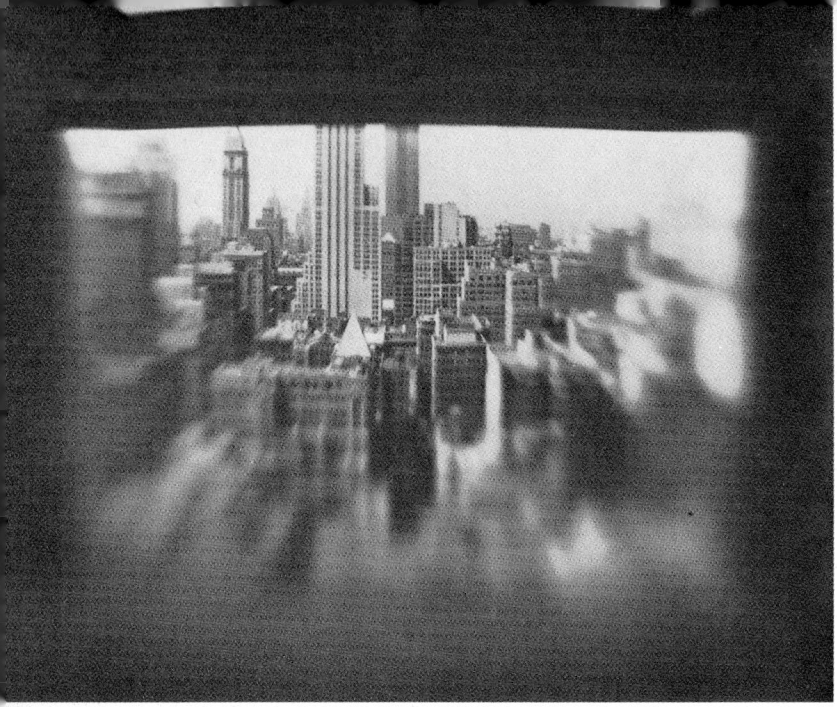

Schärfe und Unschärfe

Obwohl Lichtbilder meist scharf sein sollten, wird ein Fotograf gelegentlich feststellen, daß ein stellenweise oder gänzlich unscharfes Bild der spezifischen Empfindung, Idee oder Stimmung besser entspricht.

Zwei Verfahren, um Lichtbilder zu machen, die stellenweise unscharf sind, werden hier durch Beispiele erläutert.

Das Bild oben wurde mit einem einfachen Meniskus-Objektiv aufgenommen, einem gewöhnlichen Vergrößerungsglas mit zwei konvexen Linsenflächen. Derartige Objektive ergeben ein in der Mitte verhältnismäßig scharfes Bild, das nach den Rändern hin immer unschärfer wird. Je kleiner die Blende bei einer Aufnahme mit einem solchen Objektiv ist, desto größer wird der einigermaßen scharfe Mittelteil und umgekehrt. (Die Fotografin Nina Leen hat zwei außergewöhnlich schöne Bildergeschichten für LIFE gemacht, die auf diesem Verfahren beruhen, die eine über »Geister«, die andere über »Glück«.)

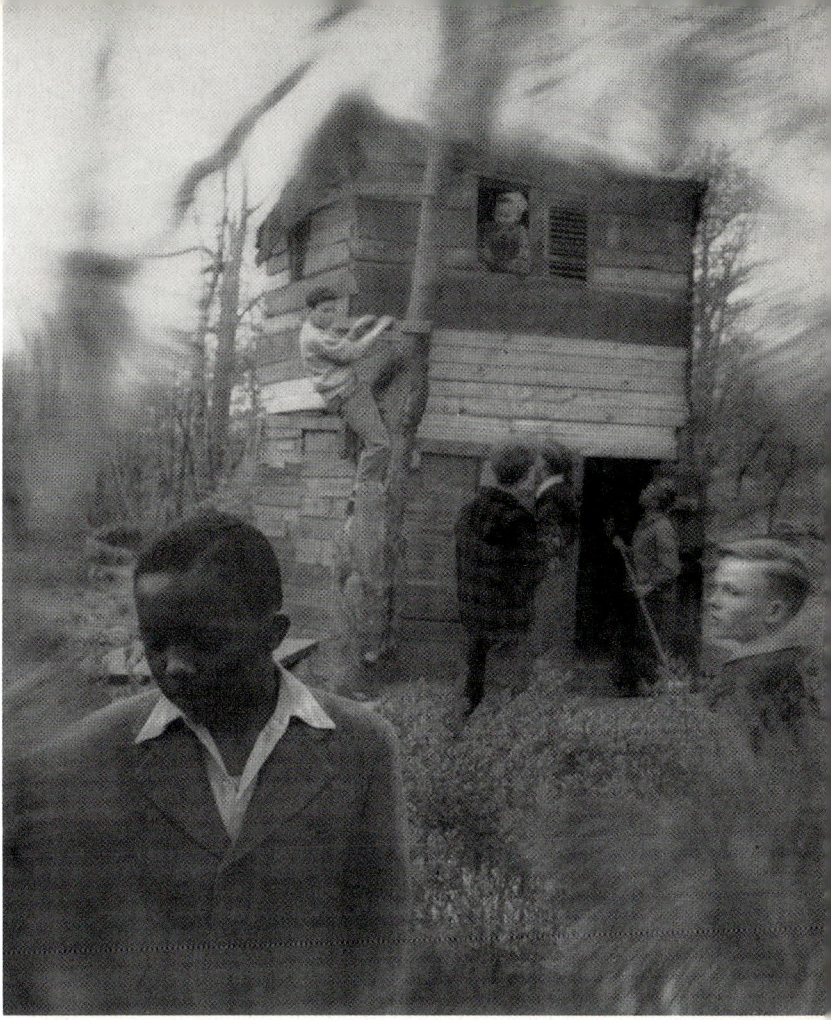

Dieses Bild von Sharland wurde durch eine teilweise mit Vaseline verschmierte Glasscheibe aufgenommen. Es gehört zu einem Bildbericht über rassische Vorurteile und soll den Eindruck eines durch Tränen getrübten Blickes erwecken, die Reaktion des farbigen Jungen, den seine weißen »Spielkameraden« ausgestoßen haben. Die Scheibe muß mindestens 10 cm vom Objektiv entfernt sein.

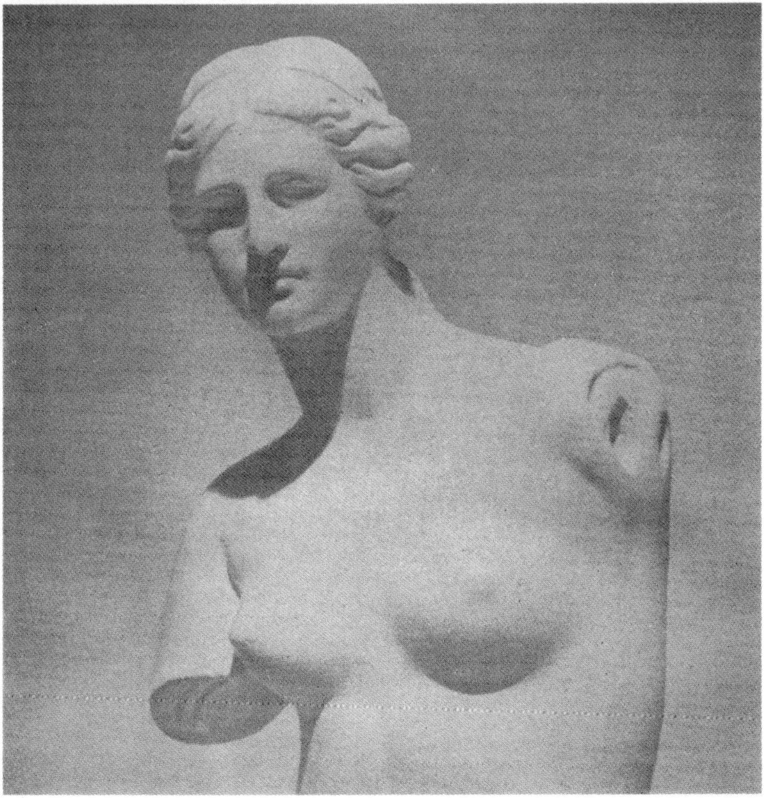

Die Beeinflussung des Kontrastes: Mittel, Verfahren und Grenzen

Die Unterscheidung der Formen beruht für das Auge des Menschen in der Hauptsache auf Farbunterschieden und auf der Parallaxe (stereoskopisches Sehen). In der Schwarzweißfotografie hängt die Unterscheidung gänzlich von dem Gegensatz zwischen hell und dunkel ab, deshalb ist die Beeinflussung dieses Kontrastes ein sehr wichtiger Faktor, wenn man eindrucksvolle Lichtbilder machen will. Die folgenden Mittel und Verfahren zur Kontrastbeeinflussung stehen jedem Fotografen zur Verfügung, der aus bildmäßigen oder redaktionstechnischen Gründen den ursprünglichen Kontrastgrad seines Aufnahmeobjekts verändern möchte.

Der Bildkontrast läßt sich beeinflussen durch

Filme mit Emulsionen unterschiedlicher Härtegrade (S. 68 u. 232),
Filter verschiedener Farben (S. 61 u. 234),

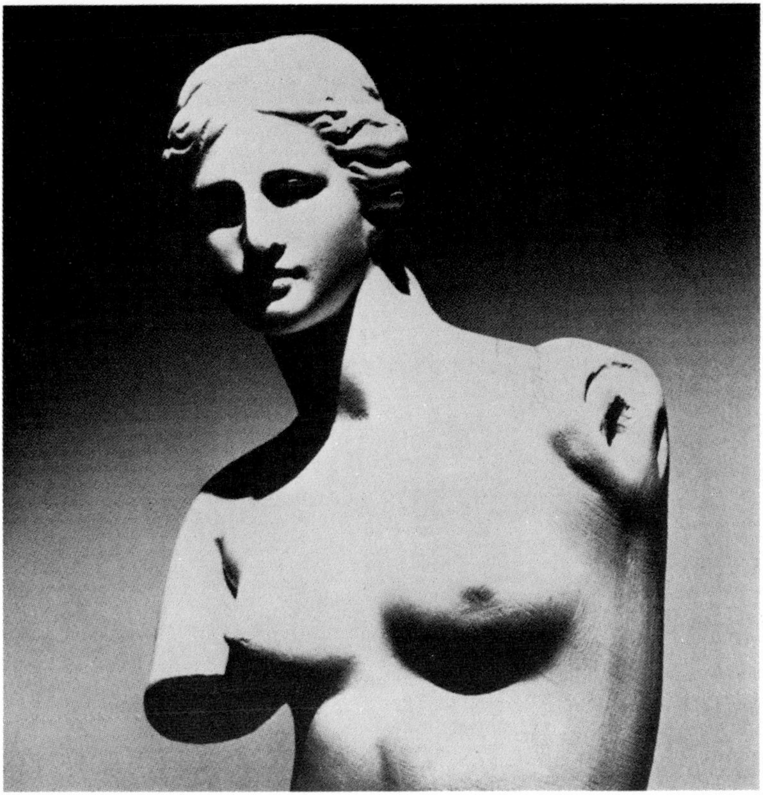

Beleuchtung verschiedener Art und Intensität (S. 236–239),
Änderungen in der Belichtung (S. 76 u. 241),
Negativentwickler unterschiedlicher Kontrastwiedergabe (S. 70–71),
Änderungen in der Entwicklung (S. 78 u. 240),
Kopierpapier verschiedener Härtegrade (S. 72 u. 242).

Jede dieser sieben Möglichkeiten kann für sich allein oder in Verbindung mit einer, mehreren oder allen anderen zur Kontrastbeeinflussung benutzt werden. Dadurch ist der Fotograf in der Lage, so gut wie jedes Objekt mit einem Kontrastgrad abzubilden, der von sehr weich bis sehr hart reicht. Die obigen Vergleichsbilder, die dasselbe Objekt in zwei extremen Kontrastgraden zeigen, lassen deutlich erkennen, wie ungeheuer weit die Grenzen dieser Einflußmöglichkeiten gesteckt sind. Natürlich sind auch alle Zwischengrade möglich.

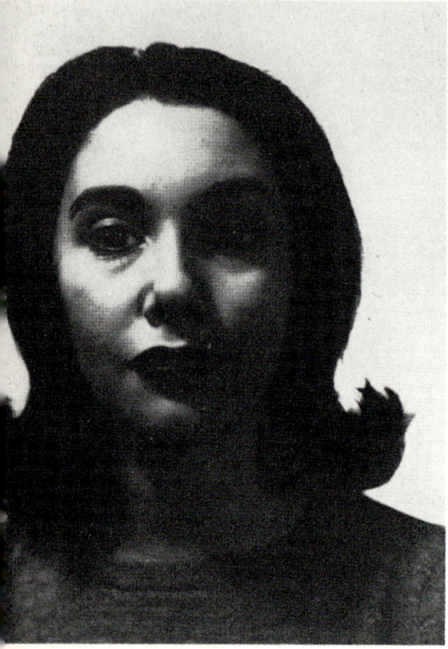
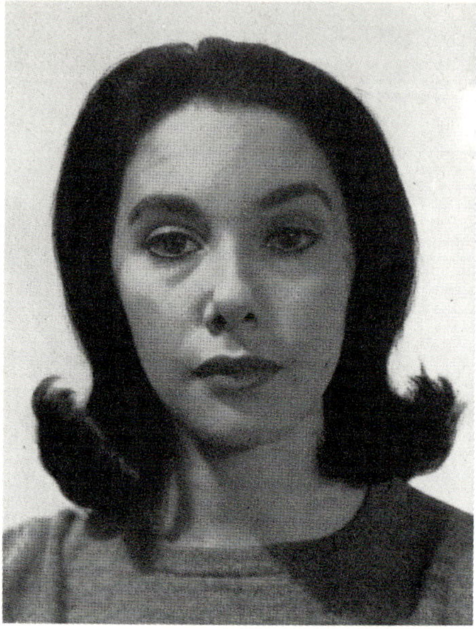

Kontrastbeeinflussung durch Negativemulsionen

Im Hinblick auf den Härtegrad, das heißt die Fähigkeit der Kontrastwiedergabe, muß der Fotograf zwischen drei Filmarten unterscheiden: weich, normal und hart.

Je empfindlicher ein Film ist, desto weicher ist in der Regel seine Gradation und umgekehrt. Höchstempfindliche Filme mit Belichtungswerten von 400 ASA und höher sind am wenigsten kontrastreich (sehr weich). Umgekehrt sind am kontrastreichsten (härtesten) bestimmte Arten von sehr geringempfindlichen Ultrafeinkorn-Filmen.

Wenn man eine Grauleiter fotografiert, die stufenweise von Schwarz über gleichmäßig abgestufte Grau-Töne zum Weiß führt, und wenn man dann das Negativ auf Normalpapier kopiert, erhält man von einem »weichen« Film kein echtes Schwarz

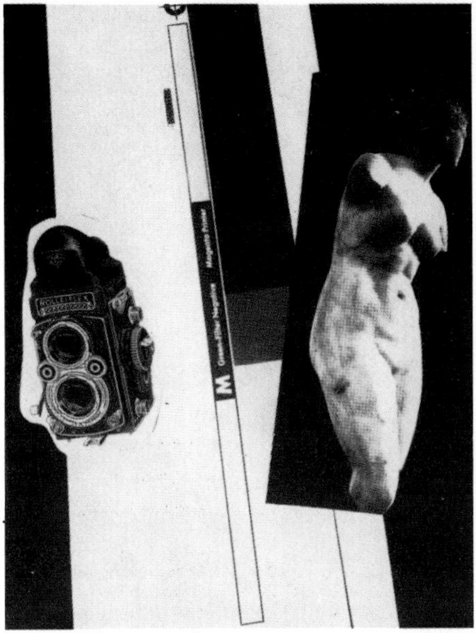

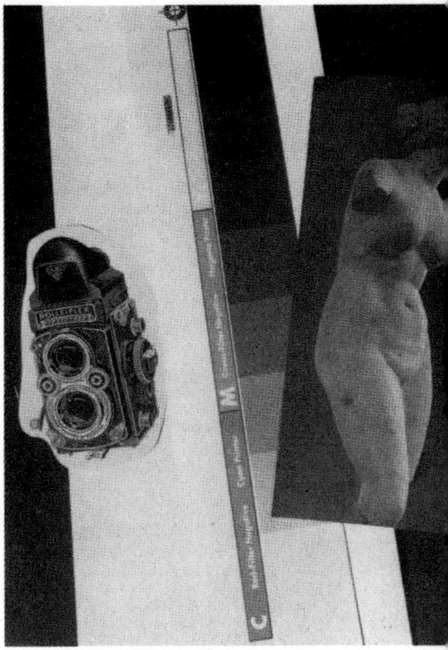

und Weiß. Schwarz kommt als dunkles Grau und Weiß als helles Grau. Ein »normaler« Film würde jeden Streifen von Schwarz zum Weiß in seinem richtigen Ton wiedergeben, und ein »harter« Film zeigt Schwarz als Schwarz und Weiß als Weiß, aber die eine Hälfte der dazwischenliegenden Grautöne zu hell und die andere Hälfte zu dunkel.

Die linke Aufnahme jedes der beiden Bilderpaare auf dieser Doppelseite wurde auf einem »harten« Film aufgenommen, die rechte auf einem weichen, panchromatischen Film. Die Gradationsunterschiede dieser Bilder, die sämtlich auf normalem Papier gemacht wurden, zeigen die äußersten Möglichkeiten der Kontrastwiedergabe, die mit Hilfe dieses Verfahrens möglich ist. Durch Verwendung der entsprechenden Filmart kann man natürlich jede gewünschte Zwischenstufe zwischen diesen Kontrastextremen erzielen.

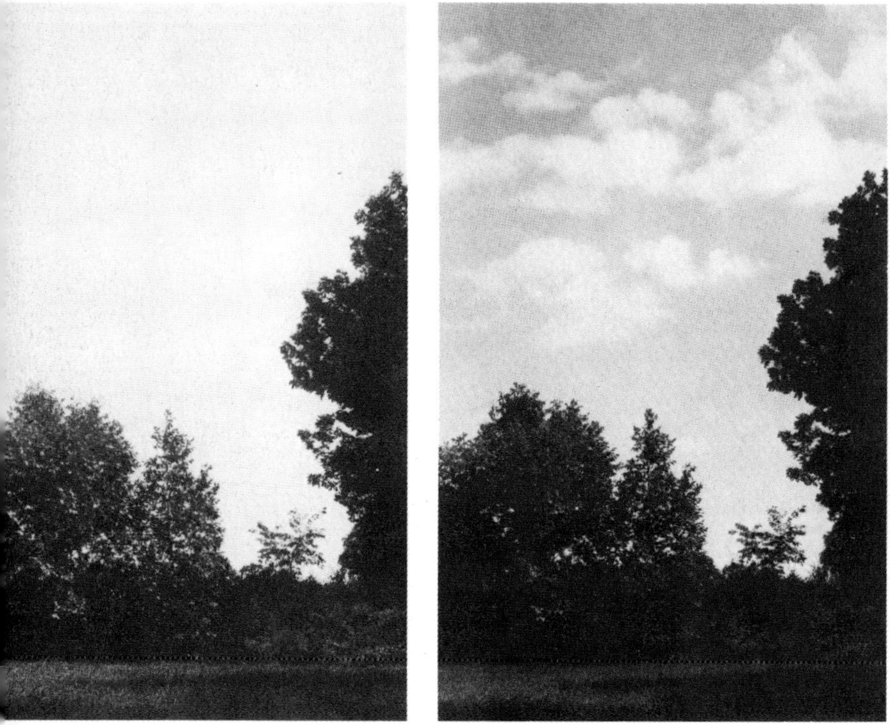

Kontrastbeeinflussung durch Verwendung von Farbfiltern

In der Natur beruht die gegenständliche Unterscheidung größtenteils auf Farbkontrasten. Bei der Schwarzweißfotografie wird die gegenständliche Unterscheidung verringert oder geht sogar gänzlich verloren, da Farben gleicher Helligkeit (wenn auch verschiedener Tönung) bei der Übertragung in Grautöne mehr oder weniger identisch werden. Das kann man jedoch vermeiden, wenn man Farbfilter benutzt, um die eine Farbe heller oder dunkler zu machen als die andere. So werden die tatsächlichen Farbunterschiede des Aufnahmegegenstandes durch graphisch wirkungsvolle Schwarzweiß-Unterschiede ersetzt.

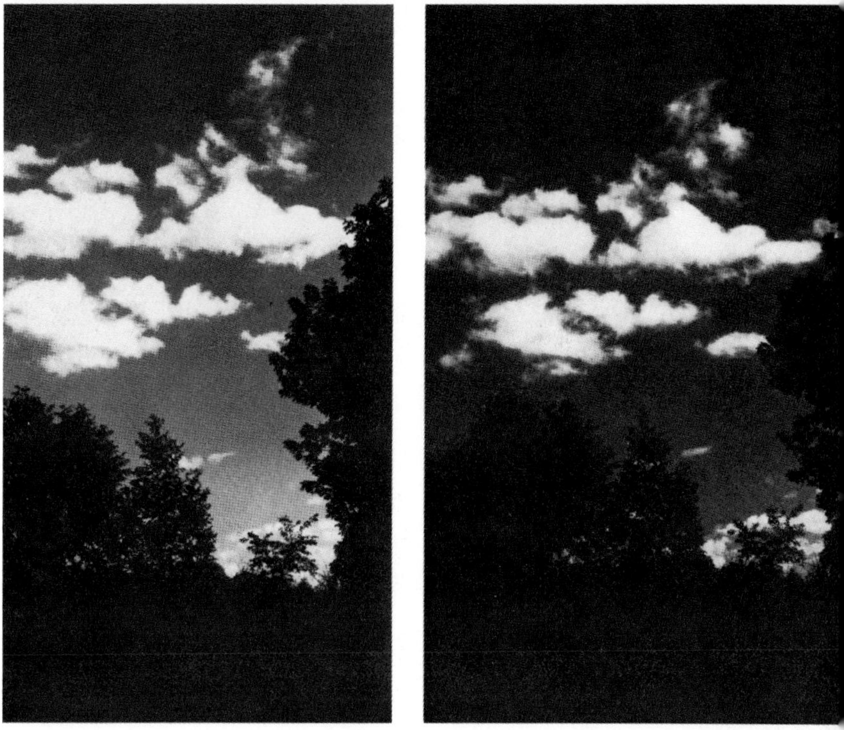

Die obigen Bilder zeigen, wie man den Gegensatz zwischen Himmel und Wolken beeinflussen kann. Auf einem Schwarzweißfoto kann der Himmel in jedem Helligkeitsgrad von Weiß über Grau bis Schwarz erscheinen. Die Bilder wurden (von links nach rechts) durch einen dunklen Blaufilter, einen hellen Gelbfilter, einen Rotfilter und eine Kombination von Rotfilter und Polarisationsfilter aufgenommen. Obwohl der Fotograf Wolken gewöhnlich hervorhebt, statt sie verschwinden zu lassen, kann auch das einmal notwendig sein, wenn komplexe Objekte gegen den Himmel aufgenommen werden sollen und man um einer klaren Wiedergabe willen einen einförmigen Hintergrund braucht.

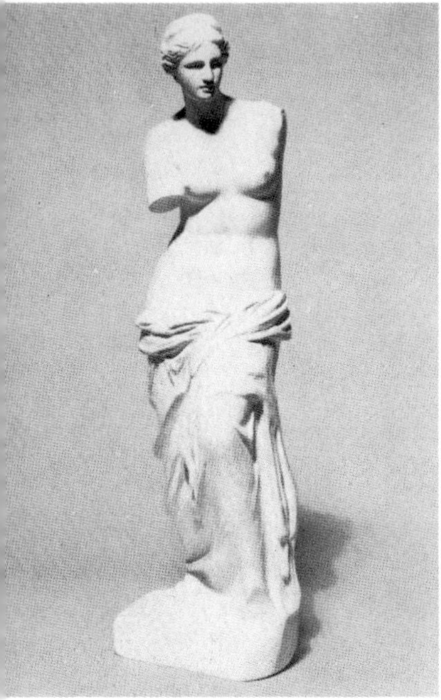 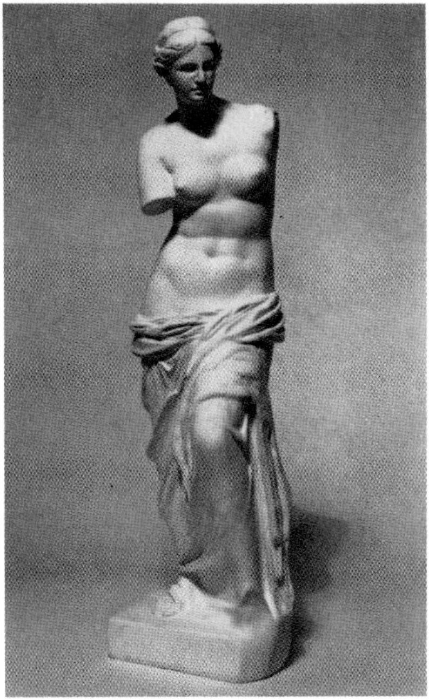

Kontrastbeeinflussung durch Beleuchtung

Wenn der Fotograf Einfluß auf die Beleuchtung hat, dann ist dies die einfachste Möglichkeit, den Kontrast des Aufnahmeobjekts zu verändern. Ein hell beleuchtetes Objekt wird heller abgebildet als dasselbe Objekt bei gedämpftem Licht. Bei Innenaufnahmen ist die Beeinflussung des Kontrasts gewöhnlich recht einfach. Bei Außenaufnahmen kann man den Kontrast oft beeinflussen, wenn man Geduld (und Zeit) hat zu warten, bis die Sonne einen bestimmten Stand erreicht oder die Schatten ziehender Wolken gerade richtig fallen.

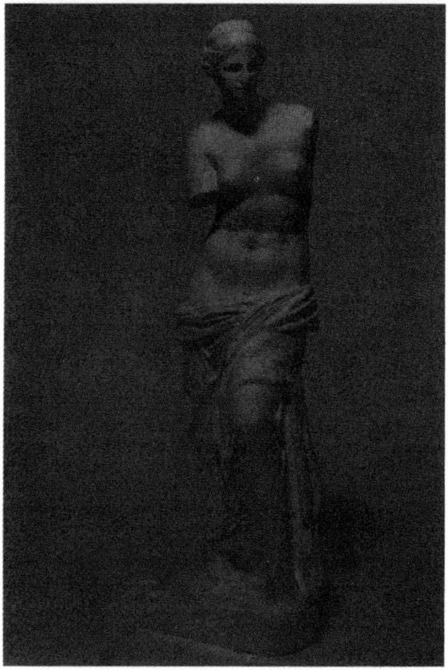

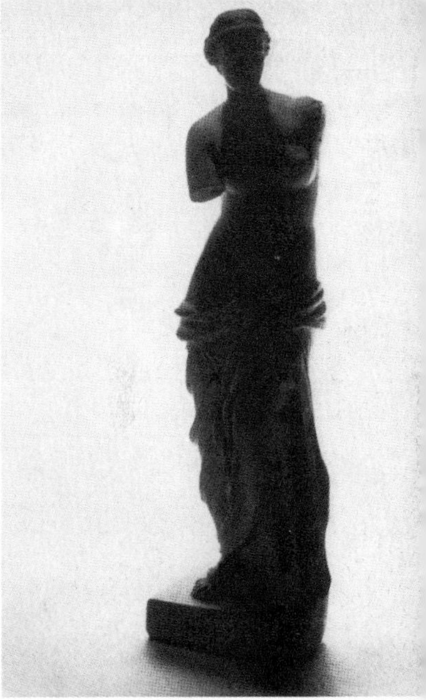

Den Umfang dieses Verfahrens der Kontrastbeeinflussung verdeutlichen die Bilder auf dieser Doppelseite, die eine weiße Statue zeigen. Aufgenommen wurde sie vor einem weißen Hintergrund, und zwar so, daß sie einmal weiß vor Weiß, dann grau vor Grau und schwarz vor Schwarz erscheint bis zu schwarz vor Weiß und weiß vor Schwarz.

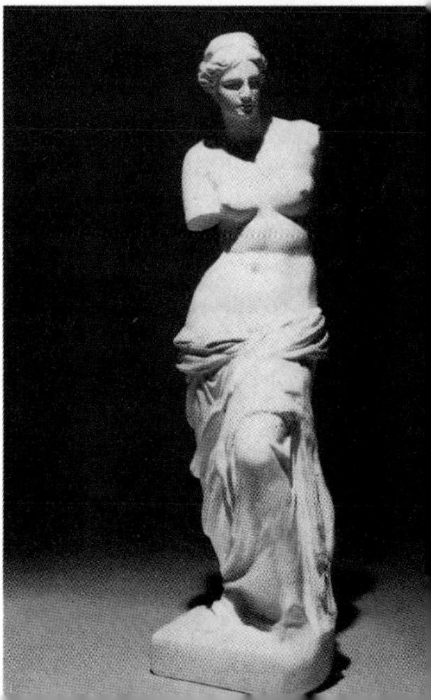

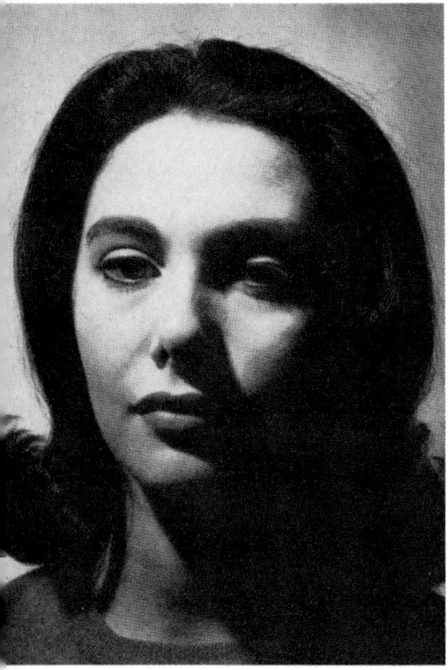 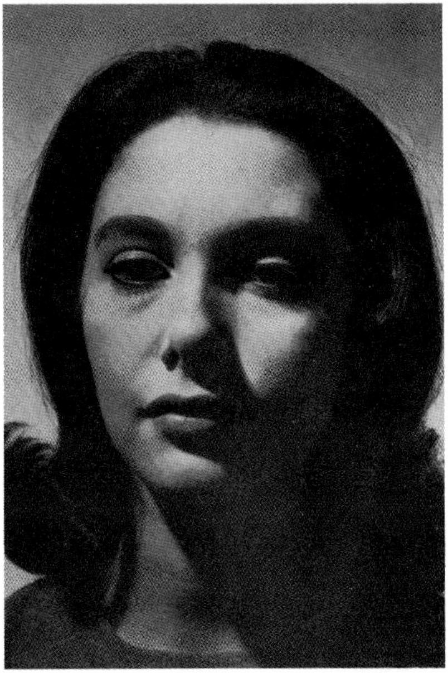

Kontrastbeeinflussung durch Schattenaufhellung

Der Kontrast eines Lichtbildes ist der Helligkeitsunterschied zwischen den hellsten und den dunkelsten Teilen des Bildes. Solche Unterschiede können sich aus Farbunterschieden des Aufnahmeobjekts ergeben (beispielsweise Haut- und Haarfarbe) oder aus Unterschieden in der Beleuchtung des Objekts (Licht und Schatten). Im letzten Falle kann man den Kontrast gewöhnlich beeinflussen, indem man die Schattenpartien des Objekts aufhellt, und zwar bei Innenaufnahmen durch zusätzliche Fotolampen oder Blitzlicht, bei Außenaufnahmen durch Blitzlicht oder große Reflektoren.

Die obigen Bilder zeigen, bis zu welchem Grade ein Fotograf den Kontrast seiner Aufnahmen durch Schattenaufhellung beeinflussen kann. Die Stellung des Hauptlichtes war bei allen vier Aufnahmen dieselbe. Das Objekt wurde durch Dreiviertel, Seiten- und Oberlicht (s. S. 199) beleuchtet. Während aber das erste Bild nur mit

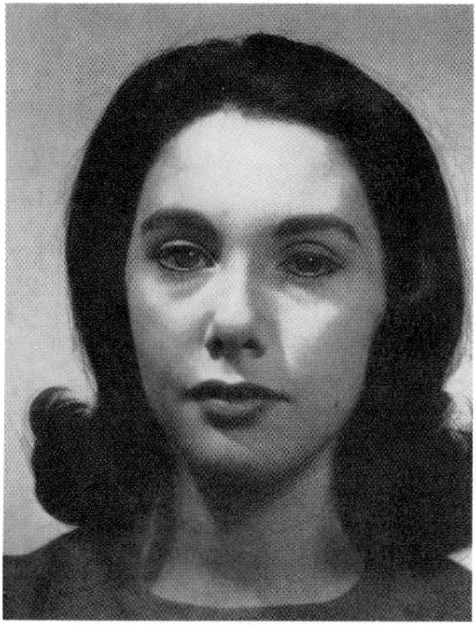

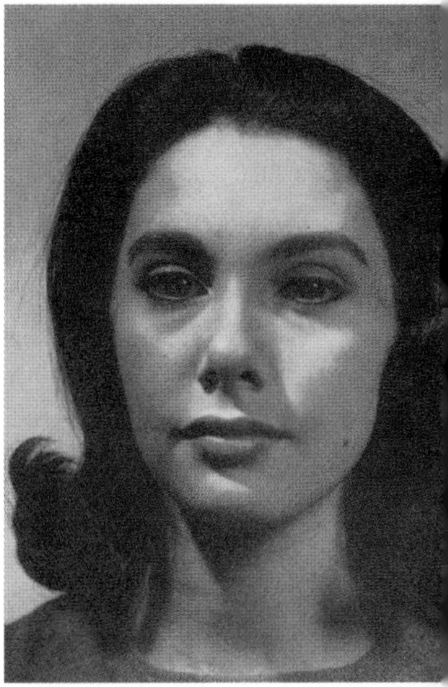

dem Hauptlicht gemacht wurde, hat man bei den drei anderen Aufnahmen mit einer Kombination von Hauptlicht und Schattenaufhellung gearbeitet, wobei man das schattenaufhellende Licht bei jeder Aufnahme näher heranrückt, bis der vom Hauptlicht geworfene Schatten schließlich fast ebenso hell war wie die voll beleuchteten Teile des Objekts.

Die Schattenaufhellung birgt allerdings zwei Gefahren: zuviel schattenaufhellendes Licht beseitigt mit den Schatten auch die Illusion der Plastik und Tiefe, und da jede Lichtquelle ihre eigenen Schatten wirft, entstehen durch eine unsachgemäß verwendete schattenaufhellende Beleuchtung Schatten innerhalb der Schatten und Schatten, die sich kreuzen. Dadurch entsteht der Eindruck des Amateurhaften, das Bild wirkt unruhig, und die Wirkung ist zerstört.

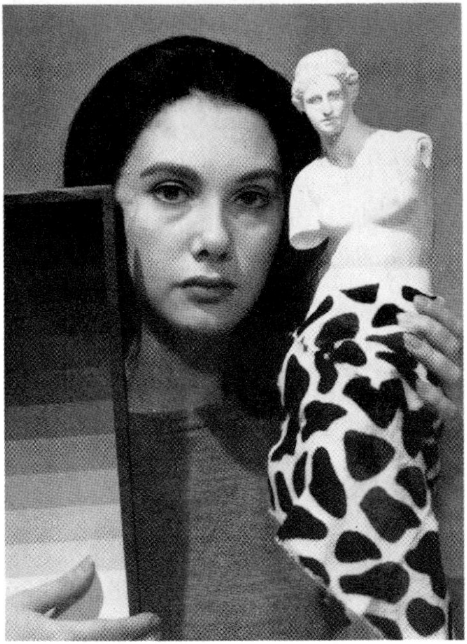

Kontrastbeeinflussung durch Negativentwicklung

In der Regel bekommt man Negative mit dem richtigen Kontrastgrad, wenn man nach Uhr und Thermometer entwickelt und sich dabei streng an die Gebrauchsanweisung für den Film hält. Wenn nötig kann man dieses Verfahren aufgrund sorgfältig durchgeführter Versuche dem eigenen Bedarf entsprechend verändern.

Ab und zu ist es jedoch wünschenswert, den normalen Kontrast eines Films zu ändern, ihn also weicher oder härter zu machen, wie es ein ungewöhnlich kontrastreiches oder kontrastloses Objekt gerade erfordert. Sind solche Veränderungen notwendig, dann bilden Abweichungen vom Standardverfahren der Negativentwicklung ein sicheres und bequemes Mittel, den Kontrast eines Negativs zu ändern. Eine verkürzte Entwicklungszeit schwächt den Negativkontrast ab, eine verlängerte Entwicklungszeit verstärkt ihn. (Vgl. S. 78–79.)

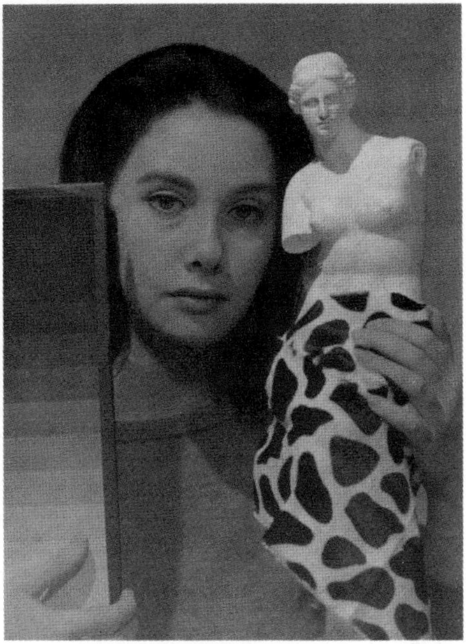

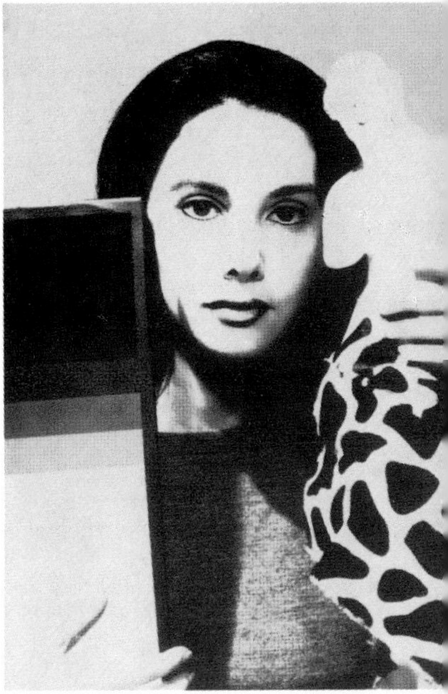

Welche Möglichkeiten der Kontrastbeeinflussung die Veränderung der Negativentwicklung bietet, zeigen die drei Bilder oben, deren Negative sämtlich gleichmäßig belichtet wurden. Das Bild links ist eine von einem normal entwickelten Negativ gezogene Kopie. Das Bild in der Mitte wurde von einem Negativ abgezogen, bei dem die normale Entwicklungszeit auf die Hälfte verkürzt wurde, und das Bild rechts stammt von einem Negativ, dessen Entwicklung das Dreifache der normalen Entwicklungszeit in Anspruch genommen hatte.

Noch größere Kontrastunterschiede erzielt man, wenn man nicht nur die Entwicklung, sondern auch die Belichtung ändert. Zur Kontrastverstärkung verkürzt man die Belichtungsdauer und verlängert die Entwicklungszeit. Zur Kontrastabschwächung verlängert man die Belichtung und verkürzt die Entwicklungszeit. Da die Zeitangaben von den verschiedenen Film- und Entwicklersorten abhängig sind, muß man die entsprechenden genauen Verhältnisse zwischen Belichtungszeit-Verlängerung und Entwicklungszeit-Verkürzung (und umgekehrt) vorher mit Hilfe von Versuchsaufnahmen ein für allemal ermitteln.

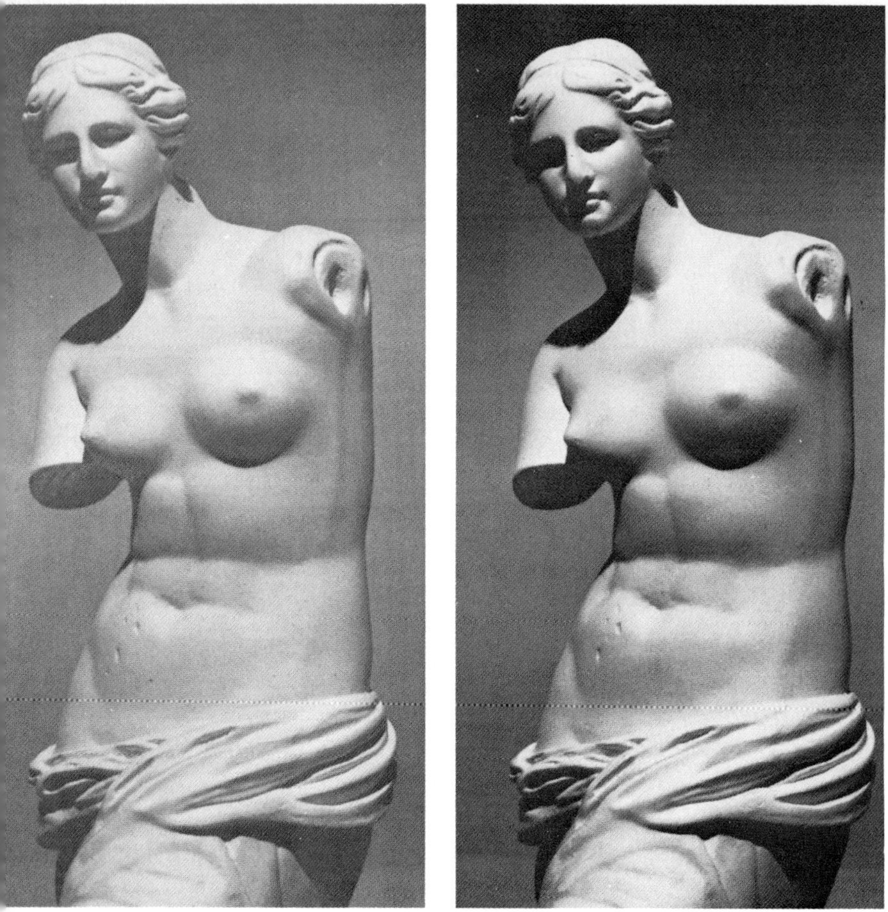

Kontrastbeeinflussung durch den Härtegrad des Papiers

Die einfachste, wenn auch, wie ich auf S. 71 erwähnt habe, nicht unbedingt beste Art, den Kontrast einer Fotografie zu beeinflussen, ist die Wahl eines Kopierpapiers

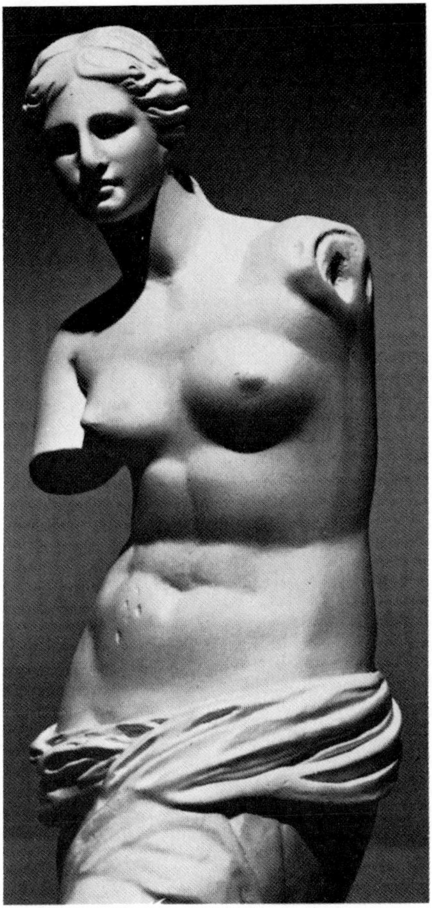

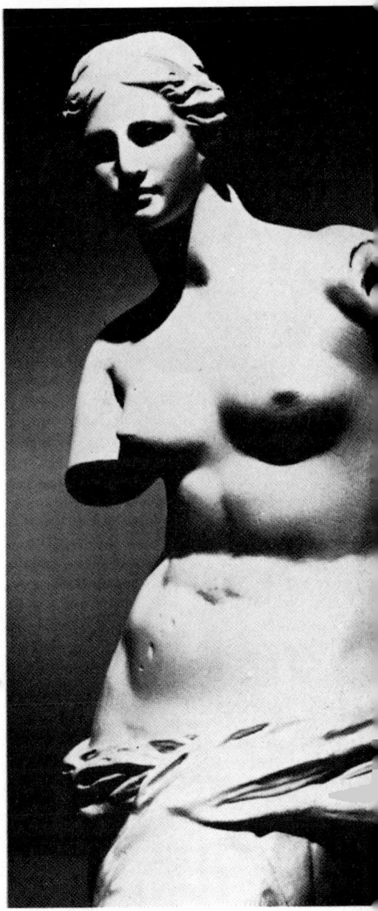

des entsprechenden Härtegrades. Wie weit man mit Hilfe dieser Methode den Kontrast verändern kann, zeigen die vier Bilder oben. Man machte Abzüge vom selben Negativ mit durchschnittlichem Kontrastumfang auf Papieren unterschiedlicher Gradation: weich, normal, hart und extrahart.

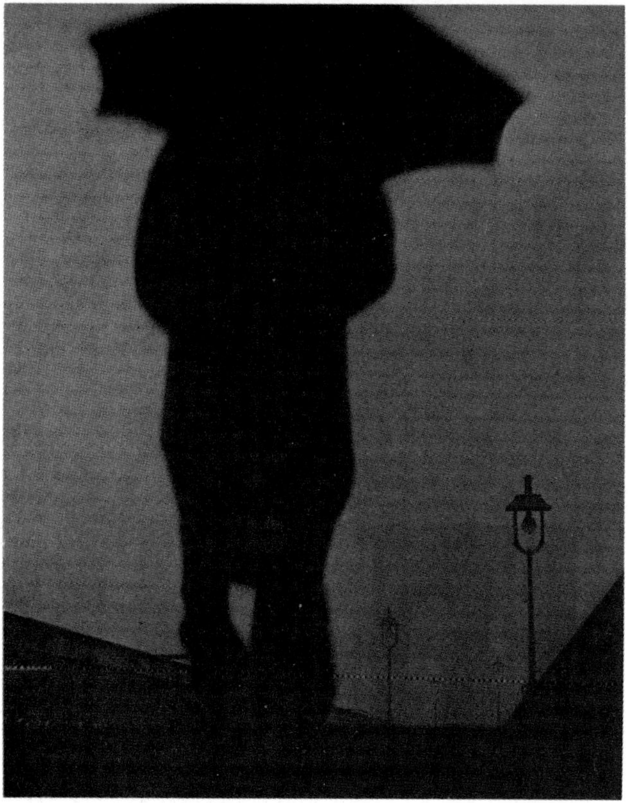

Kontrastbeeinflussung durch willkürliche Vereinfachung des Tones

Immer wieder macht man in der Fotografie die Erfahrung, daß ein Bild um so stärker wirkt, je einfacher die Mittel sind, deren man sich bedient. Das beweisen diese beiden Aufnahmen:

Links: Das Low-Key-Foto von Harvey Shaman vermittelt, hauptsächlich durch seine bewußte Beschränkung auf zwei dunkle Töne, die ganze Verlassenheit und Trübsal eines regnerischen Abends im November. *Rechts:* Ein Hig-Key-Foto des Autors, das fast nur aus abstraktem Schwarz und Weiß besteht; es »entpersönlicht« bewußt das Gesicht, betont den typischen Spiegel und fängt dadurch in graphischer Form etwas vom Wesen des Arzt-Berufes ein.

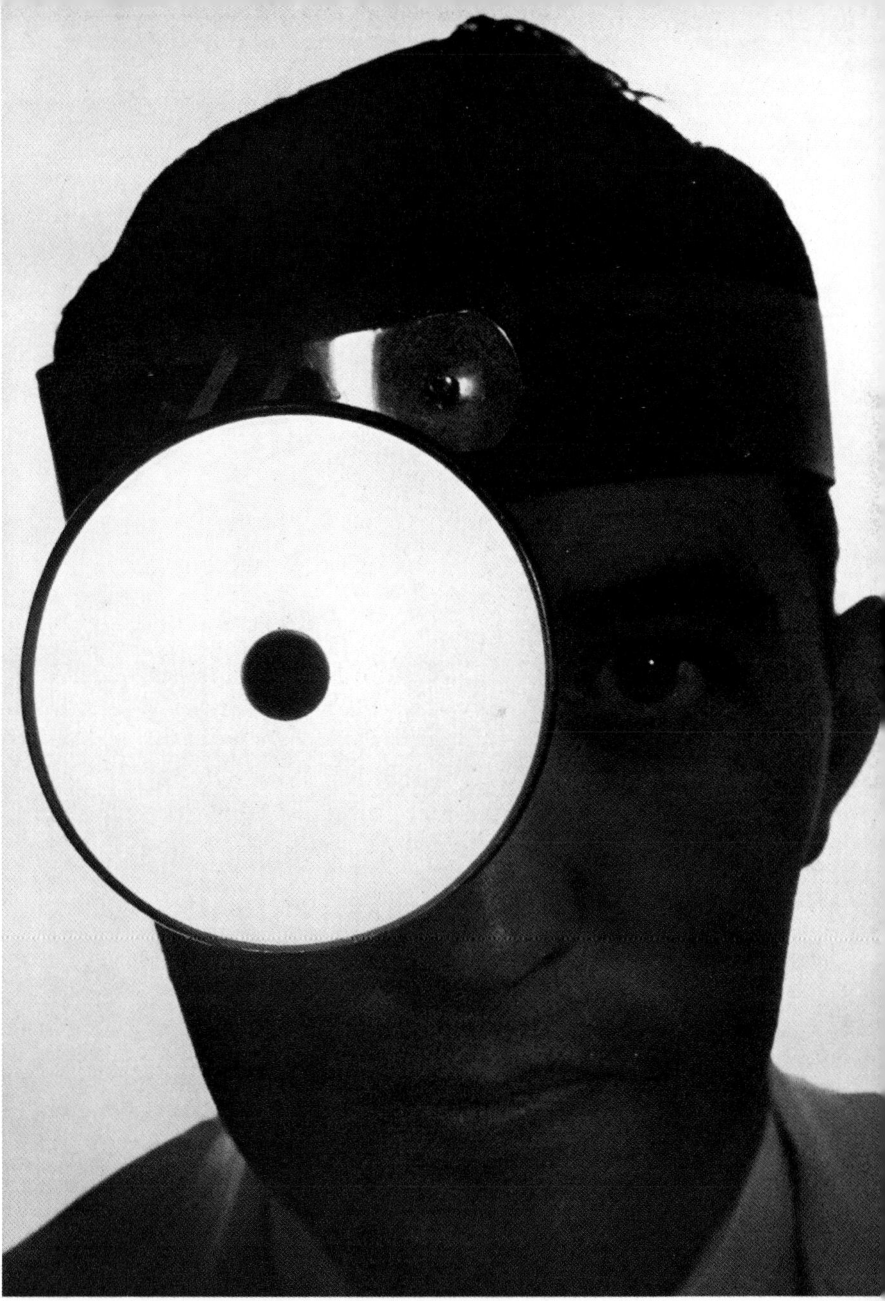

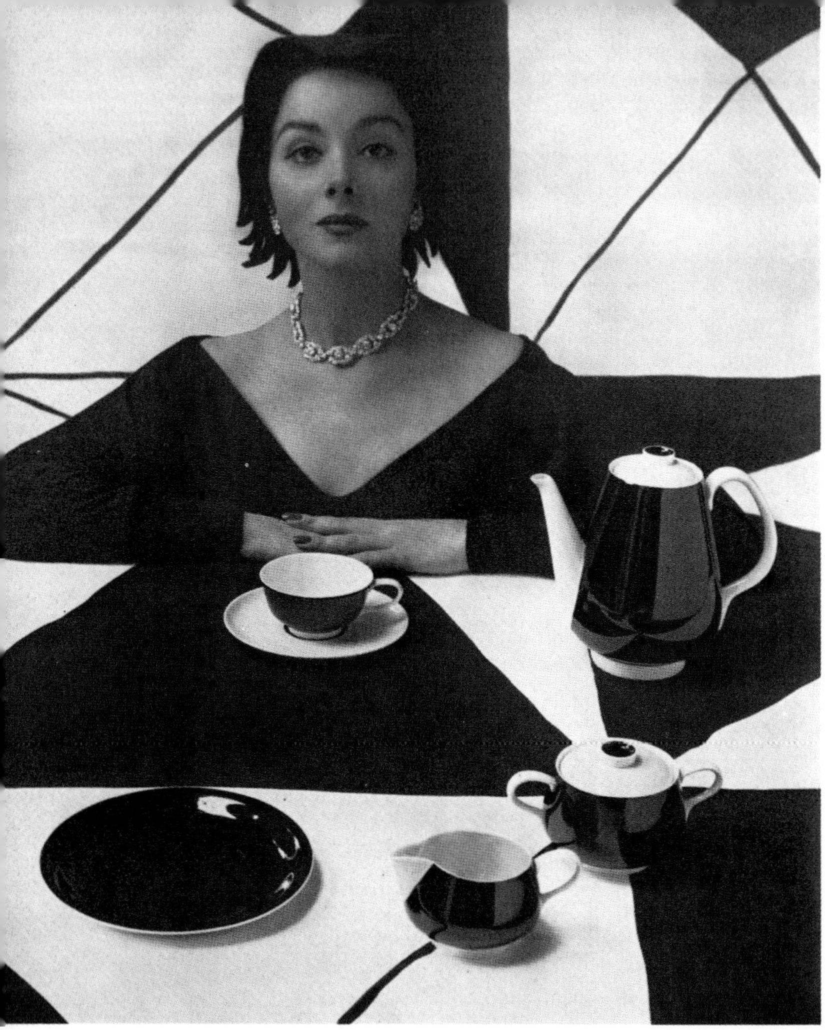

Kontrastbeeinflussung: Die Schönheit von abstraktem Schwarzweiß

Links: »Harlekin« von Zoltan Glass (England); *rechts:* »Segelboote« von Josef Scaylea. Beide Aufnahmen verdanken ihre besondere Wirkung der guten Bildkomposition, die auf künstlerisch einfallsreiche Weise durch Verwendung eines kräftigen, graphischen Schwarzweiß ausgearbeitet und verstärkt wurde.

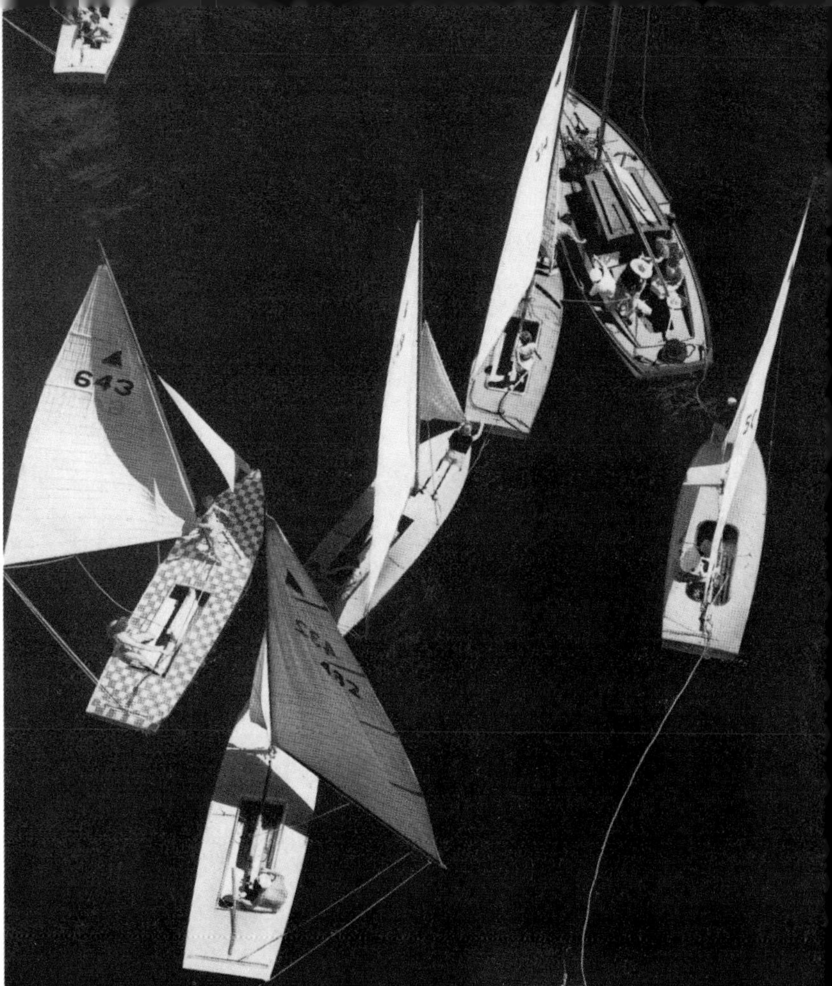

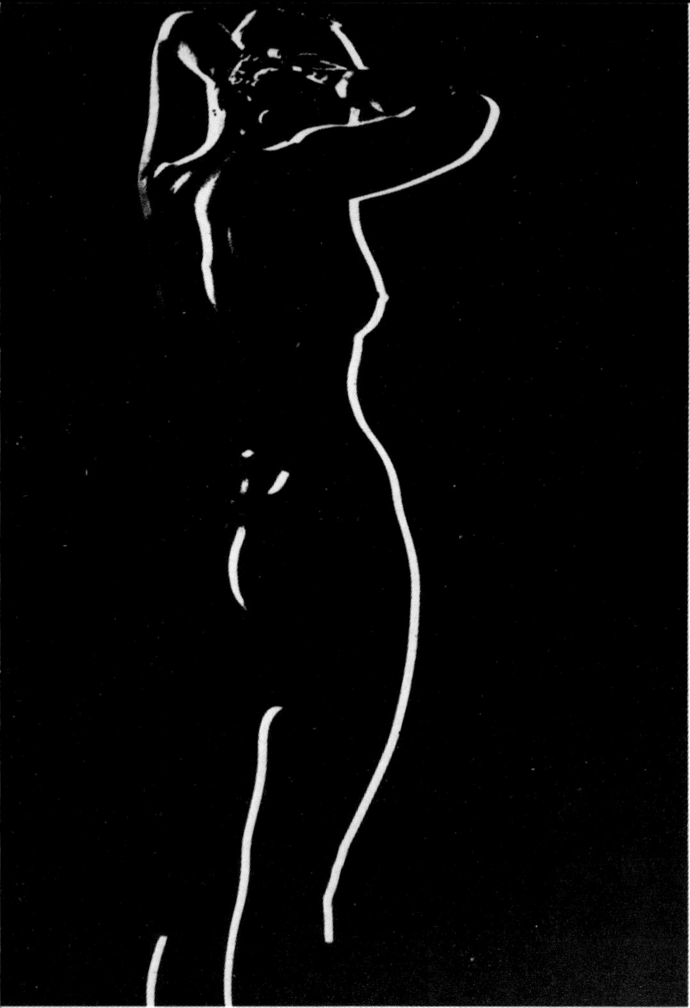

Kontrastbeeinflussung: Das Flachreliefverfahren

Den höchsten Grad von Abstraktion erreicht man in der Schwarzweiß-Fotografie durch das Flachreliefverfahren. Man macht einen Kontaktabzug eines Negativs auf Film, um ein Diapositiv zu bekommen, und befestigt dann Negativ und Positiv mit einem Klebestreifen übereinander, so daß sie sich nicht ganz genau decken. Diesen Doppelfilm legt man nun in das Vergrößerungsgerät und kopiert wie gewöhnlich.

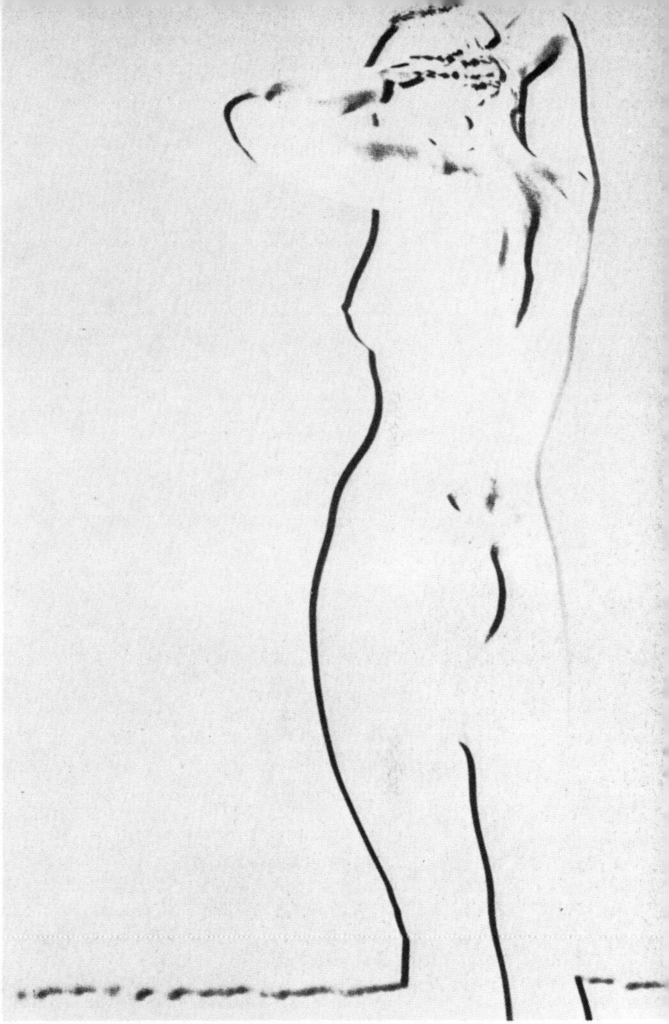

Wenn das ursprüngliche Negativ genügend kontrastreich und vollkommen scharf war, wird die Kopie, die dabei herauskommt, wie eine Federzeichnung oder ein Holzschnitt wirken. Derartige Abstraktionen sind um so stärker und eindrucksvoller, je einfacher Motiv, Bildaufbau und Muster sind. Kopiert man auf extrahartes Papier, wird der gleiche kräftige Schwarzweiß-Effekt erzielt wie auf diesen Bildern, die im Flachreliefverfahren von der Aufnahme auf S. 202, oben links, gemacht worden sind.

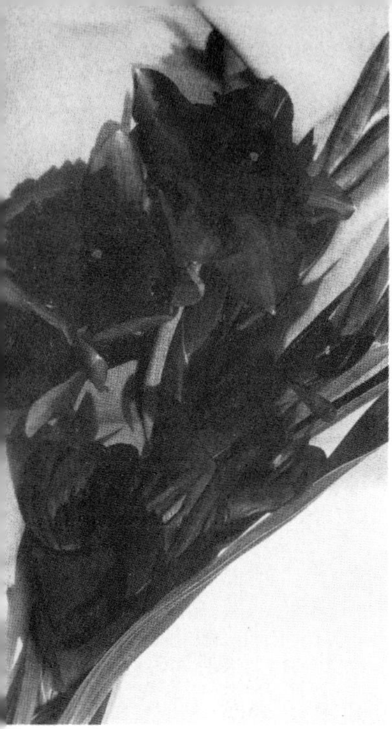 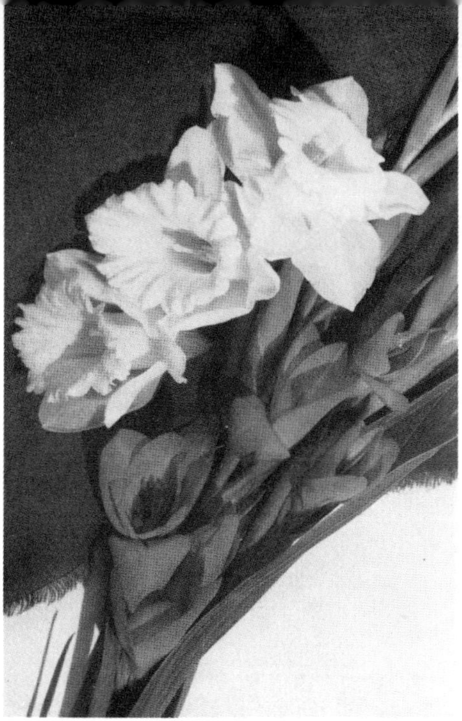

Farbbeeinflussung durch Farbfilter

Damit der Fotograf die Wirkung von Farbfiltern auf die Übertragung von Farben in Schwarzweiß-Werte kennenlernt, empfiehlt es sich für ihn, ein farbiges Motiv durch sämtliche Filter von Blau bis Rot aufzunehmen (wie das bei der oben gezeigten Versuchsreihe gemacht wurde) und sorgfältige Aufzeichnungen dabei zu machen. Eine Verwechslung der Angaben, die das Experiment wertlos machen würde, vermeidet man am einfachsten, indem man die Angaben (zum Beispiel: *Blaufilter*) mit Zeichentusche auf einen Papierstreifen schreibt und diesen Streifen in die Testaufnahme so hineinnimmt, daß er in der Nähe des Bildrandes erscheint.

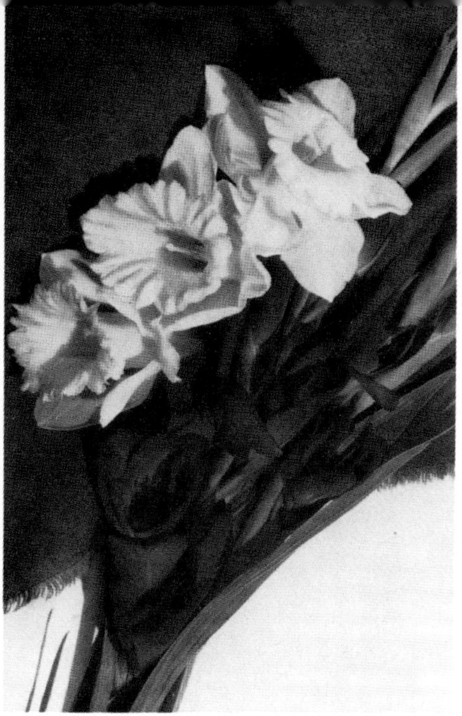

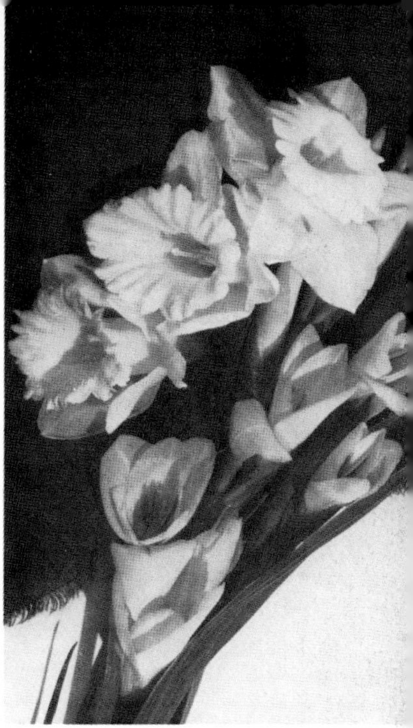

Die obigen Bilder zeigen das gleiche Motiv, das unter gleichen Bedingungen aufgenommen wurde, nur jedesmal mit einem anderen Farbfilter. Alle Negative wurden auf Papier desselben Härtegrades kopiert. Von links nach rechts wurden folgende Filter benutzt: Blau-, Gelb-, Grün- und Rotfilter. Die nebenstehende Skizze zeigt die Farben des Aufnahmeobjekts an. Beachten Sie, daß ein Filter stets die seiner eigenen Farbe entsprechende Objektfarbe heller und die Komplementärfarbe dunkler wiedergibt, als sie in Wirklichkeit erscheint. Weiteres über Farbfilter findet man auf S. 59.

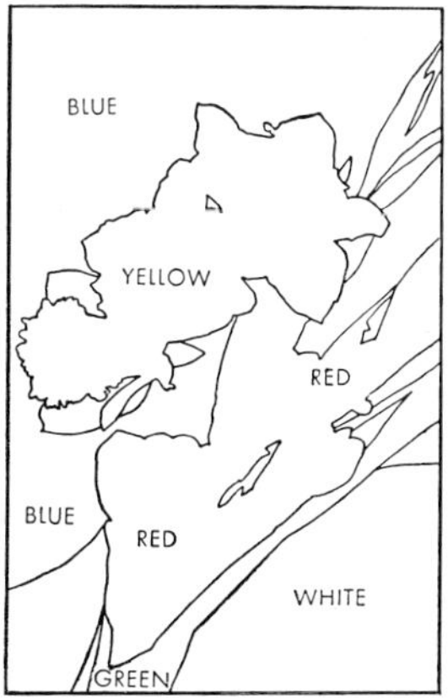

Farbbeeinflussung durch Verwendung von Farbfiltern

Zur Vertiefung seines Wissens über die Verwendung von Farbfiltern sollte ein Fotograf eine Reihe ähnlicher Aufnahmen machen, wie sie hier gezeigt werden. Man fotografiert ein Motiv, das aus zwei Gegenständen in Komplementärfarben besteht, und fotografiert diese Objekte (bei Verwendung entsprechender Farbfilter) so, daß ihre Farben auf dem Abzug als Weiß auf Weiß, Grau auf Grau, Schwarz auf Schwarz, Schwarz auf Weiß und Weiß auf Schwarz erscheinen. Daß das möglich ist, sieht man aus diesen Aufnahmen, die eine hellrote Paprikaschote vor grünen Kohlblättern zeigen. Wie man an den Schatten erkennt, sind alle Bilder Positive, trotzdem sind die Unterschiede in der Farbübertragung so groß, daß die hier diagonal gegenübergestellten Bilder wie Positiv und Negativ aussehen, ein überzeugender Beweis für die vielgestaltigen Einflußmöglichkeiten, die dem Fotografen in dieser Hinsicht zur Verfügung stehen.

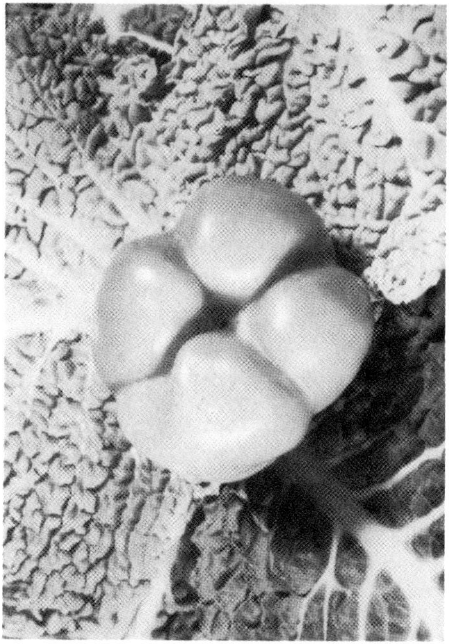

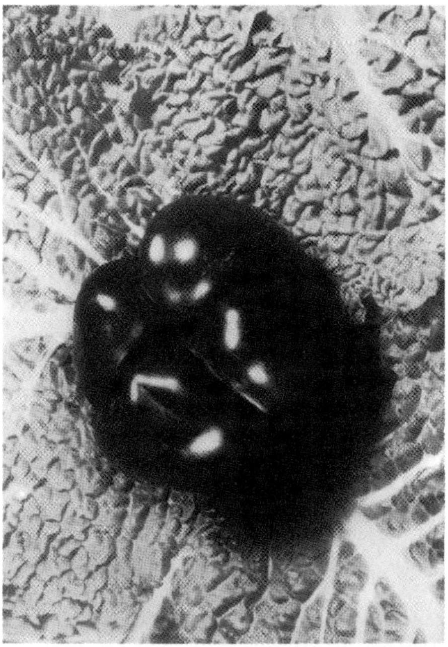

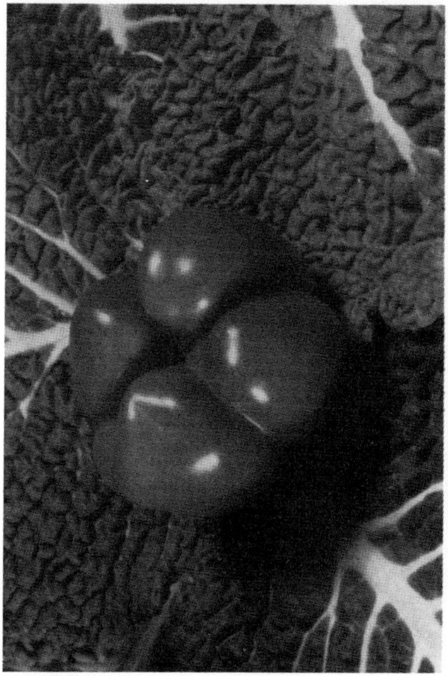
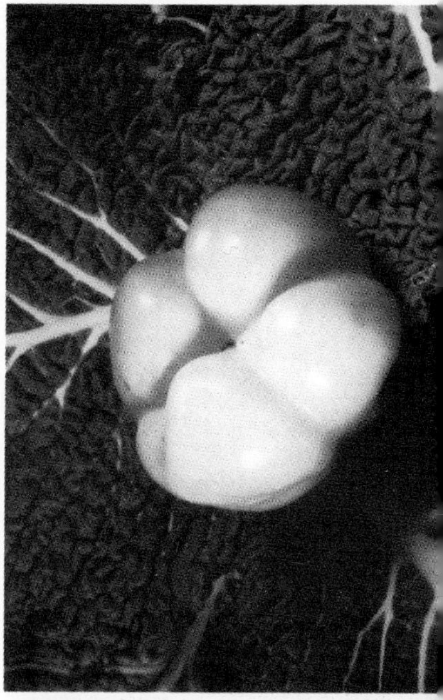
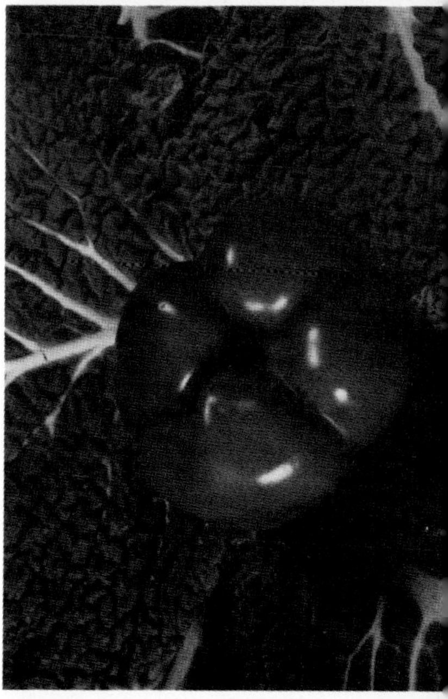

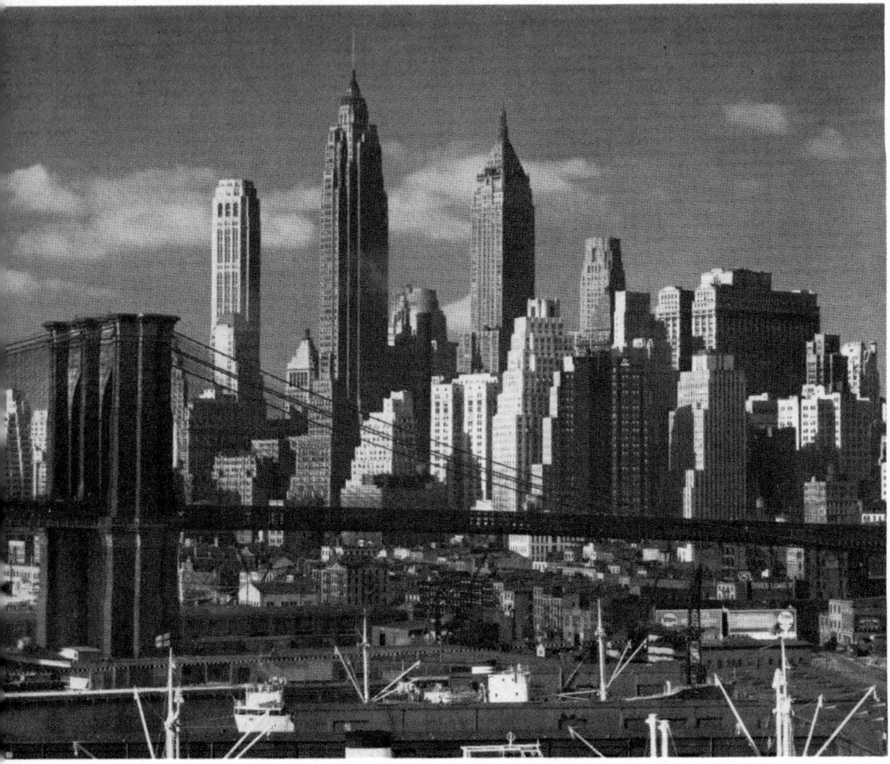

Farbkontrast durch Farbfilter

Diese beiden Bilder verdanken ihre graphische Wirkung vor allem der Farbsteuerung durch Verwendung von Farbfiltern.

Oben: Mit Hilfe eines Rotfilters wurde die Wirkung des stets vorhandenen bläulichen Morgendunstes absichtlich unterdrückt, um den Bildkontrast zu verstärken und auf diese Weise den Rhythmus des Bildaufbaues zu betonen.

Rechts: Durch Verwendung eines Rotfilters konnte der Fotograf das farbige Schauspiel eines Sonnenuntergangs in packende Schwarzweißtöne übertragen.

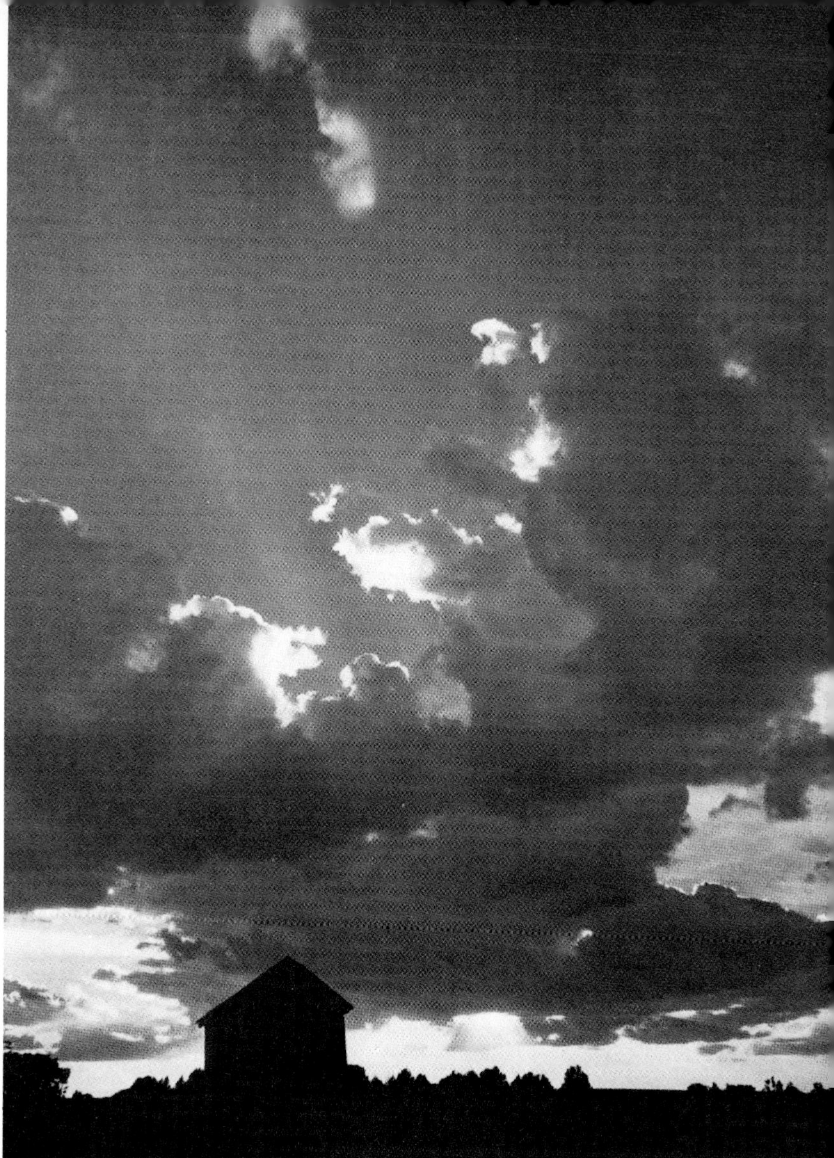

Probleme der Farbfotografie

Der Farbfotograf steht in jeder Hinsicht – mit einer Ausnahme – vor den grundsätzlich gleichen Problemen wie der Fotograf, der mit Schwarzweiß arbeitet. Wahl des Motivs, Zeichnung und Bildschärfe, Licht und Schatten, Spiegelungen und Überstrahlungen, Perspektive und Maßstab, Bewegung und Verwischung und ähnliche Faktoren haben auf eine Farbaufnahme genauso starken Einfluß wie auf eine Schwarzweißaufnahme. Daher wendet sich dieses Buch, obwohl es vorwiegend schwarzweiß illustriert ist, ebenso an den Farbfotografen wie an Fotografen, die in Schwarzweiß arbeiten.

Auf einem Schwarzweißfoto ist, abgesehen natürlich vom Motiv selbst, der bedeutsamste Einzelfaktor die durch graphisches Schwarzweiß zum Ausdruck gebrachte FORM, während der bedeutsamste Faktor einer Farbfotografie die FARBE ist. Hat man bei einer Farbaufnahme zwischen Form und Farbe zu wählen, ist in jedem Falle die Farbe ausschlaggebend. Das ist das Hauptmerkmal, in dem Farbfotografie und Schwarzweißfotografie sich unterscheiden.

Es ist natürlich nicht möglich, die ausschließlich mit der Farbe zusammenhängenden Probleme auf sechzehn Seiten darzustellen, deshalb sollen hier nur in großen Zügen die Grundsätze aufgezeigt werden, die mit dem farbigen Sehen und Denken in Beziehung stehen, und die Mittel, durch die der Fotograf Einfluß darauf ausüben kann. Für Leser, die mehr über dieses hochinteressante Thema erfahren möchten, verweise ich auf mein Buch »Farb-Fotolehre« (Econ-Verlag, Düsseldorf, 474 Seiten, DM 25,–).

Obwohl der eine oder andere zweifellos anderer Meinung sein wird, möchte ich behaupten, das Kriterium für jede *gute* Farbaufnahme liegt darin, ob sie schön, erregend, empörend und so weiter ist, mit anderen Worten, ob sie »fesselt«. Es kommt aber *nicht* darauf an, ob die Farben »naturgetreu« sind. Strenggenommen gibt es so etwas wie eine »naturgetreue« Farbe überhaupt nicht. Aufnahmen desselben Motivs, die unter denselben Verhältnissen auf Farbfilm desselben Typs, aber von verschiedenen Herstellerfirmen gemacht werden, geben die Farbe des Aufnahmeobjekts gänzlich verschieden wieder, wie die Vergleichsbilder auf Seite 260 zeigen. Abgesehen von den filmbedingten Farbunterschieden, verändert sich die Farbe des Aufnahmeobjekts auch durch Änderungen in der Art der Beleuchtung und, bei Außenaufnahmen, durch die Tageszeit und die atmosphärischen Bedingungen. Deshalb muß ein Fotograf, der *gute* Farbaufnahmen machen will, sich von dem Bestreben frei machen, Farben »naturgetreu« wiederzugeben; er muß Farben vielmehr mit den die äußerliche Realität durchdringenden Augen des schaffenden Künstlers sehen.

Die folgenden sechzehn Seiten zeigen Bildbeispiele für einige der Möglichkeiten, die Farbe nach künstlerischen Erfordernissen zu beeinflussen.

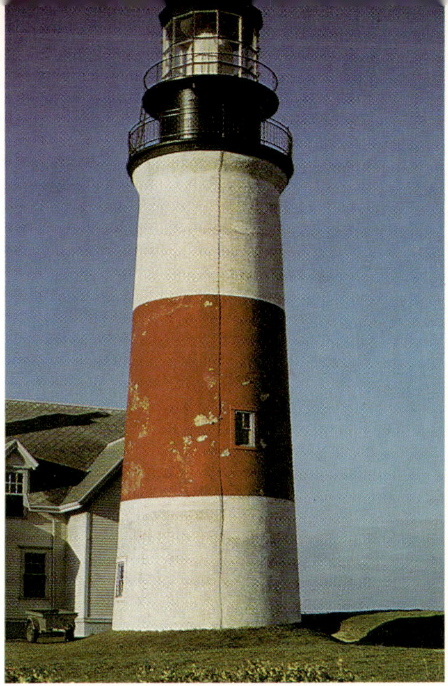

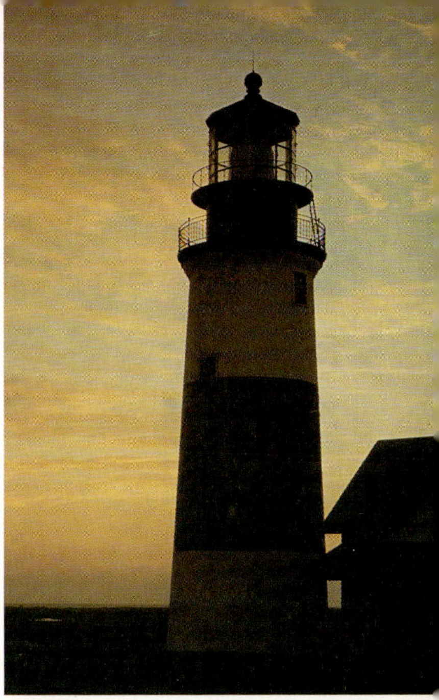

Die Wahl der Motivfarbe

Farbe kann bei einem Lichtbild ein Vorzug und ein Nachteil sein, je nachdem, ob sie fotogen oder nicht fotogen ist; dadurch werden Beobachtungsvermögen, Auswahl und Geschmack des Fotografen zu wertvollen Momenten der Farbgestaltung. Da alle Objekte überdies ihre Farbe verändern, sobald Farbveränderungen in der Beleuchtung eintreten, muß der Fotograf, soweit es sich um Außenaufnahmen handelt, Geduld und Zeit haben, wenn er gute Farblichtbilder machen will. Diese Bilder zeigen, wie stark die Objektfarbe durch Farbveränderungen in der Beleuchtung und durch die atmosphärischen Verhältnisse beeinflußt wird. In diesem Fall hatte der Fotograf tatsächlich weiter nichts zu tun, als abzuwarten und auszuwählen.

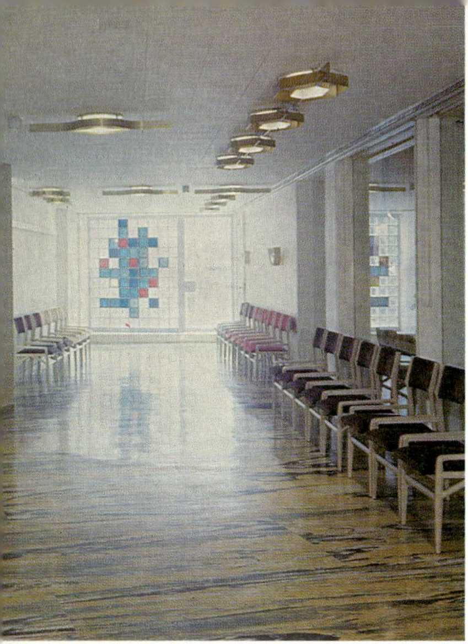
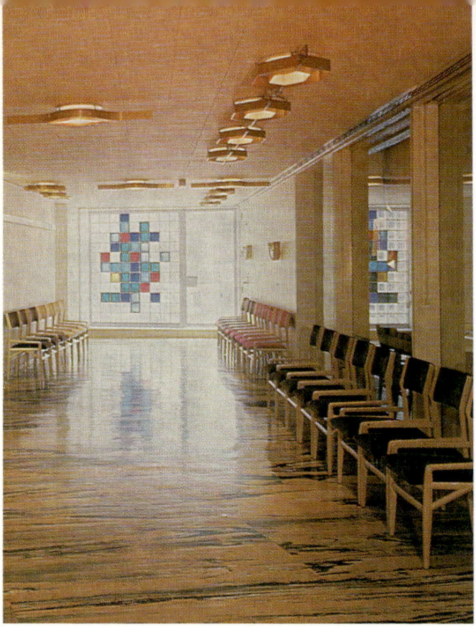

Die Wahl des Farbfilmtyps

Jeder Farbfotograf weiß, daß der Farbfilm der Art des Lichtes entsprechen muß, bei dem er verwendet wird, wenn die Bilder möglichst »natürlich« wirken sollen. In der Regel ist die Wahl einfach: bei Tageslicht verwendet man Tageslichtfilm, bei Kunstlicht den Filmtyp, der für die betreffende Art von Kunstlicht empfohlen wird. Aber mit was für einem Film soll ein Fotograf bei einer Mischbeleuchtung von Tages- und Kunstlicht arbeiten?

Farbfilm für »Mischbeleuchtung« gibt es nicht, also muß er entweder Tageslichtfarbfilm benutzen oder einen auf Kunstlicht abgestimmten Farbfilm. Keiner von beiden ergibt allerdings »natürlich« erscheinende Farben, deswegen raten die Farbfilmhersteller auch von einer Mischung unterschiedlicher Beleuchtungsarten ab. Andrerseits kann eine solche vollkommen »unnatürliche« Farbe besonders interessant und schön sein, gerade weil sie anders ist als die übliche. Von diesen beiden Bilderpaaren, die bei einer aus Tageslicht und Kunstlicht gemischten Beleuchtung aufgenommen wurden, sind die Fotos links und oben auf Tageslichtfarbfilm gemacht, die Fotos rechts und unten auf Farbfilm, der auf Kunstlicht abgestimmt war. Man sieht deutlich, daß der Tageslichtfarbfilm bei »Mischbeleuchtung« wärmere, goldene Töne gibt, der Kunstlichtfarbfilm dagegen kühlere, mehr ins Bläuliche gehende Töne erzeugt.

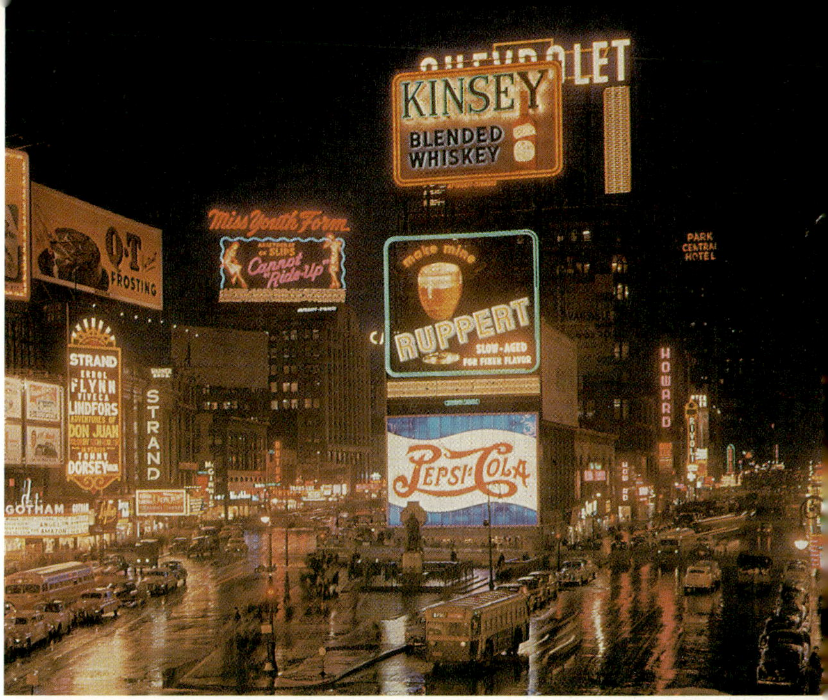
KINSEY
BLENDED WHISKEY
Miss Youth Form
SLIPS
Cannot Ride-up
Q-T
FROSTING
make mine
RUPPERT
SLOW-AGED FOR FINER FLAVOR
PARK CENTRAL HOTEL
STRAND
ERROL FLYNN
VIVECA
LINDFORS
ADVENTURES OF
DON JUAN
TOMMY
DORSEY
STRAND
HOWARD
PEPSI-COLA
GOTHAM

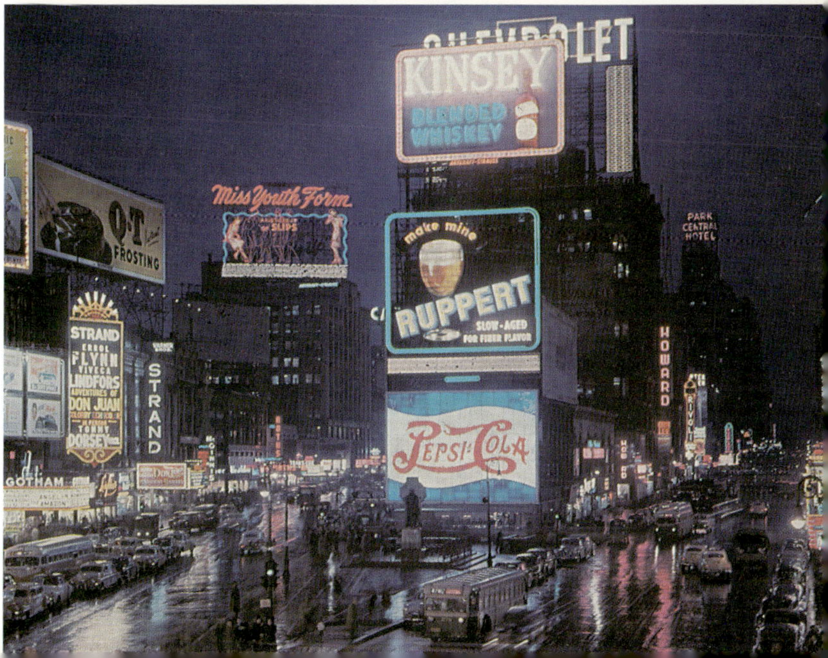
KINSEY
BLENDED WHISKEY
Miss Youth Form
SLIPS
Q-T
FROSTING
make mine
RUPPERT
SLOW-AGED FOR FINER FLAVOR
PARK CENTRAL HOTEL
STRAND
ERROL FLYNN
VIVECA
LINDFORS
ADVENTURES OF
DON JUAN
TOMMY
DORSEY
STRAND
HOWARD
PEPSI-COLA
GOTHAM

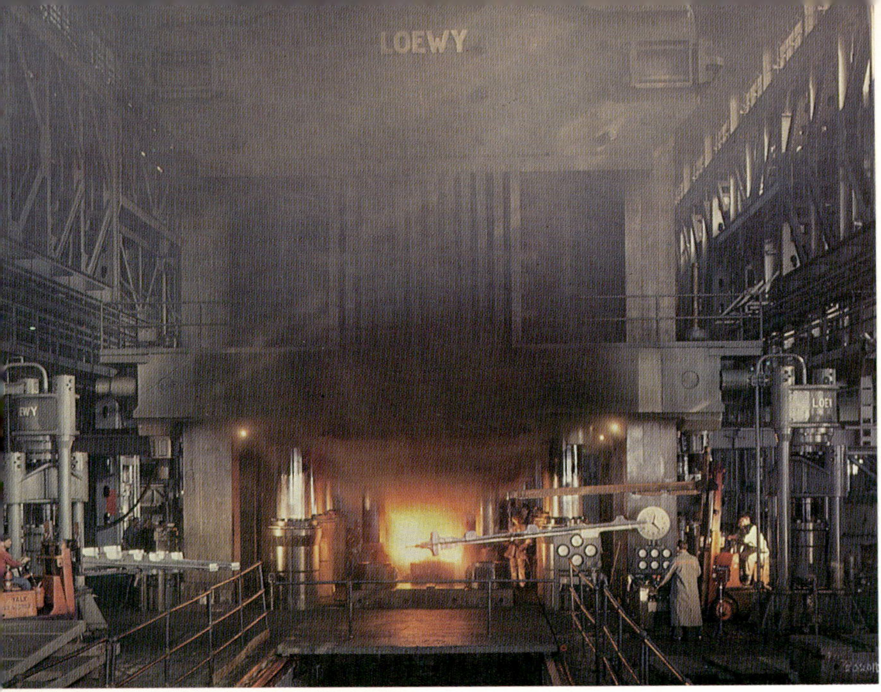

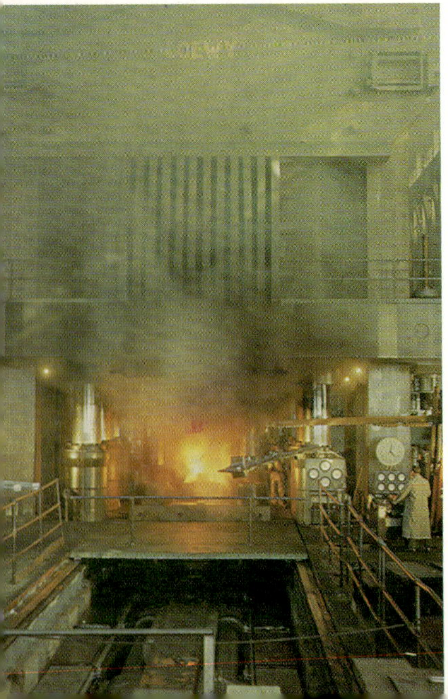

Die Wahl des Farbfilmfabrikats

Diese beiden Aufnahmen desselben Motivs wurden unter gleichen Verhältnissen auf Tageslichtfilm von zwei weltbekannten Firmen gemacht. Filter wurden nicht verwendet, und beide Aufnahmen wurden von demselben erstklassischen Farblabor entwickelt. Der ungeheure Unterschied in der Farbwiedergabe erklärt sich aus den Eigenschaften der beiden Farbfilme und beweist schlagend, daß es eine »natürliche« Farbwiedergabe nicht gibt. Woraus der Schluß zu ziehen ist, daß jeder Fotograf durch Proben und Versuche selbst das Farbfilmfabrikat finden muß, das die ihm zusagenden Eigenschaften besitzt. Diese Auswahl ist eine reine Geschmacksfrage, da es einen »besten« Farbfilm nicht gibt.

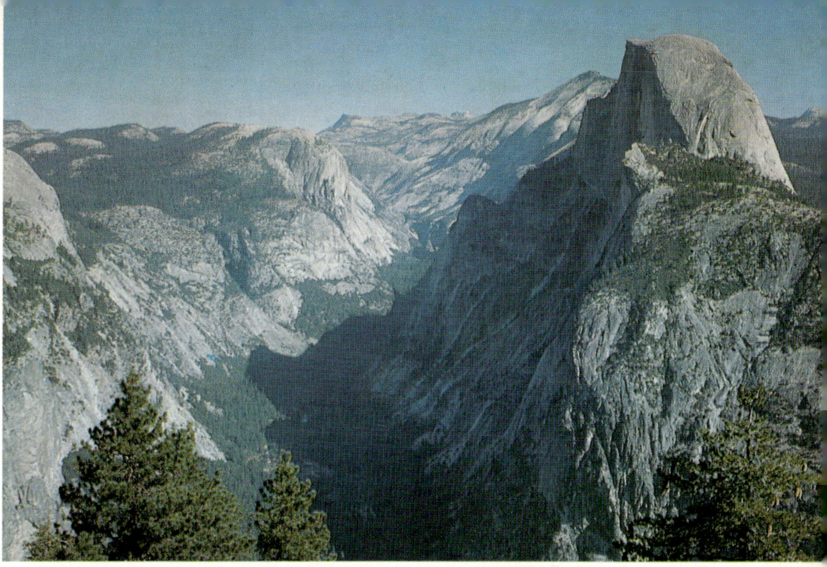

Die Wahl des Farbdämpfungsfilters

Der Gesamtton jeder Farbaufnahme läßt sich weitgehend durch Verwendung von Spezialfiltern beeinflussen. Das Bild oben wurde ohne Filter aufgenommen. Der kräftige Blaustich, der besonders in den Schattenpartien auffällt, ist ganz normal durch eine von einem tiefblauen Himmel reflektierte Fülle von Licht entstanden. Das untere Bild wurde durch einen Filter aufgenommen, der einen Teil der Blautöne schluckte und mehr ins gelbliche gehende Farben erzeugte. Obwohl diese Farbwiedergabe »natürlicher« aussehen mag, kommt die ungefilterte Aufnahme der Wirklichkeit im Augenblick der Belichtung näher.

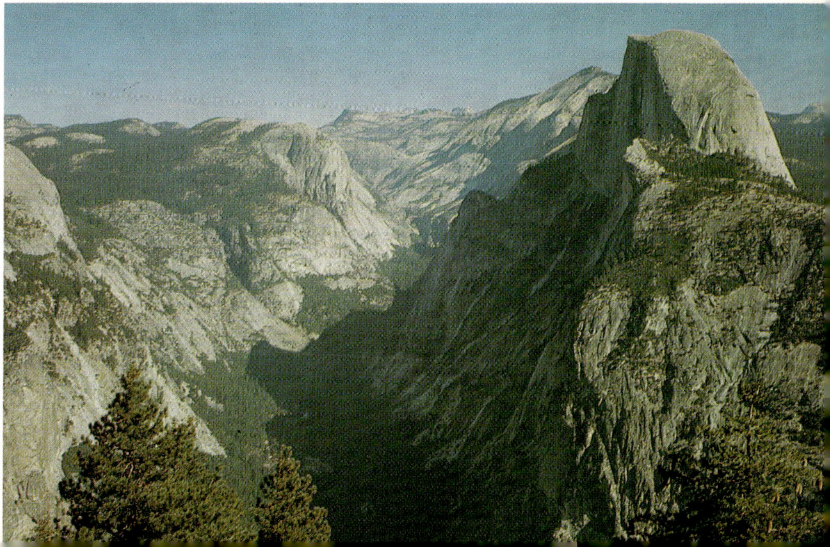

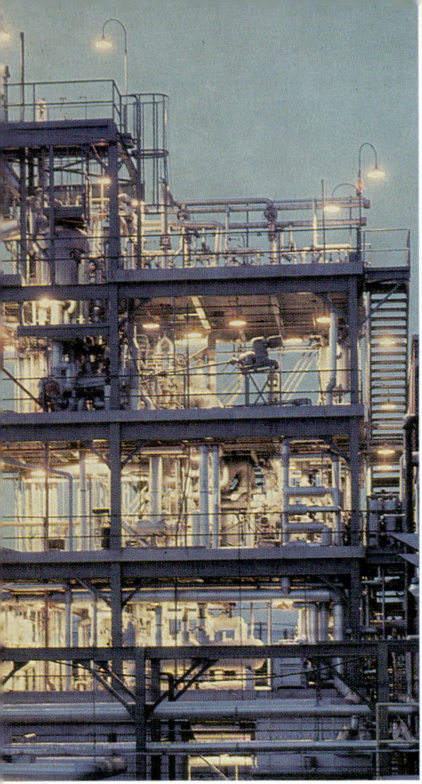 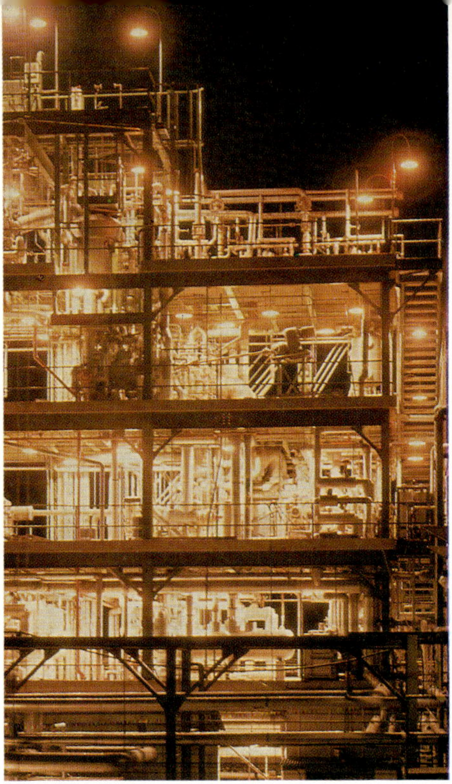

Die Wahl der Beleuchtung

Da die Farbe des Tageslichts beträchtlich schwankt, hat ein Fotograf oft die Möglichkeit, dasselbe Motiv in den verschiedensten Gesamttönen zu zeigen.

Die vier Bilder auf dieser Doppelseite wurden auf Farbfilm desselben Typs und Fabrikats, ohne Vorsatz von Filtern, aufgenommen. Unterschiede im Gesamtton ergaben sich aus Unterschieden in der Farbe des Lichts. Das Bild oben links wurde in der Dämmerung aufgenommen, das Bild rechts bei Nacht. Die beiden Bilder aus dem »Tal des Todes« in Kalifornien (auf der Gegenseite) zeigen, wie sich der gesamte Farbton einer Landschaft mit der Farbe des Lichts verändert: das Bild oben wurde unmittelbar nach Sonnenaufgang gemacht, als das Licht noch rötlich war. Das Bild unten wurde zwei Stunden später bei »weißem« Tageslicht gemacht. Später, im Laufe des Nachmittags, würde sich das Licht allmählich von Weiß über Gelb nach Gold verändert haben; bei Sonnenuntergang wäre es rot geworden; noch später würde es nach und nach über Rosa zu immer dunkleren Blautönen verblassen.

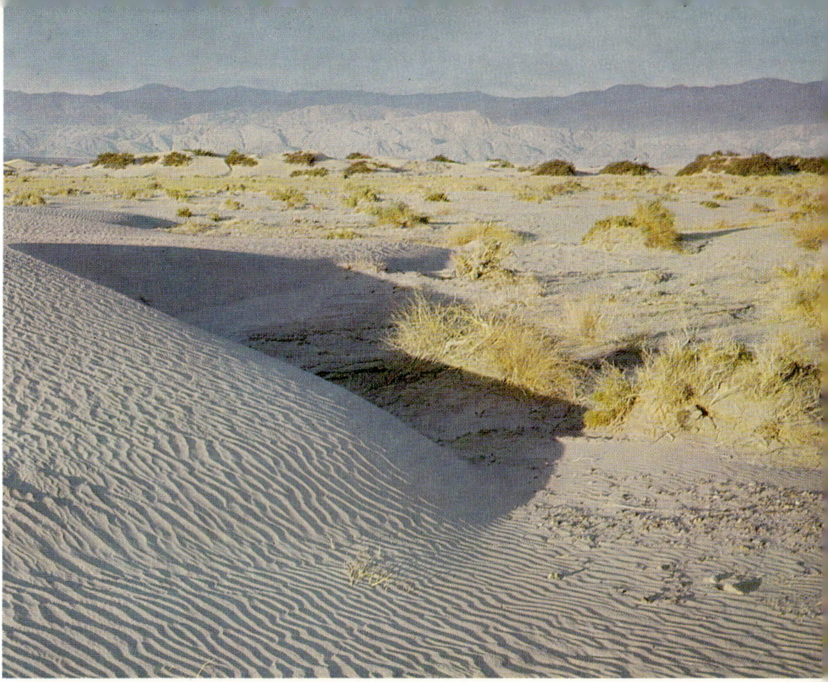

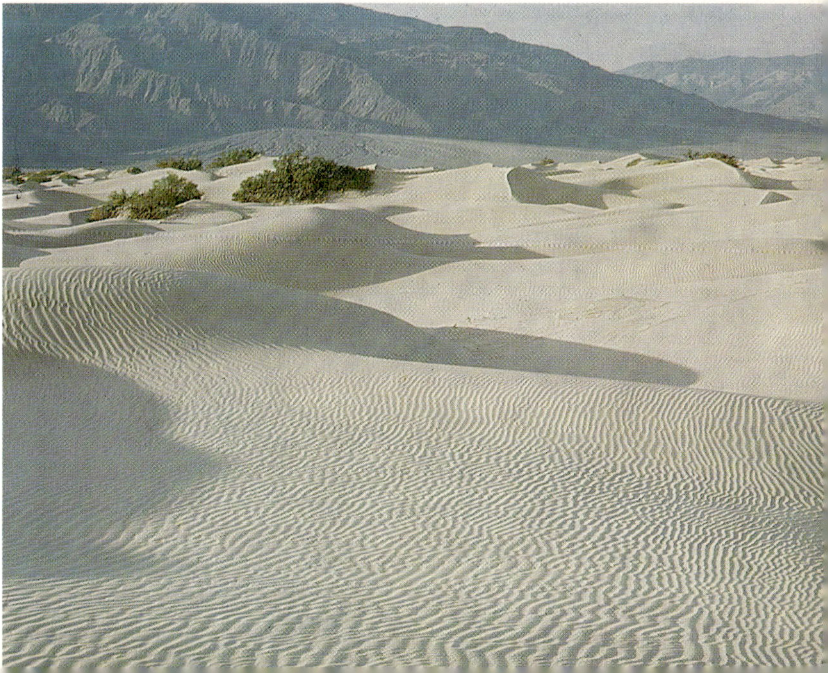

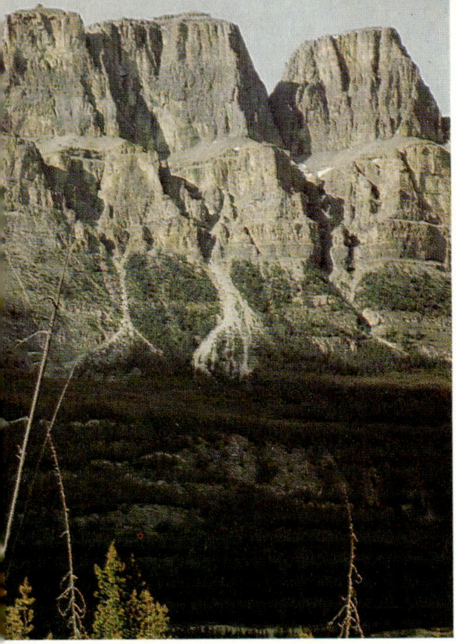

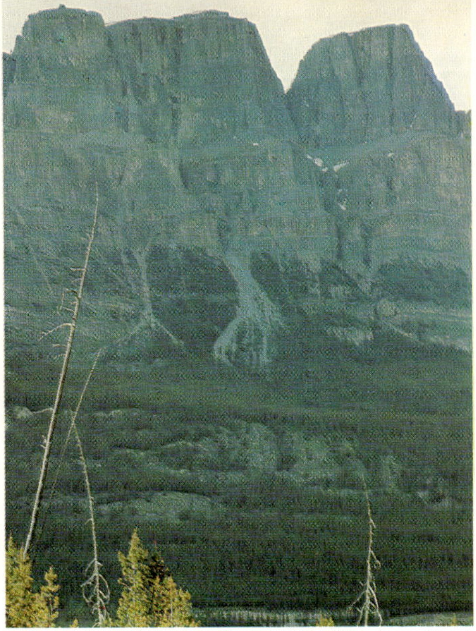

Die Wahl der Beleuchtung

Bei Innenaufnahmen kann man durch Einsatz der entsprechenden Beleuchtungsarten und, falls es erwünscht sein sollte, durch Färbung der Beleuchtung mit Hilfe von Vorsatzscheiben für die Fotolampen, ohne weiteres eine Beleuchtung jeder erdenklichen Art und Farbe erzielen. Bei Außenaufnahmen hat man, wie diese Bilder beweisen, eine fast ebenso große Auswahl, vorausgesetzt, daß der Fotograf genügend Geduld und Zeit hat, um ein bestimmtes Licht abzuwarten.

Oben: Beide Bilder wurden im Abstand von wenigen Minuten aufgenommen. Der krasse Farbunterschied wurde durch wandernde Wolken bewirkt, die ihre Schatten bei dem einen Bild auf den mittleren Teil, bei dem andern auf den Hintergrund warfen.

Gegenseite: Das Bild oben zeigt eine Fabrik, die vom letzten Licht der sinkenden Sonne »vergoldet« wird. Das Bild in der Mitte stellt eine Raffinerie als Silhouette vor einem blutroten Sonnenuntergangshimmel dar. Das Bild unten zeigt ein modernes Wohnhaus; der Bau, der in Wirklichkeit weiß ist, wird durch das abendliche verblassende Tageslicht in geheimnisvolles Blau getaucht.

Bei jedem dieser Bilder wählte man ein »unnatürlich gefärbtes« Tageslicht, das heißt ein Tageslicht, das nicht »weiß« war, um ein Objekt, das, wenn man es bei »normalem« Licht fotografiert hätte, alltäglich und langweilig gewirkt haben würde, interessant zu machen.

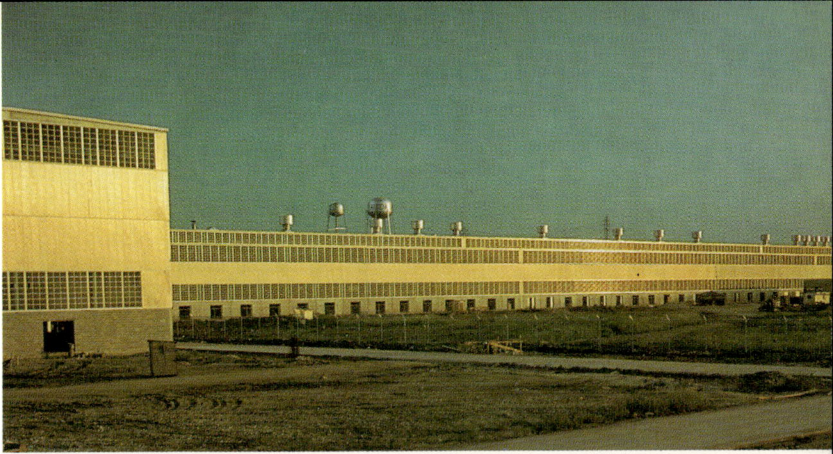
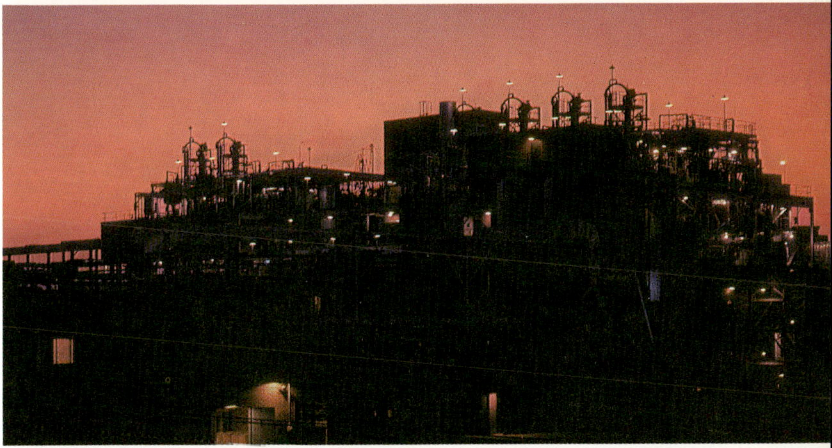
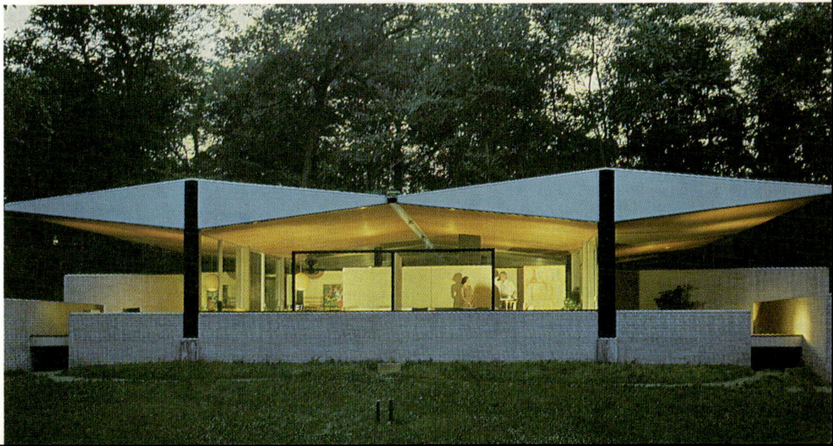

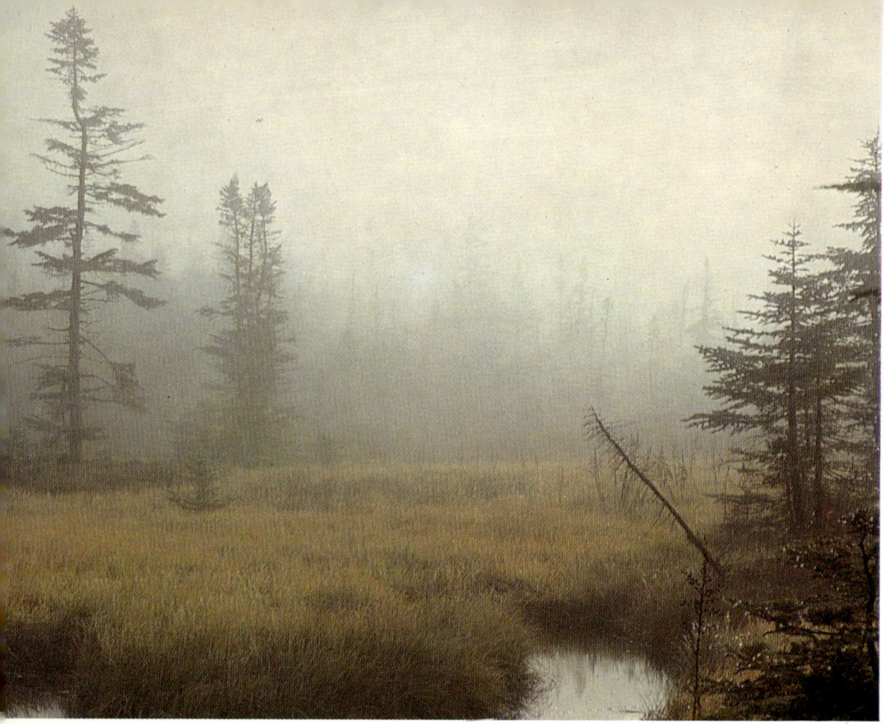

Die Wahl zwischen farbig und schwarzweiß

Grundsätzlich hat ein Fotograf stets die Wahl, ob er ein Objekt farbig oder schwarzweiß aufnehmen will. Leider scheinen gerade Amateure der Meinung zu sein, »farbig« sei unbedingt »besser« als schwarzweiß, und dann fotografieren sie Motive, die in schwarzweiß viel wirkungsvoller herauskommen würden, auf Farbfilm.

Der gute Fotograf macht Farbaufnahmen dagegen nur dann, wenn die Farbe für die Charakterisierung des Objekts wesentlich ist. Wenn das der Fall ist, läßt er sich nicht davon abschrecken, daß das Motiv viele oder wenige Farbtönungen aufweist und daß die Farben sehr kräftig oder blaß sind. In Schwarzweiß würden diese drei Ansichten nichtssagend und langweilig sein; da aber die Farbe die wichtigste Eigenschaft eines jeden Objekts war, wirken sie auf den Betrachter, obwohl (oder vielleicht weil) sie praktisch einfarbig sind.

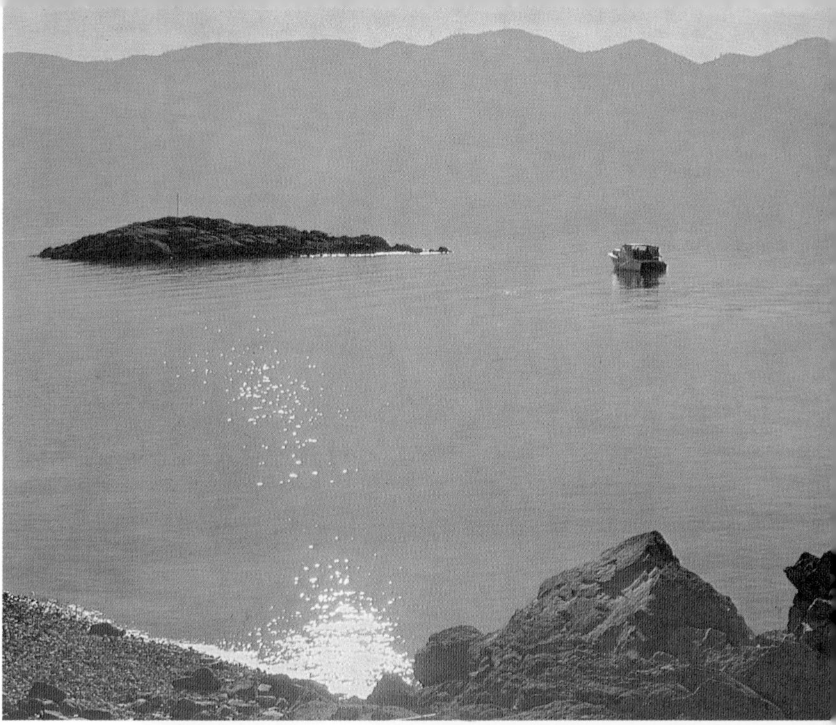
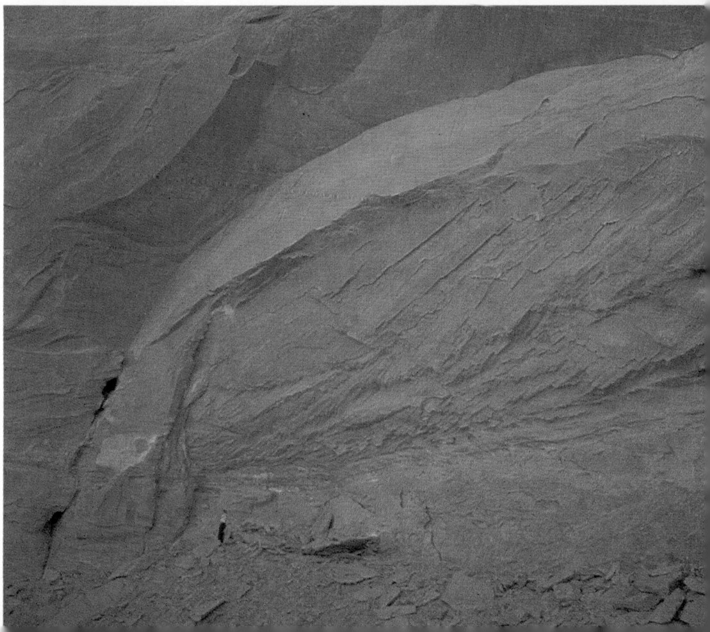

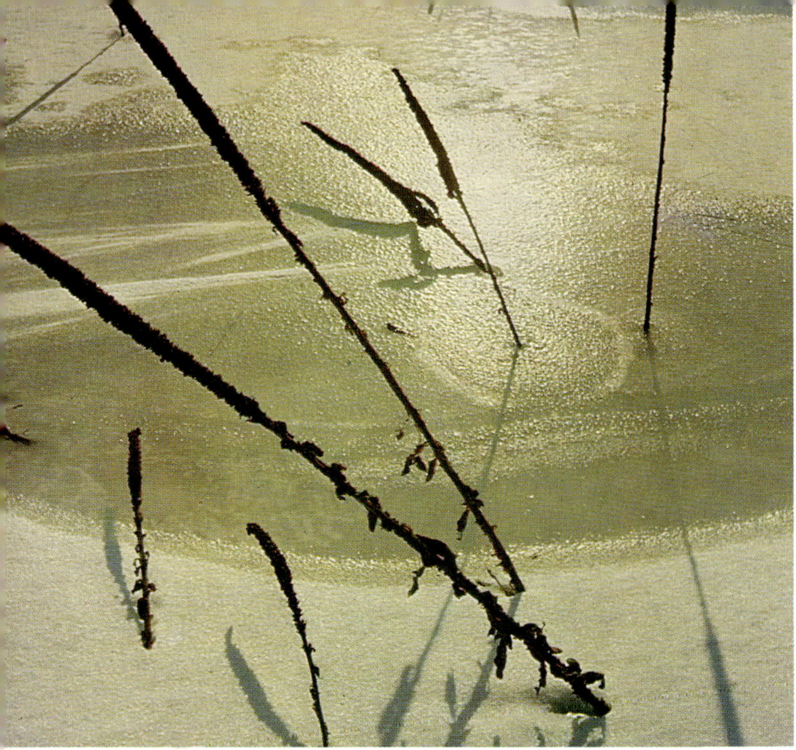

Gewohnte oder ungewohnte Farben?

Die meisten Farbaufnahmen sind mehr oder weniger ein Abklatsch dessen, was das Auge sehen kann, und bieten unserer visuellen Erkenntnis nichts Neues. Darum sind auch die meisten Farbfotos verhältnismäßig uninteressant.

Genau das Gegenteil gilt für Bilder, die »ungewohnte« Farben aufweisen (was keinesfalls dasselbe ist wie »unnatürlich«). Fotografen, die mit ungewohnten Farben arbeiten wollen, haben die Wahl zwischen zwei Farbkomplexen: ungewöhnlich zarten Farben (Pastelltönen) und ungewöhnlich kräftigen (übersättigten) Farben.

Charakteristisch für das Bild oben sind ungewöhnlich zarte Farbtöne. Dargestellt ist ein Motiv, das viele Farbfotografen als »nicht farbig genug« ablehnen. In diesem Falle aber geben gerade die zarten, perlfarbenen Töne so eindringlich die Empfindungen des Winternachmittags wieder. So sonderbar es auch scheinen mag, die Feinheit der Farben kann in der Farbfotografie ein Vorzug sein, und je zarter die Farbtöne, desto stärker ist oftmals die Wirkung.

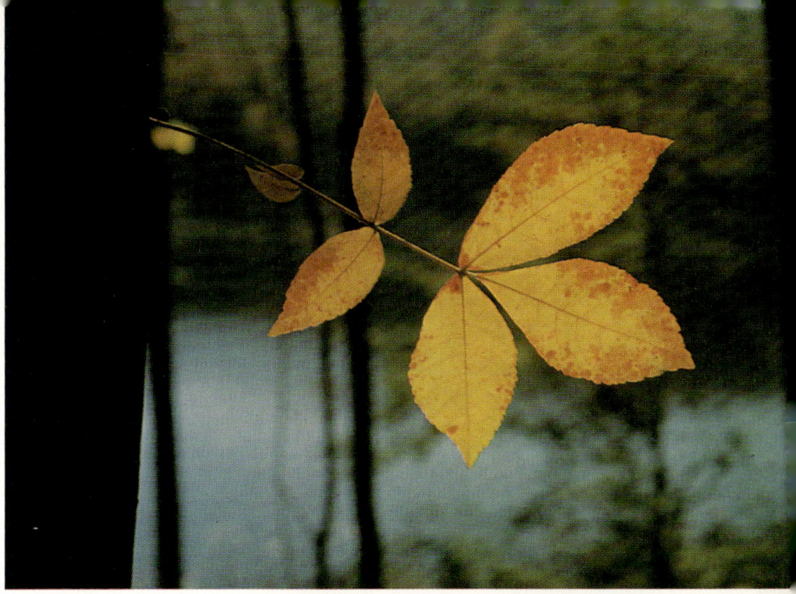

Bei den Bildern auf dieser Seite springt die ungewöhnlich kräftige Farbe ins Auge. Bei beiden wurde der Effekt – man kann hier beinahe von einem Leuchteffekt sprechen – durch die Arbeit mit Gegenlicht erzielt. Das Bild oben ist auf Komplementärfarben aufgebaut (Gegensatz von Gelb und Blau), das Bild unten auf Farbharmonien (verwandte Rot- und Brauntöne).

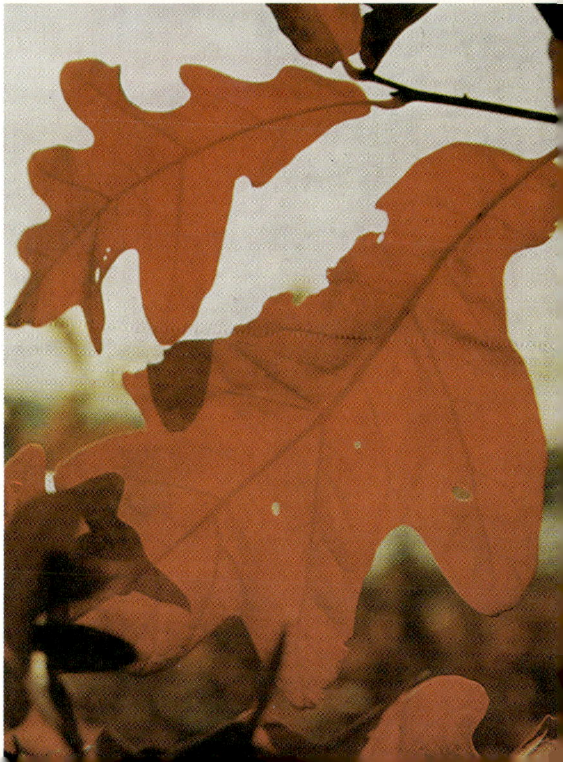

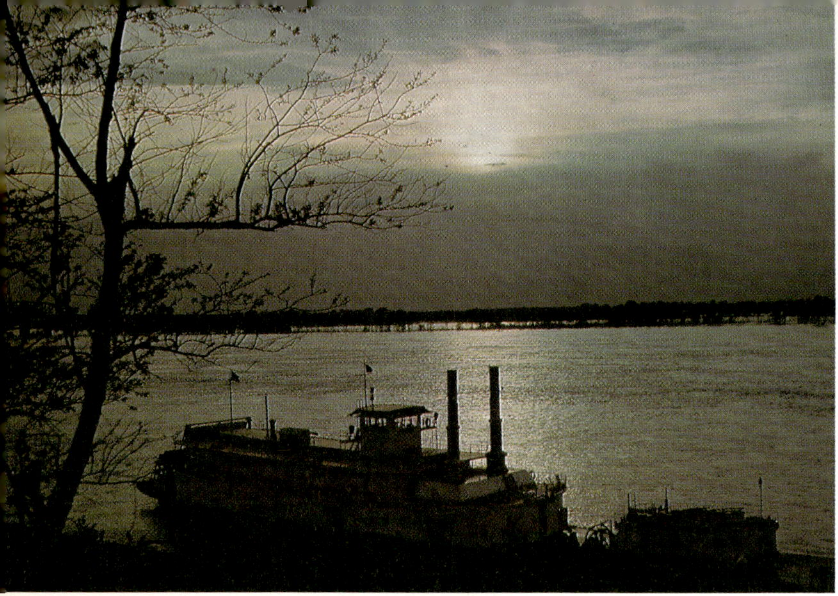

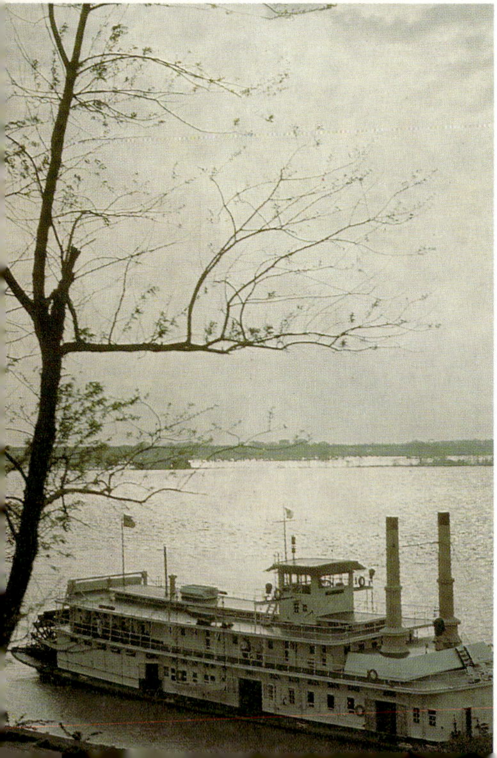

Die Belichtung

Farbfilme haben ein geringeres Kontrastvermögen als Schwarzweiß-Emulsionen. Wenn also das Motiv starke Kontraste aufweist, ist eine befriedigende Wiedergabe der hellsten und dunkelsten Farbtöne unmöglich. In solchem Falle hat der Fotograf die Wahl zwischen zwei Möglichkeiten. Er kann durch entsprechende Belichtung entweder die mittleren und hellen Farben gut wiedergeben (wobei die dunklen Farben schwarz herauskommen) oder die mittleren und dunklen Farbtöne (wobei die hellen Farben »ausgewaschen« erscheinen).

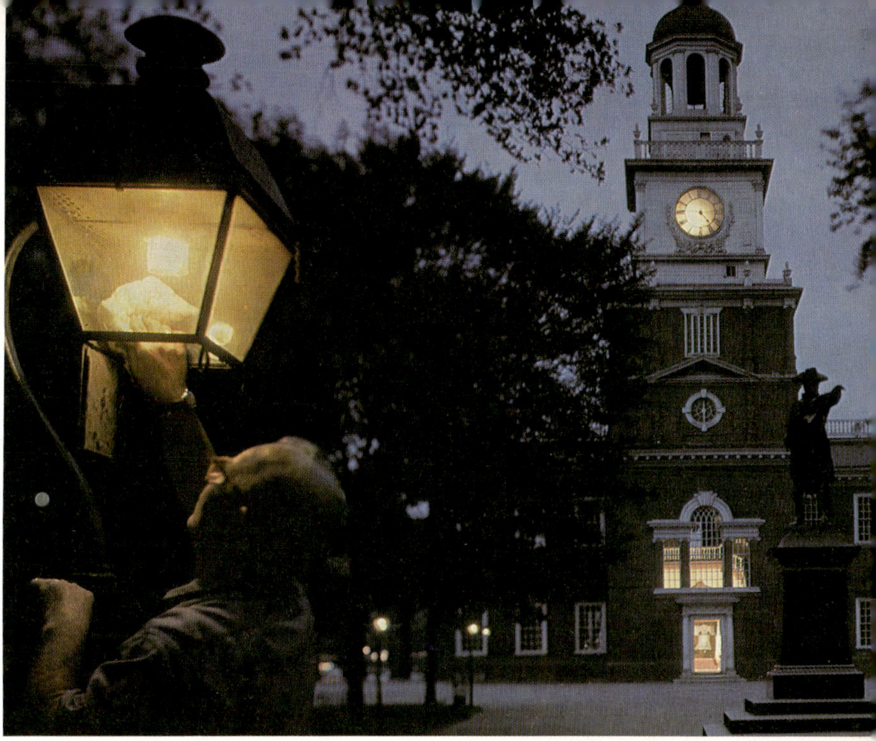

Die Bilder auf der Gegenseite, die unter gleichen Bedingungen aufgenommen wurden, sind Beispiele dafür. Das Bild oben wurde (den Angaben des auf den hellen Himmel gerichteten Belichtungsmessers entsprechend) verhältnismäßig kurz belichtet; die hellen und mittleren Teile des Motivs sind befriedigend herausgekommen, während die dunklen Farben und Schattenpartien zu dunkel oder schwarz erscheinen. Im Gegensatz dazu wurde das untere Bild (den Angaben des auf die Schattenpartien gerichteten Belichtungsmessers entsprechend) verhältnismäßig lange belichtet. Dadurch sind die dunklen Farben befriedigend herausgekommen und die Schattenpartien gut durchgezeichnet, während die hellen Partien des Motivs zu hell oder völlig farblos erscheinen.

Die kürzere Belichtung gestattete es dem Fotografen, die besondere Stimmung der Szene festzuhalten, während die längere Belichtung den Heckraddampfer in allen Einzelheiten zeigt. Keines der beiden Bilder ist »besser« als das andere, sie sind einfach verschieden. Die Wahl hängt ganz von der Zweckbestimmung der Aufnahme ab. Das Bild oben, ein Laternenanzünder, der eine Gaslaterne im Independence-Hall-Park in Philadelphia anzündet, wurde ganz bewußt auf die hellsten Farben belichtet, um die Stimmung der »guten alten Zeit« einzufangen, die diese Szene ausstrahlt.

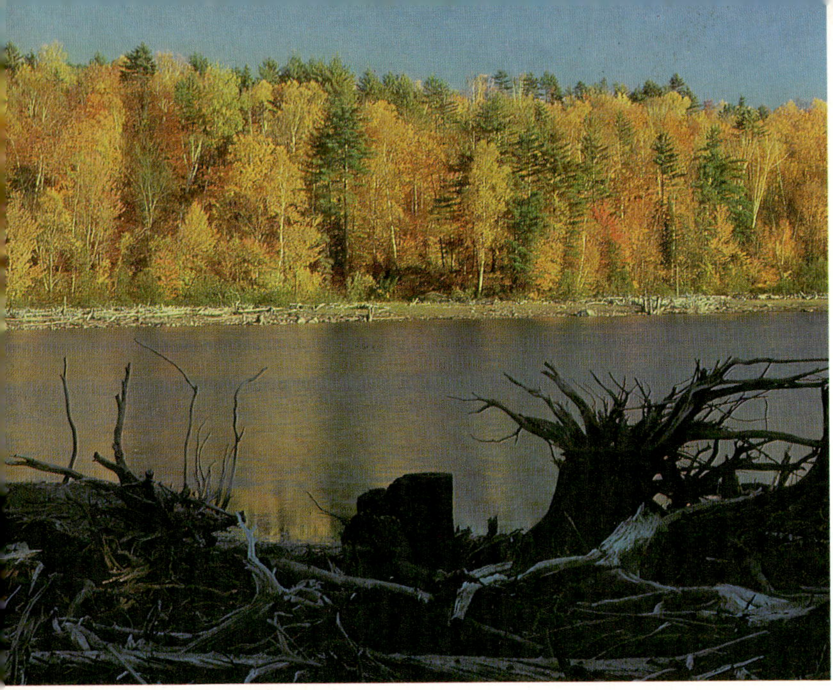

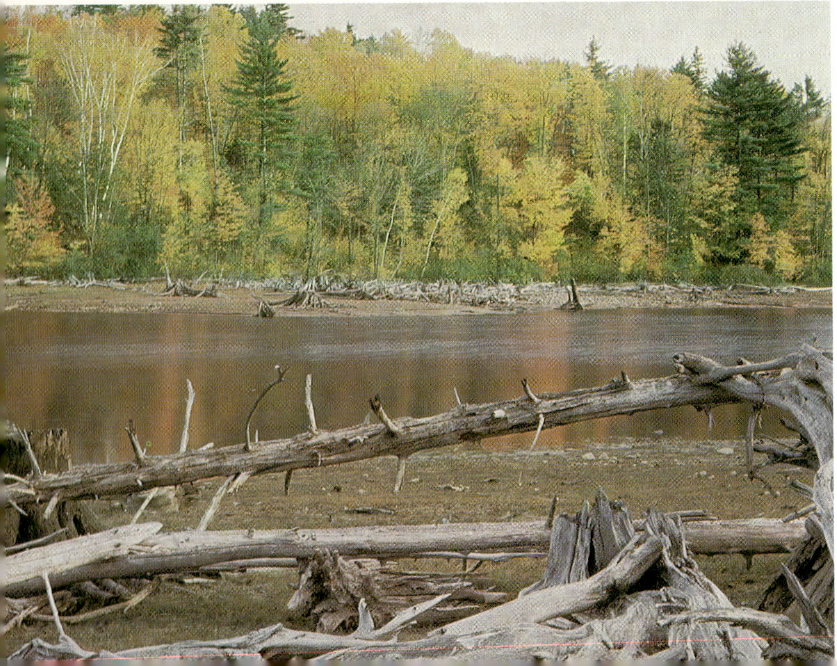

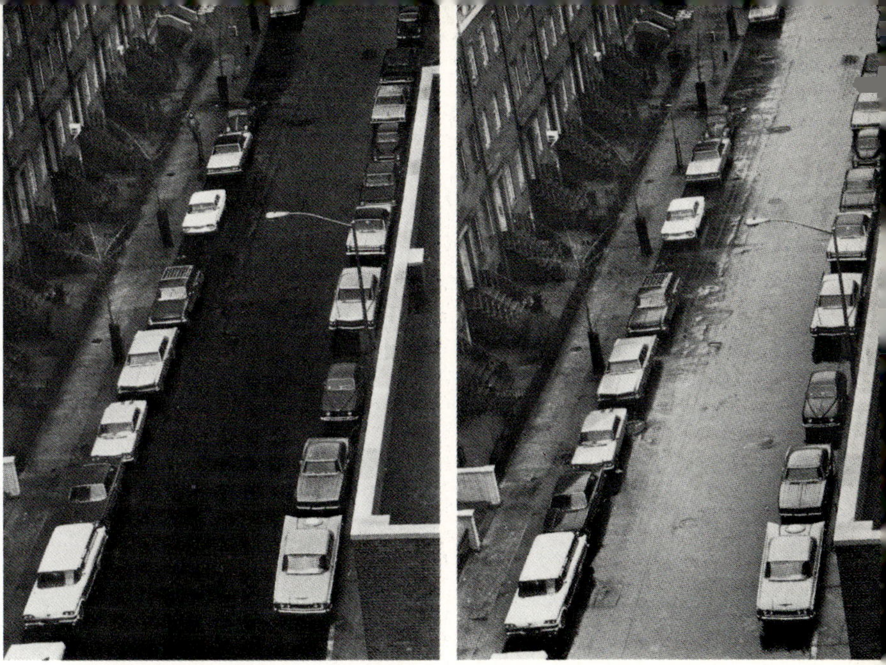

Bildbeeinflussung durch Verwendung eines Polarisationsfilters

In vielen Fällen kann man unerwünschte Lichteffekte und Spiegelungen bei einem Bilde entweder dämpfen oder völlig zum Verschwinden bringen, wenn man einen Polarisator vor das Objektiv setzt. Bei Farbaufnahmen kann man einen Polarisator außerdem verwenden, um Farben zu verstärken, die ganz oder teilweise durch Überstrahlungen verdeckt werden und deshalb verwaschen oder weiß wirken. Ferner ist ein Polarisationsfilter das einzige Mittel, um das Blau eines blauen Himmels auf einem Farbfoto kräftig herauszubringen, besonders in Horizontnähe im rechten Winkel zu der Richtung des einfallenden Lichtes. In solchen Fällen dient der Polarisator einem ähnlichen Zweck wie ein Gelb- oder Rotfilter in der Schwarzweißfotografie.

Die beiden Farbaufnahmen auf der Gegenseite wurden unter beinahe gleichen Verhältnissen gemacht, mit einer Ausnahme: das obere Bild wurde mit, das untere ohne Polarisator aufgenommen. Reflektiertes Licht, das auf dem unteren Bild die Farbe des Himmels und des Treibholzes ausgewaschen hat, ist auf dem oberen Bild durch einen Polarisator beseitigt, und die Farben kommen nun kräftig und klar heraus.

Auf dem Bilderpaar oben wurde die linke Aufnahme mit, die rechte ohne Polarisator gemacht (der Verlängerungsfaktor ist gewöhnlich 2 1/2). Der Unterschied in der Wiedergabe ist so groß, daß man die Autos genau ansehen muß, um sich zu überzeugen, daß beide Aufnahmen bei gleichem Licht im Abstand von nur wenigen Sekunden gemacht wurden.

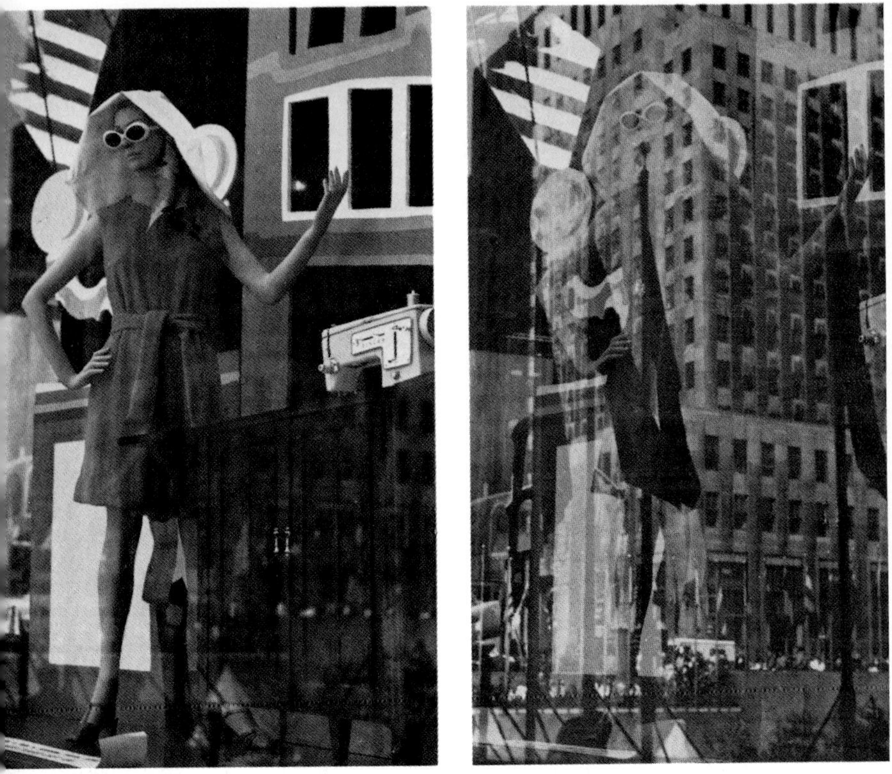

Entspiegelung durch Polarisationsfilter

Von den beiden Bildern oben wurde das linke mit, das rechte ohne Polarisationsfilter aufgenommen. Ebenso wurde bei dem Bilderpaar auf der Gegenseite das obere Bild mit, das untere ohne Polarisator gemacht. Sie zeigen einige der Effekte, die man bei der Wiedergabe von Glas, Wasserflächen und Himmel erzielen kann, wenn man die Glanzlichter spiegelnder Flächen mit Hilfe eines Polarisationsfilters zu dämpfen oder ganz auszuschalten versteht.

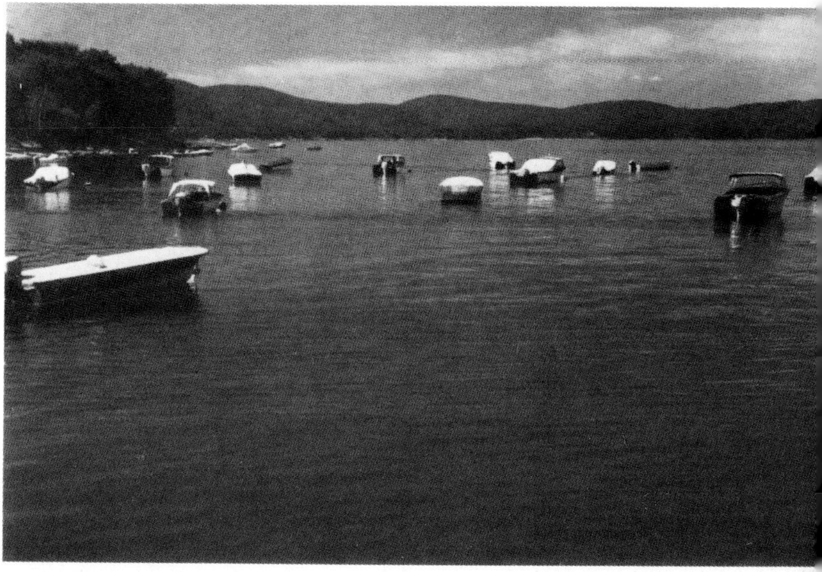

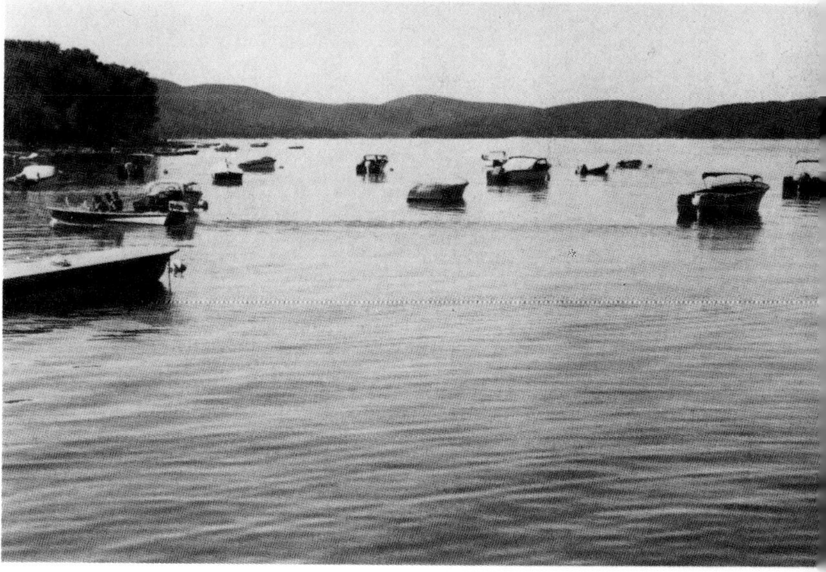

Die Darstellung des Raumes

Die Wirklichkeit ist dreidimensional, ein Foto ist flach. Um bei einem Bilde die Wirkung der Dreidimensionalität und des Raumes zu erzeugen, muß man die Tiefe, die »verlorene Dimension«, in symbolischer Form einführen. Zum Glück gibt es grafische Symbole, mit denen ein Fotograf den Begriff des Raumes auszudrücken vermag. Jedes dieser Symbole kann sowohl für sich allein als auch in Verbindung mit einem oder mehreren anderen verwendet werden. Jedes hat der Fotograf weitgehend in seiner Gewalt und kann es bestimmten Erfordernissen anpassen. Infolgedessen hat man unendlich viele Möglichkeiten, fotografisch den Eindruck von Raum zu erzeugen, und ein Fotograf, der mit diesen Symbolen umzugehen weiß, kann »Raum« in jeder gewünschten Weise darstellen.

Die folgende Übersicht zählt sieben Symbole der Raumdarstellung und die Art ihrer Verwendung auf.

1. **Perspektive.** Dabei handelt es sich um jene bekannte »optische Täuschung«, daß vom Betrachter wegführende Linien, die in Wirklichkeit parallel verlaufen, scheinbar zusammenstreben. (Wohl das bekannteste Beispiel dafür sind die scheinbar nach der Tiefe hin zusammenstrebenden Eisenbahngleise.) Diese Täuschung entsteht ohne Rücksicht darauf, ob die Parallelen waagerecht, senkrecht oder auf irgendeiner anderen Ebene verlaufen. Da wir nun aber täglich viele Dinge sehen, die sich auf horizontaler Ebene weit erstrecken, aber wenige oder manchmal überhaupt keine, die vertikal eine große Ausdehnung aufweisen, »sehen« und empfinden wir die scheinbare Konvergenz von tatsächlich parallel laufenden Linien auf horizontaler Ebene als »natürlich«, während die ebenso natürliche scheinbare Konvergenz von Parallelen auf vertikaler Ebene als »unnatürlich« oder »verzerrt« empfunden wird. Jeder nimmt es als selbstverständlich hin, daß Eisenbahnschienen oder die (horizontalen) Grund- und Firstlinien einer Reihe von Gebäuden zur Tiefe hin zusammenzulaufen scheinen, aber viele Leute beanstanden bei einer Schrägaufnahme die Konvergenz der Wände eines Wolkenkratzers, weil es für sie aussieht, als wollte das Gebäude einstürzen. In dieser Beziehung hat die Fotografie erzieherischen Wert, denn sie gewöhnt uns allmählich daran, die Erscheinung der »vertikalen Perspektive« zu »sehen« und als das zu verstehen, was sie tatsächlich ist, nämlich die optische Manifestation der »Höhe«.

Um Herr der »Perspektive« zu sein, muß ein Fotograf den Winkel der scheinbaren Konvergenz von Parallelen auf seinem Bilde bestimmen können. Das ist möglich durch entsprechenden Aufnahmewinkel, durch Regelung des Abstandes zwischen Aufnahmeobjekt und Kamera und durch die Wahl der Brennweite seines Objektivs. Grundsätzlich »übertreibt« ein Weitwinkelobjektiv bei Aufnahmen aus kurzer Entfernung die Perspektive, indem es den Konvergenzwinkel stumpfer macht; umgekehrt verringert ein Teleobjektiv bei Aufnahmen aus großer Entfernung die Perspektive, indem es den Konvergenzwinkel zuspitzt. Außerdem kann man in gewissen

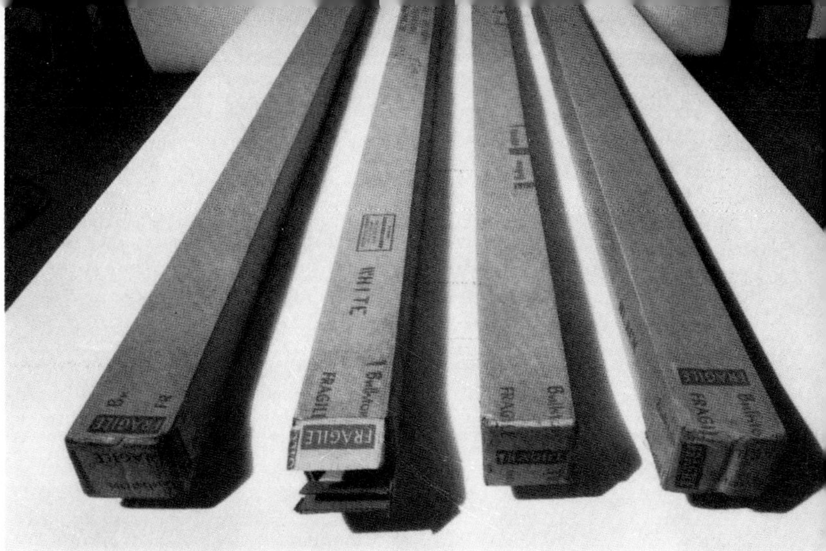

Fällen die perspektivische Konvergenz verringern oder sogar ganz aufheben (das heißt also Parallelen selbst bei Schrägaufnahmen parallel wiedergeben), indem man sich des schwenkbaren Rückteils einer Atelierkamera bedient (S. 286–287, 288) oder des schwenkbaren Negativhalters eines Vergrößerungsgerätes (siehe Abbildungen S. 289).

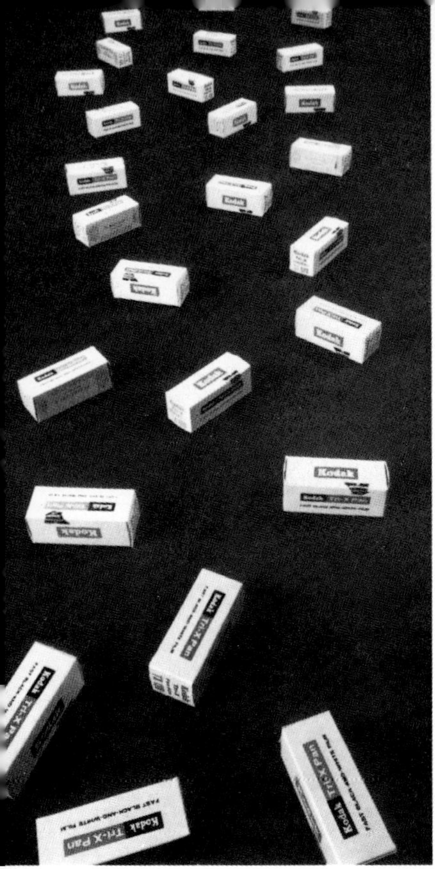

2. **Verjüngung.** Bei dieser Art der Perspektive haben wir es mit einer optischen Täuschung zu tun, die ein Objekt mit zunehmender Entfernung vom Betrachter immer kleiner erscheinen läßt und umgekehrt. Wenn dem Betrachter des Bildes die tatsächliche Größe des in verkleinertem Maßstabe gezeigten Objekts bekannt ist, eignet sich die Verjüngung gut dazu, die Illusion der Tiefe zu erzeugen, falls wegen fehlender Parallelen keine »Perspektive« da ist.

So kann ein Fotograf zum Beispiel bei Landschaftsaufnahmen durch Verjüngung sehr gut die Illusion des Raumes erzeugen, indem er einen Menschen (oder einen Gegenstand bekannter Größe, etwa ein Auto) weit von der Kamera entfernt aufbaut. Der Mensch (oder das Objekt) wird nun sehr klein im Bilde erscheinen, und dadurch gibt der Fotograf seinem Bilde nicht nur einen Maßstab (S. 122), sondern ruft auch eine Tiefenillusion hervor, die der scheinbaren Größe der Gestalt oder des Gegenstandes entspricht: je kleiner der Abbildungsmaßstab, desto weiter entfernt scheint sie oder er zu sein und desto stärker wird infolgedessen der Eindruck der Entfernung, der Tiefe und des Raumes. Die Verjüngung läßt sich mit denselben Mitteln beeinflussen wie die Perspektive, durch Veränderung des Objektabstandes und durch Wahl eines Objektivs mit entsprechender Brennweite. Vgl. Bildbeispiele Seite 318–319.

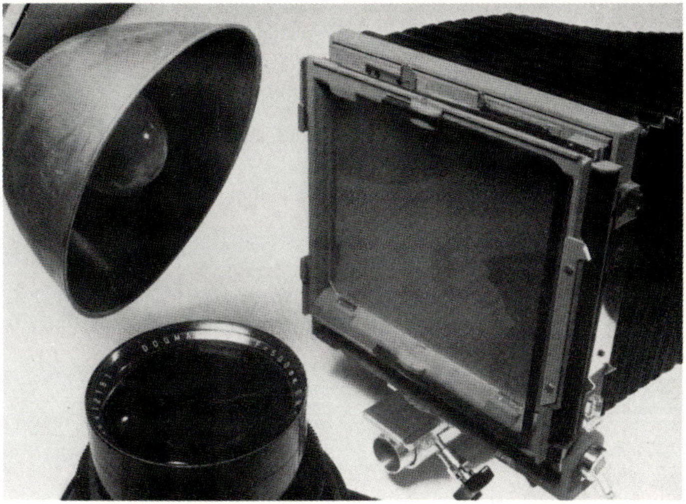

3. **Verkürzung.** Hier haben wir es mit der dritten Art der »Perspektive« zu tun, die sich in Form einer »Verzeichnung« bekundet. Ein Rad zum Beispiel sieht, von der Seite betrachtet, »unverzerrt« aus, das heißt, es erscheint in seiner tatsächlichen kreisförmigen Gestalt; aus schräger Sicht erscheint es dagegen mehr oder weniger elliptisch oder »verzerrt«. Als Kreis sieht ein Rad »flach« aus und hat keine »Tiefe«, aber in elliptischer Form gewinnt es Tiefe, weil wir durch seine Form wissen, daß wir es im Winkel sehen, so daß es bis zu einem gewissen Grade von uns weg zur »Tiefe« zu streben scheint. Aufgrund dieser Gedankenverbindung vermittelt die Verkürzung stets das Gefühl von Raum und versinnbildlicht fotografisch auf wirkungsvolle Weise räumliche Tiefe.

Die Verkürzung kann man durch den Aufnahmewinkel regeln. Je spitzer der Winkel ist, desto stärker verkürzt erscheint das Objekt und desto größer ist der dadurch entstehende Eindruck der »Tiefe« und umgekehrt. Außerdem kann man die Verkürzung bis zu einem gewissen Grade mit Hilfe des schwenkbaren Rückteils einer Studiokamera regeln. Je mehr das Kamerarückteil in die Parallele zum Objekt gedreht wird, desto geringer ist die Verkürzung. Wenn Film und Objektebene parallel verlaufen, ist die Verkürzung völlig aufgehoben, und ein Rad (um zu unserem Beispiel zurückzukehren) erscheint in seiner wahren Kreisform, *selbst bei Schrägaufnahmen* (vgl. auch S. 286–288).

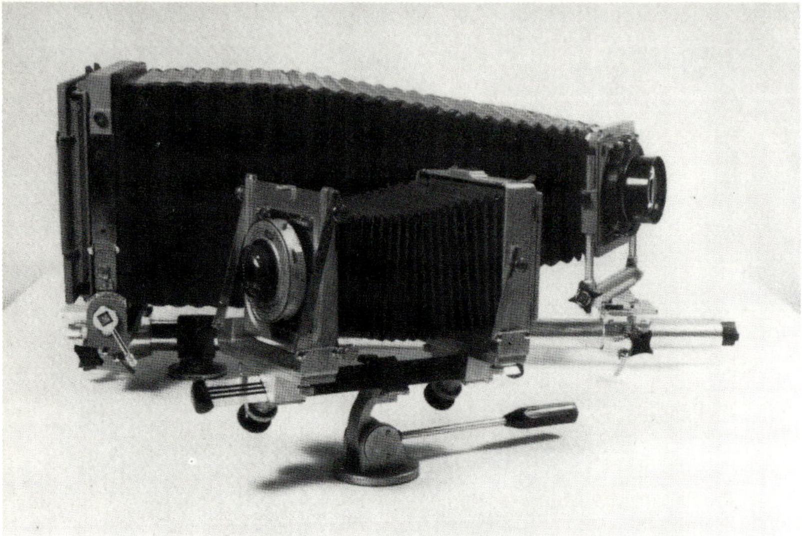

4. **Überdeckung.** Wenn ein Objekt das andere teilweise verdeckt, dann befindet sich selbstverständlich das verdeckte Objekt hinter dem Objekt, von dem es verdeckt wird, und ist also weiter entfernt. Folglich beweist eine Formenüberdeckung auf einem Bilde räumliche Ausdehnung, da sie zeigt, daß ein Objekt weiter entfernt als ein anderes ist; sie wird damit zu einem Symbol der »Tiefe«.

Die Überdeckung kann das einzige Mittel zur Raumdarstellung sein, wenn andere Symbole wie selektive Einstellung oder atmosphärische Perspektiven unerwünscht sind und weder Perspektive noch Verjüngung oder Verkürzung verwendet werden können, weil keine Parallelen vorhanden sind, keine Objekte bekannter Dimensionen und keine Formen, die verkürzt werden könnten. An einer Küste zum Beispiel findet man vielleicht keine parallel verlaufenden Linien, die Kiesel können die verschiedensten Größen haben, und ihre Form kann so unregelmäßig sein, daß eine wirksame Verkürzung nicht möglich ist. In einem solchen Falle kann eine Formenüberdeckung zusammen mit einer Richtungswahl des Lichteinfalls (Seiten- und Gegenlicht), wodurch die einzelnen Kiesel herausgehoben werden und man erkennt, welcher Kiesel welchen anderen teilweise verdeckt, das einzige brauchbare Mittel sein, um Tiefe symbolisch darzustellen.

Normalerweise wird man die Überdeckung allerdings in Verbindung mit einem oder mehreren anderen Symbolen der Raumdarstellung verwenden, um den Eindruck der Tiefe, den das betreffende Bild erweckt, zu verstärken, s. S. 322.

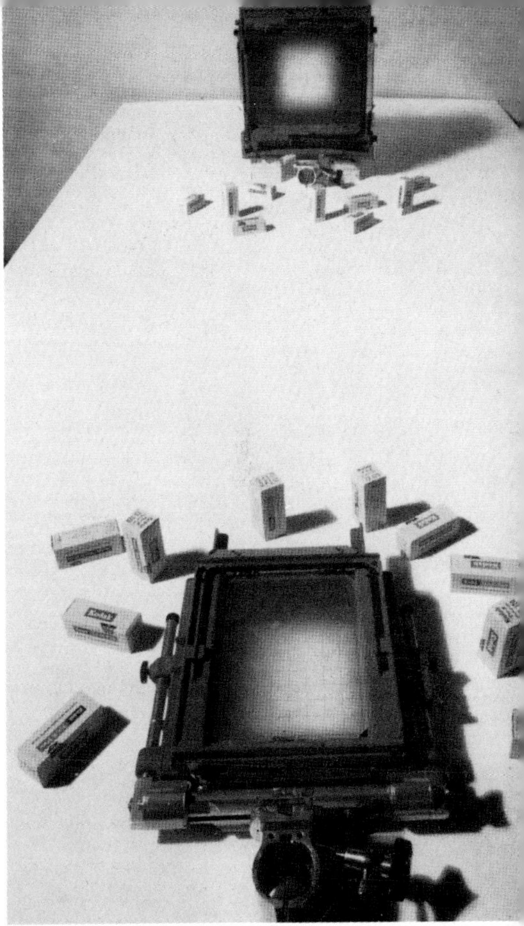

5. Die Stellung des Objekts im Rahmen des Bildes. Je höher der Bildhorizont liegt, desto stärker wird der Eindruck der Tiefe (wenn auch nicht unbedingt des Raumes) und umgekehrt. Der Fotograf kann also, indem er das Objekt hoch in das Bild bringt und viel Vordergrund läßt, ein stärkeres Gefühl der Tiefe erzeugen, als wenn er es zum unteren Bildrand hinschiebt und wenig oder gar keinen Vordergrund läßt.

Das erklärt sich aus folgendem Umstand: Betrachtet man ein an den oberen Bildrand gebrachtes Objekt, muß man einen ausgedehnten Vordergrund betrachten, ehe der Blick das eigentliche Objekt erreicht, während, wenn das Objekt in den unteren Bildteil gebracht ist, wenig oder gar kein Vordergrund bleibt, mit dem man sich befassen müßte; man sieht das Objekt sofort, ohne es erst in der Tiefe suchen zu müssen. Vgl. hierzu die Aufnahmen S. 137 u. 319.

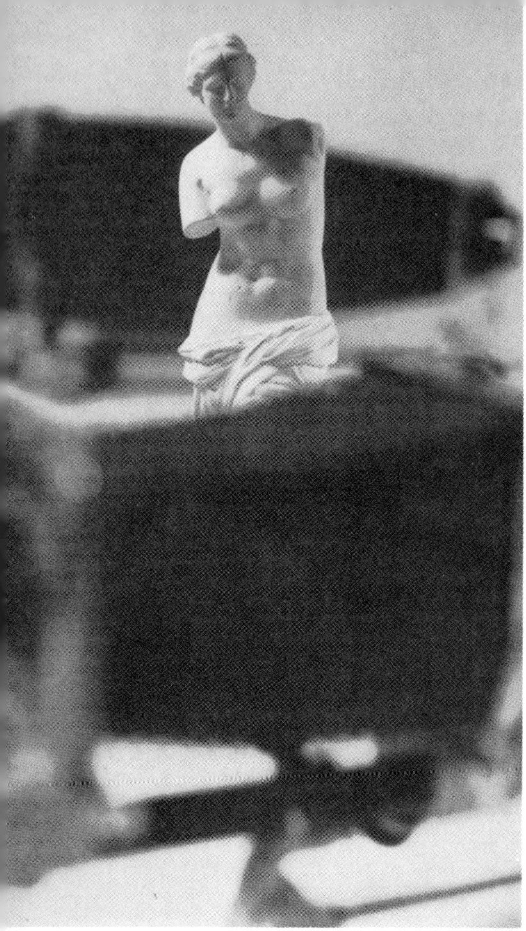

6. Der Gegensatz zwischen scharf und unscharf. Das Auge kann sich immer nur auf einen bestimmten Tiefenbereich scharf einstellen; Objekte, die davor oder dahinter liegen, sieht es mehr oder weniger verschwommen und zwar um so verschwommener, je weiter diese Objekte von der Schärfenebene entfernt sind. Daher wird der Gegensatz zwischen scharf und unscharf zu einem fotografischen Tiefensymbol, weil er Verhältnisse nachschafft, die dem wirklichen Sehen verwandt sind. Diese Tiefenwirkung wird um so stärker, je mehr der Kontrast zwischen Schärfe und Verwischung zunimmt und umgekehrt.

Regeln läßt sich die Wirkung dieses Tiefensymbols durch die Wahl der Einstellebene. Je größer die relative Öffnung, je länger die Brennweite des Objektivs und je kürzer der Abstand zwischen Aufnahmeobjekt und Kamera, desto stärker kommt der Kontrast zwischen Schärfe und Verwischung auf dem Bilde zum Ausdruck und umgekehrt. Ein typisches Beispiel ist auf S. 325 gegeben.

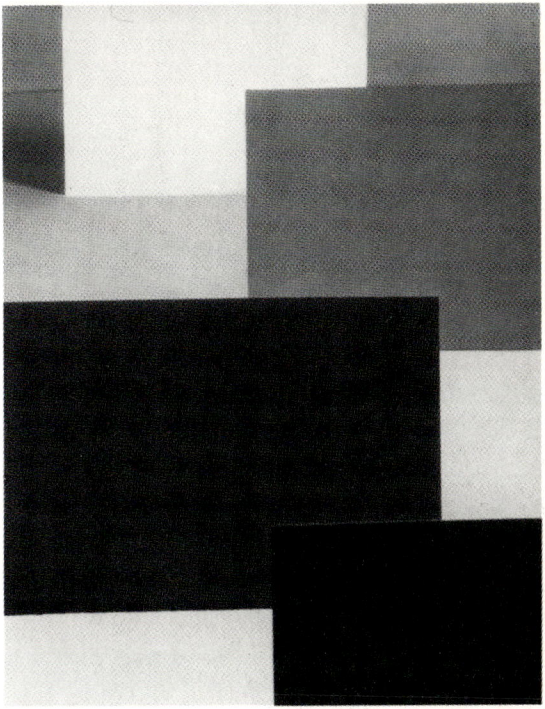

7. **Der Gegensatz zwischen hell und dunkel.** Durch die Zerstreuung des Lichts in der Atmosphäre sehen Gegenstände heller aus, je weiter sie vom Betrachter entfernt sind. Daher ruft Helligkeit den Eindruck der Ferne hervor und umgekehrt Dunkelheit den der Nähe. Bei einer Fotografie erzeugt der Gegensatz von hell und dunkel den Eindruck der Tiefe.

Bei Außenaufnahmen nennt man das Nebeneinander von dunklen Vordergrundobjekten und hellen, fernen Hintergrundobjekten »atmosphärische oder Luft-Perspektive«. Sie kann mit Hilfe von Filtern beeinflußt werden. Ein Blaufilter, der ferne Objekte heller erscheinen läßt, verstärkt das Gefühl der Tiefe, während umgekehrt ein Gelbfilter (und noch stärker ein Rotfilter), der ferne Objekte dunkler erscheinen läßt, die atmosphärische Perspektive des Bildes mehr oder weniger verringert und dadurch das Gefühl der Tiefe abschwächt.

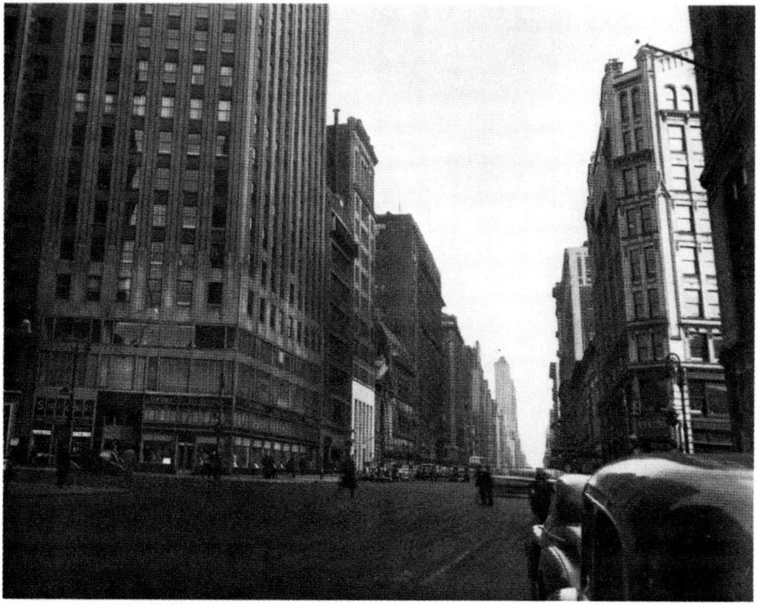

Geradlinige Perspektive

Für die übliche, geradlinig perspektivische Darstellung gelten folgende Regeln:

1. Alle Geraden werden geradlinig abgebildet. (Bei anderen Formen der perspektivischen Wiedergabe können sie gekrümmt erscheinen.)

2. Alle Linien und Winkel einer Ebene oder mehrerer Ebenen, die planparallel zum Film liegen (linke Seite des Bildes auf der gegenüberliegenden Seite oben), bleiben unverzerrt und werden durch die »Perspektive« nicht beeinflußt. Parallelen werden parallel abgebildet, Horizontale horizontal, Vertikale vertikal und Winkel in ihrer richtigen Gestalt.

3. Alle vom Betrachter weglaufenden Linien scheinen zu Fluchtpunkten hin zusammenzulaufen (rechte Seite des Bildes auf der Gegenseite oben). Parallelen laufen zu einem gemeinsamen Fluchtpunkt zusammen. Bei Horizontalen liegt der Fluchtpunkt stets am richtigen Horizont.

4. Senkrechte Linien dürfen auf dem Bild nicht zusammenlaufen, sondern müssen als Parallelen erscheinen. Das ist eine ganz willkürliche, künstliche Regel, weil in Wirklichkeit zurückweichende Senkrechte zu konvergieren scheinen.

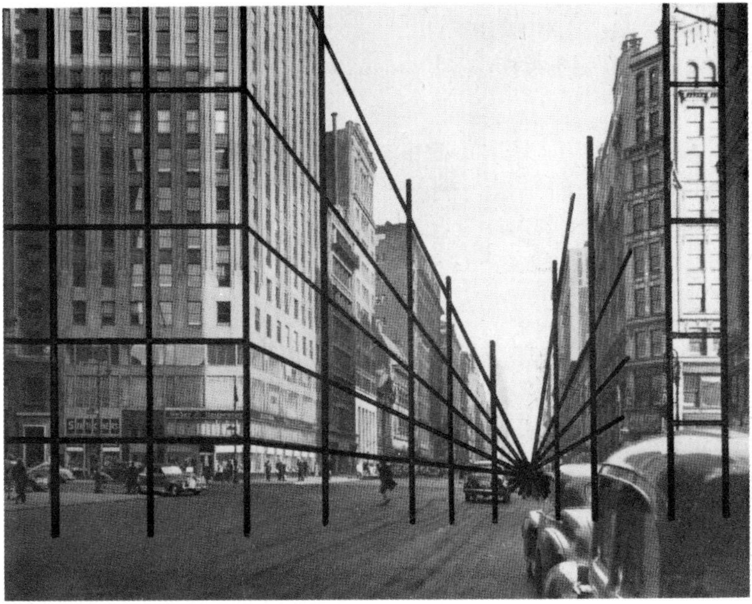

Das vom Fotografen unbeeinflußte Bild auf der Gegenseite zeigt Perspektive, »wie sie wirklich ist«. Da die Kamera geneigt war, streben die senkrechten Linien zusammen. Dagegen sind auf dem Bild oben, das vom selben Kamerastandpunkt aus gemacht worden ist, die Vertikalen als parallel verlaufende Linien wiedergegeben, und zwar mit Hilfe des schwenkbaren Rückteils einer Atelierkamera (S. 46).

Die nebenstehende Aufnahme, die senkrecht nach unten gemacht wurde, zeigt, daß die Regeln der geradlinigen, normalen Perspektive ohne Rücksicht auf den Bildwinkel Gültigkeit haben.

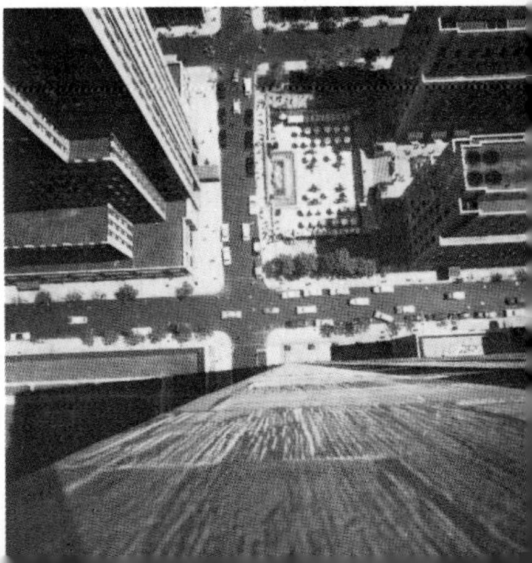

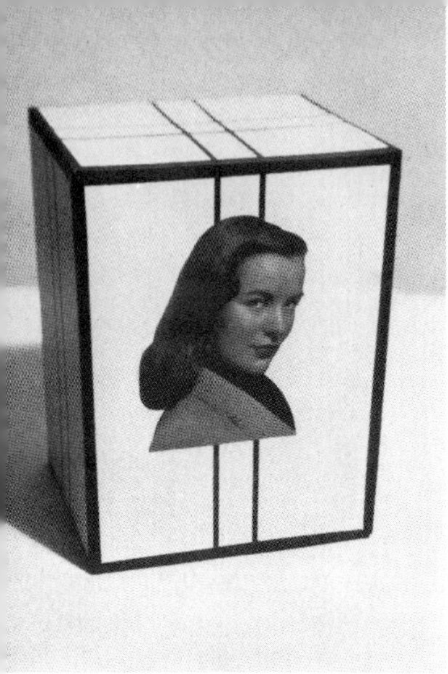

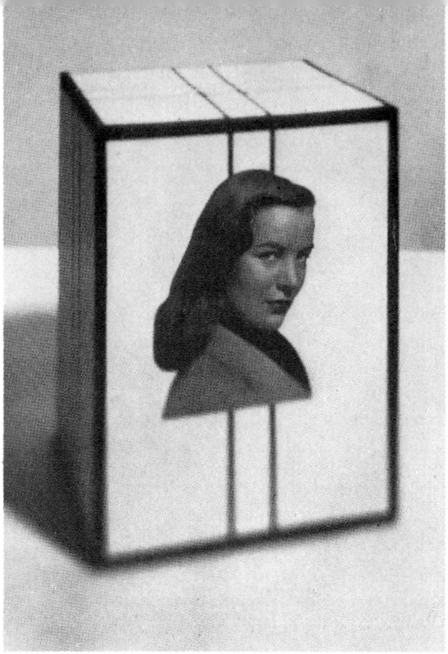

Veränderungen der Raumwirkung mit Hilfe einer Schwenkrahmenkamera

Diese Aufnahmenreihe zeigt, wie ein Fotograf die Perspektive eines Bildes gestalten kann. Für dieses Experiment braucht man ein geeignetes Aufnahmeobjekt – eine Pappschachtel oder ein Kästchen –, das nach folgenden Anweisungen fotografiert wird:

1. Die Kamera wird wie gewöhnlich eingestellt. Die parallelen Kanten des Kästchens scheinen auf der Mattscheibe zu konvergieren (s. erstes Bild).

2. Man neigt das Kamerarückteil nach hinten, bis es zu den senkrechten Kanten des Kästchens parallel steht. Dadurch wird die Parallelität der senkrechten Linien auf dem Bilde wiederhergestellt, obwohl ein Teil des Bildes nun unscharf ist. Diese Unschärfe lassen wir aber für den Augenblick außer acht.

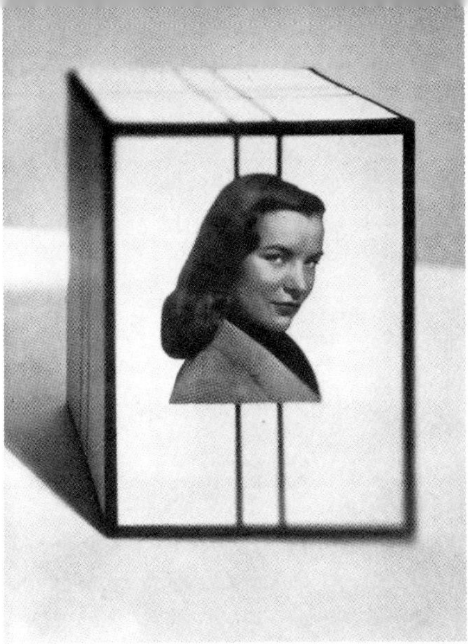
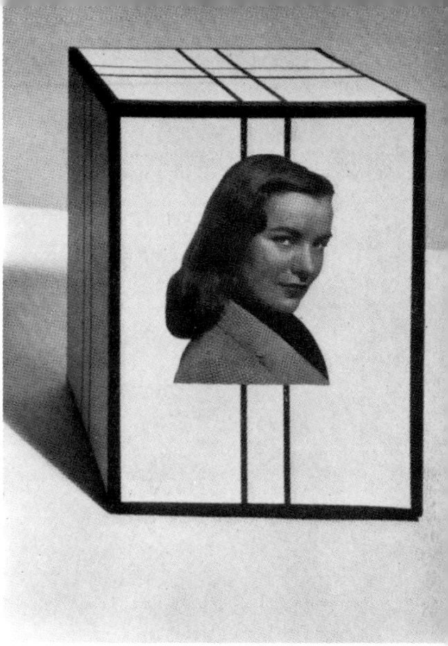

3. Ohne die vertikale Parallelität zu beeinträchtigen, schwenkt man nun das Kamerarückteil seitlich aus, bis es mit der Vorderseite des Kästchens parallel verläuft. Dadurch verlaufen die waagerechten Linien auf der Abbildung des Kästchens parallel. Die Vorderseite des Kästchens erscheint also auf der Mattscheibe als Rechteck, dessen Kanten parallel laufen und dessen Ecken rechte Winkel bilden, obwohl das Bild nun allerdings sehr unscharf ist (drittes Bild).

4. Man neigt und schwenkt die Objektivstandarte sehr langsam, während man die Scharfeinstellung regelt, bis das Mattscheibenbild, das man immer wieder prüft, einigermaßen scharf erscheint. Dann blendet man so weit wie nötig ab und belichtet. Das Bild des Kästchens ist, wie die vierte Aufnahme zeigt, von Ecke zu Ecke scharf und frei von »perspektivischer Verzerrung«.

Auf die gleiche Weise kann man natürlich jede dreidimensionale Form frei von »perspektivischer Verzerrung« abbilden. Man kann beispielsweise Häuser und Innenräume ohne »stürzende Linien« fotografieren und die Räder eines Autos kreisrund und nicht elliptisch »verzerrt« in der Aufnahme erscheinen lassen.

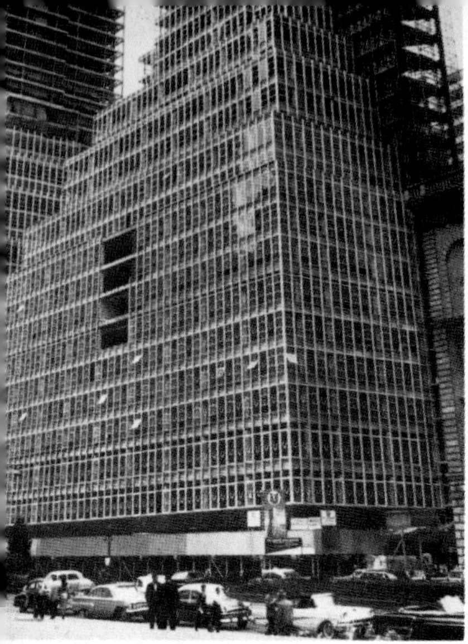

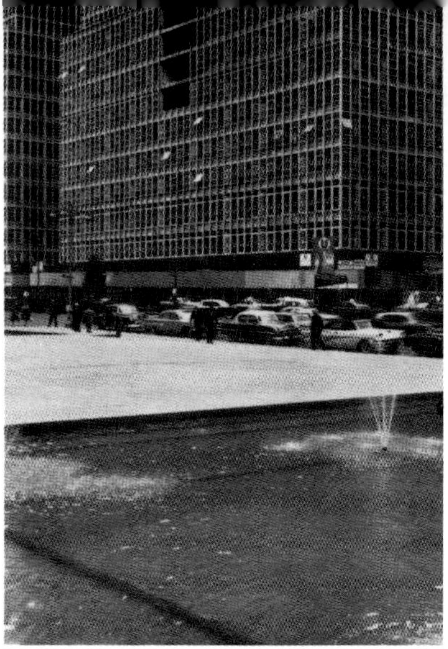

Korrektur der Raumabbildung mit Hilfe einer Atelier-Kamera

Um ein hohes Gebäude frei von »perspektivischer Verzerrung« zu fotografieren, geht man wie folgt vor:

1. Man stellt die Kamera wie üblich ein. Auf der Mattscheibe wird das Gebäude dann verzerrt erscheinen wie auf dem Bilde links oben.

2. Man stellt die Kamera waagerecht. Nun werden die vertikalen Linien auf der Mattscheibe zwar parallel erscheinen, aber der obere Teil des Gebäudes wird abgeschnitten wie auf dem Bilde oben rechts.

3. Man hebt das Objektiv, bis das Gebäude wie gewünscht auf der Mattscheibe sichtbar wird, siehe die Aufnahme rechts. Senkrechte sind parallel.

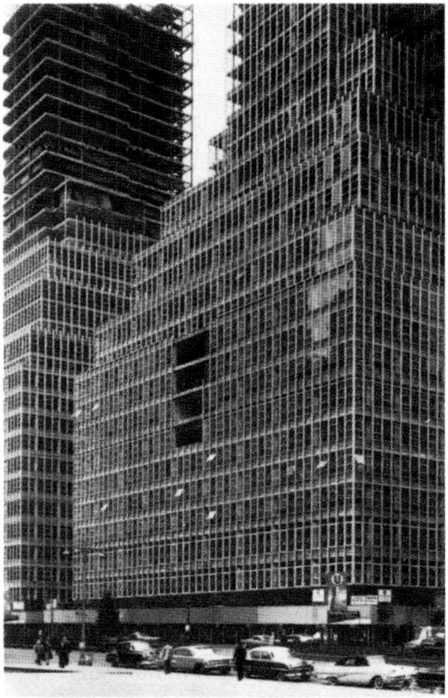

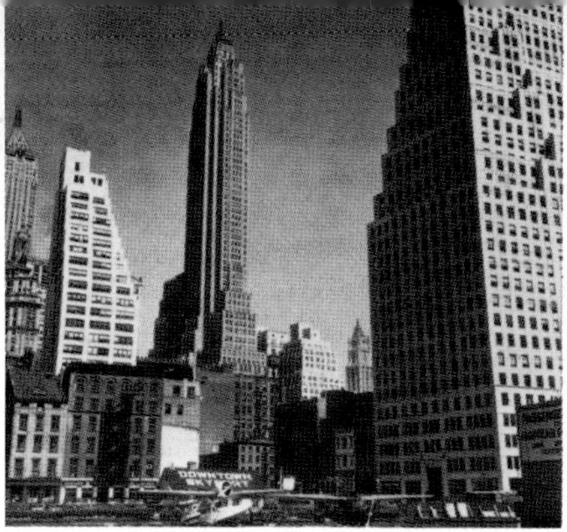

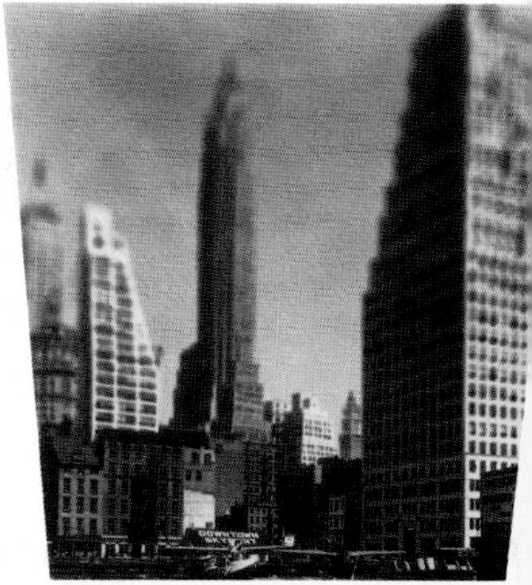

Korrektur der Raumdarstellung durch Verwendung eines Vergrößerungsgerätes

Um eine »entzerrte Kopie« von einem Negativ mit »verzerrter« Perspektive zu machen, geht man folgendermaßen vor:

1. Man legt das Negativ in das Vergrößerungsgerät ein und projiziert es auf die Vergrößerungskassette. Das Bild wird verzerrt sein wie die Aufnahme oben links.

2. Man neigt die Kassette, bis parallele Linien auf dem Bilde parallel erscheinen, und stellt sie dann fest. Das trapezförmige Bild ist dann teilweise verschwommen (siehe Aufnahme oben rechts).

3. Man neigt den Negativhalter in entgegengesetzter Richtung zur Kassettenneigung, bis, bei gleichzeitiger Nachstellung des Objektivs, das Bild vollkommen scharf erscheint (Bild rechts).

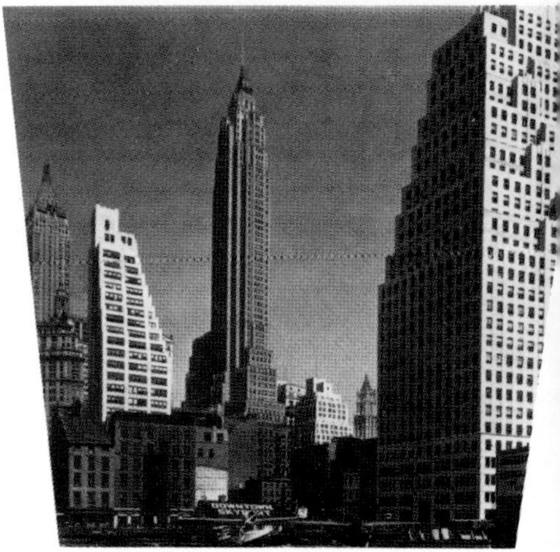

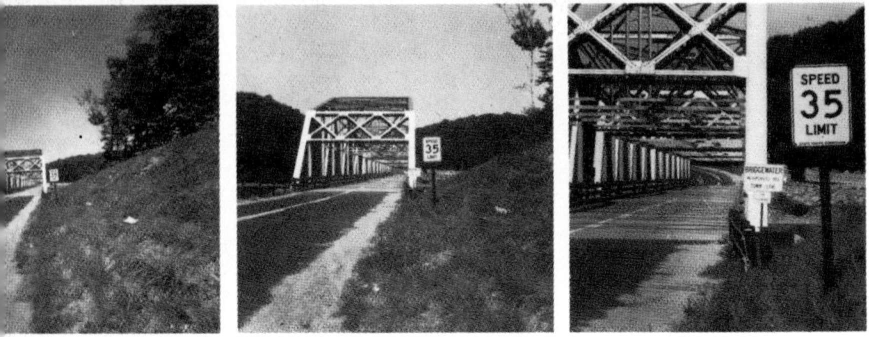

Die Beeinflussung der Raumabbildung

Die einfachste und zugleich wirksamste Methode, die Raumdarstellung zu beeinflussen, besteht in der Verwendung eines Objektivs mit richtiger Brennweite bei richtigem Abstand zwischen Objekt und Kamera.

Wie die Brennweite des Objektivs allein auf das Bild wirkt, zeigen die drei Aufnahmen oben, die vom selben Kamerastandpunkt mit Objektiven verschiedener Brennweite gemacht wurden. Von links nach rechts: Weitwinkel-, Standard- und Teleobjektiv. Da der Abstand zwischen Objekt und Kamera derselbe war, ist die Perspektive (die Größenverhältnisse der einzelnen Bestandteile des Bildes zueinander) bei allen drei Aufnahmen dieselbe. Der einzige Unterschied besteht in dem Maßstab und dem erfaßten Bildwinkel und ergibt sich aus der verschiedenen Brennweite der Objektive. Weitere Ausführungen darüber auf S. 35–36.

Wie unterschiedliche Brennweite und Änderungen des Abstands zwischen Objekt und Kamera zusammen auf das Bild wirken, zeigen die drei Aufnahmen rechts. Sie wurden (von oben nach unten) mit einem Weitwinkel-, einem Standard- und einem Teleobjektiv gemacht. Die Entfernung zwischen Aufnahmeobjekt und Kamera wurde so geregelt, daß das Geschwindigkeitszeichen auf jedem Bilde im selben Maßstab erscheint. Da der Abstand zwischen Objekt und Kamera bei jedem Bilde verschieden war, ist auch die Perspektive verschieden. Auf dem oberen Bilde erscheint das Verkehrszeichen größer als die Brücke, während es auf dem unteren kleiner aussieht.

So hat also der Fotograf durch Benutzung eines Objektivs der richtigen Brennweite in Verbindung mit dem entsprechenden Abstand zwischen Objekt und Kamera die Wiedergabe von Raum, Tiefe und den Größenverhältnissen der verschiedenen Bestandteile des Bildes zur Hand. Weiteres hierüber S. 36–40.

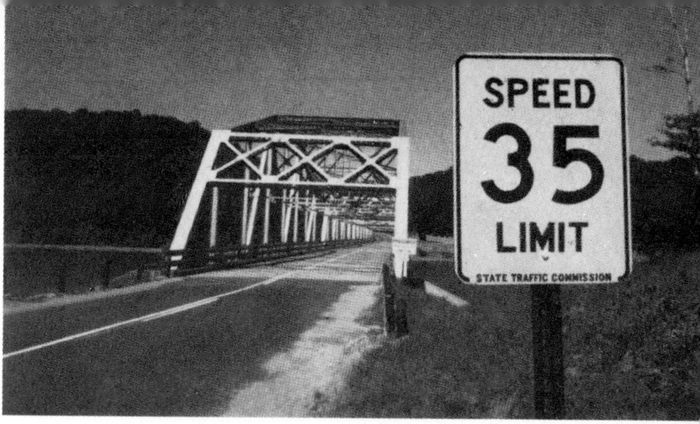
SPEED
35
LIMIT
STATE TRAFFIC COMMISSION

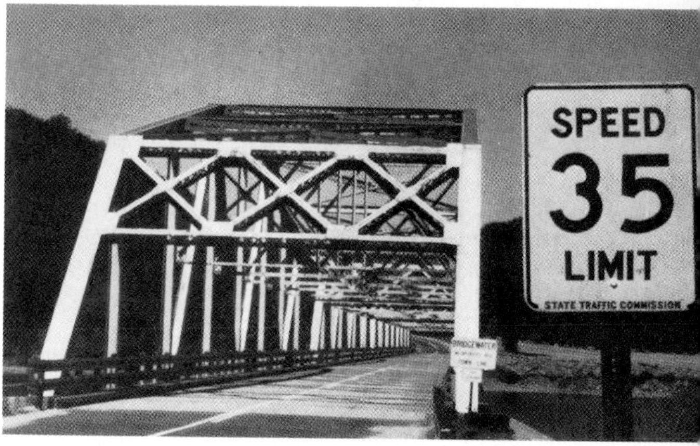
SPEED
35
LIMIT
STATE TRAFFIC COMMISSION

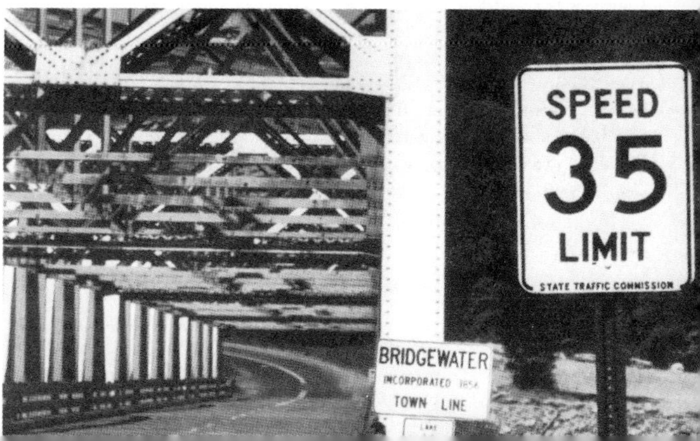
SPEED
35
LIMIT
STATE TRAFFIC COMMISSION
BRIDGEWATER
INCORPORATED
TOWN LINE

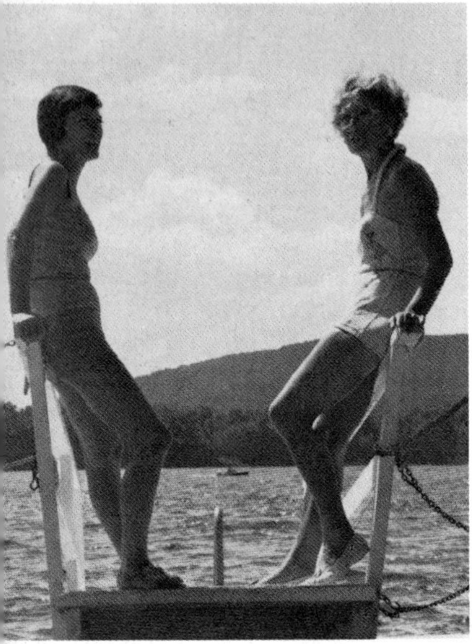

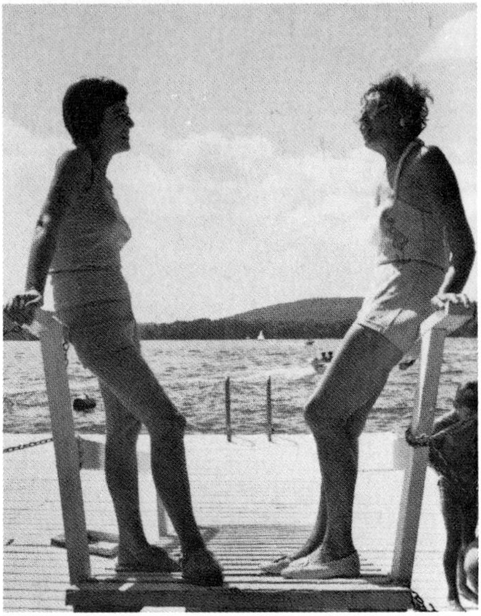

Tiefer oder flacher Raum?

Durch entsprechende Wahl des Abstandes zwischen Aufnahmeobjekt und Kamera und eines Objektives geeigneter Brennweite kann ein Fotograf den Anschein der Raumtiefe seines Bildes selbst bestimmen, wie die Raumdarstellung dieser beiden Bilderpaare zeigt:

Oben: Dieselbe Szene, einmal mit einem Teleobjektiv (links), das andere Mal mit einem Weitwinkelobjektiv (rechts) aufgenommen. Auf beiden Bildern sind die Figuren in gleichem Maßstab wiedergegeben, aber man hat das Gefühl, daß der Abstand des gegenüberliegenden Ufers auf beiden Bildern verschieden ist.

Gegenseite: Dieselbe Szene mit einem Teleobjektiv aus der Tiefe des Zimmers durch ein Fenster fotografiert (oben) und mit einem Weitwinkelobjektiv in der Nähe des Fensters (unten). Auf beiden Bildern ist das Fenster im selben Maßstab abgebildet, aber die Straße erscheint auf dem einen Bilde sehr eng und auf dem andern ziemlich breit. Welche dieser (oder anderen) Formen der Raumdarstellung der Fotograf wählt, liegt selbstverständlich ganz bei ihm.

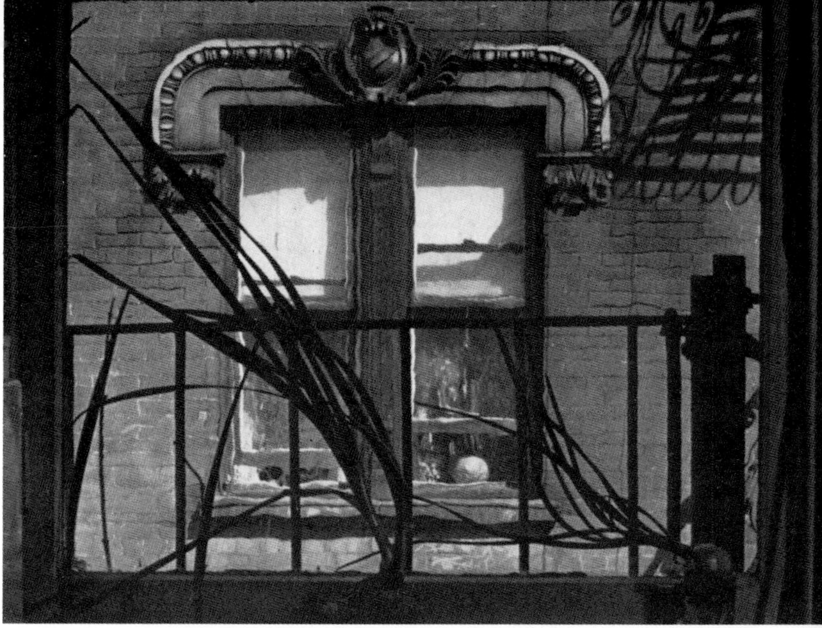

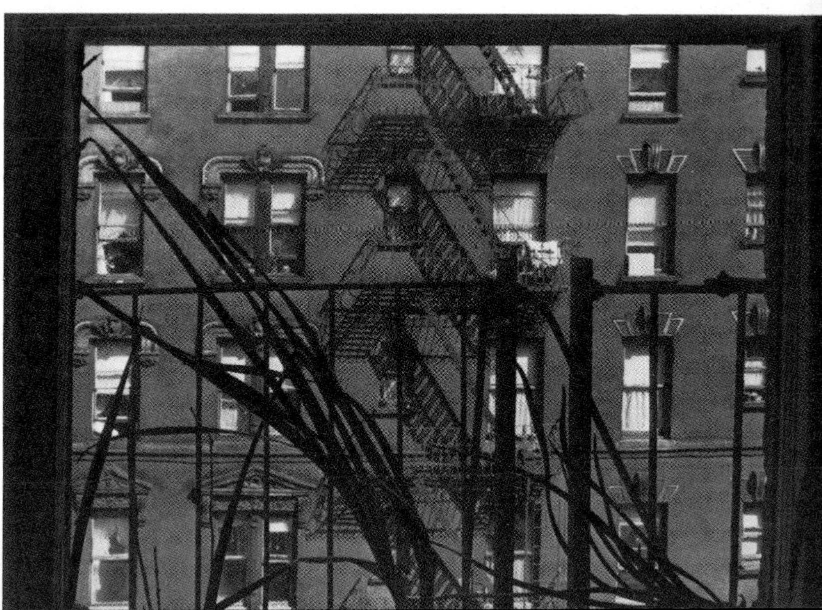

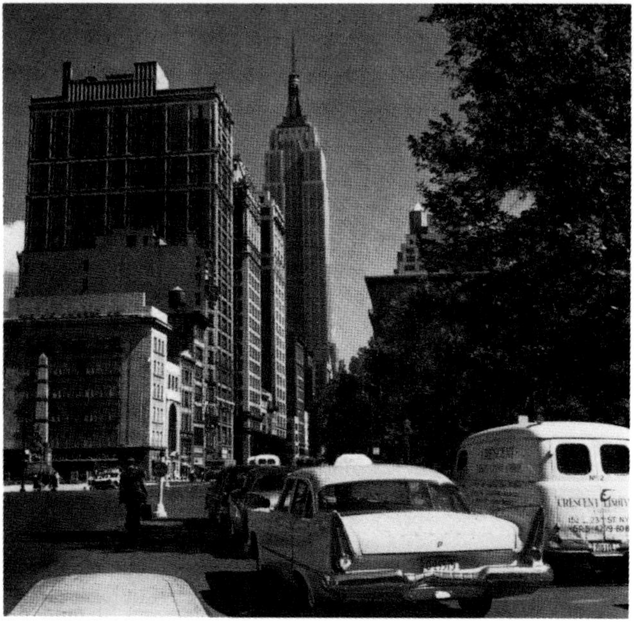

Perspektivische »Verzerrung«

Die »Verzerrung« wächst entsprechend der abnehmenden Entfernung des Aufnahmeobjekts. Je näher die Kamera dem Objekt ist, desto stärker wird die »perspektivische Verzerrung«, das heißt, nahe Objektteile werden im Verhältnis zu den weiter entfernten größer abgebildet. Um die perspektivische Verzerrung zu vermeiden, muß man das Objekt aus genügender Entfernung fotografieren. Je größer die Entfernung ist, desto kleiner ist natürlich der Abbildungsmaßstab. Als Ausgleich für die durch die Entfernung hervorgerufene scheinbare Verringerung der Objektgröße muß der Fotograf mit wachsendem Abstand zwischen Objekt und Kamera immer längere Brennweiten wählen.

Oben: Das Empire State Building in New York, aus einigen Straßenzügen Entfernung aufgenommen, wirkt unverhältnismäßig klein und »verzerrt« im Verhältnis zu nahen, obwohl tatsächlich sehr viel niedrigeren Gebäuden.

Gegenseite: Mit einem 100-cm-Teleobjektiv aus zehn Kilometer Abstand fotografiert, erscheint das Empire State Building, perspektivisch unverzerrt im Verhältnis zu unserer Umgebung, in seiner wahren monumentalen Größe.

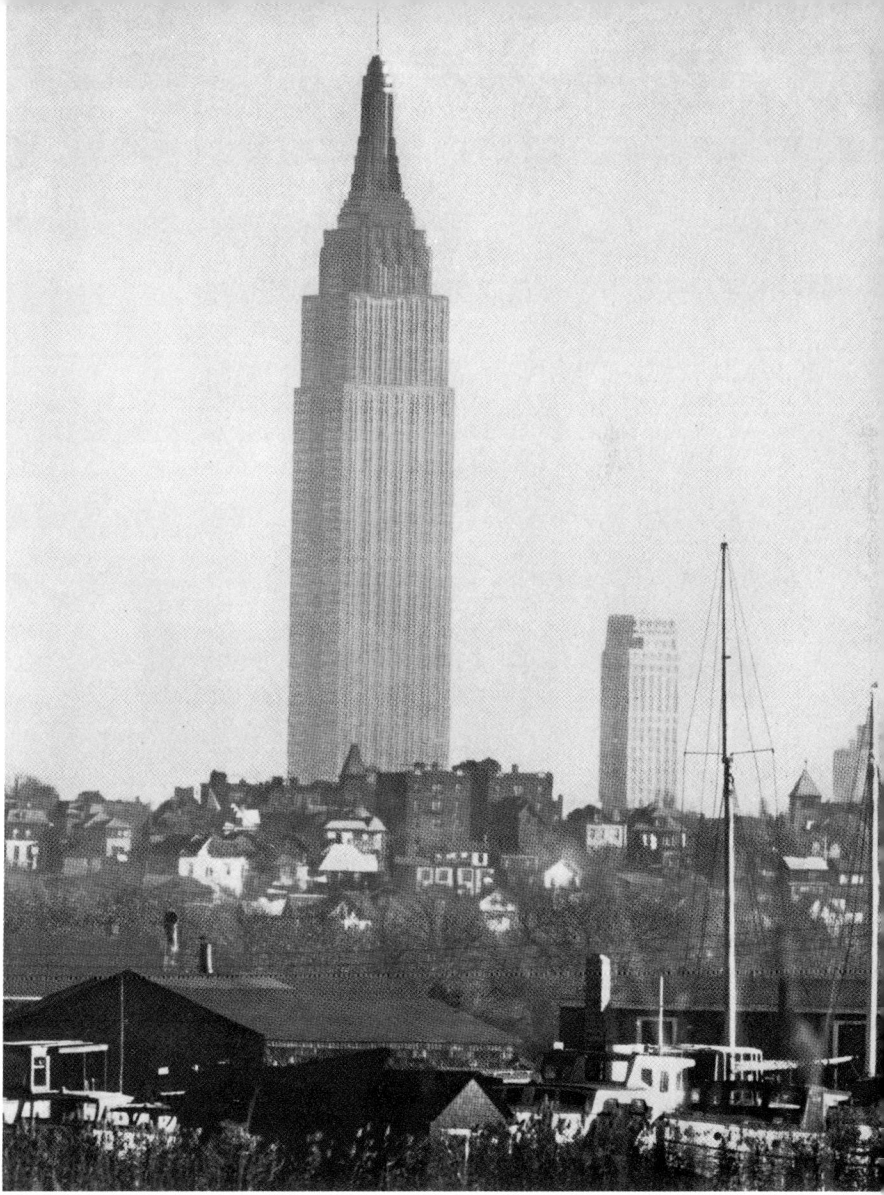

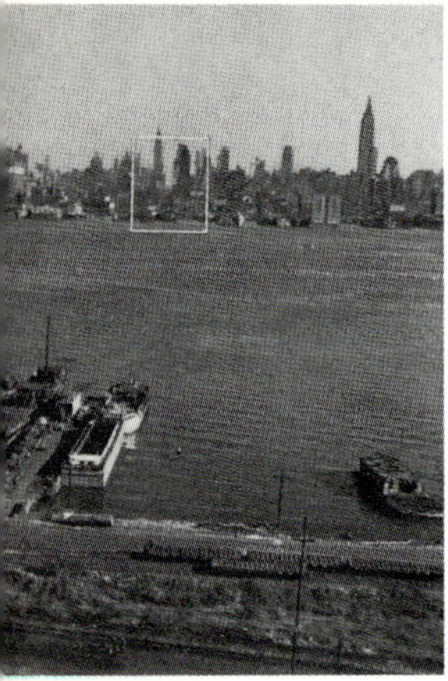

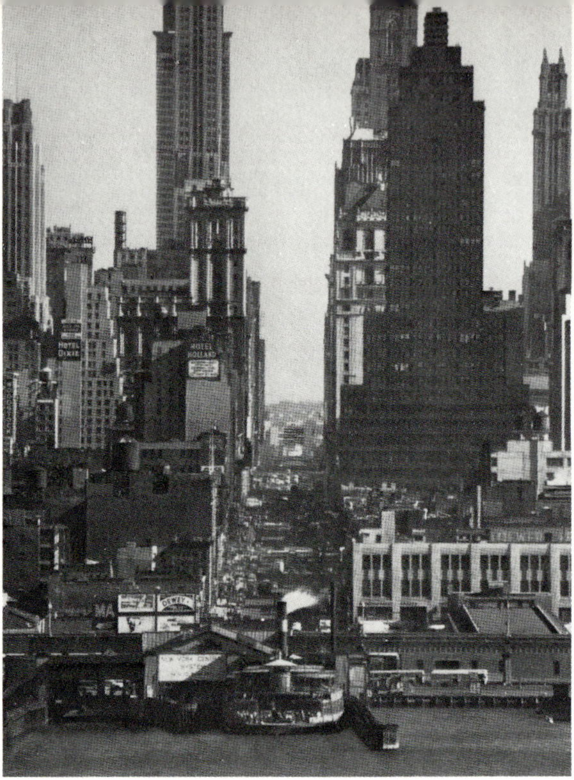

Perspektive und »Verzerrung«

Die Perspektive hängt von drei Faktoren ab: Betrachtungswinkel, Entfernung des Aufnahmeobjekts und Brennweite des Objektivs. Der Betrachtungswinkel bestimmt den Grad der Verkürzung, die Brennweite bestimmt den Abbildungsmaßstab (Größe des Objekts auf dem Negativ), der Objektabstand – und nur er! – bestimmt den Grad der »Verzerrung«.

Im Gegensatz zu der weitverbreiteten Meinung »verzerrt« (im Vergleich zu einem Objektiv normaler Brennweite) ein Weitwinkelobjektiv *nicht,* und *ebensowenig* preßt ein Teleobjektiv den »Raum zusammen«, *solange man die drei Objektive in gleicher Kamerastellung verwendet.* Das Weitwinkelobjektiv erfaßt lediglich einen größeren Bildwinkel in kleinerem Maßstabe als das Standardobjektiv, und das Tele-

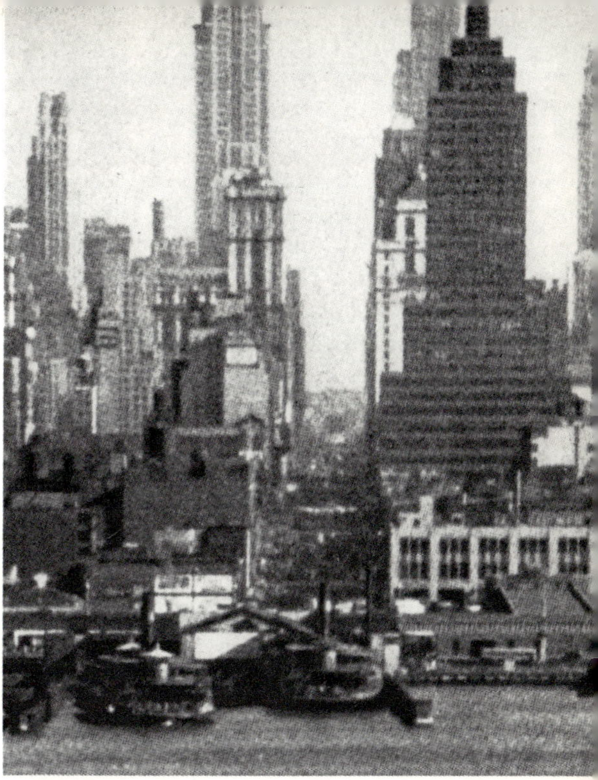

objektiv erfaßt einen kleineren Bildwinkel im größerem Maßstabe. Die Perspektive ist jedoch bei allen drei Aufnahmen die gleiche, eine Tatsache, die durch die Fotos auf dieser Doppelseite verdeutlicht wird. (Vgl. auch S. 36–38)

Das kleine Foto links zeigt eine Ansicht von New York, mit einem Weitwinkelobjektiv aufgenommen. Das mittlere Bild ist aus der gleichen Kamerastellung mit einem extremen Teleobjektiv gemacht worden, und das Bild rechts entspricht dem Ausschnitt der Weitwinkelaufnahme links, auf den Maßstab der Teleaufnahme in der Mitte vergrößert. Von Schärfenunterschieden abgesehen, die durch den verschiedenen Grad der Negativvergrößerung verursacht wurden, stimmen die Teleaufnahme und die Vergrößerung des Ausschnittes aus der Weitwinkelaufnahme in allen Einzelheiten der Raumdarstellung völlig überein.

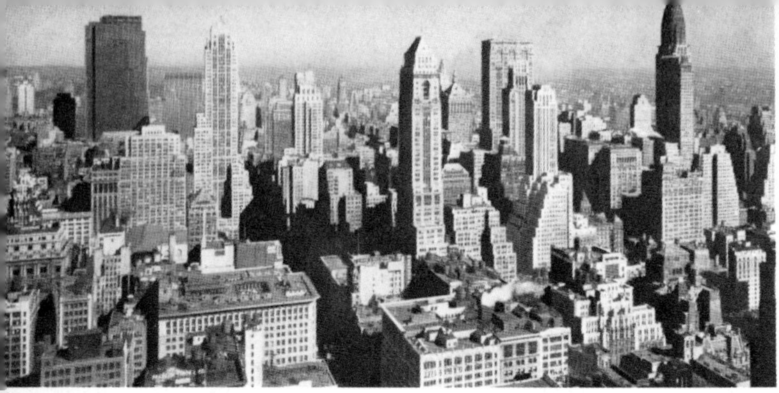

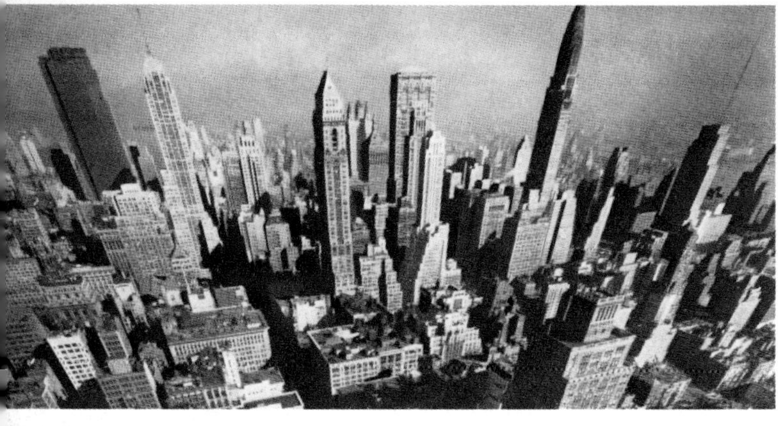

»Verzerrung« als künstlerisches Gestaltungsmittel

Perspektive, daß heißt die scheinbare Konvergenz von Parallelen auf dem Bilde, ist ein Symbol der räumlichen Ausdehnung. Nun dehnt sich aber der Raum nach allen Richtungen aus, und folglich kann man Perspektive als Symbol der räumlichen Tiefe nicht nur in horizontaler Richtung verwenden, sondern auch in vertikaler und für Schrägaufnahmen. Dieses Bilderpaar, das vom selben Kamerastandort aufgenommen wurde, zeigt, wie mit Hilfe des schwenkbaren Rückteils einer Studiokamera die Senkrechten zu Parallelen gemacht wurden, um eine konventionelle Aufnahme zustande zu bringen, und wie man im andern Falle die Konvergenz dazu benutzt hat, das Gefühl der Höhe, die »räumliche Tiefe in vertikaler Richtung«, zu betonen.

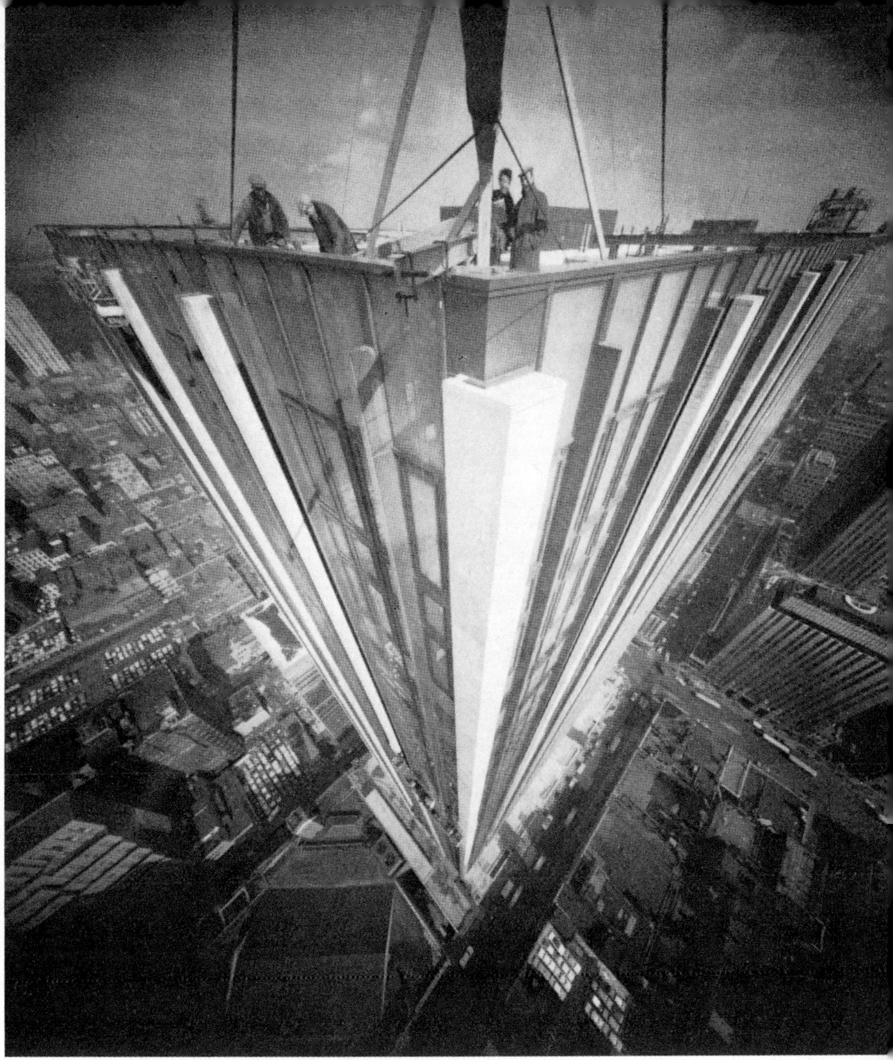

Das Time-&-Life-Gebäude in New York, von Yale Joel mit einem Hypergon-Superweitwinkelobjektiv aufgenommen, das einen Bildwinkel von 130 Grad erfaßt. Die gewaltsam »stürzenden Linien« rufen hier mit nahezu surrealistischer Eindringlichkeit das atemberaubende Gefühl bodenloser Tiefe hervor.

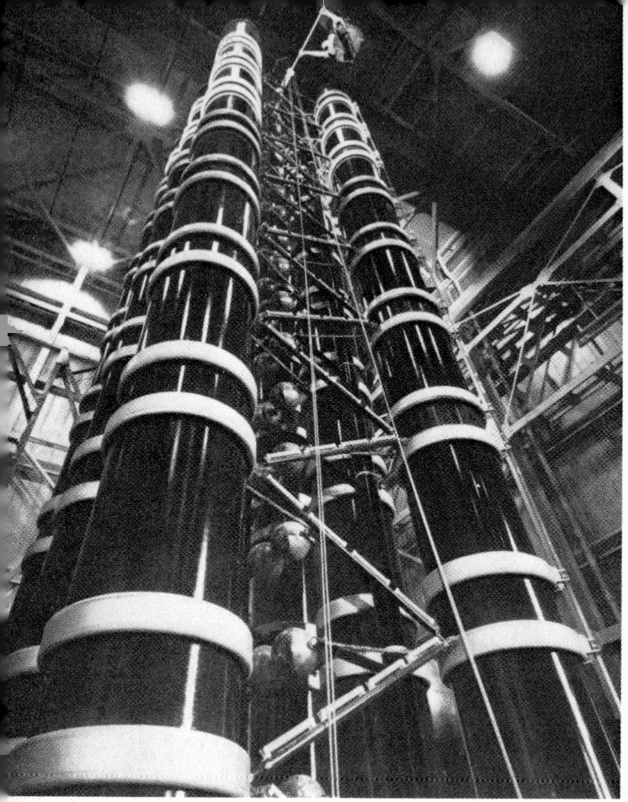

»Verzerrung« als künstlerisches Gestaltungsmittel

Die absichtliche Verstärkung der perspektivischen Konvergenz durch kurzen Abstand zwischen Objekt und Kamera in Verbindung mit einem Weitwinkelobjektiv erzeugt das ungewöhnlich starke Gefühl der Höhe, das diese Fotos erwecken.

Oben: Ein schräger Blick auf einen Transformator unterstreicht die »Höhe«. Durch den im Bootsmannstuhl hängenden Arbeiter erhält der Transformator einen Maßstab (S. 122–127).

Gegenseite: Revuegirls, Aufnahme von Yale Joel mit extremem Weitwinkelobjektiv. Durch absichtliche »Verzerrung« wurde jener Eindruck hervorgerufen, um dessentwillen die Plätze in der ersten Reihe so begehrt sind.

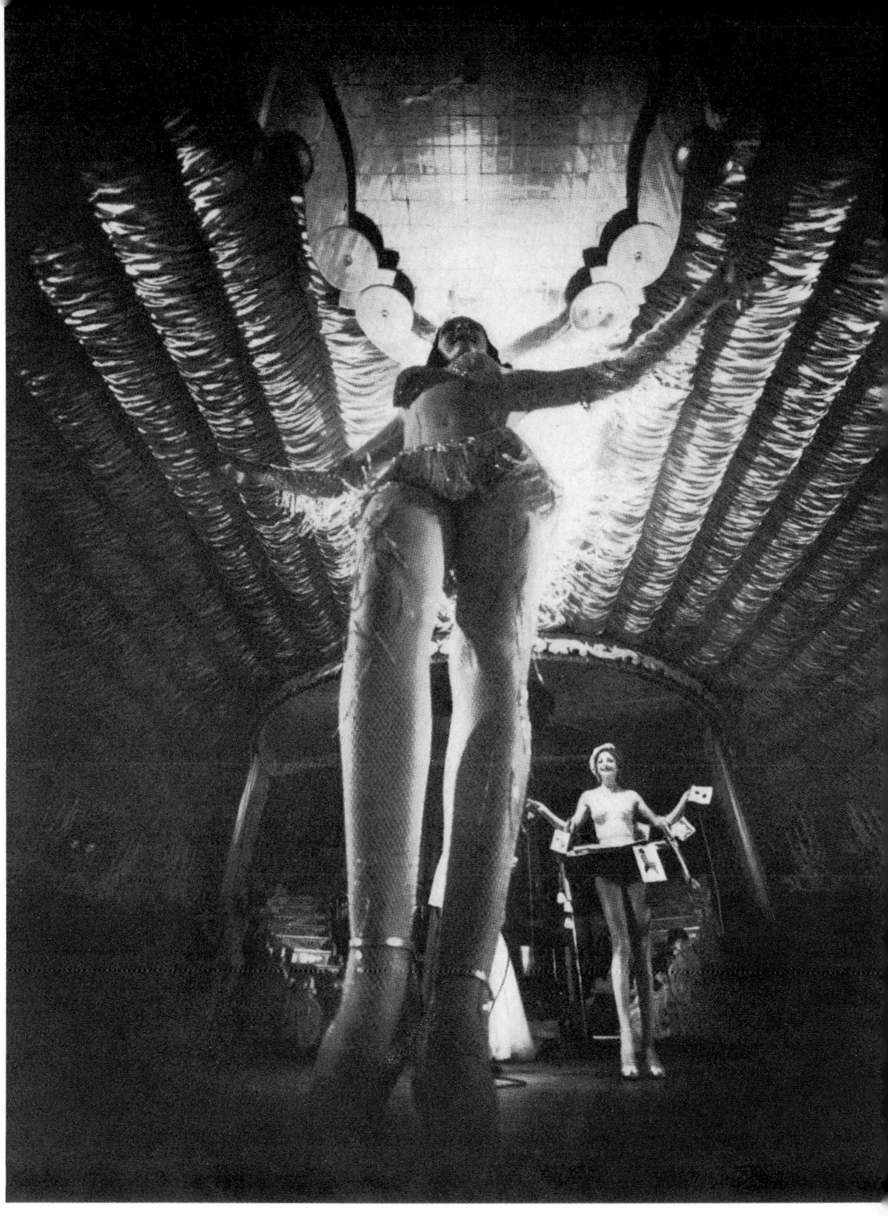

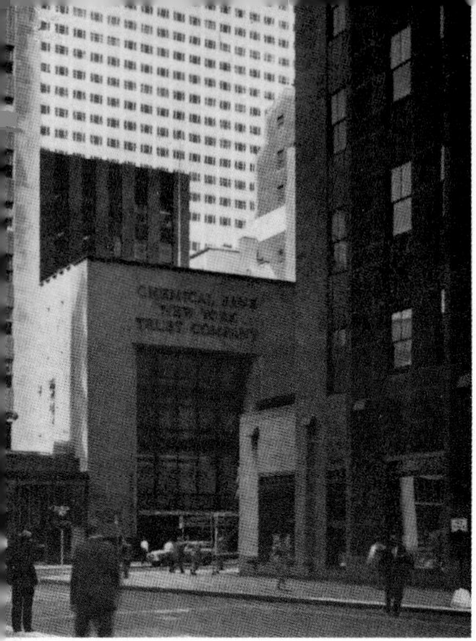

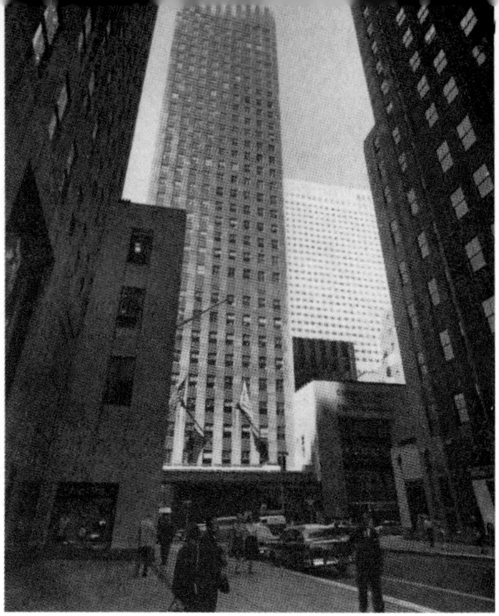

Die Darstellung des Raumes: Die vier Grundarten der Perspektive

Der Fotograf hat theoretisch (allerdings nicht immer in der Praxis) die Wahl zwischen vier verschiedenen Arten der Raumdarstellung. Sie entsprechen den oben illustrierten vier Arten der Perspektive. Alle Aufnahmen wurden vom selben Kamerastandort aus gemacht.

1. **Die akademisch geradlinige Perspektive.** Gerade werden auf dem Bild als Gerade wiedergegeben. Mit Ausnahme senkrechter Linien, die immer als Parallele dargestellt werden, konvergieren Gerade, die nicht parallel zur Filmebene verlaufen, zu Fluchtpunkten hin. Der Bildwinkel ist gewöhnlich (aber nicht unbedingt) auf etwa 50 Grad beschränkt. Die Aufnahme oben links, die als Beispiel für diese Art der Perspektive dient, wurde mit einem Objektiv normaler Brennweite gemacht und mit einer Studiokamera, deren Schwenkvorrichtungen der Fotograf benutzt hat, um diese Perspektive zu erzeugen.

2. **Die echte geradlinige Perspektive.** Gerade werden auf dem Bild als Gerade wiedergegeben. Gerade, die nicht parallel zur Filmebene verlaufen, konvergieren zu Fluchtpunkten hin, ganz gleich ob sie auf waagerechter, senkrechter oder irgendeiner anderen Ebene liegen. Der Bildwinkel kann 90 Grad und mehr erreichen. Das Bild oben rechts wurde mit einer 35-mm-Kamera und Objektiv von 21 mm Brennweite gemacht.

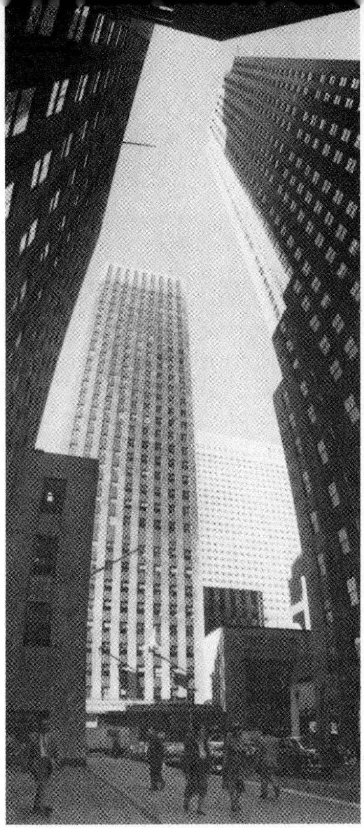

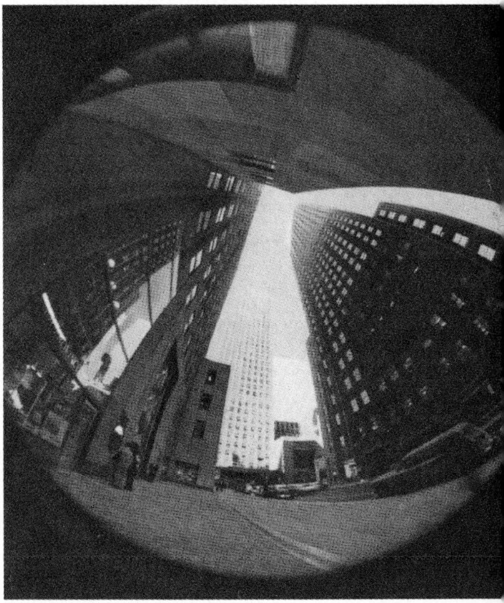

3. **Zylindrische Perspektive.** Diese Form der Raumdarstellung findet man bei allen Kameras, deren Objektive während der Aufnahme einen Bogen beschreiben und den Film dabei gleichsam »abtasten«, sowie bei den altmodischen »Panoramakameras«. Auf dem Bilde erscheinen Gerade entweder gerade oder gekrümmt, je nachdem ob das Bild waagerecht oder senkrecht vom Objektiv abgetastet wurde. Der Bildwinkel in der Hauptrichtung des Bildes liegt gewöhnlich bei 140 Grad. Die Aufnahme oben links wurde mit einer senkrecht abtastenden Panon-Kamera gemacht.

4. **Sphärische Perspektive.** Diese Form der Raumwiedergabe ist typisch für die »Fischaugen-Kamera« mit ihren Rundbildern. Alle Geraden erscheinen gekrümmt, ausgenommen solche, die parallel zur optischen Achse verlaufen und als geradlinige Radien im Bild erscheinen. Der Bildwinkel beträgt 180 Grad und mehr. Die Aufnahme oben rechts, die einen Bildwinkel von 180 Grad erfaßt, wurde mit einer japanischen Nikon-Fischaugenkamera gemacht.

Weitere Erläuterungen zu diesen vier Arten der Perspektive findet man S. 306–317.

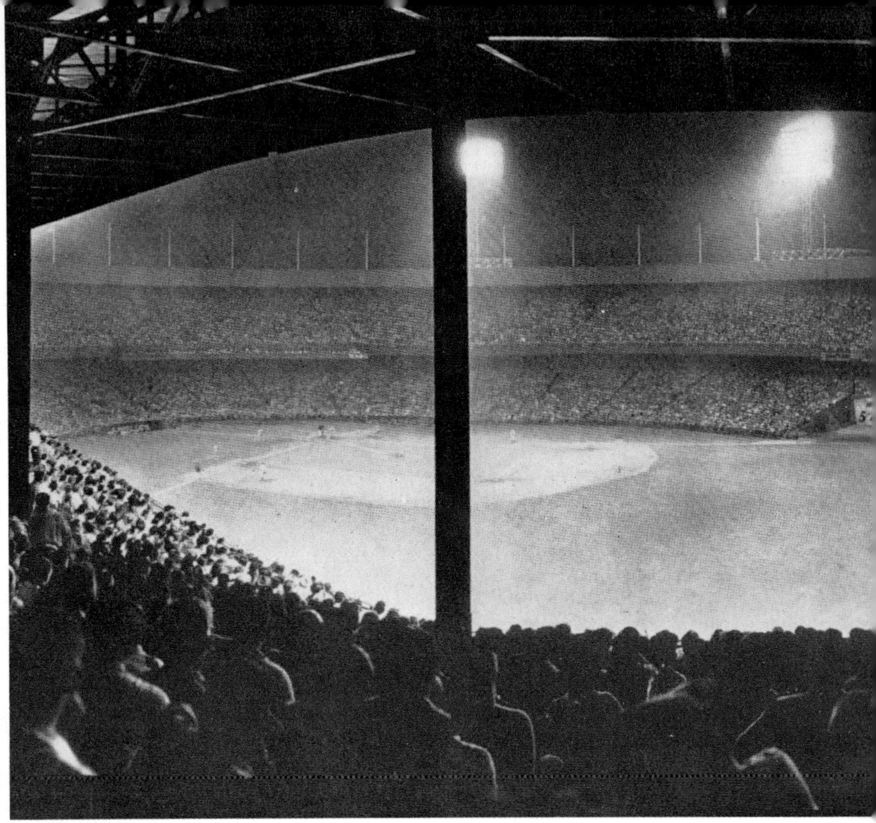

Die Darstellung des Raumes: Zusammengesetzte Panoramaaufnahmen

Ein Fotograf, der keine Panon oder eine ähnliche Panoramakamera besitzt, kann mit einer gewöhnlichen Kamera fast so etwas wie eine Panoramaansicht zustande bringen, wenn er eine Bilderfolge von links nach rechts aufnimmt und die Bilder dann in Form eines »Panoramas« zusammensetzt. Damit möglichst gute Ergebnisse erzielt werden, müssen allerdings zwei Voraussetzungen erfüllt sein:

1. Die Kamera muß vollkommen waagerecht eingestellt sein, da sonst die perspektivische Wirkung auf vertikaler Ebene eine genaue Aneinanderreihung der Einzelaufnahmen unmöglich macht. Man braucht daher ein gutes Stativ und möglichst eine Libelle, wenn man gute Aufnahmen dieser Art machen will.

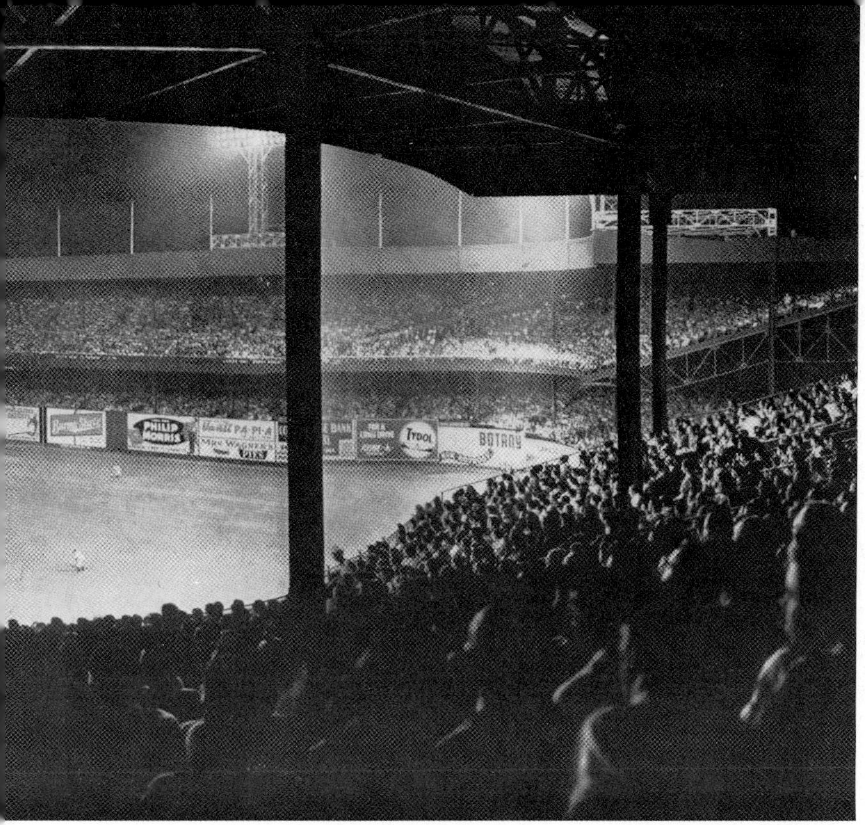

2. Jedes Negativ muß sich mit dem folgenden bis zu einem gewissen Grade überdekken, da es sonst kaum möglich sein wird, die Kopien später genau aneinanderzufügen.

Das Bild oben ist eine Nachtaufnahme des New Yorker Polo-Stadions. Sie besteht aus drei Einzelaufnahmen, die mit einer Rolleiflex gemacht wurden. Der Kamerastandort und die Blickrichtung aller drei Bilder wurde so gewählt, daß die »Nahtstellen« mit den senkrechten Stützen des Stadiondaches zusammenfallen. Da diese auf dem Foto als gerade, breite, schwarze Linien erscheinen, bereitete die Zusammensetzung der Bilder keine Schwierigkeiten.

Der Aufbau einer »wahrheitsgetreuen« Perspektive

Die geradlinige Perspektive ist nur *eine* Art der Raumdarstellung, zwei andere sind zylindrisch und sphärisch. Obwohl diese auf den ersten Blick »unnatürlich« wirken mögen, sind sie tatsächlich »wirklichkeitsgetreuer« als die geradlinige Perspektive, wie die folgenden Ausführungen beweisen sollen.

Stellen Sie sich einmal vor, Sie stünden vor einem »endlosen« Gebäude, das sich von links nach rechts von einem Horizont zum andern erstreckt. Unmittelbar vor sich würden Sie dann einen rechteckigen Ausschnitt dieses Gebäudes sehen. Seine First- und Grundlinien müßten geradlinig, waagerecht und parallel zueinander verlaufen, etwa wie auf dem Bild S. 308 oben.

Wenn Sie nun den Kopf nach links wenden und einen Blick auf das Gebäude werfen, würden Sie feststellen, daß es sich zum linken Horizont hin erstreckt und daß Dach- und Grundlinie infolge der Perspektive nach links zusammenlaufen. Wenden Sie den Kopf nach der rechten Seite, würden Sie das Gebäude ebenfalls »perspektivisch« sehen, wobei seine waagerechten Linien diesmal nach rechts zusammenlaufen.

Nun stellen Sie sich einmal vor, Sie besäßen Augen wie bestimmte Fische oder Insekten oder das Objektiv einer Nikon-Fischaugenkamera, die einen Bildwinkel bis zu 180 Grad erfassen können. Wenn Sie dann im rechten Winkel auf das Gebäude schauen, würden Sie es bei einem derartigen Gesichtskreis in seiner ganzen Ausdehnung von einem Horizont zum andern sehen können, und das gäbe folgendes Bild: Ganz weit links, aus dem Augenwinkel, würden Sie sehen, wie das perspektivisch verjüngte Gebäude ganz klein aus dem Horizont herauswächst. In der Mitte Ihres Blickfeldes würde das Gebäude groß und hoch wirken, weil dieser Teil Ihnen so nahe ist, und weit rechts würde es für Sie wieder kleiner und kleiner werden und zum andern Horizont hin verschwinden.

Und jetzt stellen Sie sich einmal den Verlauf der beiden waagerechten Linien vor, die Grund- und Firstlinie des Gebäudes bilden. Es liegt auf der Hand, daß diese Linien, obwohl sie tatsächlich Parallelen sind, nicht parallel *erscheinen* können, da sie nach links und rechts zu Fluchtpunkten hin zusammenlaufen. Andrerseits können sie auch nicht als Gerade erscheinen, denn dann würden Sie einen Bruch aufweisen, einen stumpfen Winkel in der Mitte unsres Blickfeldes, wo die Linien von links und rechts sich treffen.

Und da eine solche Bruchstelle nicht vorhanden ist – Sie erinnern sich, daß diese Linien in einem Zuge von Horizont zu Horizont zu verlaufen schienen –, ist nur eine Lösung möglich: die »tatsächlich« geraden Linien erscheinen als Kurven!

Und die zweite Schlußfolgerung ist natürlich, daß das, was Sie bei Ihrem ersten Blick auf das Gebäude gesehen haben, kein Rechteck gewesen sein konnte, da es Bestandteil der 180 Grad umfassenden Gesamtansicht ist und obere und untere Linien also gekrümmt sein müssen, mag diese Krümmung auch noch so schwach sein. Danach kommt die dritte Schlußfolgerung kaum noch überraschend: Da die Gesetze der Perspektive immer Gültigkeit haben, ganz gleich ob die Perspektive sich auf waagerechter, senkrechter oder irgendeiner schiefen Ebene äußert, muß sich auch die scheinbare Konvergenz gerader senkrechter Linien bei schrägem Blickwinkel in Kurvenform ausdrücken, und das ist auch der Fall, so unglaubwürdig es einem zunächst vorkommen mag.

Die Aufnahmen der folgenden Doppelseite illustrieren Schritt für Schritt die Entstehung einer »echten« oder »wahrheitsgetreuen« Perspektive.

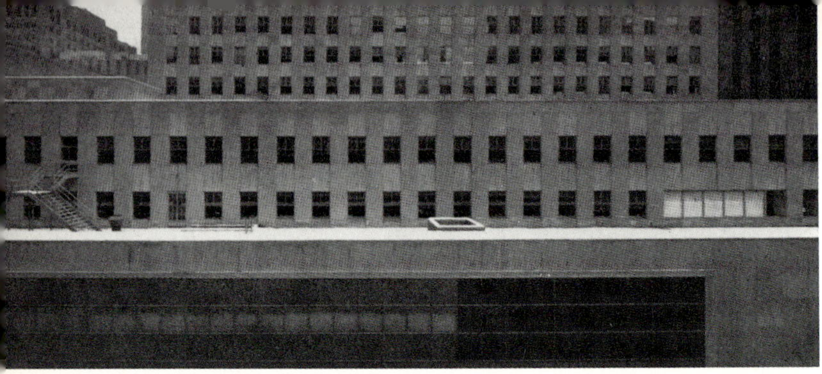

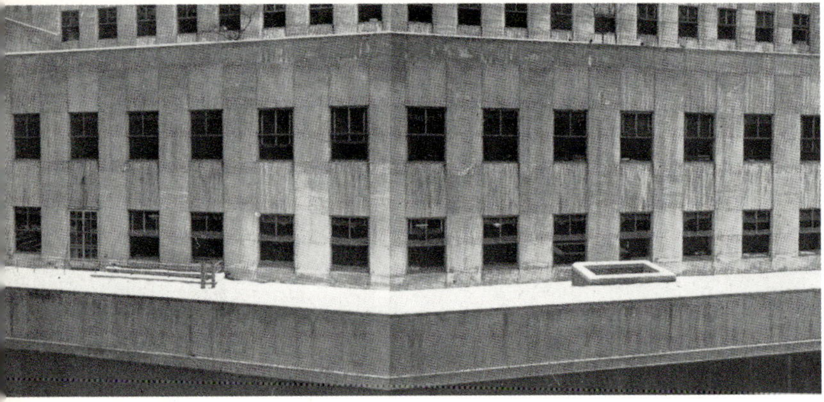

Der Aufbau einer »wahrheitsgetreuen« Perspektive

Oben: Geradlinige Perspektive. Gerade werden als Gerade abgebildet. Da Aufnahme- und Filmebene parallel liefen, wurden »Verzerrungen« vermieden. Waagerechte erscheinen waagerecht und parallel; Senkrechte erscheinen senkrecht und parallel, Winkel in ihrer richtigen Form. Diese Fotografie erscheint nach den Regeln einer akademischen Darstellung der Perspektive »wahrheitsgetreu«.

Unten: Ein Bild, das aus zwei Aufnahmen zusammengesetzt wurde, die im Winkel von 30 Grad nach links beziehungsweise rechts gemacht wurden. Gerade Linien werden als Gerade abgebildet, Senkrechte erscheinen parallel, weil sie parallel zur Filmebene verliefen, aber Waagerechte laufen nach zwei Fluchtpunkten hin zusammen, weil ihre Ebenen zur Filmebene geneigt waren. Der Winkel an der Nahtstelle ist künstlich und in Wirklichkeit nicht vorhanden.

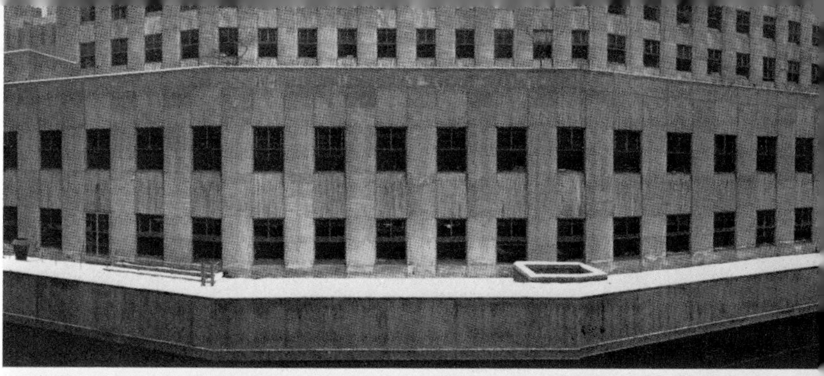

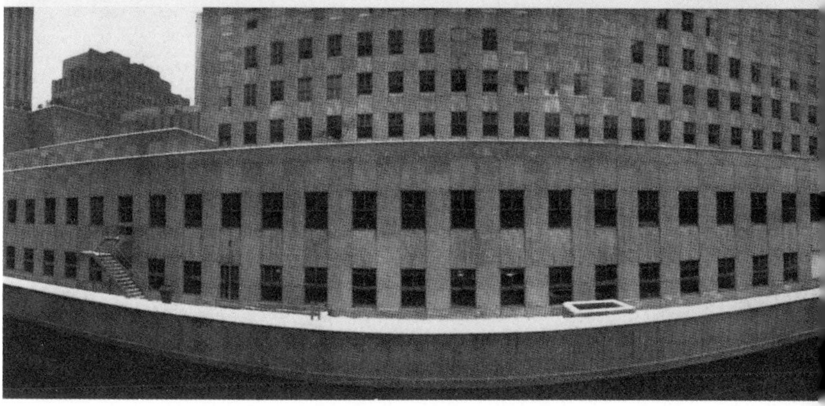

Oben: Das aus drei Aufnahmen zusammengesetzte Bild beseitigt den Winkel in der Mitte; dafür erscheinen zwei neue Winkel, die, obwohl sie weniger spitz sind, nicht der Wirklichkeit entsprechen. Die »Kurvenkonvergenz« zurückweichender Parallelen, die für eine »wahrheitsgetreue« Perspektive charakteristisch ist, beginnt sich abzuzeichnen.

Unten: Aufnahme mit einer Panon-Kamera (S. 47). Die Perspektive ist »zylindrisch«, das heißt, Senkrechte werden immer noch als gerade Linien wiedergegeben, Waagerechte erscheinen dagegen gekrümmt. Diese Aufnahme entspricht dem Eindruck, den man empfängt, wenn man bei der Betrachtung eines Objekts von außergewöhnlich großer horizontaler Ausdehnung den Kopf von einer Seite zur andern dreht – rechts und links haben je einen Fluchtpunkt.

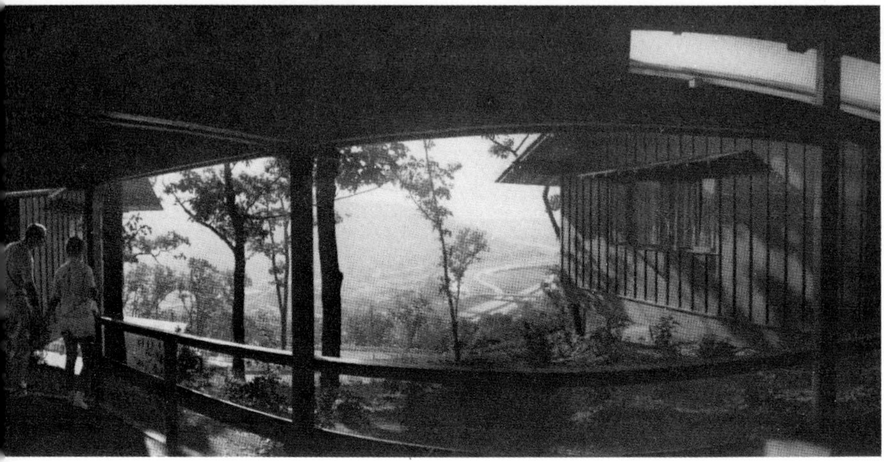

Die Darstellung des Raumes: Zylindrische Perspektive

Die Aufnahmen auf dieser Doppelseite wurden mit einer Panon-Kamera gemacht, die infolge ihres Schwingobjektivs Bilder mit zylindrischer Perspektive ergibt. Deutlich werden hier die beiden Merkmale dieser Art von Perspektive erkennbar:

1. Der ungewöhnlich weite Bildwinkel von 140 Grad kann in einem einzigen Bild erfaßt werden.

2. Gerade Linien, die parallel zur Drehebene des Objektivs verlaufen, erscheinen gekrümmt. Wenn das Objektiv waagerecht schwingt (wie bei diesen Bildern), erscheinen alle Waagerechten (mit Ausnahme derjenigen, die das Bild halbiert) mehr oder weniger gekrümmt, und zwar um so stärker, je näher sie dem Bildrande sind. Wenn das Objektiv vertikal schwingt (wie auf dem Bild S. 303, links) erscheinen alle senkrechten Linien (mit Ausnahme derjenigen, die das Bild halbiert) kurvenförmig.

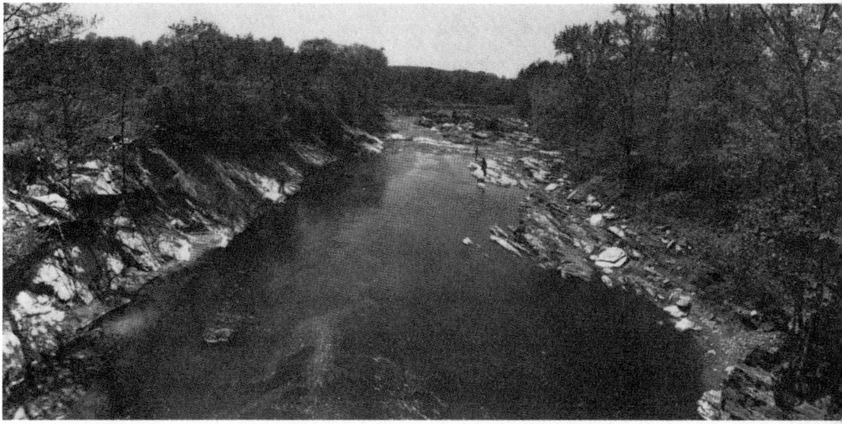

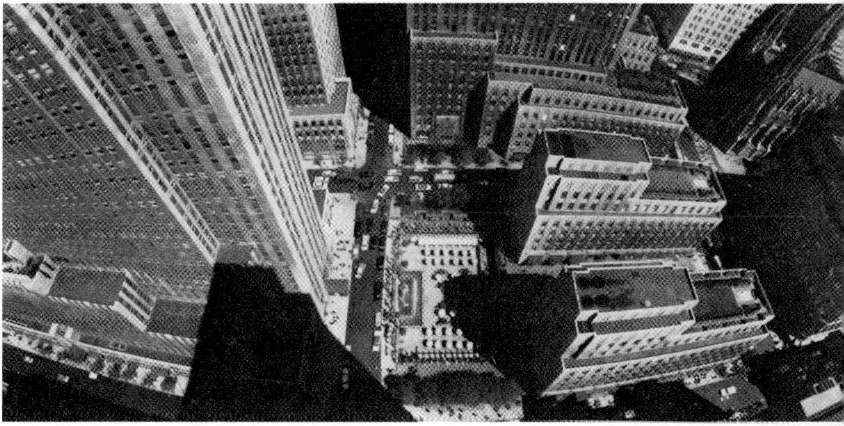

Wenn das Motiv jedoch keine geraden Linien aufweist, wird diese Art der Pseudo-Verzerrung (vgl. 128–129) gewöhnlich nicht bemerkt, wie die Landschaftsaufnahme oben zeigt, die gleichfalls mit einer Panon gemacht wurde.

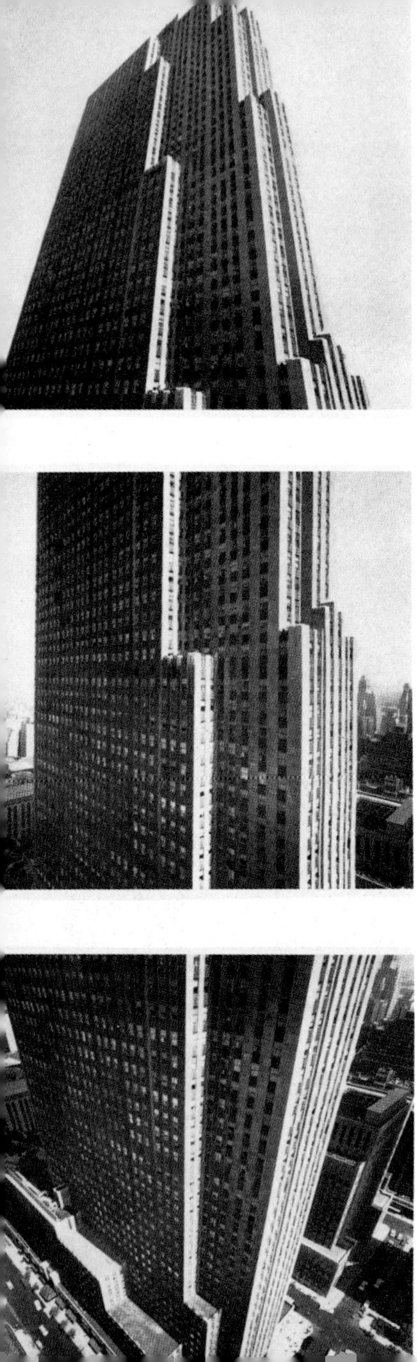

Der Aufbau einer zylindrischen Perspektive

Das zusammengesetzte Bild links zeigt, warum Gerade auf allen mit Superweitwinkelobjektiven gemachten Aufnahmen zwangsläufig gekrümmt erscheinen müssen; das gilt für alle Linien, außer solchen, die parallel zur Sehachse verlaufen. Jede der drei Einzelaufnahmen wurde mit einer gewöhnlichen Kamera und einem Objektiv normaler Brennweite gemacht. Die Perspektive aller drei Bilder ist »normal«. Bei waagerechter Kamera (Mitte) werden Senkrechte parallel wiedergegeben. Bei nach oben gerichteter Kamera (oben) laufen senkrechte Linien zum oberen Bildrand hin zusammen, und bei nach unten gerichteter Kamera (unten) laufen senkrechte Linien zum unteren Bildrand hin zusammen. Jedes dieser Bilder umfaßt einen Bildwinkel von annähernd 47 Grad. Wenn nun alle drei in einer einzigen Aufnahme kombiniert würden, die dreimal 47 Grad oder rund 140 Grad erfaßt, wie würde die Perspektive erscheinen? Sie würde so aussehen wie auf dem mit einer Panon gemachten Bild auf der gegenüberliegenden Seite, das einen Winkel von 140 Grad erfaßt und auf dem die in Wirklichkeit geraden vertikalen Linien des Gebäudes als Kurven erscheinen.

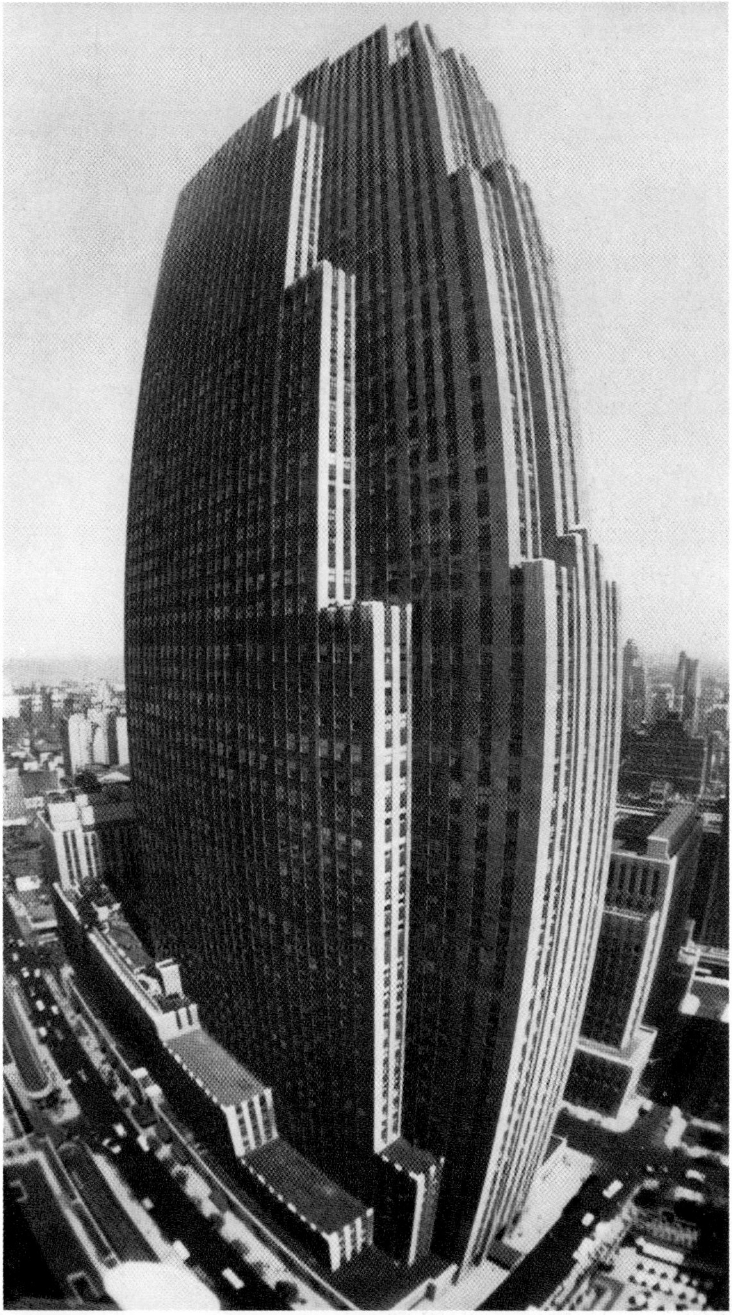

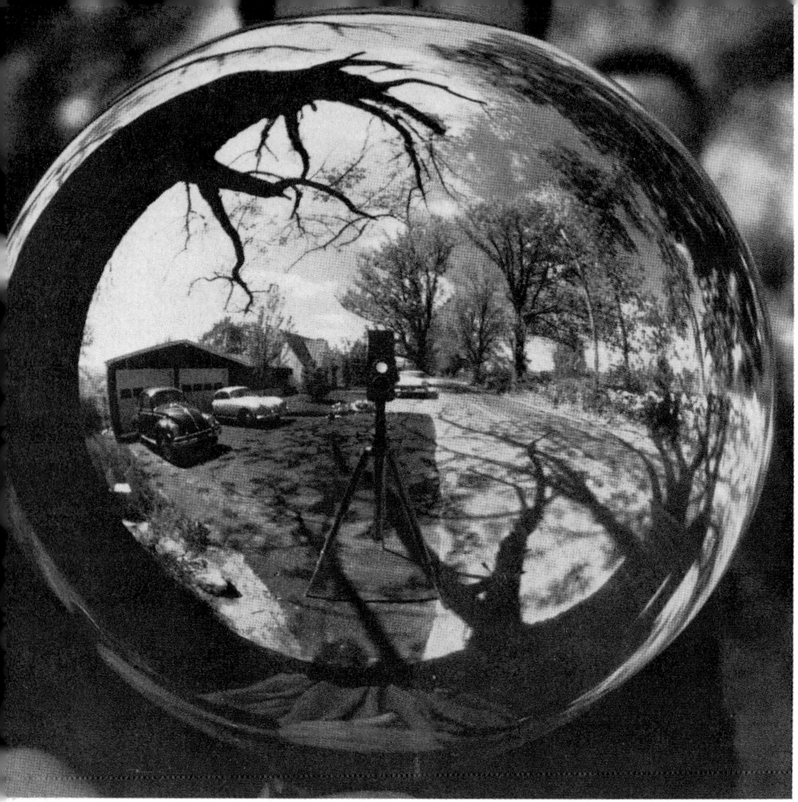

Der Aufbau einer sphärischen Perspektive

Die beiden Fotos auf dieser Doppelseite sehen beinahe gleich aus. Bei näherer Betrachtung wird man allerdings entdecken, daß Kamera und Stativ des linken Bildes in der Aufnahme rechts nicht zu sehen sind. Darin liegt die Erklärung für ihren Unterschied: das linke Bild zeigt die Szene, wie sie von einer großen Spiegelglaskugel reflektiert wird, und die Kamera, mit der dieses Bild aufgenommen wurde, spiegelt sich natürlich in der Mitte. Die andere Aufnahme wurde mit einer Fischaugen-Kamera vom Standort der Kugel aus gemacht.

Das Interessanteste an diesem Bilderpaar ist, daß die Perspektive sich bei beiden Aufnahmen in derselben Form zeigt: von der verzerrungsfreien Mitte bis zu der heftigen Krümmung von Linien, die in Wirklichkeit gerade sind, in der Nähe des Kreis-

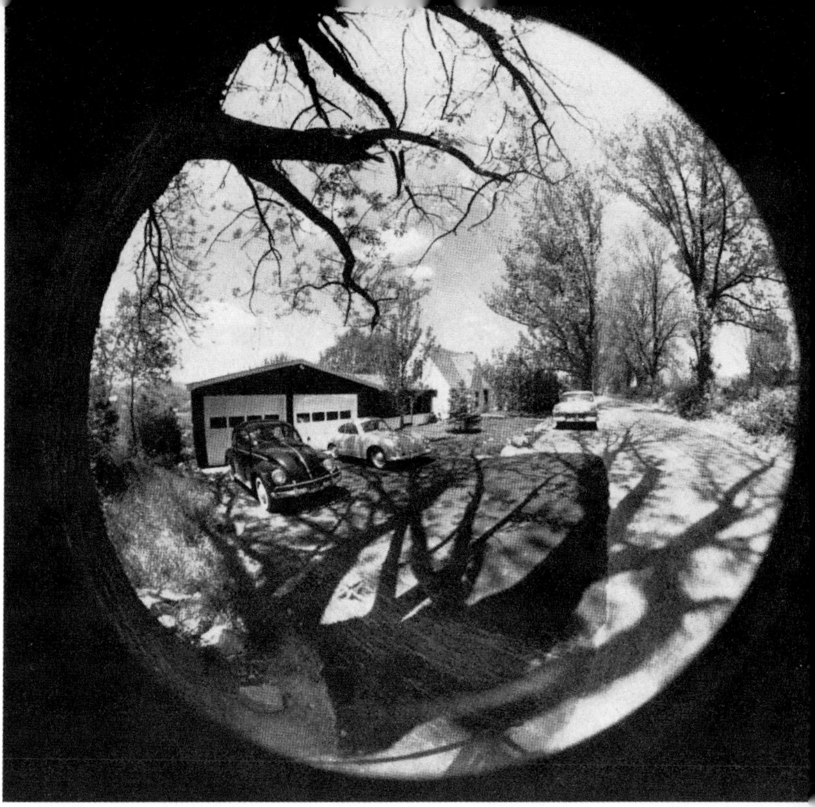

randes. Der Bildwinkel, der vom Spiegelbild in der Kugel erfaßt wurde, beträgt ungefähr 220 Grad, während die Fischaugen-Kamera »nur« einen Bildwinkel von etwa 180 Grad erfaßte.
Ursprünglich wurden Fischaugen-Kameras für meteorologische Zwecke entwickelt, um den Himmel in seiner gesamten Ausdehnung auf einmal fotografieren zu können.

Aber heute sind Fischaugen-Objektive, obgleich sie immer noch teuer sind, und weniger teure Zusatzobjektive, mit denen man normale Objektive vorübergehend in Fischaugen-Objektive verwandeln kann, auch für viele Amateure erschwinglich geworden. Auf S. 160 sehen Sie die obige Szene auf »normalen« Fotos, die mit gewöhnlichem und Weitwinkelobjektiv gemacht wurden.

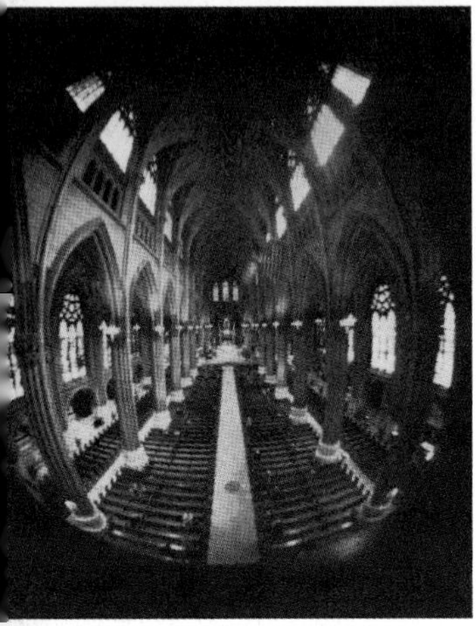

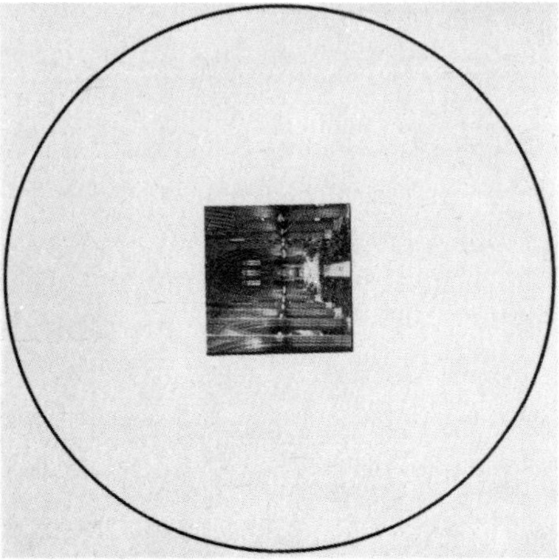

Die Darstellung des Raumes: Sphärische Perspektive

Das Bild links ist eine 180-Grad-Ansicht der New Yorker St.-Patricks-Kathedrale, mit einer Fischaugen-Kamera aufgenommen. Der Bildwinkel ist so ungeheuer groß, daß selbst der Fotograf, der links von der Kamera gestanden hat, im Bild erscheint, und zwar in der Nähe des Kreisrandes, etwa bei »8 Uhr«.

Das Bild rechts ist eine Vergleichsaufnahme, die vom selben Standort aus mit einer Rolleiflex gemacht wurde. Reproduziert wurde sie im selben Maßstab wie das Fischaugen-Bild. Der Ring um das Bild entspricht der zusätzlichen Bildfläche, die eine mit einer Fischaugen-Kamera gemachte Aufnahme erfaßt hätte.

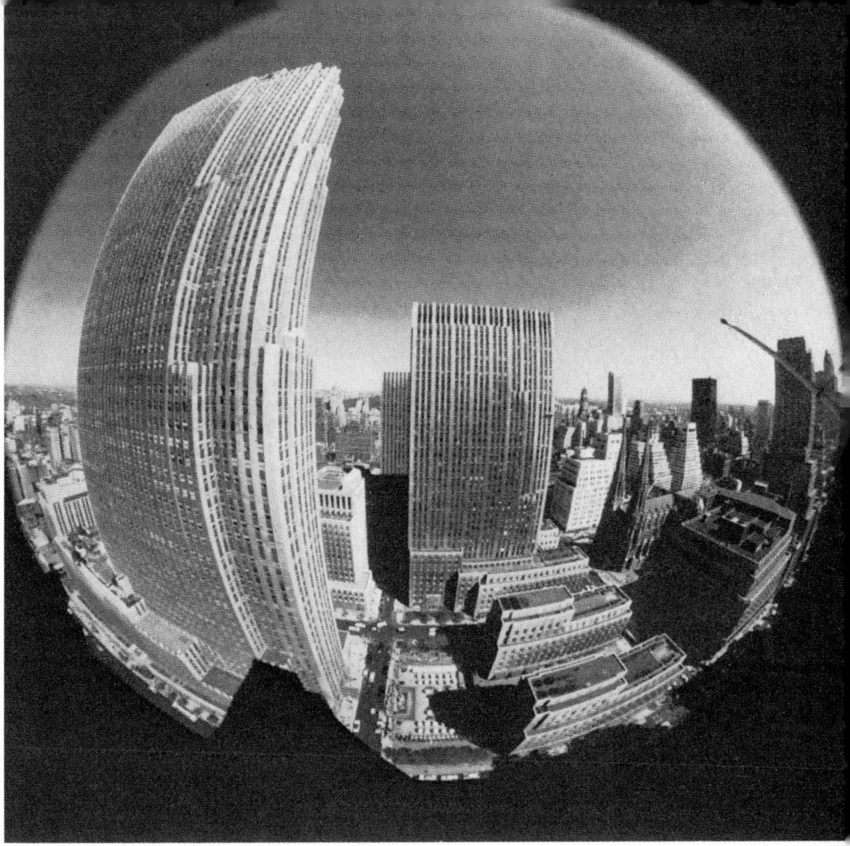

Eine Fischaugen-Kamera-Ansicht vom Rockefeller Center in New York. Die merkwürdige Form des großen Gebäudes links, das aussieht, als wäre es aus Wachs geformt, das gerade zu schmelzen beginnt, erklärt sich durch die sphärische Perspektive. Wer Gelegenheit hat, häufiger »Fischaugen-Bilder« zu sehen, gewöhnt sich rasch an ihre gekrümmten Linien und lernt sie richtig zu »lesen«, vor allem, wenn er an Reflexionen einer Spiegelglaskugel denkt. Ihre sonderbare Perspektive wird durch die Tatsache, daß sie buchstäblich in einem einzigen Bilde die Hälfte der sichtbaren Welt zeigen, mehr als wettgemacht.

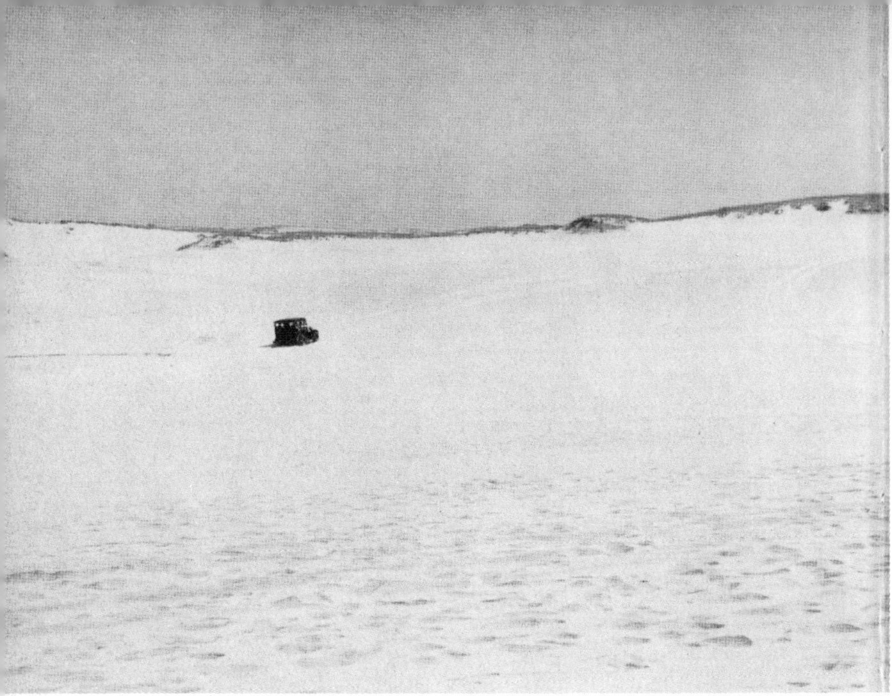

Die Darstellung des Raumes: Verjüngung

Jedes Objekt erscheint mit wachsender Entfernung vom Betrachter immer kleiner, und wenn der Betrachter die tatsächliche Größe eines Objekts kennt, so kann er nach dessen *scheinbarer* Größe die Entfernung zwischen sich und dem Objekt beurteilen.

Daraus folgt: Wenn ein Fotograf ein Objekt, dessen Dimensionen allgemein bekannt sind, auf seinem Bilde entweder kleiner oder größer zeigt, kann er die Tiefe dadurch mehr oder weniger ausdehnen und den Raum entweder groß oder klein wirken lassen, wie die Fotos auf dieser Seite zeigen. Obwohl auf diesen Bildern keinerlei andere Zeichen der Raumdarstellung zu finden sind – keine »konvergierenden Parallelen«, keine verkürzten Formen, keine Überschneidungen, keine Kontraste zwischen scharf und unscharf, kein Dunst und keine »Luft-Perspektive« –, läßt allein der Umstand, daß Schiff und Auto im Vergleich zur umgebenden Landschaft verhältnismäßig klein abgebildet sind, die Landschaft groß und weit erscheinen und erzeugt ein ausgesprochenes Gefühl der Tiefe. Der Raum wird also durch Verjüngung versinnbildlicht.

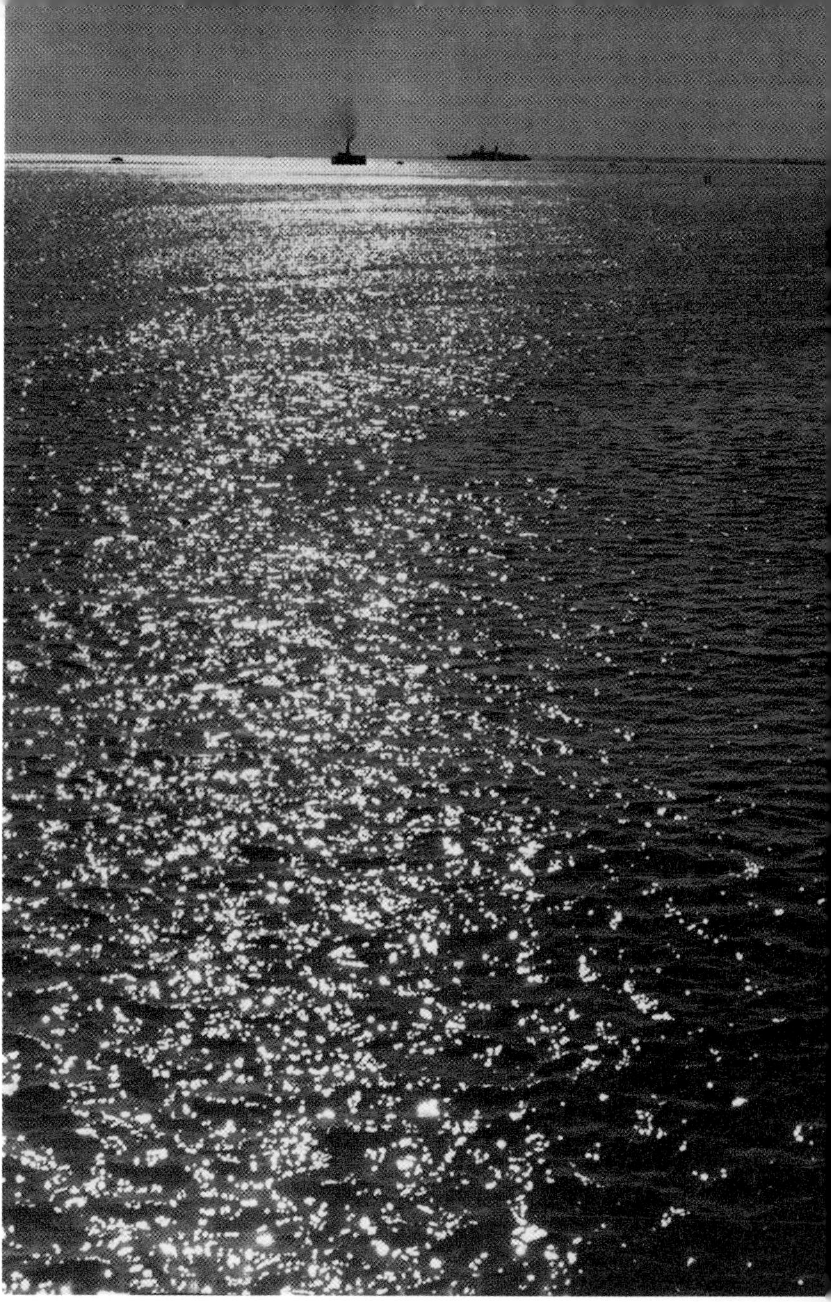

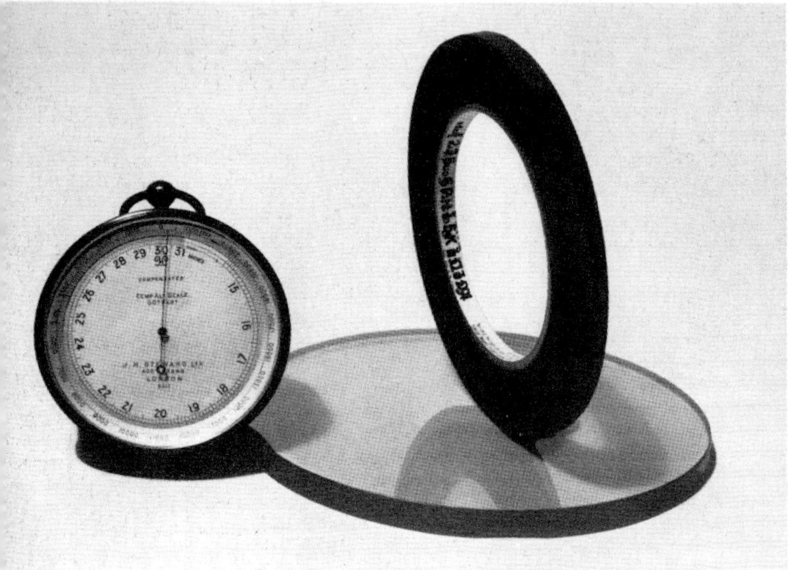

Die Darstellung des Raumes: Verkürzung und Verzerrung

»Perspektive« und »Verzerrung« sind unlöslich miteinander verbunden. Ohne einen gewissen Grad von Verzerrung gibt es keine »Perspektive« und folglich auch kein Gefühl der »Tiefe«. Ein Kreis, der von vorn in seiner wahren, unverzerrten Form betrachtet wird, erscheint »flach«. Sieht man ihn aber im Winkel, elliptisch »verzerrt«, gewinnt selbst ein (zweidimensionaler) Kreis einen gewissen Grad von »Tiefe«, weil er dann Teil des dreidimensionalen Raumes zu sein scheint, wie man im Bilde oben sieht.

»Verzerrung« ist ein relativer Begriff. Zumindest ein gewisser Grad von Verzerrung ist für die Versinnbildlichung des Raumes mit zweidimensionalen Mitteln wesentlich. Bei einem Lichtbild wird gewöhnlich nur eine übermäßige Verzerrung als »Verzerrung« der Wirklichkeit empfunden. Ein Fotograf hat es völlig in der Hand, welches Maß an Verzerrung er erzeugen will. Die Mittel dazu sind: entsprechende Wahl des Aufnahmewinkels, Abstand zwischen Objekt und Kamera und Brennweite des Objektivs. Grundsätzlich kann man sagen: Je größer der Grad der Verzerrung, desto ausgeprägter wird die Empfindung der Tiefe, die ein Bild vermittelt, und umgekehrt. Das erklärt übrigens, warum die verhältnismäßig »verzerrungsfreien« Aufnahmen mit Super-Teleobjektiven, bei denen der Raum »komprimiert« wird, so »flach« aussehen.

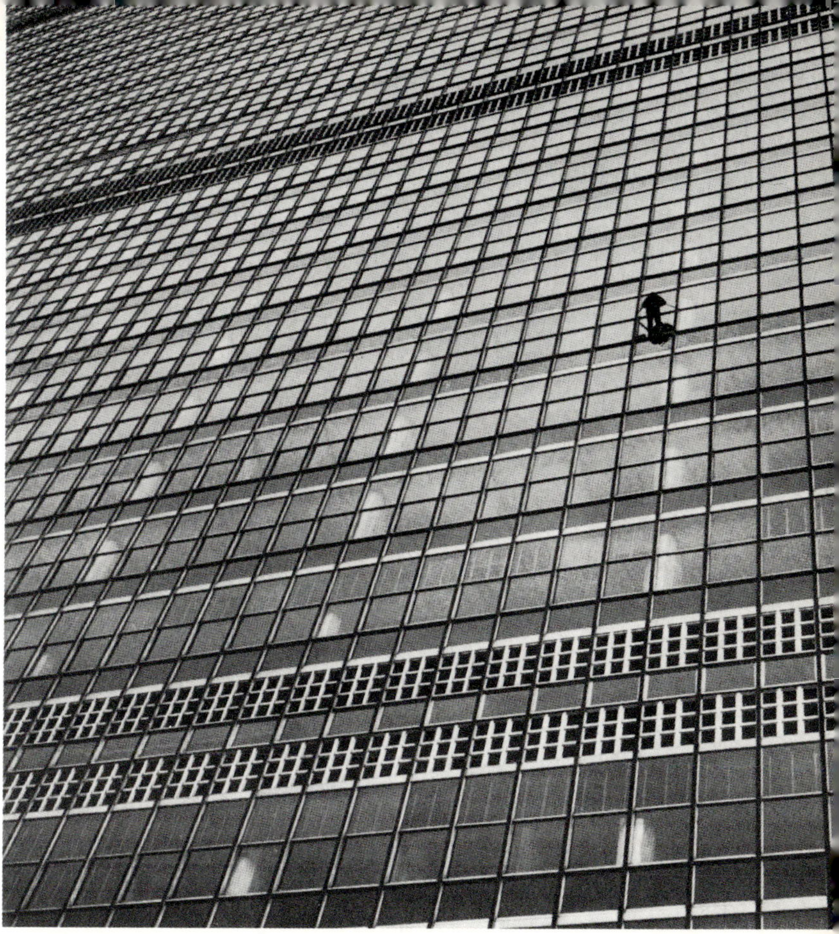

Dieses Foto eines Fensterputzers, der an der Fassade des UNO-Gebäudes in New York arbeitet, zeigt, wie man »Verzerrung« (hier die Verzerrung der Fenster, die in Wirklichkeit rechteckig sind), benutzen kann, um selbst einem so flachen Objekt wie dieser Fassade ein starkes Gefühl der »Tiefe« zu geben.

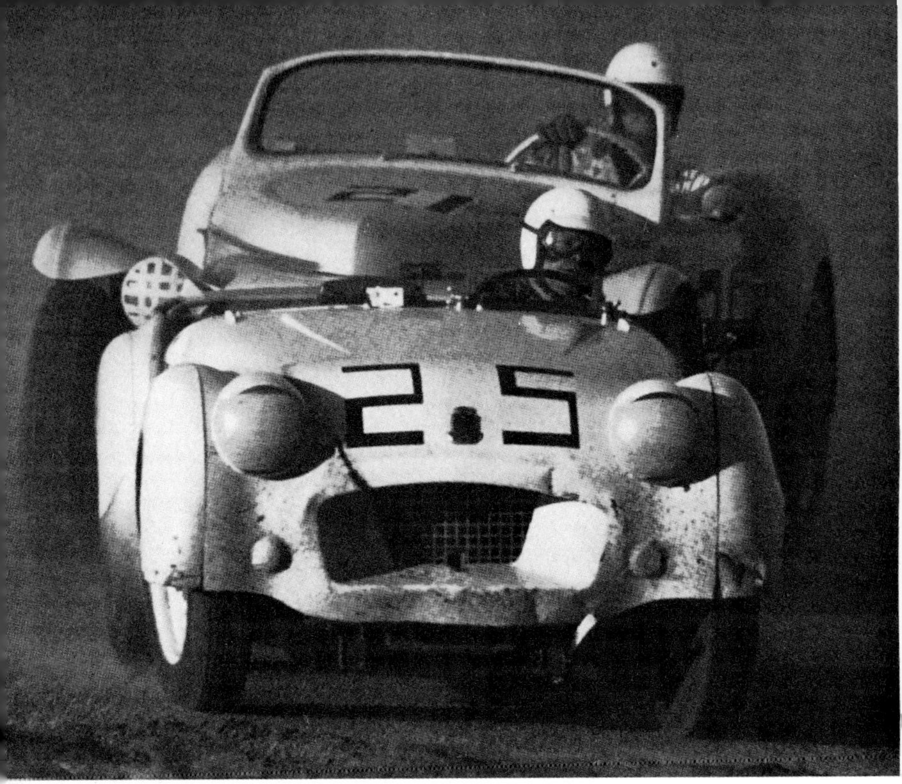

Die Darstellung des Raumes: Formüberdeckung

Wenn auf einem Lichtbild ein Gegenstand von einem andern teilweise verdeckt wird, befand er sich selbstverständlich weiter vom Beobachter (der Kamera) entfernt als der verdeckende Gegenstand. Daher stellt die Formüberdeckung ein weiteres graphisches Symbol dar, mit dem man der »Tiefe« fotografisch Ausdruck geben kann. Wenn andere Symbole der Tiefe fehlen, wie auf diesen beiden Bildern, ist die Formüberdeckung das einzige Mittel, um den Eindruck des Raumes hervorzurufen. Besondere Wirkung gewinnt es, wenn – wie auf Earl Seuberts Aufnahme von Rennwagen – das teilweise verdeckte (entferntere) Objekt größer ist als das nähere, von dem es teilweise verdeckt wird. In der Regel nimmt man natürlich an, daß wegen der Verjüngung das größere Objekt näher und das kleinere weiter vom Beobachter (der Ka-

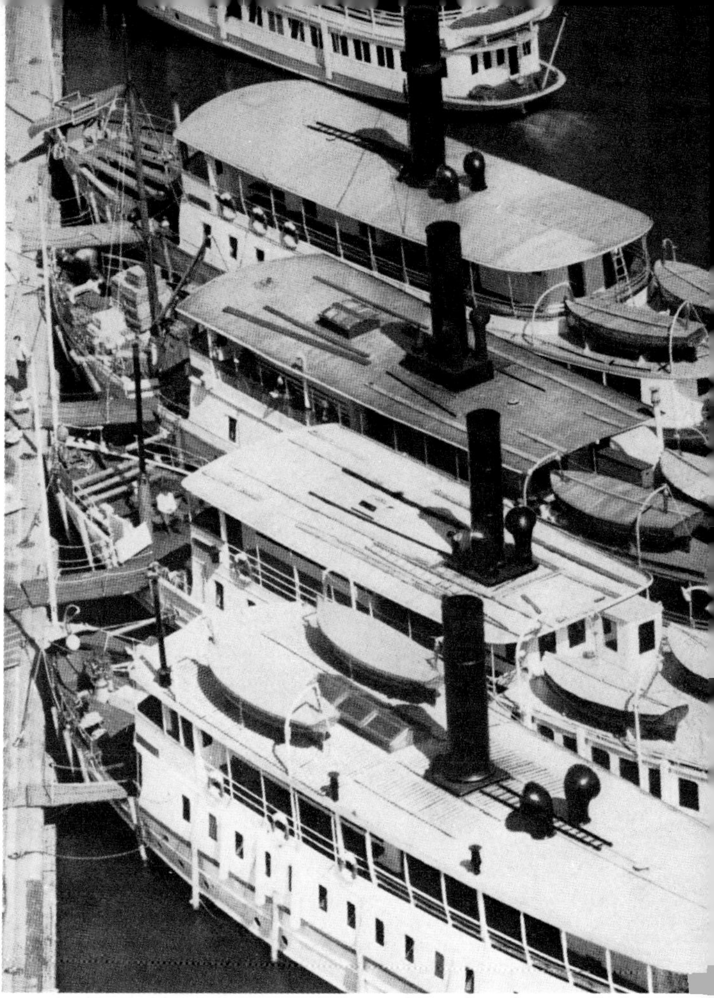

mera) entfernt ist. Wie hier kann dann die Formüberdeckung die einzige Möglichkeit sein, eine solche irrige Schlußfolgerung zu verhindern. Außerdem kann sich durch die so hervorgerufene »umgekehrte Perspektive«, die in einem solchen Falle durch Formüberdeckung entsteht, ein besonders interessantes Bild ergeben.

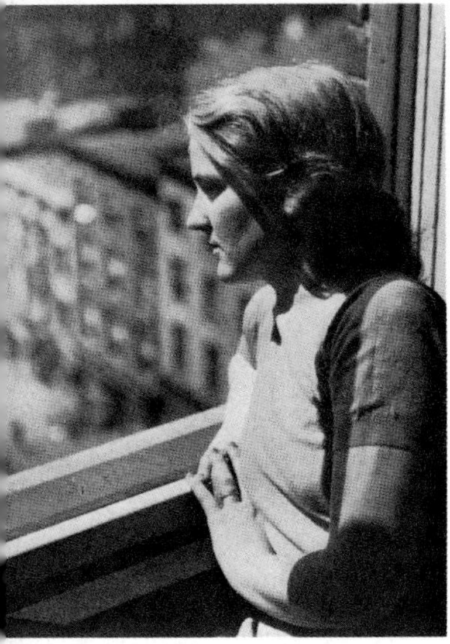

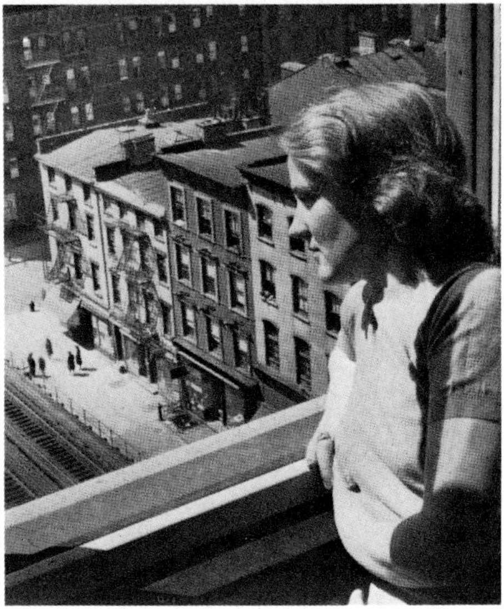

Die Darstellung des Raumes: Gegensatz zwischen scharf und unscharf

Das Auge kann sich nur jeweils auf einen einzigen Tiefenbereich einstellen. Was vor oder hinter diesem Bereich liegt, erscheint mit zunehmendem Abstand davon immer unschärfer. Daher verbindet man mit dem Gegensatz zwischen scharf und unscharf die Empfindung der Tiefe. Fotografisch kann man dieses Gefühl durch die Technik der *Einstellung auf verschiedene Schärfenebenen* (S. 162–163) hervorrufen. Beispiele dafür bieten die folgenden Aufnahmen: Das linke Bild (Blende 3,5) der beiden Vergleichsaufnahmen oben, bei dem die Schärfe absichtlich auf den Vordergrund beschränkt wurde, erzeugt eine viel stärkere Empfindung von Tiefe als das Bild rechts (Blende 22), bei dem Vorder- und Hintergrund gleichmäßig scharf wiedergegeben sind. Auf der Gegenseite hat Grey Villet die Technik der wahlweisen Scharfeinstellung dazu benutzt, um einen Schüler aus der Kindergruppe herauszuheben, und hat damit seinem Bilde eine außergewöhnliche Tiefenwirkung verschafft.

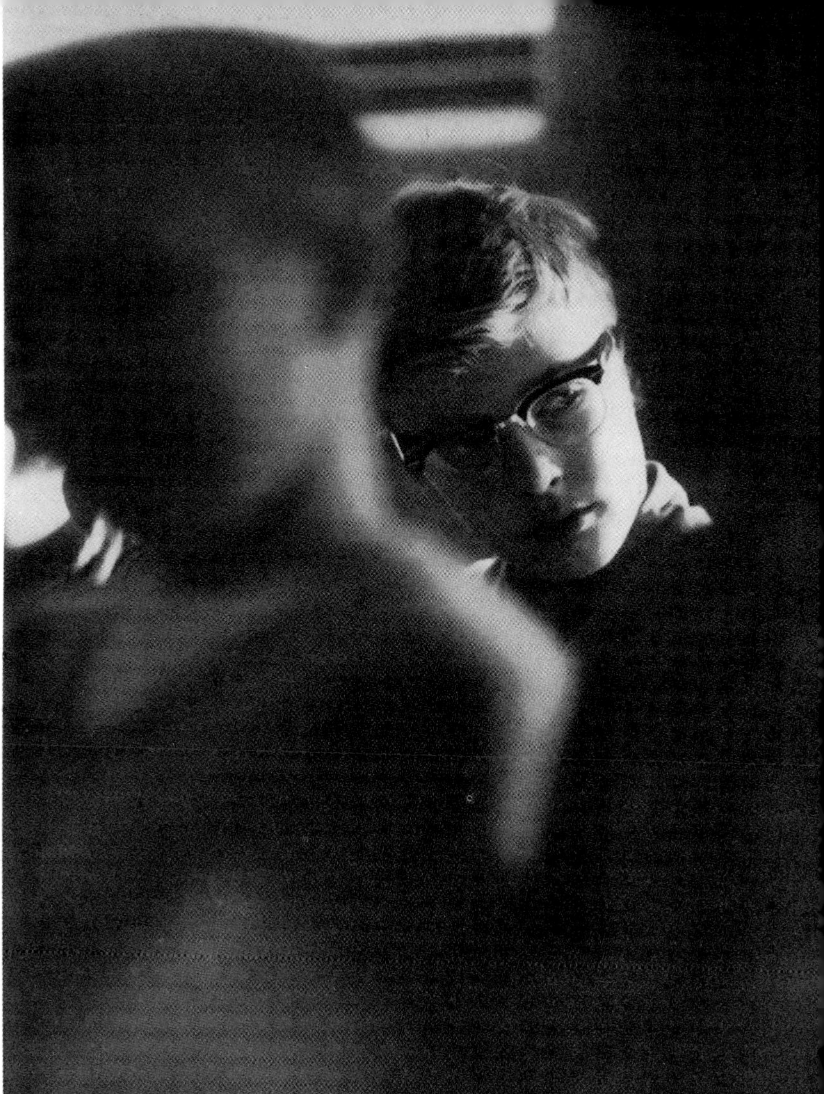

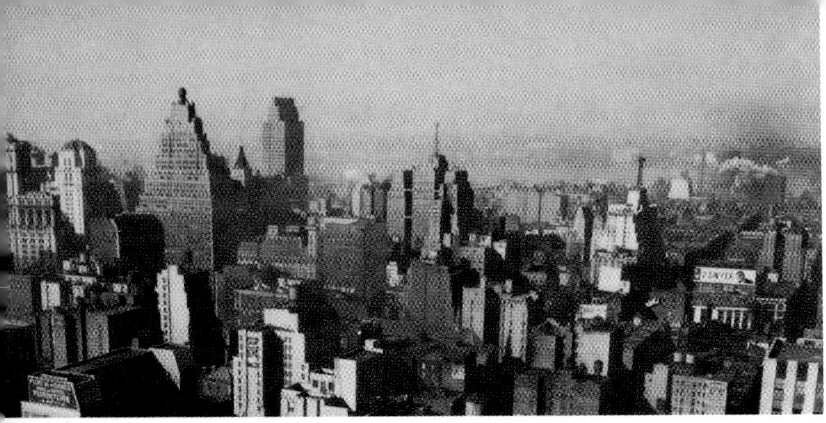

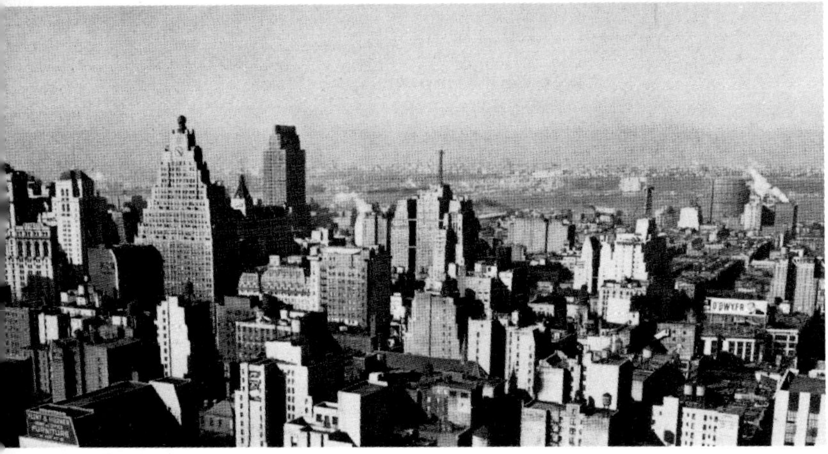

Die Darstellung des Raumes: Luftperspektive

Bei Außenaufnahmen wirken die Aufnahmeobjekte bei wachsender Entfernung vom Betrachter durch die dazwischenliegenden atmosphärischen Dunstschichten immer heller. Diese Erscheinung, die Luftperspektive, kann man ausnutzen und mit Hilfe von Farbfiltern regeln, um den Eindruck der Tiefe eines Bildes zu beeinflussen. Beispiele dafür findet man auf den Bildern dieser Doppelseite, die sämtlich eins nach dem andern an einem etwas dunstigen Sommertag gemacht worden sind. Auf dem

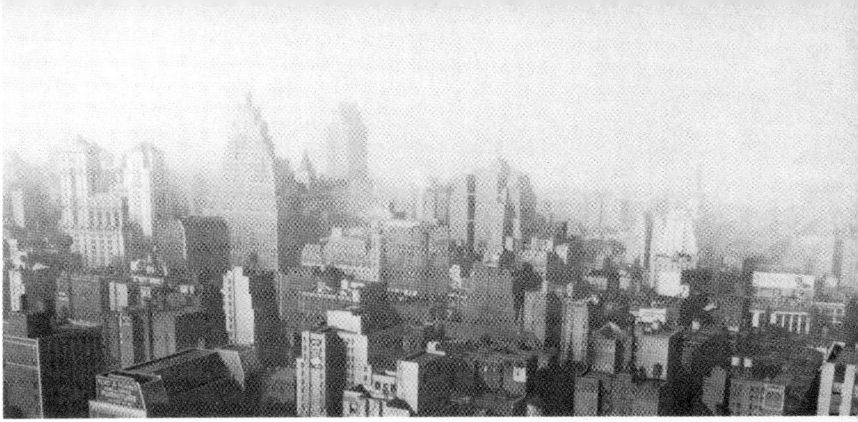

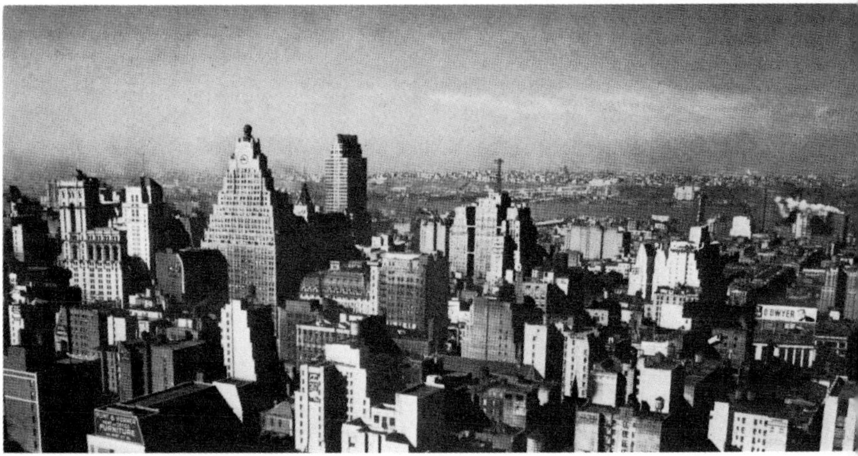

ersten Bild wird die Szene etwa so gezeigt, wie sie dem Auge erscheint. Das zweite Bild wurde mit einem Gelbfilter gemacht; der Kontrast ist verbessert, und die Landschaft wirkt weniger dunstig. Das dritte Bild wurde durch einen Blaufilter aufgenommen; der Kontrast ist abgeschwächt, der Dunsteffekt verstärkt, und die entfernt liegenden Teile der Landschaft wirken verschleiert. Das vierte Bild wurde mit Rotfilter gemacht; der Kontrast ist verbessert, und die Landschaft wirkt weniger dunstig. Das ganze Bild ist vom Vordergrund bis zum Horizont klar und scharf durchgezeichnet.

Die Darstellung der Bewegung

Sehr viele fotografische Objekte, lebende wie tote, bewegen oder verändern sich: eine Fotografie steht dagegen »still«, sie ruht. Bewegung läßt sich, genau wie Tiefe, auf einer Fotografie nur in Symbolform andeuten. Zum Glück gibt es eine ganze Anzahl verschiedener ausdrucksstarker Symbole, die man benutzen kann, um jedes gewünschte Maß von Bewegung, Handlung und Schnelligkeit graphisch auszudrücken. Die Verwendung dieser Symbole liegt vollkommen in der Hand des Fotografen, der sie in vielen Fällen auf nahezu unzählige Arten verändern kann. Die folgende Übersicht verzeichnet neun effektvolle Bewegungssymbole und ihre Verwendung.

1. **Die »festgehaltene« Bewegung.** Man sucht sich eine einzige, bezeichnende Bewegungsphase aus und bildet das bewegte Objekt in dieser Phase scharf ab. Obwohl dieses Verfahren den Eindruck der Bewegung auslöscht, ist es fotografisch dennoch ein ausgezeichnetes Mittel für Abbildung und Studium bewegter Objekte, wenn offensichtlich ist, daß das dargestellte Objekt sich bewegte (beispielsweise ein Pferd mitten in der Luft beim Sprung über ein Hindernis) und kein zusätzlicher Hinweis erforderlich ist.

Man kann Bewegung »festhalten«, indem man entweder mit genügend hoher Verschlußgeschwindigkeit arbeitet oder, falls die Umstände es gestatten, Elektronenblitz verwendet.

2. **Verwischung.** Bewegung ist gleichbedeutend mit einer Stellungsänderung im Raum. Der Fotograf hat also eine ausgezeichnete Möglichkeit, Bewegung durch graphische Mittel zu versinnbildlichen, indem er sein bewegtes Objekt sozusagen in vielen Stellungen auf einmal zeigt: durch Wahl einer Belichtungszeit, die ein bißchen zu lang ist, um die Bewegung »festzuhalten«, kann er sein bewegtes Objekt etwas verwischt abbilden, und diese Verwischung besteht genaugenommen aus vielen, leicht verschiedenen Bildern, die sich beinahe decken und eine Bewegungssynthese bilden.

Verwischung ist ein Beweis für Bewegung, sei es Bewegung des Objekts oder der Kamera. Sind beide, Objekt und Kamera, bewegungslos, so kann ein Foto zwar unscharf, aber niemals verwischt sein. Verwischung ist »Unschärfe in einer einzigen Richtung«, nämlich der Richtung, in der sich Objekt oder Kamera bewegten.

Verwischung ist vielleicht das ausdrucksstärkste fotografische Bewegungssymbol. Ihr Ausmaß kann der Fotograf leicht und im vollem Umfang selbst bestimmen. Je langsamer die Verschlußgeschwindigkeit im Verhältnis zur scheinbaren Geschwindigkeit (Winkelgeschwindigkeit) des Objekts ist, desto stärker wird die Verwischung und umgekehrt.

3. **Mehrfachbelichtung.** Statt Bewegung durch eine ununterbrochene Folge von Objektstellungen anzudeuten, die ein verwischtes Bild ergeben, kann ein Fotograf die Kontinuierlichkeit der Bewegung auf eine bestimmte Anzahl scharf abgebildeter Einzelphasen beschränken, die hintereinander auf demselben Film aufgenommen werden. Das gibt dann eine Folge von scharfen, leicht unterschiedlichen und sich oft teilweise überdeckenden Abbildungen des Objekts, das in verschiedenen Bewegungsphasen festgehalten wurde, die zusammen eine klare und graphisch elegante Form des Bewegungsbegriffes symbolisieren.

Wenn dieses Verfahren gelingen soll, muß das Objekt verhältnismäßig hell getönt und der Hintergrund sehr dunkel oder schwarz sein. Andernfalls schlägt der Hintergrund durch und löscht das Objekt größtenteils auf dem Bilde aus, während der Rest transparent erscheint. Wenn das Objekt sich verhältnismäßig langsam bewegt, können die einzelnen Aufnahmen durch Handbedienung des Auslösers gemacht werden. Bei schneller Bewegung des Objekts muß Belichtung und Zeitfolge automatisch durch eine Kette von Elektronenblitzen geschehen.

4. **Mehrfachkopien.** Das Prinzip dieser Art der Bewegungsdarstellung ist das gleiche wie bei der Mehrfachbelichtung, nur die Technik ist anders. In diesem Falle werden verschiedene Einzelnegative, von denen jedes eine bestimmte Bewegungsphase zeigt, auf einem Blatt übereinander kopiert, damit sie ein einziges, zusammengesetztes Bild der Bewegung ergeben.

Handelt es sich um eine kleine Zahl von Einzelbildern – höchstens vier oder fünf –, hat dieses Verfahren zwei Vorteile: Die Stellung des einzelnen Teilbildes kann während des Kopierens oder Vergrößerns visuell kontrolliert werden, und wenn eins der Negative unzulänglich ist, kann man es wahrscheinlich weglassen und die Bilderfolge selbst dennoch retten. Wenn dagegen bei der Mehrfachbelichtung etwas schiefgeht, war die ganze Mühe umsonst.

5. **Zeitaufnahme.** In diesem Falle ist die Belichtungszeit (Verschlußgeschwindigkeit) sehr langsam im Verhältnis zur Geschwindigkeit des bewegten Objekts. Dadurch wird das Objekt auf dem Bilde vollkommen unkenntlich und nur durch ein Diagramm seiner Bewegung dargestellt. Sein

Weg wird in Form einer mehr oder weniger kontinuierlichen Linie oder Wischzeichnung abgebildet.

Bekannte Beispiele für eine solche Bewegungssymbolik sind Zeitaufnahmen fahrender Autos bei Nacht, die im Bilde durch helle, kontinuierliche Linien dargestellt werden. Obwohl in solchen Fällen das Objekt selbst völlig unkenntlich ist, erfüllt das Bild durch Assoziation dennoch seinen Zweck. Wir wissen, daß diese Spuren von Autoscheinwerfern hervorgerufen wurden. Infolgedessen rekonstruieren wir ein Bild des Verkehrs, obgleich auf dem Bild keine Wagen zu sehen sind.

6. **Mitgehen.** Das ist im Grunde eine Verwischung mit umgekehrten Vorzeichen. Dort wurde das bewegte Objekt verwischt vor scharf abgebildeten feststehenden Bildelementen gezeigt. Hier erscheint das bewegte Objekt scharf im Bilde, und die feststehenden Objekte erscheinen verwischt.

Technisch entspricht das »Mitgehen« ungefähr dem Schuß auf eine fliegende Ente. Das Bild des bewegten Objekts wird in den Sucher geholt und dort festgehalten, indem man es mit der Kamera verfolgt und in der Bewegung auslöst.

Der einzigartige Vorteil dieses Verfahrens besteht darin, daß der Fotograf das bewegte Objekt verhältnismäßig scharf abbilden und trotzdem, durch den Gegensatz von Schärfe und Verwischung, ein intensives Gefühl der Bewegung vermitteln kann. Besonders wirkungsvoll ist dieses Verfahren, wenn man bei Aufnahmen von Auto- und Pferderennen den Eindruck der Schnelligkeit hervorrufen will.

7. **Offener Blitz.** Diese Technik stellt eine Verbindung von Zeitaufnahme und Momentaufnahme dar und kommt folgendermaßen zustande: Bei stark gedämpftem Licht macht man eine Zeitaufnahme des bewegten Objekts vor schwarzem Hintergrund, so daß die Spur der Objektbewegung auf dem Film festgehalten wird. Auf dem Höhepunkt der Bewegung wird ein Blitz ausgelöst und ein scharfes Abbild in die Lichtspur eingezeichnet. Danach läßt man den Verschluß der Kamera noch einen oder zwei Augenblicke offen, so daß die Bewegungsspur hinter dem geblitzten Bild des Objekts noch weiterläuft. Das Ergebnis ist ein Bewegungsdiagramm, auf dessen Höhepunkt das Objekt selber klar und deutlich erscheint. Oft befestigt man batteriegespeiste Taschenlampenbirnen an wichtigen Teilen des bewegten Objekts, um seinen Weg besser zu verfolgen und die graphische Wirkung zu verstärken. Das Bild, das sich dabei ergibt, ist um so ein-

drucksvoller, je dunkler der Hintergrund im Verhältnis zum Ton des Objekts ist.

8. **Bildfolgen.** Dabei handelt es sich um eine Variante der Mehrfachbelichtung. Allerdings macht man in diesem Falle nicht mehrere scharfe Aufnahmen eines bewegten Objekts auf demselben Film, sondern dreht den Film für jede Aufnahme weiter. Auf diese Weise wird die Bewegung in eine Anzahl Stufen unterteilt und in Form einer Bilderfolge dargeboten, die in ihrer Gesamtheit eine Aufzeichnung der Bewegung darstellt. Dieses Verfahren eignet sich besonders zur Aufzeichnung verhältnismäßig langsamer Bewegung oder Entwicklungen wie zum Beispiel der verschiedenen Stadien bei der Errichtung eines Gebäudes, der jahreszeitlichen Veränderungen einer Landschaft oder des Heranwachsens eines Kindes.

9. **Bildaufbau.** Ein Fotograf kann Bewegung sogar durch die Anordnung der Bildelemente symbolisch andeuten. Er kann beispielsweise den Eindruck der Bewegung hervorrufen, indem er ein in Bewegung befindliches Objekt auf dem Bilde leicht neigt, während dasselbe Objekt, vom selben Negativ, aber in gerader Stellung kopiert, keinerlei Gefühl der Bewegung hervorrufen würde. Auch das Bild eines in eine Ecke gedrängten Objekts wirkt in jedem Falle bewegt, während das gleiche Bild, wenn das Objekt mehr oder weniger in der Bildmitte wäre, bewegungslos erscheinen würde. Und schließlich ist eine Bildkomposition, die hauptsächlich auf waagerechten und senkrechten Linien beruht, statisch und suggeriert Gleichgewicht und Ruhe, während ein diagonaler Bildaufbau stets dynamisch wirkt und in offener oder indirekter Form auf Bewegung deutet.

Aufnahmen zur Illustration dieser und anderer Möglichkeiten der Bewegungsdarstellung findet man auf S. 332–349.

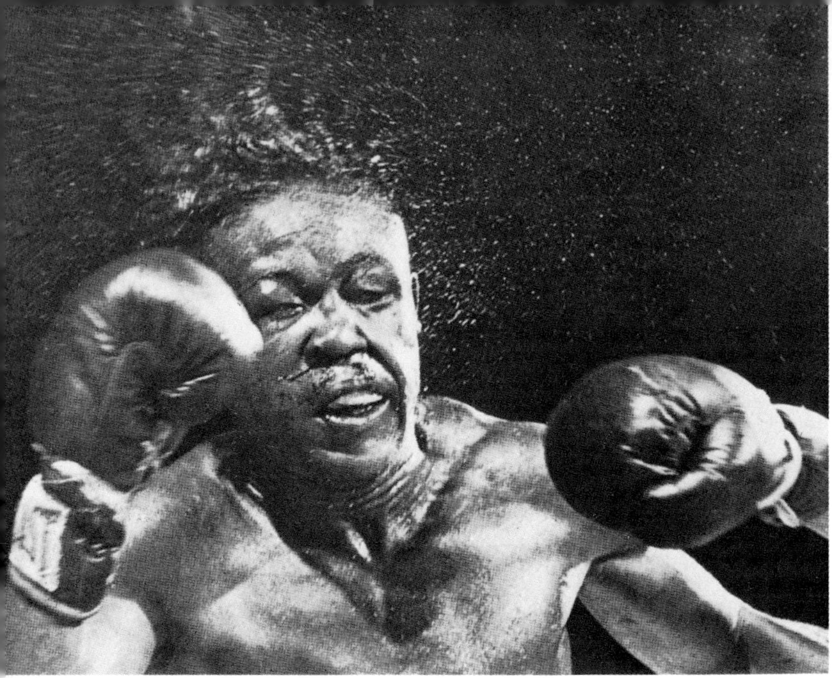

Darstellung der Bewegung: »Erstarrte« oder festgehaltene Bewegung

Wenn eine Fotografie ein in Bewegung befindliches Objekt scharf wiedergeben, das heißt auf dem Negativ »festhalten« soll, muß die Dauer der Belichtung so kurz sein, daß das Abbild des bewegten Objekts während der Belichtung nur eine unmerklich kleine Entfernung auf dem Film zurücklegt. Das läßt sich auf zweierlei Weise erreichen:

1. Indem man das bewegte Objekt mit ausreichend hoher Verschlußgeschwindigkeit aufnimmt. Dieses Verfahren findet seine Grenzen durch zwei Faktoren: Verschlußgeschwindigkeit der Kamera und Beleuchtung. Nur sehr wenige der allgemein gebräuchlichen Kameras sind für Belichtungszeiten von 1/1000 Sekunde und kürzer eingerichtet. Andererseits bewegen sich auch nur wenige der im allgemeinen fotografierten Objekte so schnell, daß man Zeiten von 1/1000 Sekunde braucht, um sie »festzuhalten«. Und natürlich braucht man immer mehr Licht, je höher die Verschlußgeschwindigkeit ist, um Unterbelichtung zu vermeiden.

2. Man kann das bewegte Objekt mit Blitzlicht fotografieren, dessen Blitzdauer 1/800 bis 1/1000000 Sekunde beträgt. Der Abstand zwischen Objekt und Blitz sowie Kosten und Umfang der Blitzausrüstung setzen aber auch diesem Verfahren Grenzen.

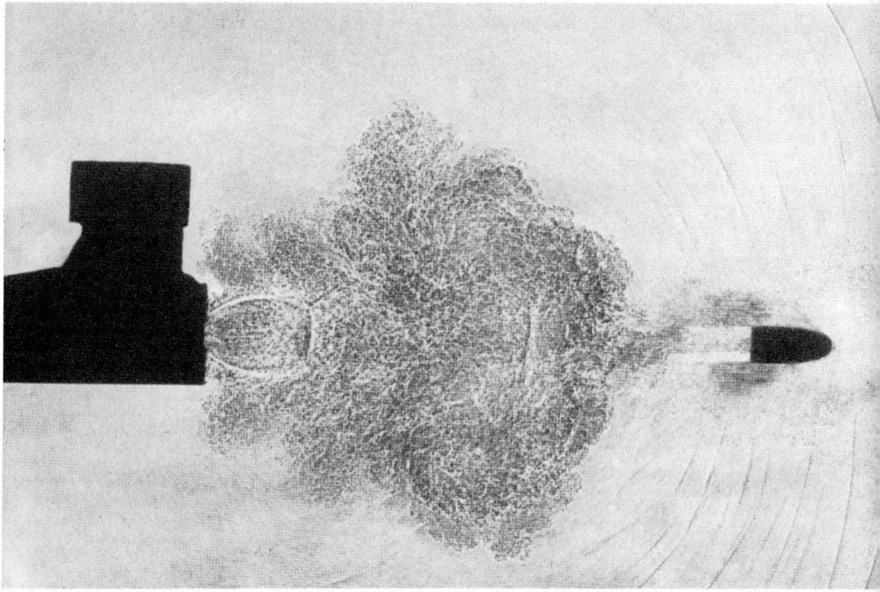

Die hier abgedruckten Aufnahmen wurden mit Elektronenblitz gemacht. Beachten Sie bei dem Boxkampfbild (New York Daily News) die Schweißtropfen, die durch den Schlag weggeschleudert wurden, bei der ballistischen Fotografie oben (Remington Arms Company) die Stoßwellen in der Luft und auf dem Bilde rechts (A. G. Spalding & Bros.), daß der »eisenharte« Golfball im Augenblick der stärksten Verdichtung die Form einer Apfelhälfte annimmt.

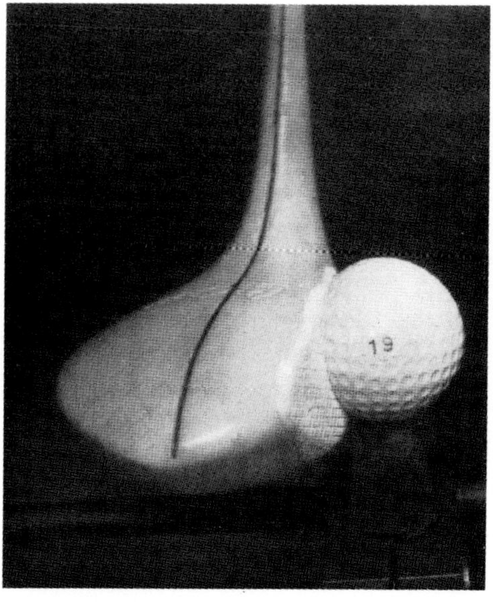

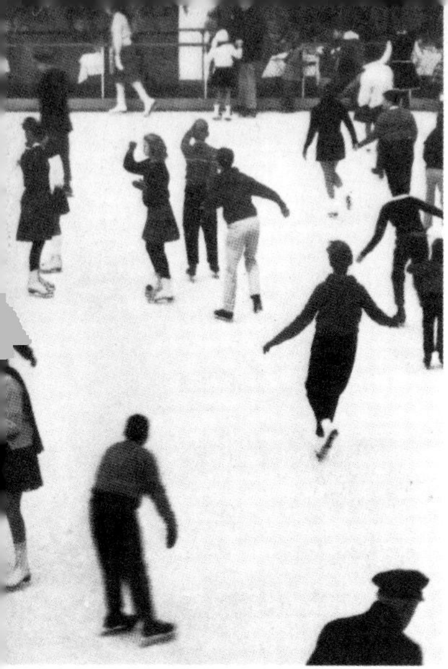

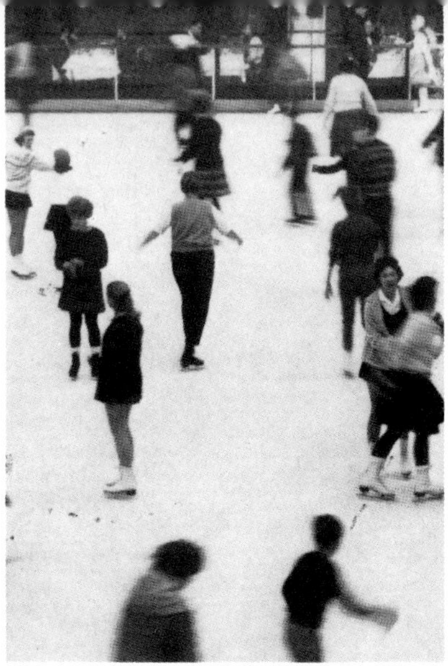

Bewegungssymbolik durch Verwischung

Wenn die Belichtungsdauer nicht kurz genug ist, um die Bewegung eines Objekts »festzuhalten«, wird die Wiedergabe mehr oder weniger verwischt, und zwar um so stärker, je länger die Belichtungsdauer im Verhältnis zur scheinbaren Objektgeschwindigkeit gewesen ist. Dadurch hat der Fotograf die Möglichkeit, ein bewegtes Objekt nach Wunsch mehr oder weniger verwischt abzubilden und jeden gewünschten Eindruck der Geschwindigkeit zu erzielen.

Um ein bewegtes Objekt mit einem ganz bestimmten Grad von Verwischung aufzunehmen, muß ein Fotograf wissen, wie er seine Verschlußgeschwindigkeit im Verhältnis zur Winkelgeschwindigkeit des Objekts zu regeln hat. Es macht sehr viel aus, ob das bewegte Objekt kameranahe oder weit von der Kamera entfernt ist, ob es sich auf die Kamera zu oder von ihr weg bewegt oder im rechten Winkel zur Blickrichtung, denn diese Faktoren bestimmen die Winkelgeschwindigkeit (scheinbare Geschwindigkeit) des Objekts, und diese wiederum ist der entscheidende Faktor für die Bestimmung der besten Verschlußgeschwindigkeit. Zum Beispiel wird ein mit 650 Kilometern in der Stunde fliegendes Flugzeug, das mit 1/25 Sekunde aus mehre-

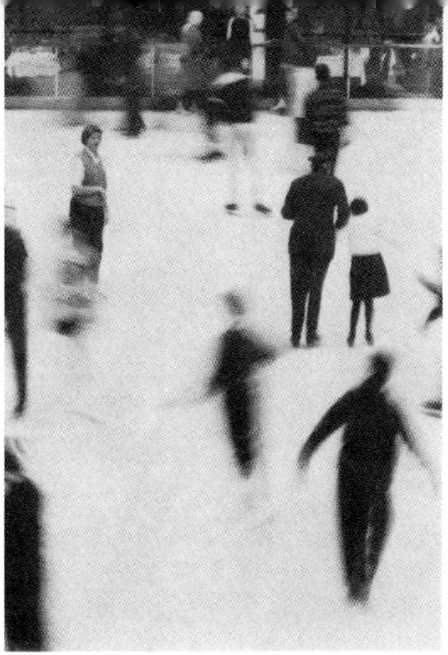 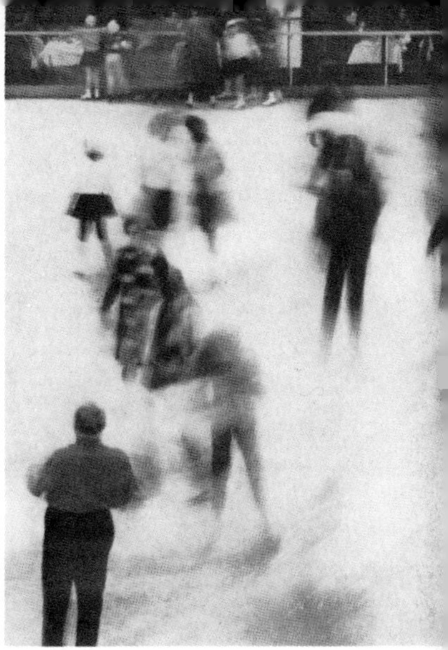

ren Kilometern Entfernung fotografiert wird, auf dem Bilde scharf erscheinen, während ein rechtwinklig mit 5 Kilometern Geschwindigkeit in der Stunde an der Kamera vorbeigehender Fußgänger verwischt erscheint.

Um sich mit dem Begriff und der Art der Winkelgeschwindigkeit vertraut zu machen, sollte ein Fotograf ein paar Bilderfolgen verschiedener bewegter Objekte (Fußgänger, Autos, spielende Kinder, laufende Hunde, fliegende Tauben usw.) mit verschiedener Verschlußgeschwindigkeit machen, etwa so wie die Bildfolge der Schlittschuhläufer (oben). Die einzelnen Bilder dieser Reihe wurden mit $^1/_{100}$, $^1/_{25}$, $^1/_5$ und einer vollen Sekunde aufgenommen. Beachten Sie, daß auf dem ersten Bild ($^1/_{100}$ Sekunde) alle Bewegungen mit Ausnahme der schnellsten festgehalten ist. Auf dem zweiten Bild ($^1/_{25}$ Sekunde) ist die parallel zur Sehachse verlaufende Bewegung (zur Kamera hin und von der Kamera weg) festgehalten, aber nicht die rechtwinklig dazu verlaufende Bewegung. Auf dem dritten Bilde deutet der Gegensatz zwischen Verwischung und Schärfe graphisch an, welche Schlittschuhläufer sich bewegten und welche stillstanden; und das vierte Bild, das den stärksten Grad der Verwischung aufweist, erzeugt auf diese Art den Eindruck der höchsten Geschwindigkeit.

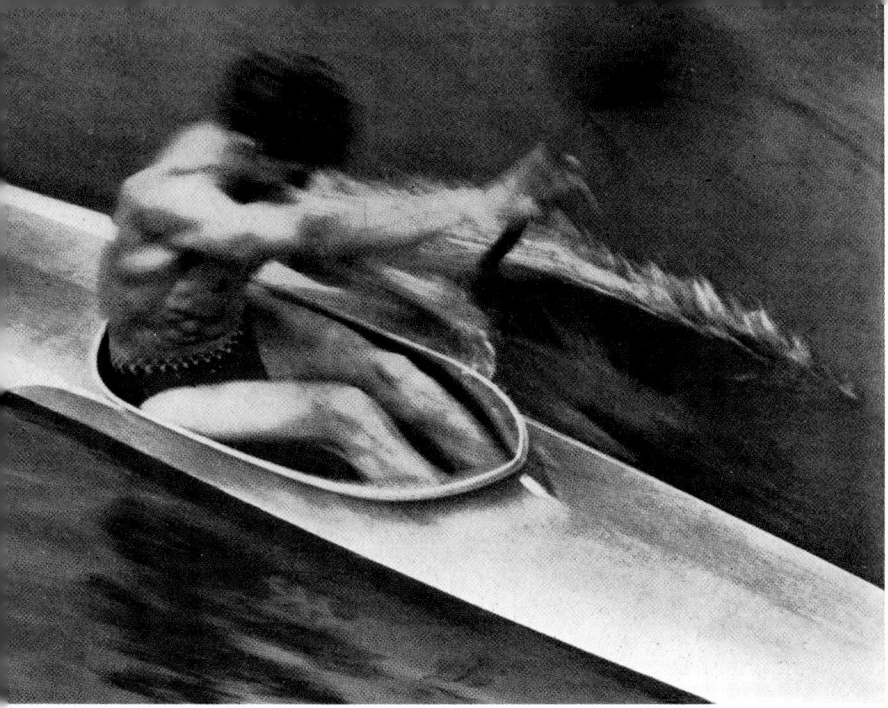

Bewegungssymbolik durch Verwischung

Die obige von dem schwedischen Fotografen Hugo Lundberg gemachte Aufnahme vibriert derart von Leben und Bewegung, daß man die hinter dem Einstich des Paddels und der Bugwelle des Kanus steckende Kraft beinahe körperlich zu spüren glaubt. In der Aufnahme von Paul Schutzer auf der Gegenseite übermittelt die bewußt als Bewegungsausdruck verwendete Verwischung lebhaft den Rock'n'Roll-Wirbel der um ihr Idol Dick Clark tanzenden Fans.

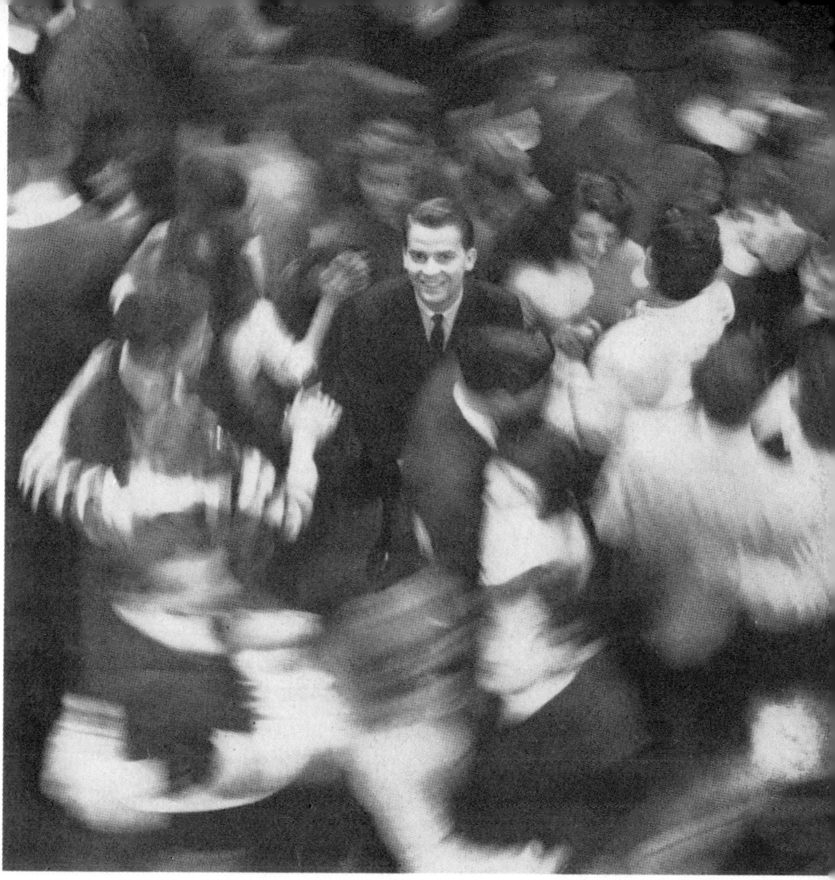

Das Geheimnis einer ausdrucksstarken Bewegungswiedergabe durch Verwischung besteht darin, eine Verschlußgeschwindigkeit zu wählen, die niedrig genug ist, um jene Verwischung hervorzurufen, die Objektbewegung andeutet, aber doch nicht so niedrig, daß das Objekt durch übermäßige Verwischung unkenntlich würde. Bei ungleichmäßiger Bewegungsgeschwindigkeit weisen die schnellsten Bewegungselemente den höchsten Grad der Verwischung auf. Die besten Ergebnisse erzielt man in der Regel, wenn die wichtigsten Bildelemente die langsamsten sind; solange sie auf dem Bild erkennbar herauskommen, ist es ganz gleichgültig, ob sich alles übrige in Verwischung auflöst.

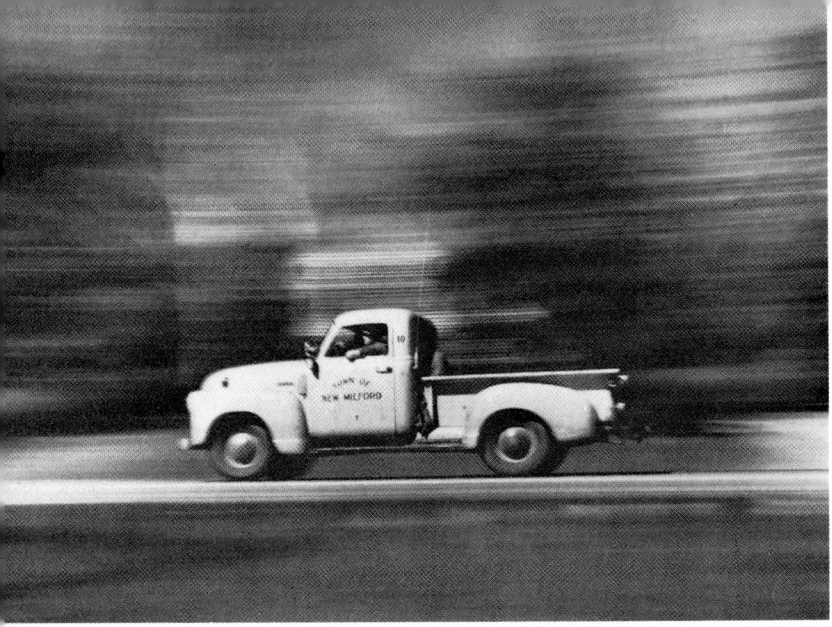

Bewegungssymbolik durch »Mitgehen«

Verwischung ist Symbol der Bewegung, und auf einem Lichtbild deutet der Kontrast von Schärfe und Verwischung Bewegung, Handlung und Schnelligkeit an. Dabei spielt es keine Rolle, ob die bewegten oder die feststehenden Bildelemente verwischt wiedergegeben werden; es kommt nur darauf an, daß die einen verwischt und die anderen scharf abgebildet sind. In der Regel wird natürlich das Abbild des in Bewegung befindlichen Objekts verwischt sein, und der feste Hintergrund erscheint scharf. Man kann diesen Effekt jedoch umkehren, und zwar durch das »Mitgehen«, das heißt, man visiert das in Bewegung befindliche Objekt im Sucher an und hält es darin fest, indem man mit der Kamera mitgeht so wie mit einem Gewehr beim Schuß auf Federwild und während der Kamerabewegung auf den Auslöser drückt. Auf diese Weise bewegt sich der Hintergrund im Verhältnis zum Objekt, wodurch auf dem Bilde das bewegte Objekt verhältnismäßig scharf herauskommt, während der feste Hintergrund verwischt erscheint.

Das Bild eines Lastautos und das Foto auf der gegenüberliegenden Seite, das von dem schwedischen Fotografen Hugo Lundberg aufgenommen wurde, sind Beispiele für die künstlerischen Möglichkeiten, die diese Technik bietet.

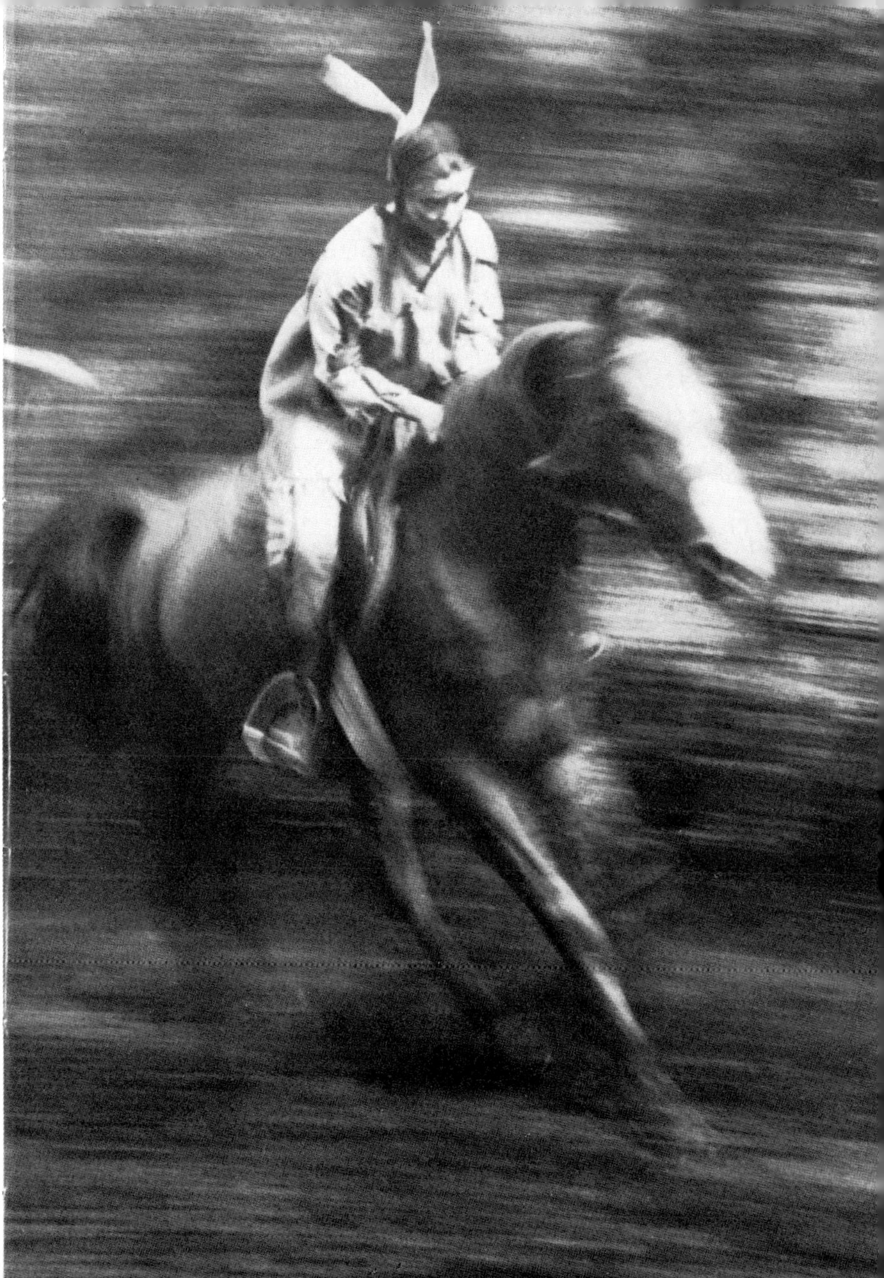

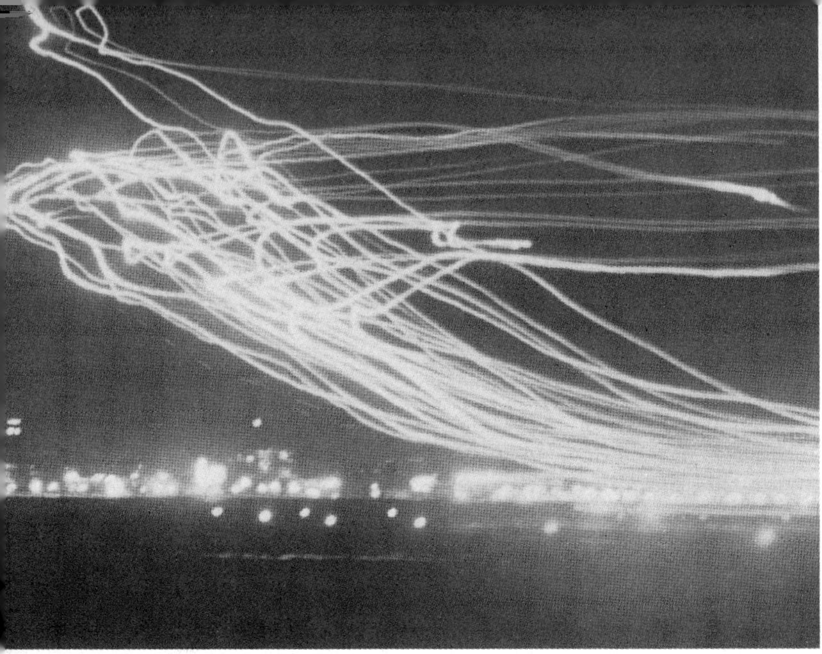

Bewegungssymbolik durch Zeitaufnahme

Oben: Der nächtliche Flughafenbetrieb ankommender Verkehrsmaschinen wird von ihren Landelichtern nachgezeichnet. *Rechts:* Ein Hula-hupp-Künstler, der gleichzeitig mit 14 Hula-Reifen jongliert; Aufnahme von Joe Clark aus Detroit. Ein an jedem Reifen befestigtes winziges Lämpchen zeichnet den Weg des wirbelnden Reifens als feine, weiße Linie nach. Auf dem Höhepunkt der Darbietung wurden einige Elektronenblitze ausgelöst, um die Zeitaufnahme mit dem Bilde des Jungen zu überlagern.

In beiden Fällen sind die bewegten Objekte selbst – die Flugzeuge und die Hula-hupp-Reifen – unsichtbar und gehen durch die langen Belichtungszeiten verloren. Aber dieser Verlust, der durch Assoziation geistig ohne weiteres ausgeglichen werden kann, wird mehr als wettgemacht durch die Erschaffung von etwas Neuem, etwas, das das Auge in Wirklichkeit so niemals wahrnehmen könnte: das Sichtbarwerden der Diagramme von Bewegung, Raum und Zeit.

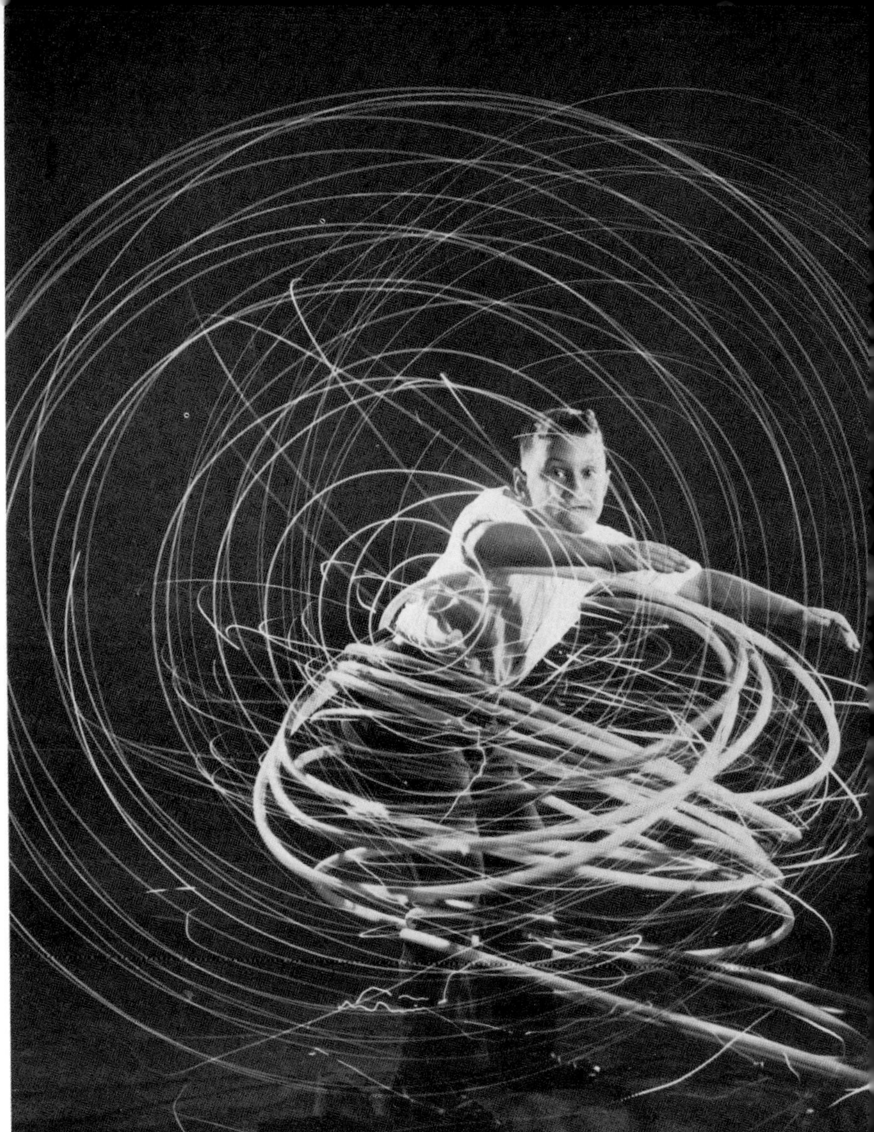

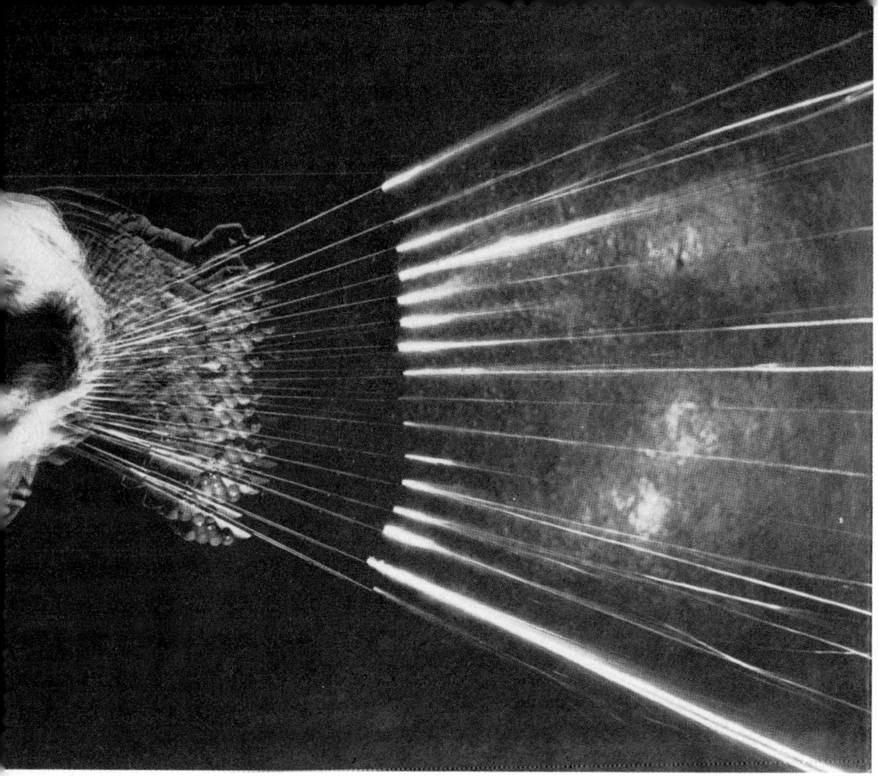

Bewegungssymbolik durch Mehrfachbelichtung

Statt zu versuchen, den Kern der Bewegung in einem einzigen Eindruck festzuhalten, tut ein Fotograf häufig gut daran, den Bewegungsvorgang in verschiedene Phasen zu zerlegen und jede für sich scharf und übereinander gelagert auf demselben Film festzuhalten. *Oben:* Eine mit Mehrfachbelichtung gemachte Aufnahme beweist überzeugend die ungeheuere Feuerkraft eines modernen halbautomatischen Gewehrs. Die Aufnahme wurde in dem Werk der amerikanischen Waffenfabrik von Winchester in New Haven gemacht.

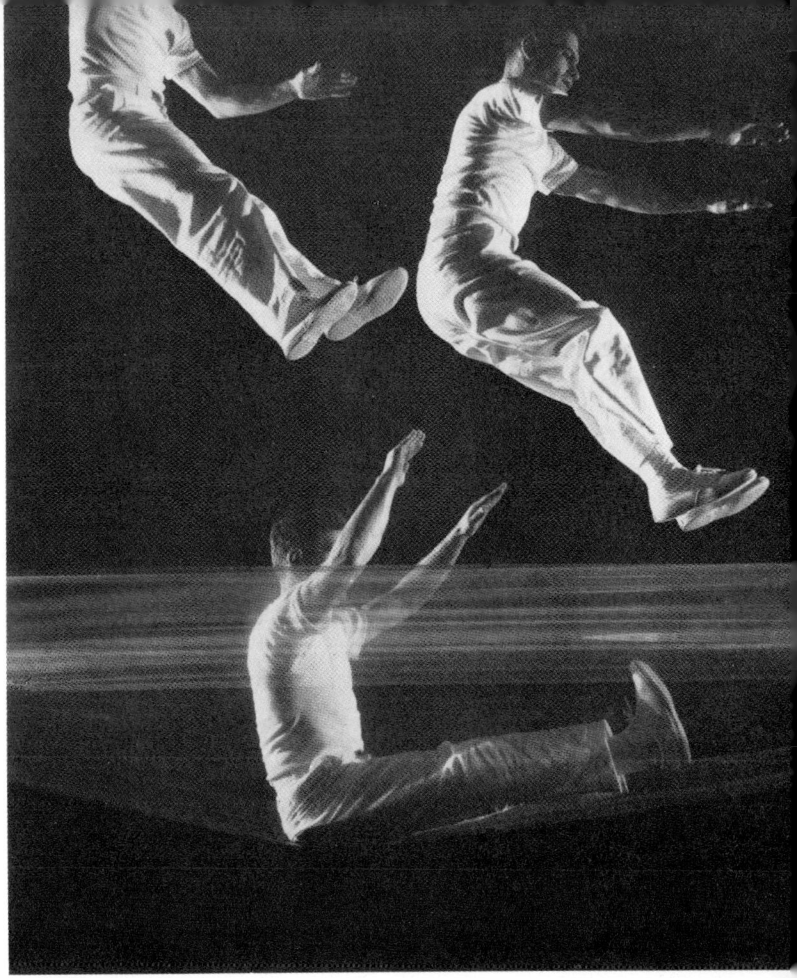

In einer Vorführung, bei der die große Zerreißfestigkeit von *Mylar* bewiesen werden sollte, benutzt ein Turner ein Trampolin aus diesem neuen Kunststoff. Dreifachbelichtung mit Elektronenblitz hielt drei Positionen fest: Sprung, Aufprall und Rückprall. Ein schwarzer Hintergrund ist für solche Bilder unerläßlich.

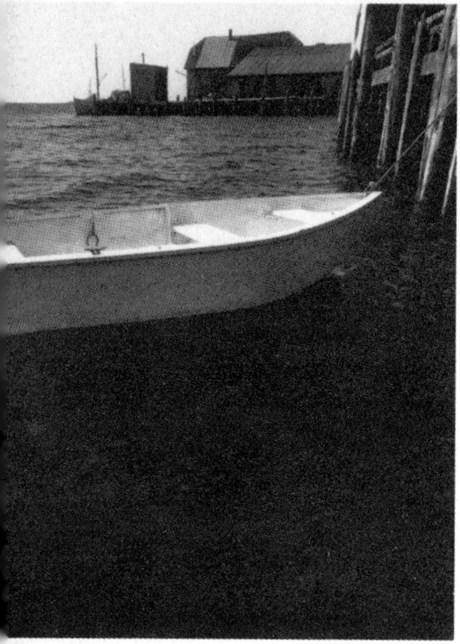 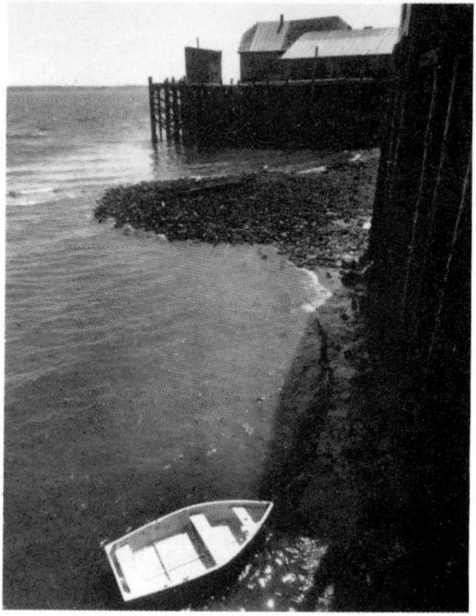

Bewegungssymbolik durch Übereinanderkopieren

Gelegentlich mag es wünschenswert erscheinen, zwei Stufen einer Bewegung (etwa Anfang und Ende) auf einem einzigen Bilde zu zeigen. Das kann man oft, indem man jede Phase für sich fotografiert und dann die beiden Negative übereinander auf ein einziges Blatt kopiert.

Die folgenden Aufnahmen sollten ein Bild von dem gewaltigen, neun Meter hohen Gezeitenunterschied in der Passamaquodi-Bucht in Maine geben. Ein Ruderboot wurde am Pier vertäut und bei Flut wie bei Ebbe fotografiert (Bilder oben). Dann wurden die beiden Negative aufeinandergelegt, so daß die unveränderten Teile der Bilder sich genau deckten, und auf einem Blatt vergrößert.

Zufriedenstellende Ergebnisse setzen allerdings zweierlei voraus: Die Kamera muß bei beiden Aufnahmen in genau derselben Stellung sein, und das bewegte Objekt muß sich von einem dunklen oder noch besser von einem schwarzen Hintergrund abzeichnen, sonst wird es im Bilde durchsichtig, und man könnte durch das Objekt den Hintergrund erkennen.

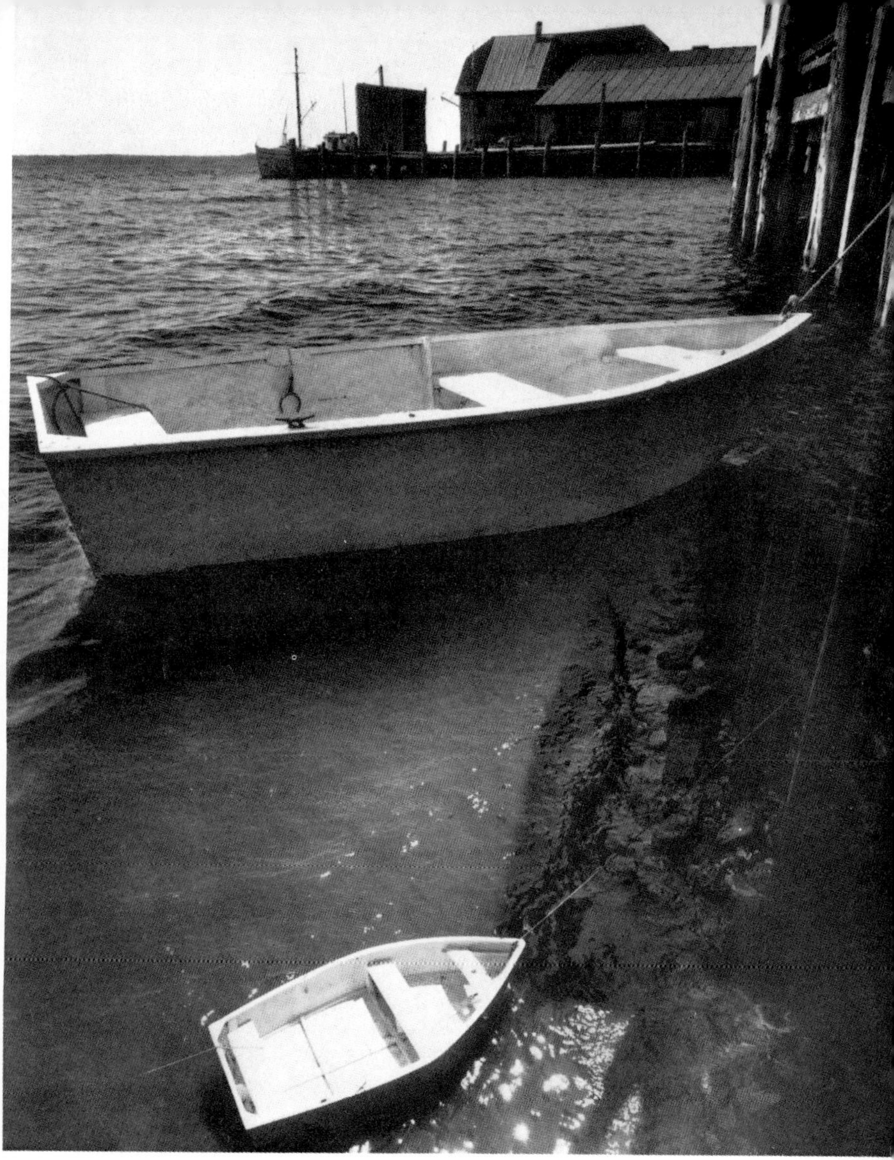

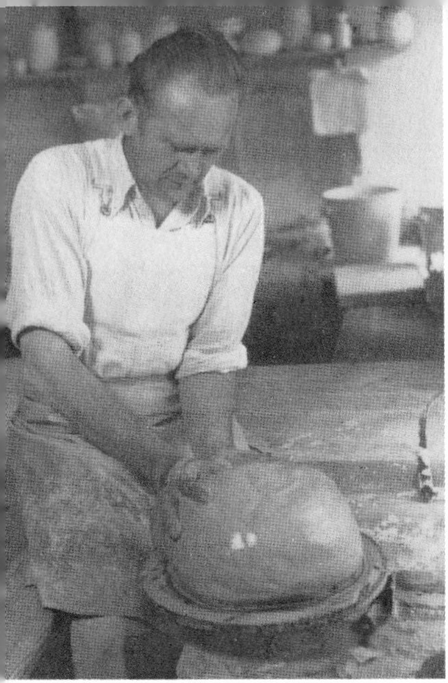

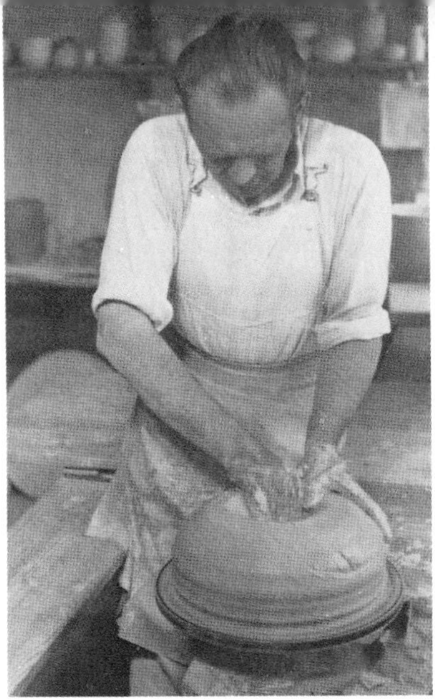

Bewegungssymbolik durch Bilderfolge

Statt zu versuchen, den Gesamteindruck einer Bewegung zu einem einzigen Bilde (sei es ein einzelnes oder ein Mehrfachbild) zu verdichten, kann ein Fotograf ab und zu einige der wichtigsten Bewegungsphasen getrennt aufnehmen und auf diese Weise seinen Eindruck in Form einer kurzen Bilderfolge, eines Streifens zusammenhängender und fortlaufender Aufnahmen darstellen. Dieses Verfahren eignet sich besonders zur Darstellung langsamer Bewegungsabläufe wie der Herstellung des großen Keramgefäßes auf dieser Seite. In diesem Falle blieb die Kamera während des ganzen Ablaufs in derselben Stellung. Das ist zwar gewöhnlich wünschenswert, aber keineswegs immer notwendig. Wenn eine Bewegung oder eine Veränderung sich außergewöhnlich langsam vollzieht, etwa das Heranwachsen eines Kindes, kann man natürlich nicht dieselbe Kamerastellung für den gesamten Streifen beibehalten.

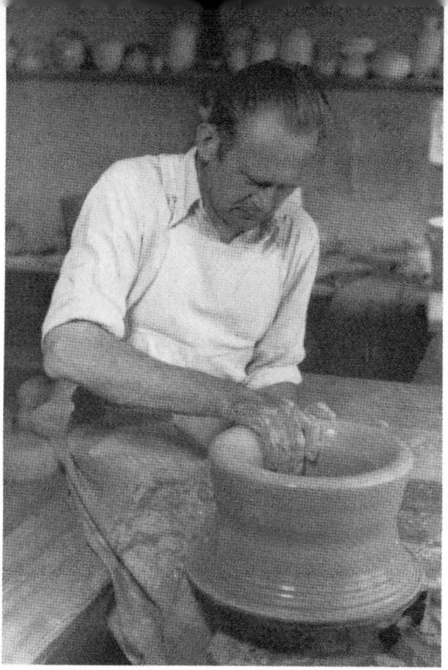
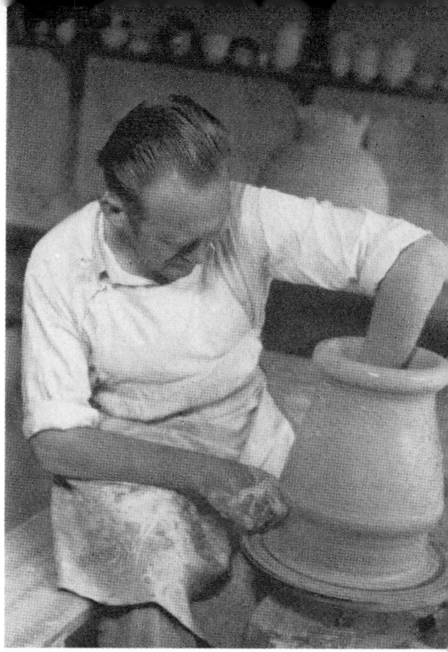
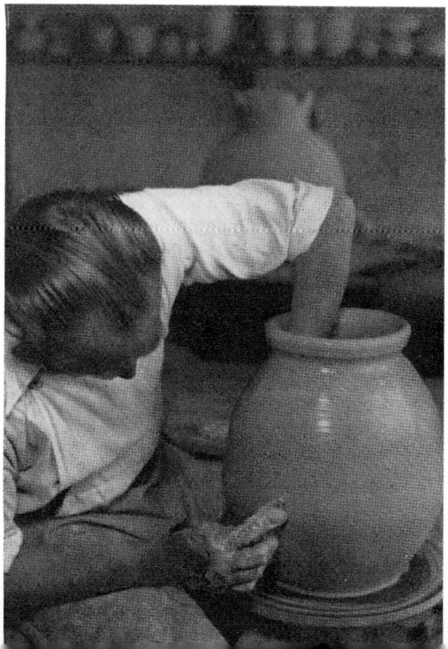
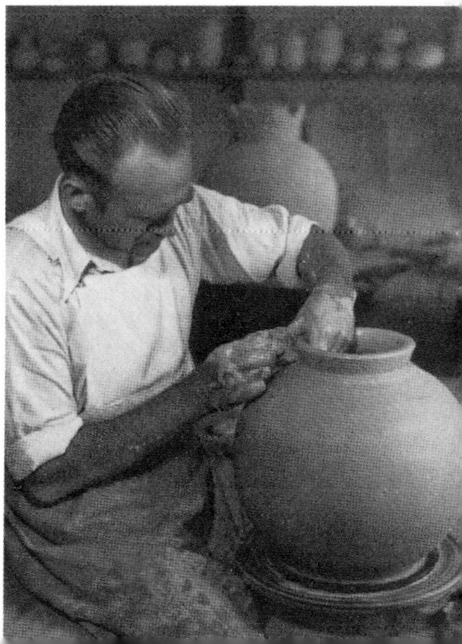

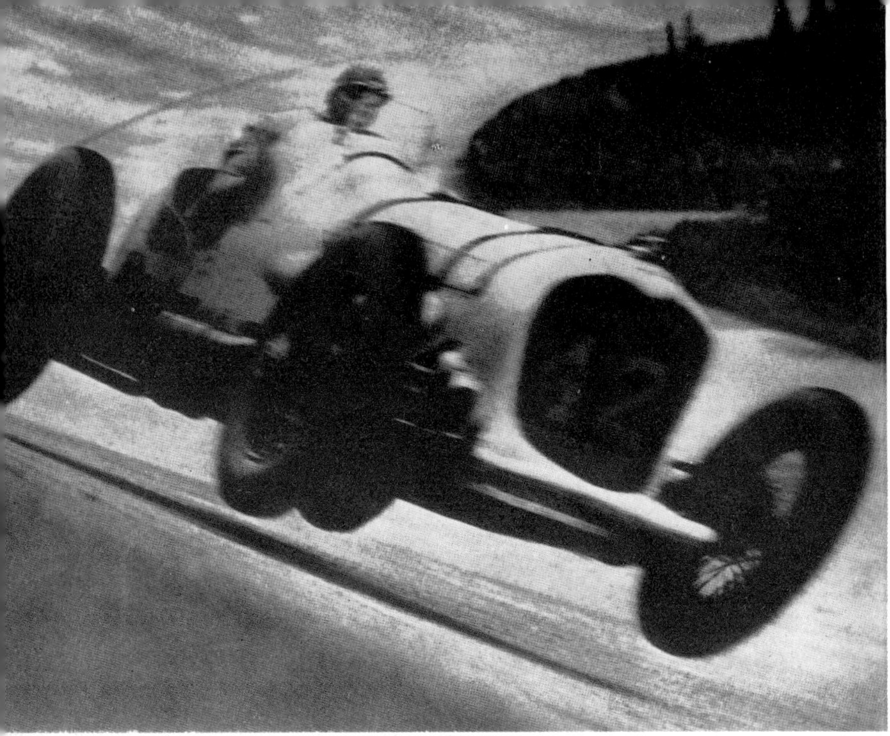

Bewegungssymbolik durch Bildaufbau

Auch im Bildaufbau kann Bewegung liegen. Ein Fotograf kann assoziativ den Eindruck der Bewegung hervorrufen, indem er das bewegte Objekt diagonal in sein Bild bringt. Wenn der Betrachter das Objekt schief im Bild sieht, hat er das Gefühl, daß es in diesem Neigungswinkel gleitet, und Gleiten ist eine Form der Bewegung. Die Fotos auf dieser Doppelseite sind Beispiele für diesen Effekt. Obwohl auch nicht die Spur einer Verwischung zu bemerken ist, vermittelt jedes ein starkes Gefühl der Bewegung, das sich unmittelbar aus dem diagonalen Bildaufbau ergibt.

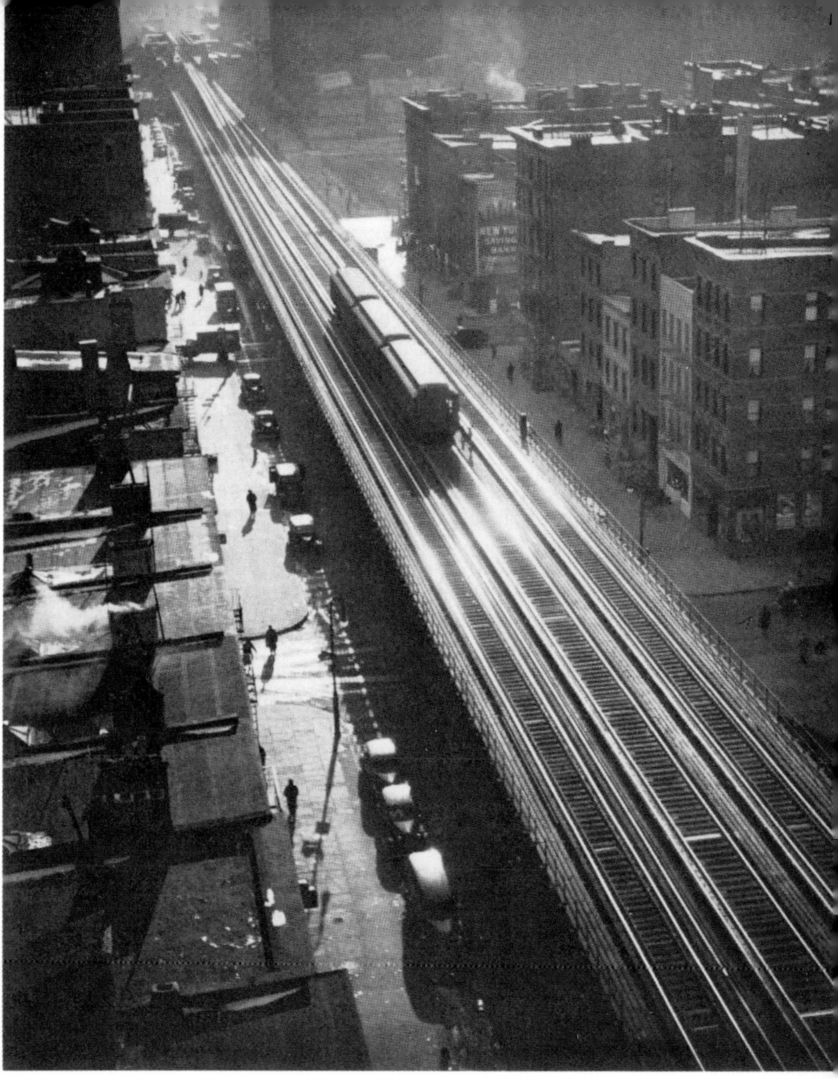

Die Wahl des Zeitpunkts

Mehr wohl als von irgendeinem andern Faktor hängt die Wirksamkeit eines Lichtbildes von der richtigen Wahl des Augenblicks der Aufnahme ab. Jeder Fotograf, der das ständig wechselnde Bild der Welt künstlerisch zu erfassen sucht, muß vor allem nach der Erkenntnis dessen streben, was Cartier Bresson den »entscheidenden Augenblick« nennt. Er kann eine noch so teure Ausrüstung und eine noch so vollendete Technik haben, und die Qualität seiner Abzüge kann unübertrefflich sein – wenn es ihm nicht gelingt, den für seine Aufnahme »entscheidenden Augenblick« zu erfassen, müssen seine Bilder einfach mißlingen.

Die wesentlichen Punkte für die Wahl des richtigen Augenblicks sind auf S. 83 bereits erörtert worden. Für einige findet man auf den folgenden Seiten Bildbeispiele. An dieser Stelle möchte ich nur noch einige Überlegungen anfügen, die oft übersehen werden.

Die Wahl des richtigen Augenblicks ist selbst im Atelier wichtig, wenn man ein Stilleben fotografiert. Ich habe Fotografen gesehen, die eine Filmkassette in die Kamera wuchteten, den Verschluß aufzogen und auf den Auslöser drückten, um eine Zeitaufnahme zu machen, ohne überhaupt abzuwarten, bis die dadurch hervorgerufenen Schwingungen der Kamera aufhörten. Natürlich sind die Bilder, die dabei herauskommen, nicht so klar und scharf, wie sie sein sollten – der richtige Augenblick war nicht abgewartet. Andere Fotografen dachten nicht daran, daß im Zimmer umhergehende Menschen oder Lastwagen, die draußen vorbeifahren, Schwingungen verursachen können, und daß man es so einrichten muß, daß die Belichtung in einen Augenblick der Ruhe fällt.

Selbst für einen erfahrenen Fotografen ist es oft schwer, wenn nicht gar unmöglich, auf Anhieb den »entscheidenden Augenblick« zu erfassen. Ob er eine Porträtaufnahme macht und einen ganz bestimmten charakteristischen Ausdruck festhalten möchte oder ob er ein stürmisches, rasch wechselndes Geschehen fotografieren will, er kann niemals genau vorhersagen, wann der entscheidende Augenblick eintritt. In solchem Falle gibt es nur ein Mittel, um ihn unbedingt zu erhaschen: man macht viele Aufnahmen. Amateure klagen oft, wenn sie es sich leisten könnten, so viele Bilder von einem einzigen Motiv zu machen wie manche Berufsfotografen, dann würden auch sie bestimmt einen »Treffer« unter ihren üblichen »Fehlanzeigen« haben. Nun verknipst kein vernünftiger Berufsfotograf einen Rollfilm nach dem andern in der Hoffnung, eine der Aufnahmen würde schon »die richtige« sein. Nein, jede seiner vielen Aufnahmen ist vielmehr sorgfältig zeitlich abgestimmt; für jede bestand ein Grund. Nur so erhält man die Gewißheit, daß man den entscheidenden Augenblick nicht versäumt. Unsere besten Bildjournalisten schwören auf diese Methode, und sie ist einer der ausschlaggebenden Gründe für ihren Erfolg.

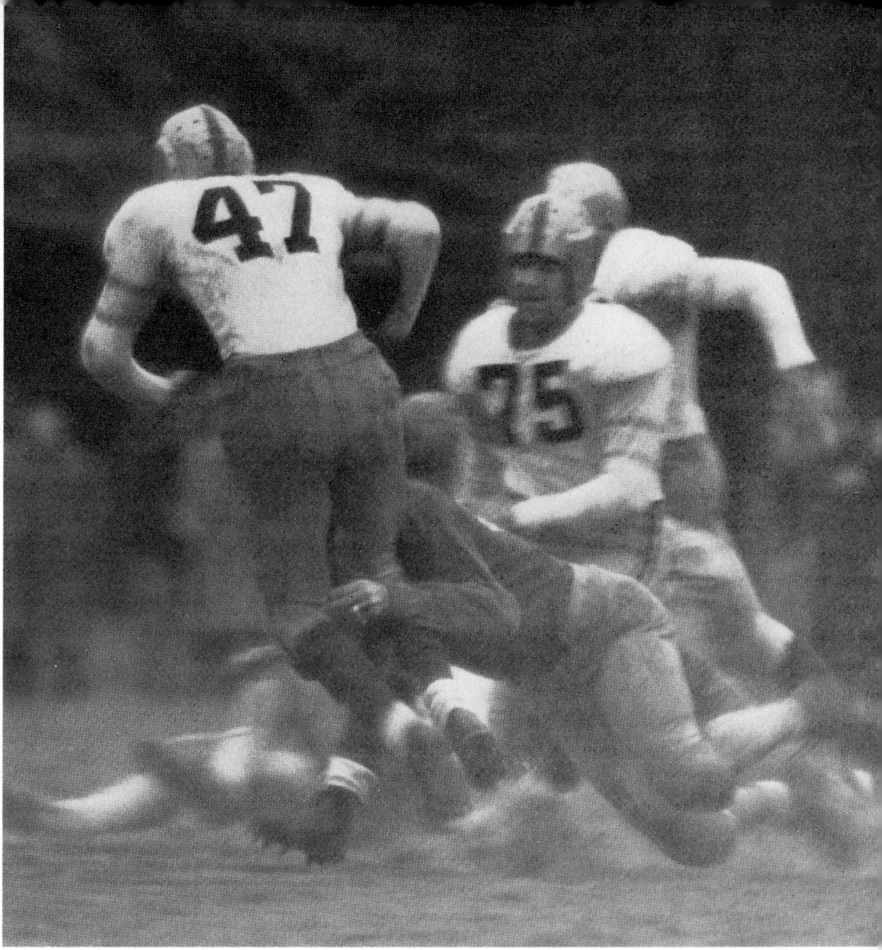

Um den Höhepunkt eines rasch abrollenden Geschehnisses wie des oben gezeigten Kampfes um den Ball zeitlich genau vorherzubestimmen, muß ein Fotograf imstande sein, das Kommende vorwegzunehmen und schon einen Sekundenbruchteil vor dem eigentlichen Höhepunkt auf den Auslöser zu drücken. Zögert er und wartet, bis er das, was er zeigen möchte, sieht, ist es bereits zu spät. Seine eigene Reaktionszeit und die mechanische Trägheit seiner Ausrüstung würden ihn den charakteristischen Augenblick verfehlen lassen.

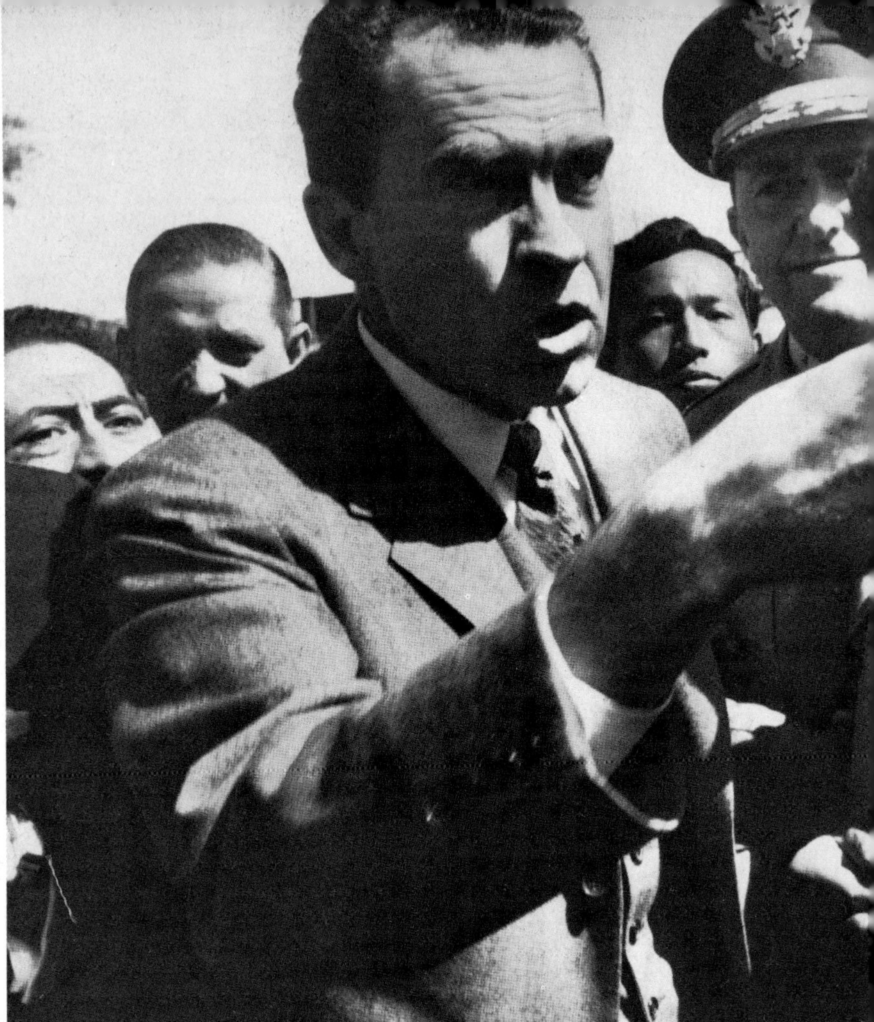

Die Wahl des Zeitpunkts: Der psychologische Augenblick

Dieses berühmte Foto von Paul Schutzer (Copyright Time Inc. 1958), das den amerikanischen Vizepräsidenten Nixon zeigt, wie er einen Störenfried in der peruanischen Hauptstadt Lima zurechtweist, ist ein Musterbeispiel für die haargenaue Wahl des richtigen Augenblicks. Ein Sekundenbruchteil früher oder später, und der »entschei-

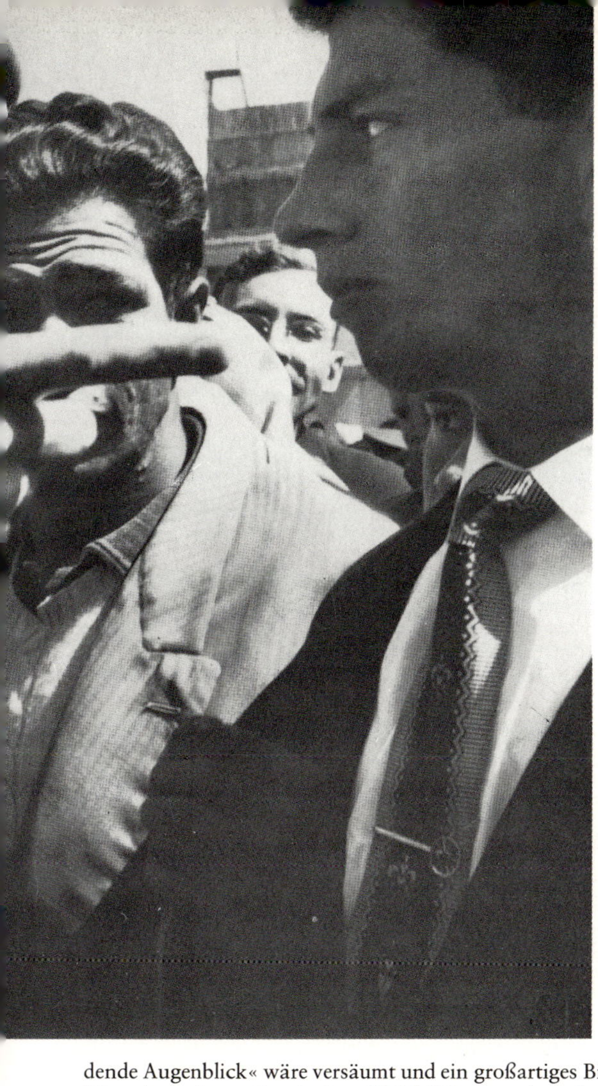

dende Augenblick« wäre versäumt und ein großartiges Bild nicht gemacht worden. Diese Aufnahme, die mit einer Kleinbildkamera (vgl. S. 45) gemacht wurde, zeugt für Schutzers Fähigkeit, zu »sehen«, für seine Aufmerksamkeit und sein blitzschnelles Reaktionsvermögen – Eigenschaften, die für jeden erfolgreichen Bildjournalisten ganz unerläßlich sind.

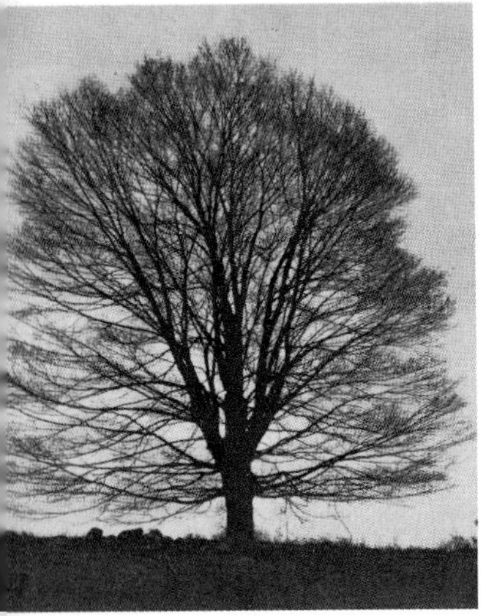 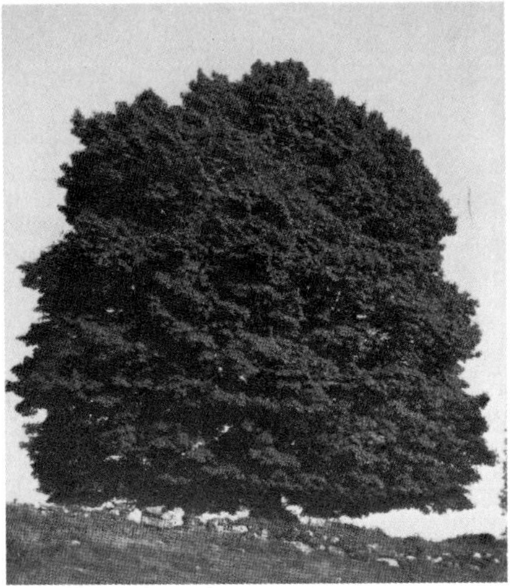

Die Wahl des Zeitpunkts: Jahreszeitliche und wetterbedingte Faktoren

Nur allzuoft halten Fotografen ihren ersten Eindruck von einem Objekt im Bilde fest und denken nicht an die Möglichkeit, daß dieser Augenblick vielleicht nicht der beste für die Aufnahme gewesen ist. Die folgenden Bilder zeigen, was ich damit sagen will: Es ist ein gewaltiger Unterschied, ob man – beispielsweise – einen Baum im Sommer oder im Winter fotografiert, belaubt oder kahl, also eine Sache, die tatsächlich von der Wahl des Zeitpunkts abhängt.

Ein anderes Beispiel: Die beste bildliche Darstellung des Begriffes »Wolkenkratzer« haben wir, wenn seine Spitze in den Wolken verschwindet. Das Gebäude »kratzt« dann buchstäblich »die Wolken«. Auch das setzt die Wahl des richtigen Zeitpunktes voraus. Man muß einen Regentag aussuchen, an dem die Wolkendecke so niedrig hängt, daß sie die Spitze des Gebäudes verhüllt.

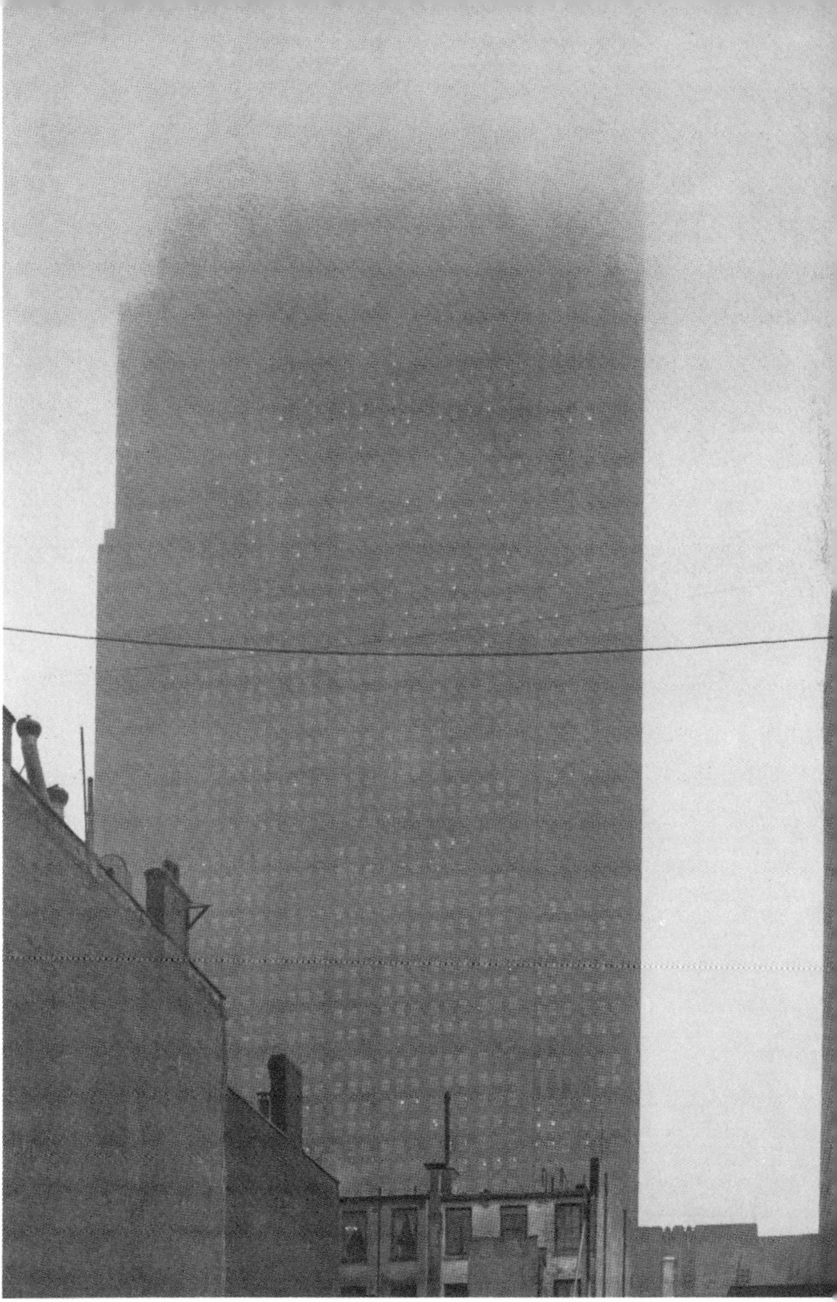

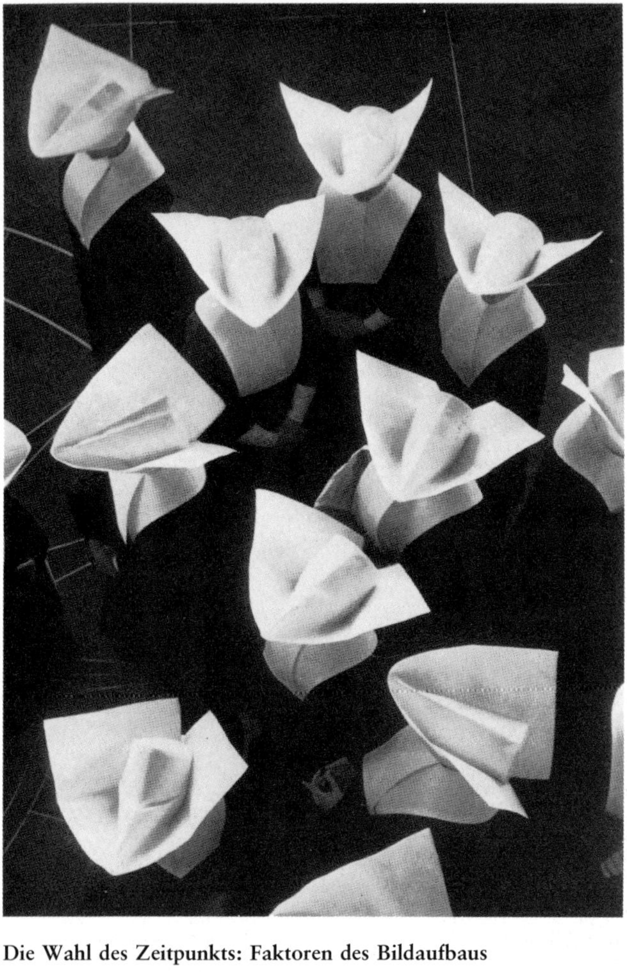

Die Wahl des Zeitpunkts: Faktoren des Bildaufbaus

Die Wahl des rechten Zeitpunkts bedeutet warten, bis der richtige Augenblick gekommen ist, um auf den Auslöser zu drücken. Einer der vielen Faktoren, die diesen Zeitpunkt beeinflussen, ist der Bildaufbau, wie diese Aufnahmen von David Moore aus Sidney und von Robert M. Mottar aus New York zeigen. Beide Fotografen beobachteten sorgfältig ihre sich langsam bewegenden Objekte und warteten geduldig bis alle Bildelemente sich von selbst zum besten Aufbau zusammengefügt hatten. Erst dann drückten sie auf den Auslöser.

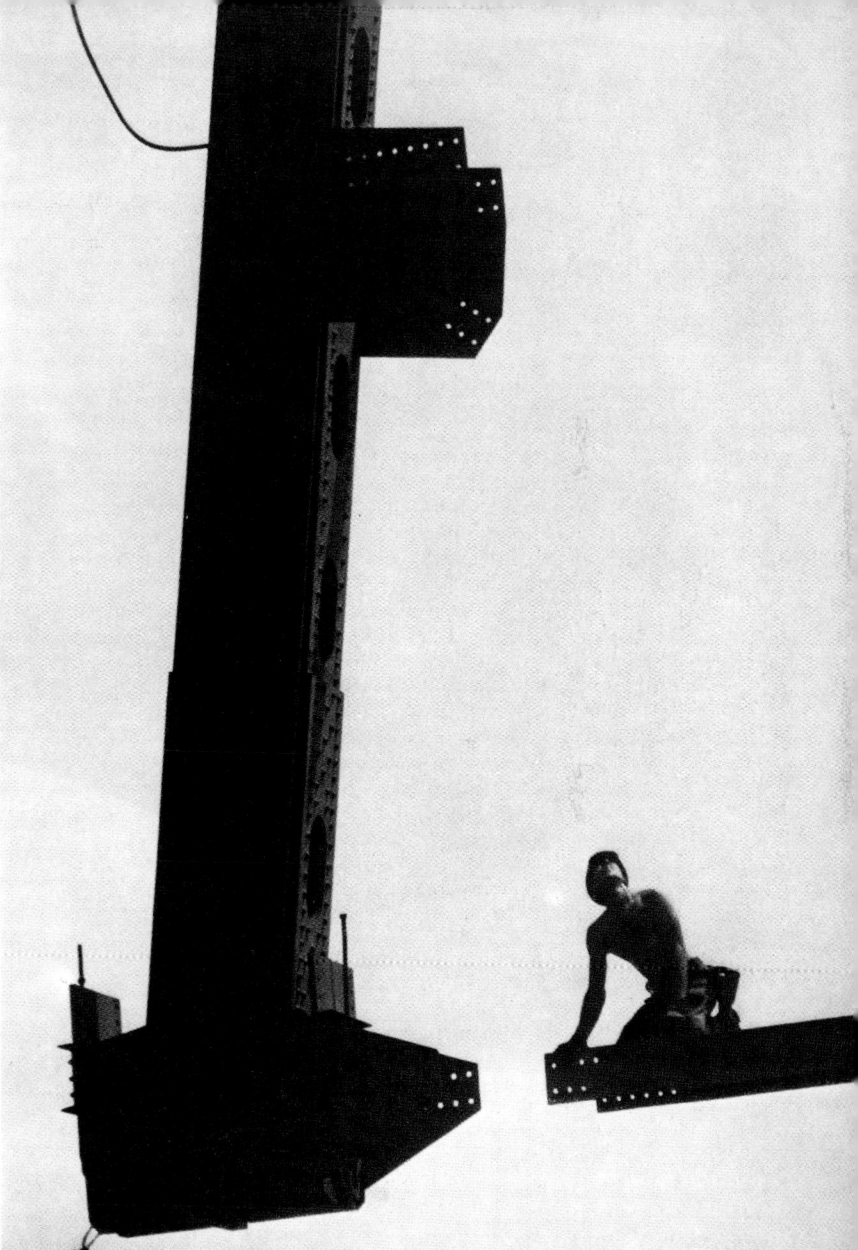

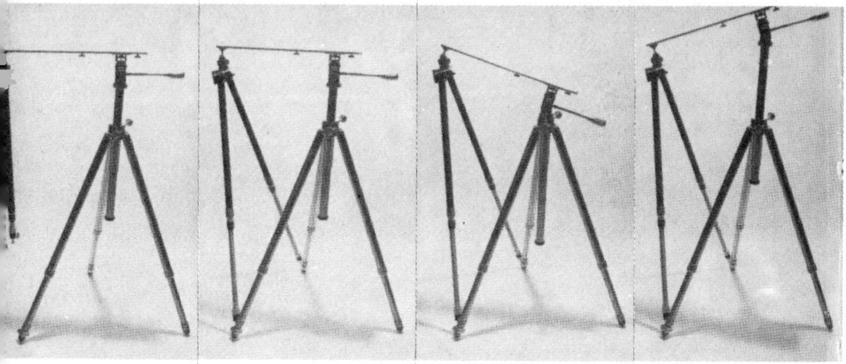

Anhang: Wie man ein »Fünfbein« baut

In der Telefotografie gilt der Satz: Je länger die Brennweite des Objektivs, desto festeren Halt müssen Kamera und Objektiv haben, damit es keine Unschärfe durch Schwingungen oder Bewegungen von Kamera und Objektiv gibt. Leider ist die gebräuchlichste Art der Kamerastütze, nämlich die Anbringung der Stütze im Schwerpunkt einer langgestreckten Tele-Ausrüstung, meiner Meinung nach die schlechteste, denn sie gestattet ihr ein Vibrieren an beiden Enden. Die einzige technisch vernünftige Art und Weise, eine lange Tele-Ausrüstung abzustützen, besteht darin, sie an beiden Enden gleichzeitig zu stützen und notfalls auch in der Mitte.

Das Fünfbein – meine eigene Erfindung – ist ein Stativ mit fünf Beinen. Diese fünf Beine berühren den Boden jedoch nur an drei Punkten, so daß das Stativ felsenfest steht und leicht aufzubauen ist. Ein Fünfbein besteht im wesentlichen aus drei Teilen: einem regulären Stativ mit einer Mittelsäule und einem Panoramakopf, einem Paar »Hilfsbeinen«, die man von einem ausrangierten Stativ abmontiert hat, und einer etwa 50 Zentimeter langen flachen Aluminiumschiene, 5 Zentimeter breit und 6 Millimeter stark, mit der die Tele-Kamera gestützt wird.

Um ein Fünfbein zu bauen, nimmt man ein kräftiges Stativ mit »Aufzug«. Dann befestigt man zwei Beine von einem alten Stativ an einem L-förmigen Stück Aluminium von 6 bis 8 Zentimeter Länge, das oben mit einem kräftigen Kugelgelenk versehen sein sollte, wie das auf der gegenüberliegenden Seite, oben rechts, gezeigt ist. Das untere Ende jedes der beiden Hilfsbeine wird mit einem kleinen Kugelgelenk versehen. Diese Gelenke dienen dazu, die Hilfsbeine an den »Vorderbeinen« des Stativs zu befestigen, und zwar mit Hilfe kleiner ausgebohrter und mit einem Innengewinde versehener Ösen, die, wie man auf der Gegenseite, unten rechts, sehen kann, an die beiden Vorderbeine des Stativs geklemmt werden. Dann bohrt man an beiden Enden der Aluminiumschiene Löcher und schneidet Gewinde für die Schrauben des Stativkopfes und des Kugelgelenkes hinein. Außerdem bohrt man ein Loch durch die Schiene für die Schraube, mit der die Kamera an der Schiene festgehalten wird. Schließlich bringt man an dem Teleobjektiv in der Nähe des Vorderteils einen fünf bis sechs Millimeter starken Aluminiumstift an, der sich auf der flachen Schiene vor- und rückwärts schieben läßt und das Vorderteil des Objektivs abstützt.

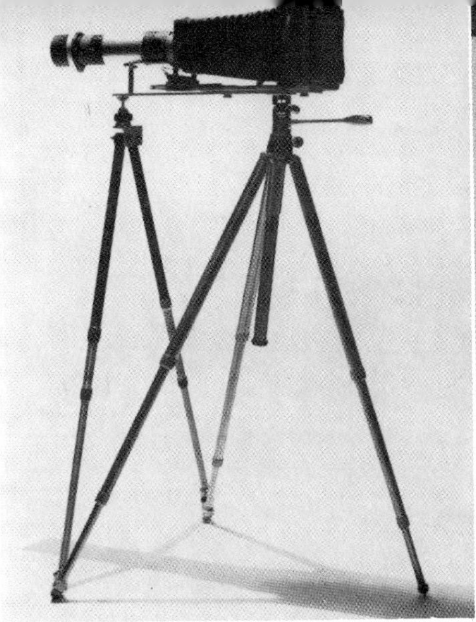

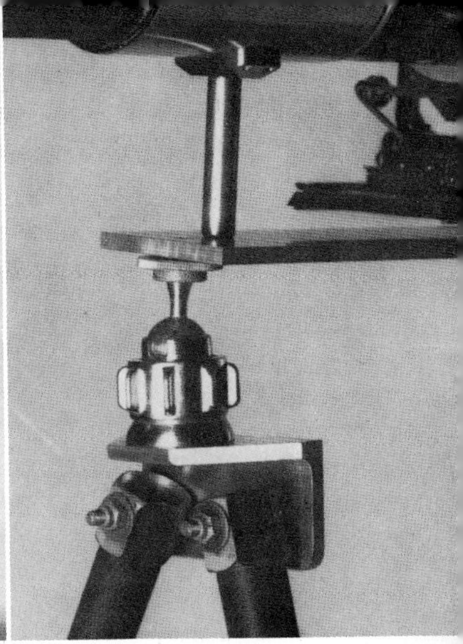

1. Man stellt das Normalstativ auf und hebt seinen »Aufzug« ungefähr um 10 Zentimeter.
2. Man befestigt ein Ende der flachen Aluminiumschiene am Stativkopf.
3. Man befestigt die Hilfsbeine mit Hilfe der Kugelgelenkschraube am andern Ende der flachen Schiene und läßt sie vorläufig baumeln (vgl. das erste Bild).
4. Man zieht die Hilfsbeine aus und schraubt jedes in die entsprechende Öse am unteren Ende der beiden Vorderbeine des Stativs.
5. Man befestigt die Kamera an der Flachschiene.
6. Um das Objektiv nach oben zu richten, senkt man die Mittelachse des Stativs.
7. Um das Objektiv nach unten zu richten, schraubt man die Mittelsäule des Stativs höher oder verkürzt die Hilfsbeine.

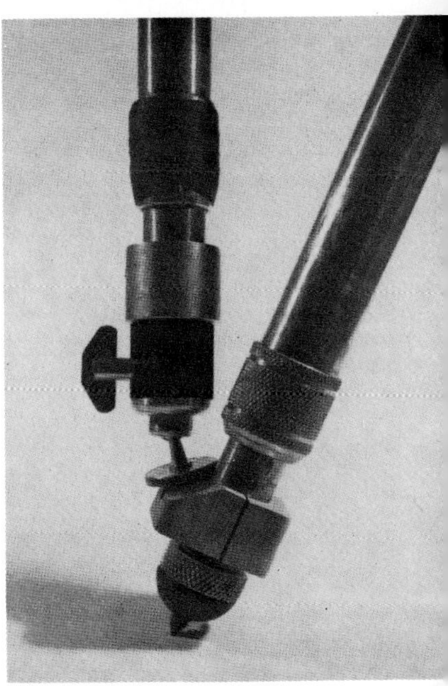

Stichwörterverzeichnis